安政地震と幕末の世相

抜き読み 真覚寺日記

岩﨑義郎
Yoshiro Iwasaki

リーブル出版

真覚寺（土佐市宇佐町）縁起　P284

千蓮寺（高知市八反町）縁起　P107

晴雨日記５巻（真覚寺蔵）

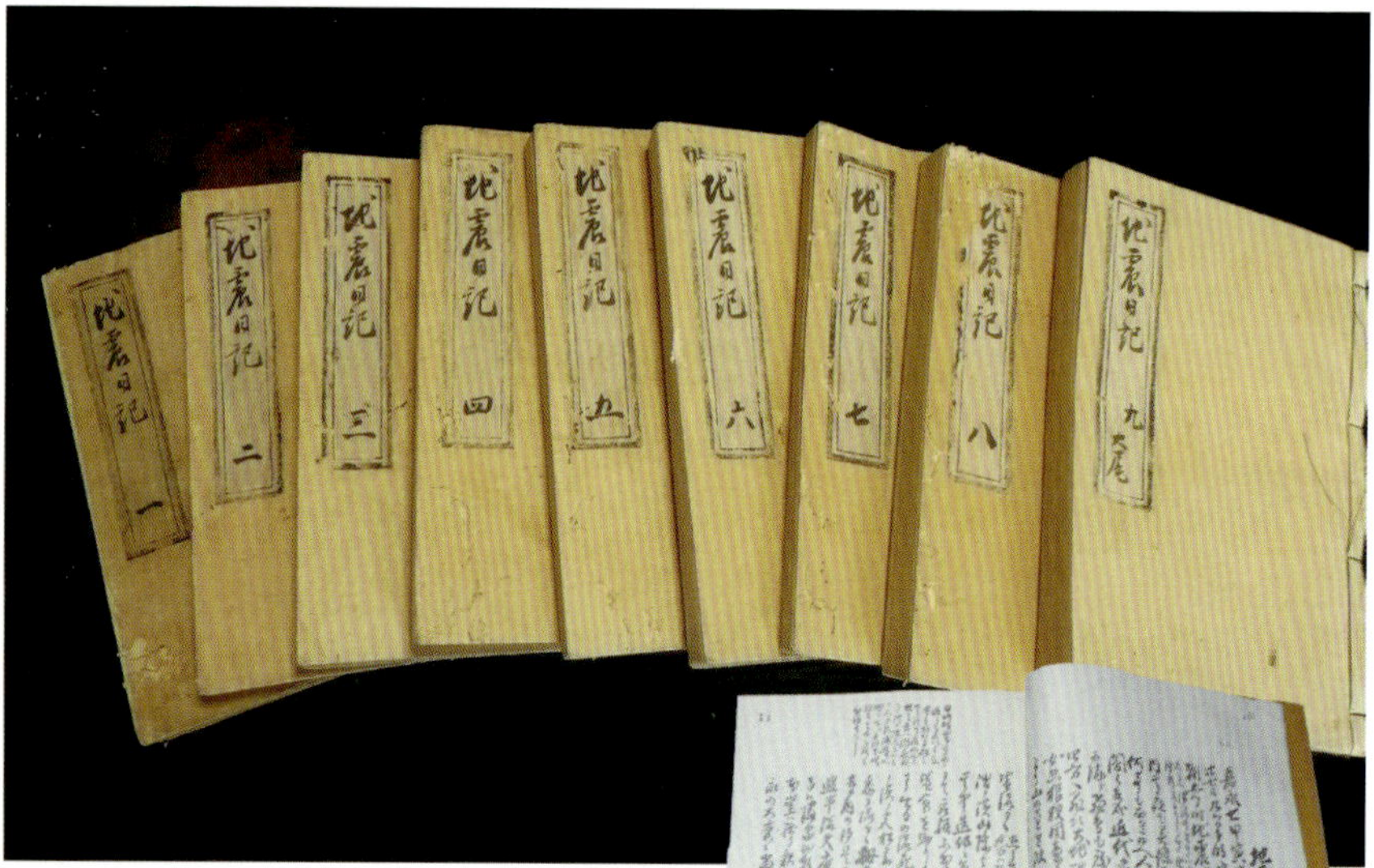

地震日記９巻（真覚寺蔵）

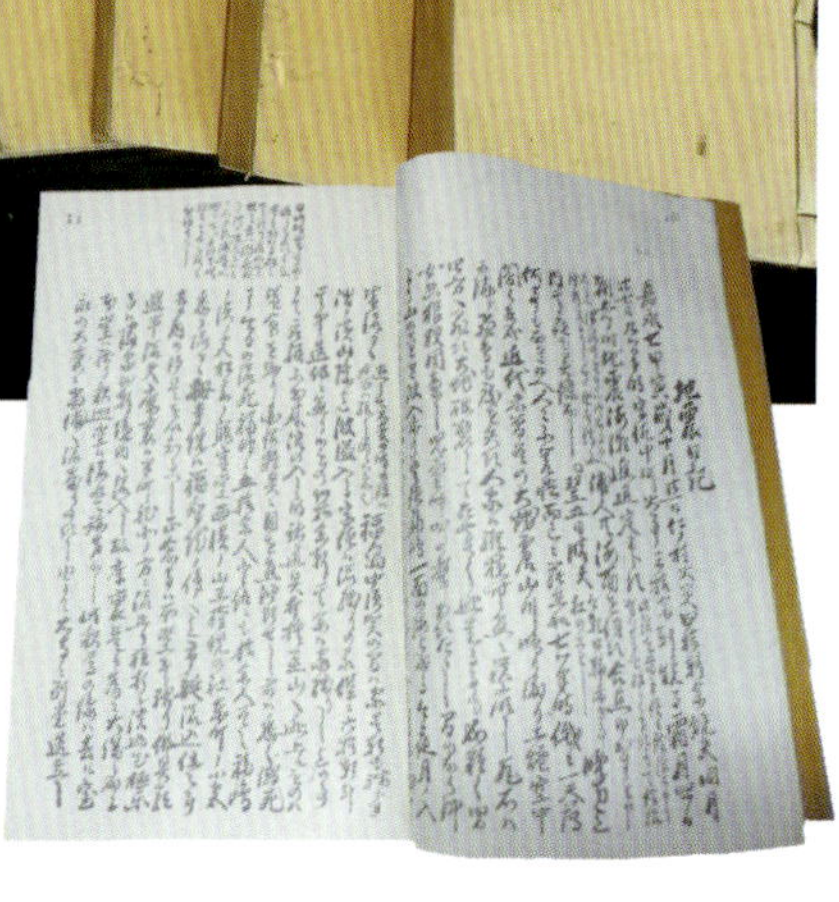

地震日記原文（真覚寺蔵）

昭和南海地震津波潮位（境内下段）

安政地震津波潮位（真覚寺境内上段）

顕徳院釋静照法師墓碑（井上家墓所）

安政地震の碑（土佐市宇佐町）移動している

筆之丞・重助・五右衛門兄弟の墓（土佐市宇佐町）

発刊によせて

土佐市長　板　原　啓　文

昭和南海地震から七十年の今年、地震発生確率が極めて低かった熊本地方で大地震が発生し、死者四十九人、たくさんの方が被災されました。

五年半前には二万人もの尊い命が奪われる未曾有の大災害、東日本大震災が、そして二十一年前には阪神・淡路大震災と、頻発する地震による巨大災害に、住民の皆さん、特に本市宇佐、新居をはじめ太平洋沿岸部にお住まいの皆さんは、南海トラフ沖地震津波に対する不安をひときわ募らせています。

こうした大地震、特にプレート地震と呼ばれる地震はエネルギーを貯めては一気に跳ね上げ放出するメカニズムもあって、ある一定の周期性があることが知られており、宝永地震から百四十七年後に安政地震が起こり、その安政から既に百六十二年、途中一九四六年の昭和南海地震によってエネルギーが若干放出されたものの、今後いつ起こっても不思議はないとの専門家のご意見。人々はただ不安を募らせるだけではなく、今できる備えをしなければと、官民一体となった取り組みを展開。ソフト面では、先人に学ぶことの大切さもクローズアップされています。

さて、この度『追跡！　純真お馬』や『高知城を歩く』など、各種文献から幕末明治という激動の時代の土佐を探訪できる、歴史好きにはたまらない本を幾多出されている岩﨑義郎さんが、真覚寺日記の抜き読み本を発行されること、心からうれしく、また、感謝を申し上げます。

別名『地震日記』ともいわれる『真覚寺日記』、宇佐の真覚寺の井上静照住職が、安政南海地震発生直後から、その様子を克明に記録されていることが知られており、専門家でなければ読み解けない難解な文書を、ひらがな交じりで、かつ、崩しすぎず、注釈もふんだんに入れられたこの本は、正に多くの方に読んでいただきたい、至宝の一冊ではないかと存じます。私のような素人には今ひとつ難解な語彙もありますが、随分と読みやすくなり、難解な部分を想像する楽しさを味わえる書になっていると思います。

また、博学だった真覚寺の高僧井上住職から見た幕末の世相、例えば吉田東洋暗殺事件のことをはじめ、坊さんカンザシ事件のこと、ジョン万次郎の仲間たちなど歴史の書にきざまれた内容、また、服装の流行やハシカの流行など、当時の庶民の暮らし向きや感覚に触れることのできる内容など、読む人を飽きさせない興味深い部分の抜き読みになっていると存じます。

この書は、地震防災への関心のある方だけでなく、「志国高知　幕末維新博」を前に、読む人を幕末の世に送り込んでくれる大変意義深いものであり、発刊に際し心からのお喜びと、感謝を申し上げます。

平成二十八年十一月

はじめに

宇佐真覚寺住職井上静照師の編纂による『真覚寺日記』に関しての解説は、故吉村淑甫先生が書写された孔版印刷本の巻頭に書かれており、本書でも掲げておきましたので、先ずはそれを読んでいただきたいと思います。

『地震日記』九巻と『晴雨日記』五巻は全部で十冊にまとめられ、総頁数は一、二五七頁に及ぶ労作であります。あらためて吉村先生のご努力に感謝申し上げます。

これまで私はその日記の中の、例えば「安政地震の教訓」や「吉田東洋暗殺事件」「坊さんカンザシ事件」などというテーマで、必要の都度関連記事に目を通している間に、この中のエキスになる部分を抜き出して、日頃忙しい人々にも読んでもらえるようなものができれば、それをきっかけにしてこの日記に親しみ、更に紙数の関係で、私が取り上げられなかったその他の部分にも、目を通してみようということになるのではないかと考えました。

平成二十六年（二〇一四）四月に宇佐真覚寺を訪問して、現住職の井上秀晃氏のご好意で日記の原本の写真撮影をお許しいただくとともに、この日記の抜き書き作成についてご諒解を得ました。

早速吉村氏の出された解読本によって取り込みを開始しましたが、この年は他の図書の編集に関係することになって、その合間を縫っての取り込みで中々はかどらず、ようやく一年後の二十七年五月になって、私が抜き書きにおさめたいと思う項目の取り込みが完了しました。

しかし、これをどういう風に編集するかについて試行錯誤をかさね、取捨選択にも迷いましたが、ここは独断と偏見で思い切りをつけて、私なりの編集を行いました。中でも安政地震の記録は大変貴重なもので、今後起こりうる南海地震に備える意味でも、参考となる記述が多くありますので、是非読んでいただきたい事柄です。その他の記事の中でも、今になっても掲載しなかった記事について未練を捨てきれないものを多く残しております。

また、博学の静照師は、中国の故事や古典から多くの引用を載せておりますが、浅学の身ではとても解読理解できないものがあります。今回それらの記述は残念ながら大幅に割愛しております。

蛇足になりますが、『真覚寺日記』は歴史書ではありません。真覚寺のある宇佐地区での安政地震の体験と、人々の暮らし、特別な事情がない限り毎月出てきた高知城下で、ジャーナリストの感覚で収集した町の噂、二度にわたる京都旅行の記録、他国から帰った人のもたらした情報などが中心であります。中には多少事実と異なると思われる部分も見受けられますが、幕末という時代の中での庶民の生活と、一段高い教養と批判力を備えた静照師の目に捉えられた、世情の一端を知ることができる記録として、気軽に読んでいただきたいと思います。

編集にあたって

一、この『抜き読み真覚寺日記』編集の最大の目的は、伝えたい部分を読みやすく紹介することである。その目的に沿って、共通する項目を抜き出してまとめる作業を行った。

二、底本は昭和四十七年高知市民図書館発行、吉村淑甫書写で発行されている『真覚寺日記』十巻により、一部原本と照合の上修正した。

三、原文は一部を除きほとんどの部分で句読点のない所謂「べたがき」のため、通読の便を考慮して適宜句読点を付し、また改行を行った。

四、日記として、十五年間の毎日の気象が記録されており、現在よりも相当寒かったことが窺われる。この記録も貴重な記録であるが、ここでは地震の記録関係以外は適宜省略した。

五、片仮名でルビがふられているものは原文のままとし、清音仮名には濁点を付した。編者がつけたルビは平仮名で区別した。

六、漢文の部分について一部レ点、返り点を付けた部分もあるが、編集では文書の写しなども含め可能な限りレ点返り点を付けた。

七、通達、申請書などの文書の写しと思われるものについてはゴシック体とし、原文のままとした。

八、その他の日記にあたる部分は、ニ、ハなどかたかな書きをすべて平仮名に置き換えた。

九、適宜送り仮名を付して読みやすくした。

十、文中には当て字と思われるものが相当含まれているが、できるだけ原文のままとし、説明可能なものは（註）などで説明を加えた。

十一、文字の書き換えのおもなものは次のようなものである。
といふ＝という、夫＝それ、之＝の、有り＝あり、益＝益々、愈＝愈々、歟＝か、江＝え、けふ、きょふ＝今日、おふし＝多し、しる＝知る、ゆへ＝ゆえ、抔＝など、壱弐参拾＝一二三十

十二、人名、地名の場合を除き、旧字は常用漢字に改めた。

十三、本文中の割書き（二条書き）、欄外記事は一条に改め、ポイントを下げ括弧（　）を付して区別した。

十四、一部賤称語が含まれている部分は、他の適当な表現に置き換えた。

十五、日付の下の算用数字は、照合の便を図るためにつけた吉村本の巻と頁である。

十六、旧時刻表示の横に現行の時刻を併記した。新旧時刻の関係は巻末の表を参照されたい。

吉村淑甫氏の解説（原文のまま、ルビ編者）

『真覚寺日記』十四巻は、正しくは「地震日記」九巻、「晴雨日記」五巻からなっている。幕末の人、高岡郡宇佐村、真覚寺住職・井上静照師が安政元年から慶応四年（明治元年）に至る足かけ十五年の日記である。

昭和の初めごろ史家寺石正路が、この井上静照について伝記的解説を行ったことがあり、その頃から『真覚寺日記』の呼称が生まれたようであった。

日記は安政元年十一月五日、土佐沖を震源地として起った大地震を、高岡郡宇佐村（現土佐市宇佐町）を中心として記録していったもので、安政の大地震が、東海道、南海道の両地域で三度にわたって震動し、かなり長期間の被害を及ぼしたことは、種々の記録に残されたところである。

井上静照が記録した、土佐沖地震も、初期においては地震記録としての記述を続けているわけだが、しかし時代は幕末という日本の一大変革期に当たっており、地震記録とともに、それに付随して一般社会事象をも記録してゆくようになった。そして遂に記者の死の前年、すなわち慶応四年まで記録されたのであった。したがってこの日記は最初から後世に残す意図をもってなされたものと見てよいかと思う。

記者静照の、この記録における活動範囲は大体宇佐村の自寺を中心として、高知城下近辺に限られていた。その内容は主として一般庶民社会の状況を記すものではあるが、当時の政治情勢についてもかなり正確につかんでいて、そうした歴史資料をも忠実に記録していっている。

これは、すでに仏教界は近世末期症状的没落状態にあったとはいえ、未だ僧职者としての知識人の扱いを受けていた故の成果であったといえよう。生活圏は庶民社会に置いていたが、上層社会との知識的交流も行われていたとみてよい。

庶民社会における風説、風聞的情報が多かったには違いないが、宇佐村は土佐中央部に位する浦町の一として、海上交通による他国との交流が、近畿、中国、九州と予想以上に活発であった。それも単に漁船の通交程度にとどまるだけのものではなかった。

宇佐村はかつて貴重食品としての鰹節製造の発祥地として、それにともなう商業的発達をもすでに遂げ、富商の幾人かも擁するまでに発展していた郷浦町であった。

したがって大坂を中心に近畿諸国との商取引が行われ、それら宇佐商人による情報はかなり早くそして確かだった。記者静照は、その僧としての庶民生活につながる面で、これら情報を細大もらさず記録していったのである。

また一般生活面においては、その真宗仏教者の立場からして、非常に心情に迫る記述をなしている。

庶民間に浸透する宗教としての真宗の位置は他宗には見られないものがあるが、藩政末期における同宗者も、単に葬儀執行者としての儀礼以上に、説教を用いて庶民社会とのつながりを未だ根強く残していた。それは、いわば他宗における僧职者の無気力な没落的生活を逆に生かした形で、より人間生活とのかかわりを深くしたといえるようなものがあった。

ともかくそのような立場にありえた井上静照が記していった日記内容は、通常の記録にはみられない庶民の姿を浮彫りにして、しかも静照自身その中にあって、己れの凡悩を少しも隠そうとしていない。
変動期における諸情勢を記録すると同時に、いつの時代をも通じて変わることのない庶民生活とその思想を、僧としてよりも井上静照という一人間の目でとらえている。

井上静照略歴

井上静照は文化十二年、高岡郡宇佐村・真覚寺（真宗）井上正晴師の長子として生まれた。天保三年十八歳のおり国を出て、阿波国に遊び、当時阿波城下において名声のあった広島の僧徳成師並に勇勤師の講義を聞き、次で本山に詣で、それより播磨国赤穂郡与井村の西乗寺に移り、恵海老師のもとで修業する。天保十年帰国し、弘化四年三十二歳の折り父を継いで住職となる。その後度々本山に出かけて学識を深め、文久元年四十六歳の折り、本山より「飛擔《ひえん》」の位を贈られる。当時の真宗僧としては法徳も学識も高く、特に説教を得意としたので、社会の敬慕も深かった。明治二年三月二十二日、五十四歳を以て遷化《せんげ》した。

昭和四十三年十二月

吉村淑甫

井上静照師のはし書　1-5

（原文のまま、句読点編者）

一、初に本朝の記録を撰出して古今大変の年時をしらしむ。

一、寅の歳冬より以後、日夜の陰晴風雨地震の有無を記すを以先とするゆへに、地動のやむ時則此記の終りと知べし。

一、此録相応の名も有べきなれども、只自家後裔に伝示を是とす。かるがゆえに地震日記と題するのみ、これ紀氏が土佐日記の例に倣う。

一、回に三道各其教へ厳にして尊信すべく愚者深意をしらず。みだりに神仏を狎《な》れ侮り現罰をうくるの意をも述諭し善に進むの一助とす。

一、法用の往来より緇素[註1]の対談、自庵の貧窮に至るまで逐一に是を記す。

一、書籍披閲[註2]の折々身の無学不歳をもかへり見ず、或は是を評論し狂句等を吐出すも病躯を自慰せんが為なり。

一、時々見聞の侭をば、自他をいわず前後を論ぜず、依怙なく書きつけ侍るゆへに、事物の数量大小等参差[註3]鉾楯も有べきを、また自然と抑揚褒貶[註4]の語も有べし、是記者の常にして勧懲[註5]の一端ともなるべければ、見る人咎る事なかれ。

旭渓の隠士

しるす

註1　緇素（しそ）　黒と白。黒衣と白衣。僧と俗人。（『漢和辞典』）
註2　披閲（ひえつ）　ひらいて、調べてみること。（『広辞苑』）
註3　参差（さんさ）　長短不揃いな様。互いに入り混じるさま。（『漢和辞典』）
註4　褒貶（ほうへん）　ほめることとけなすこと。（『広辞苑』）
註5　勧懲（かんちょう）　勧善懲悪《かんぜんちょうあく》の略。善事をすすめ、悪事をこらしめること。（『広辞苑』）

・目次・

抜き読み
真覚寺日記
安政地震と幕末の世相

1　地震の記録

嘉永七年（一八五四）十一月五日、土佐沖を震源地とする地震が発生した。年号はこの地震を受けて同月二十七日に安政と改元されたので、通常安政地震と呼んでいる。この前の宝永四年（一七〇七）に起きた宝永地震以来百四十七年ぶりの大地震である。この年六月十四日から数日にかけて近畿、東海道、北陸道に大地震があり、これに連動する形で土佐沖の地震が発生したのである。ただし、この日記でも前日には前兆といえる兆候が見られることに注意したい。

日記では地震の発生から宇佐地区を中心とした被害状況、住民の対応、余震の状況、教訓となる事柄やデマ騒動などまで、入念に記録されている。

❖嘉永七甲寅《きのえとら》歳（一八五四）（十一月二十七日安政と改元）

《前　兆》

十一月四日 1－7

朝五ツ時《（午前8時）》地震、海潮進退定まらず（この波を昔より俗に鈴波と申し習わせる由、汐にくるいありて鈴波来るは、津波のさきがけなるゆへ油断すまじき由云い伝う）。浦人ども海面を伺い合点ゆかずと申す内その夜も異条（異常）なし。

《大地震発生、津浪襲来》

十一月五日 1－7

（今朝日輪赤き事紅のごとし）晩方迄何事もなき故人々不レ覚レ悟《さとりおぼえざる》のみに罷《まか》りある処、七ツ半時（午後5時）俄《にわか》に一天薄闇く相なり近代未曾有の大地震、山川鳴り渡り土煙空中に満ち、飛鳥も度を失い、人家は縦横無尽に潰崩《かいほう》し、瓦石は四方へ飛び、大地破裂してたやすく逃げ走ることもなり難く、男女只狼狽周章し、児童呼叫《こきゅう》の声おびたゞし。間もなく沖より山のごとき波入り来り、宇佐福島一面の海となる。

今夜月の入り迄に津波入る事およそ九度、一番浪より二番三番の引き汐に浦中皆流るゝ。（惣じて大変の時の汐は進むは緩く退くは急なり）。福島中須賀の間は家一軒も残らず、渭ノ浜山際迄波溢れ入る。宇佐は流れ残りの家僅かに六十軒ばかり、その中造作に懸り候もの二十余軒、その余は家残りし迄の事にて取り繕い不二出来一《できず》。

《地震の教訓》

波の入りし時諸道具打ち捨て置き山へ逃げ上るものは皆命を助かり、金銀雑具に目を懸け油断せし者は悉《ことごと》く溺死す（欄外、この時山を目当に逃げしものはみな命を助かる、船にのり難を遁れんとせし者は溺死多し、沖より波来るのみにあらず、海近き土地は下より汐を吹き出すもの也、よく心得ありたし）。

今日の流死福島に五十余人、宇佐にも十余人ある也。福島の浜ノ宮、松岡の龍宮堂、西浜の山王権現の社、東町の小宮悉く流るゝ。さて寺院は福智院の傍へ迄市艇[註1]流れ込む位の事、寺内の汐これを以て知るべし。正念寺は本堂ばかり残り、仏具類過半流失、庫裏[註2]は半町ほど北の方に流れ止り、柱折れ潰え込む。極楽寺は隣家二軒境内へ流れ入し故、庫裏これが為に大傷みになる。本堂は残り釈迦堂は流れて跡方なし、この釈迦の像は去る宝永の大変に、当浦へ流れ寄り給いし由にて、右寺に別堂造立し当年迄安置せし処、このたびまた何方へ赴き給ひしやしれず。

さて真覚寺は波先入り来るを見て手早く什物不《のこ》レ残《らず》長持に納め、本堂の巽[註3]に当れる地面に置き守護する内、波門内へ入り来り本堂の前より庫裏を廻りけれども、地形小高きゆへ礎をも湿さず引退く、依って寺内什物、本尊過去帳を始め諸道具一つも流失せず。

橋田の家皆流れ漸《ようや》く四、五軒残る、波先奥深く溢れ入り新居坂の梺《ふもと》に至る。東町は北のヒキチの山際迄、新在家は曲田の家迄入る。中町は北の外れ、田島・片山などいふ郷士の家へ迄波打ち込む。西浜は談[註4]義所の下迄入り来る。

引汐の音百千の雷のごとく、波につれて家流れ、五軒十軒宛連なり海に入る、この時金銀米銭を始め家々秘蔵の諸品海に流入する物夥敷《おびただしく》、男女児童の泣き叫ぶ声夜に入りても止まず。今日迄貯え置きし諸道具、眼前海に入るを見る人々の心中推しはかられて哀れ也。

夜に入れども燈火の用意もなく、暫くは月の光を便りとして皆々山中に踞《うずくま》り、波の音を聞きつゝ地震を淩《しの》ぐ。当年より九十八年前、宝暦七丑年七月二十六日大風雨大浪の節橋田一統に流れ、当寺門前田の中へ小船を乗り来り、当寺の榎へ船を繋ぎし由。

（欄外、奥宮正明が記せる『谷陵記《こくりょうき》』に、宝永四亥十月四日大変の節は宇佐は六所、潮は橋田の奥宇佐坂の梺《ふもと》萩谷口迄、山上の家一軒残る。在家の後の田丁へ先潮廻しけるゆえ、通路を失ひ、溺死四百余人とある。当浦には亥の大変の慥《たし》かなる記録なきゆえ委敷《くわしく》はしれ難し）

このたびはその時より汐高く入り来れりと見え、本堂の前迄波先来る。さて当山は巽の方なる畠の中にて終夜提灯《ちょうちん》照らし幕を打ち罷《まか》りある処へ、山居の者どもはこの上又も波の入り来たらんかと恐れ、当寺の火の消えざるを目当てにし夜の明けるを待つもあり、又食事の用意なきものは、夜中当寺の幕中へ来たり、薪を集め火を燃やし寒を凌ぎ、粥《かゆ》などすゝる者もあり。（橋田にて浪家に入らざるは当寺と前隣二軒と薬師堂と、これはかりは浪不二打《うち》入《いらず》一）

今日七ツ半（午後5時）頃より夜明け迄の地震、およそ十四、五度ばかり也。このたび当国流損の在所夥敷《おびただしく》、浪入らざる土地は地震の為にゆり崩され、無事なるは一つもなし。

註1　市艇（いさば）　江戸時代、水産物や薪炭などを主に運送する小廻船の一種。（『広辞苑』）
註2　庫裏（くり）　寺の台所。転じて住職や家族の居間。（『広辞苑』）
註3　巽（たつみ）　十二支で表した方位で、辰と巳の間。南東の方向。（『広辞苑』）
註4　談義所（だんぎしょ）　本来僧侶の研修用僧堂のこと。僧侶が庵を結んで説教したところから地名となったのではないかと推定されている。県内では宇佐の外に室戸市佐喜浜、香美市土佐山田にある。（『高知県歴史事典』ほか）

《城下近辺の被害》

今日同時御国城下大地震、郭中[註1]町家とも過半潰れ込む、同じ刻限より下町出火、地震中の事ゆえ火を救ふ（消す）ものもなく、自然と焼募り御町方会所より下も、新町農人町迄焼失、地震火難一時の事ゆえ遁るゝ方なく、死失のもの数百人ありし趣、同時大汐溢れ来り、新町辺迄一面の海となる、右により家中町家とも各広き所又は藪中などへ這入り難を遁れんとす、惣じて宇佐辺よりは城下[註2]近辺地震甚しという。弘岡森山辺の人々皆山へ逃げ上る。仁ノ村へ波入り、その汐仁淀川を泝《さかのぼ》り西畑辺も大に騒ぐといふ。今晩は人々只有頂天にて夜を明かす。（今夜霜大に降りて雪の如し）。（欄外、当浦汐に残りたる家々見廻りける処、橋田は瓦葺の家に波打込み天井より二階に出る、西浜辺同断、東町は天井限り、福智院は坐上六尺ばかり迄浪入る、新在家曲田は坐上三尺ばかりなりという）

註1　郭中（かくちゅう）　高知城下の上級武士の専用居住地域。
註2　城下の被害　『皆山集』によると、
○半時（1時間）ばかりありて沖より津波押し入り、御城下廻り堤残らず打ち越え押し切り、西は小高坂井口、北は万々久万秦泉寺云々山根まで一面の海となる云々。この頃は大門筋帯屋町下一丁の内、投網或はすくい網にて魚数多取りし也。
○大地震後の高潮、浦戸より内は地潮より三尺四、五寸（約一メートル）高かりしという、同六日下知村北の丸堤防切れ、新町へ押し入り、満潮の時は船を乗る。
○被害総計、焼失家数千八百七十六軒、潰家数五百六十八、死人百六人。などとある。

《漂流物拾得》

十一月六日　1－9

晴天。朝日の出の色紅赤《べにあか》昨日にまされり。橋田の者昨夜より飢渇《きかつ》に付き、山にて粥を炊き芋を蒸し、当寺より分け与え食せしむ。浜の井戸へ悉《ことごと》く汐入りける故、薬師谷より水を汲み煮炊きする。昨日の汐引取らざる故、宇佐の中にても往来不二相《あい》成《ならず》一、又城下近辺大地破裂して容易に通行なり難し。

当浦にても処々地さけ穴の如きもの数ヶ所あり。今日は流れたる跡にて食物諸道具拾い取る者夥《おびただ》し、藁葺《わらぶき》家四、五軒昼頃沖より流れ寄る、簞笥《たんす》長持家具類を始とし、衣類等に至る迄砂中に埋まるを拾取るあり、船に乗り沖に出、争い拾うもあり、欲界の習《ならい》浜辺に出る人数百人也。天気益々よし、朝より夜に入る迄地震七、八度、暮六ツ（午後6時）頃より晩迄四、五度ゆる、今晩も右の処にて夜を明かす。月の入る頃西の方少し曇る、八ツ（午前2時）頃より一天曇る。

《避難者来る》

十一月七日　1－9

地震も少しは緩《ゆるま》り天気は曇り懸けしゆえ、山際へ持出したる諸道具自坊へ運び取る。五ツ（午前8時）頃より雨降り出す、九ツ半（午後1時）頃やむ、暫くありて橋田為平、甚三郎、清之丞、良右ヱ門等の一家およそ十四、五人打ち連れ来り、小屋の出来る迄宿をかし呉れ度き段頼み来る。同時当寺へ引き移る。この者ども我が家流れ止まりし故、二階などに残り留まり候品取り出し、諸道具当寺へ持ち来たる。地震つてやまず。

《小屋建てる》

十一月八日 1－10

晴天。男子分は各々浜へ出て竹木板柱の類拾い取り、勝手宜敷《よろしき》土地を見受け小屋を作る、中には拾い取る品入れ違い有ㇾ之《これあり》、口論に及ぶもあり、日々喧嘩の声たえず。今日公儀より流損の家々へ御救米《すくいまい》渡る。夜地震やまざる故、蒲団を巻き火を燃やし寒を防ぎ夜明けを待つ。

《佐川・城下の模様》

十一月九日 1－10

晴天。朝弘願寺[註1]より直人[註2]を以て見舞いに差し越す。四ツ半（午前11時）頃佐川光明寺見舞に来る。西畑佐川両所とも大地震に付き、家を明け放し諸道具取り片付け、皆山際に小屋を構え居る由、別して佐川市中は家一軒に提灯《ちょうちん》一つ行灯《あんどん》一つに火を灯《とも》し置き候様触れ渡し、その余は於二市中一《しちゅうにおいて》煙草呑む事も不二相成一《あいならざる》程に火の用心厳敷《きびしき》趣。

城下も同断に候えども、下町焼失以後諸物の取り片付け不ㇾ調《ととのわざる》故、盗人の穿鑿《せんさく》厳敷《きびしき》由。今日須崎の役人宇佐へ来り、一通り見合わせける由。夜少し横になる。九ツ（午後12時）頃より又ゆり出す、朝迄五、六度地震。

註1　弘願寺（くがんじ）　現高知市春野町西畑にあり、浄土真宗、寺号光焼山。静照師の妻佐保さんの実家という。二代藩主山内忠義の四男一安の位牌を預かった縁から、大棟の鬼瓦に山内家の三つ葉柏紋をつけている。
註2　直人（ただびと）　配下の者。使用人など。（『真覚寺日記改訂版』）

十一月十一日　1－10
朝早々地震、大風吹き寒気甚だし。山際に小屋段々出来る。七ツ(午後4時)頃迄に小ゆり二、三度風やまず。夜半頃より朝まで三、四度ゆる。（宝永四亥年大波には宇佐福島の間に残る家只一軒瀧ヶ谷に有《これ》レ之《ある》由、かつ波このたびより高き事五尺ばかりなるべしという）

十一月十二日　1－10
晴天。五ツ時(午前8時)一度ゆる、七ツ(午後4時)頃又ゆる。夜七ツ時(午前4時)地震、今日小屋懸けの者へ公儀より藁二十把づゝ渡る。

《廿代町類族の様子》

十一月十三日　1－10
朝二度ゆる。廿代類族より左右無《これ》レ之《なき》に付、直人《ただびと》を以て様子為《うけたま》レ承《わらせ》候処、五日より六日の大火に居宅焼失、家内一人も怪我無《これ》レ之《なく》立ち退き、この頃元の処へ小家作りの最中の由申し来る。昼の間三、四度、夜三、四度ゆる。今日橋田へ始めて酒を売りに来る（過半水入りにて咽を通り兼ねる）。

《他所の被害》

十一月十四日　1－11
晴天、寒気甚だし。五ツ(午前8時)頃迄に二、三度ゆる。今日橋田船乗の男他国より帰帆、九州豊後辺の大地震の刻限当月五日七ツ半時(午前5時)にてありし由、彼の地汐は格別無《これ》レ之《なき》趣。芸州広島、予州宇和島地震にて大崩れの由。

さて御国内には幡多郡中村宿毛大地震死失夥敷《おびただしく》、古馬目《こまめ》は浦中不《のこ》レ残《らず》流損、大浜清水辺は格別なく、須崎へも波入り騒動致し候趣、右地震大波の刻限何国も同刻同時なる事、誠に奇代なるものなり。昨日城下行き直人《ただびと》の便を以て上町の安否為《き》レ聞《かせ》けるに、大徳屋、柏原、升永屋辺皆無異に立ち退き罷《まか》りある由。今日晩景八ツ(午後2時)頃より夜中迄に七、八度ゆる。

《死骸漂着》

十一月十五日 1－11

晴天。朝早々中ゆり二度、九ツ(12時)頃より後中ゆり一度小ゆり二度、夜五ツ時(午後8時)一度九ツ(午後12時)頃一度。今日は大汐時ゆえ少々波高く、人々又波の入り来るやと恐るゝ、この間流死の死骸五人七人磯辺へ打ち寄せしという。

以後連日の余震の状況が記されているが、似たような記録の繰りかえしになるので省略し、十一月五日の地震発生五日後から同三年六月迄の間の余震の状況を、十日毎に集計して次の表にまとめた。これで見ると、発生後小康状態にあったが、二ヶ月半後の安政元年年末から翌年一月末にかけて、揺り戻しともいえる大きな地震が襲ったこと、以後二年、三年と次第に地震の回数が減少したことがわかる。しかし、記録では二年半後の安政四年(一八五七)八月にも相当強い地震が起きていて、数年間は余震が続いている。

この数字は静照師が肌で感じた日々の記録を集計したもので、実際はもっと多い可能性が考えられるが、大地震後の一つの傾向として参考になると思う。

《拾得物穿鑿《せんさく》》

十一月廿日 1－12

朝曇り昼晴れる。五ツ頃（午前8時）一度ゆる、それより夜に入る迄地震なし、夜半頃より暁《あかつき》迄の間三、四度ゆる今日大風吹く。一両日以前に当寺同居の者ども小屋出来《しゅったい》に付引き移る。今日郷廻り役地下役をつれ宇佐中の拾い物の穿鑿有㆑之《せんさくこれあり》、一応家捜し同然。

十一月廿七日 1－14

五ツ頃（午前8時）雪ふりやむ。今日は衣類諸道具とも拾い取る者より役人の小屋へ持ち出し、我物に相違無㆑之《これなき》品々は役人より貰い受け帰る。四ツ頃（午後10時）より又風吹く。

さてこの間御正忌[註1]に入り候へども、時節柄参詣もなく夜々二人三人づゝ来る人を相手として法談する、誠に末法濁世にはかゝる大変可㆑有《あるべし》という仏説を、今迄は余所事《よそこと》に思いなし候所、このたびの一条経説の侭《まま》なる事明らかに被㆓惑怖㆒《まどいおそれらる》、右に付いては後世の大事猶々被㆓尊信㆒《そんしんされ》、しぶとき乍㆓根性㆒《こんじょうながら》落涙致すばかり也。この間中は四幅の御影御箱の侭奉㆓礼拝㆒《ままらいはいたてまつり》し事に候えども、今晩は大迨夜[註2]也、且つ地震も惣分始めよりは穏《おだやか》也、旁《かたがた》以て今日は御掃除の上御腰延ばし致し拝礼、実に事変とは乍㆑申《もうしながら》先日以来箱中に収め置き候事、返すゞゝも無㆓勿体㆒奉㆑存《もったいなくぞんじたてまつる》事に候。

註1　正忌（しょうき）　祥月命日。一周忌以後における故人の死去の当月当日。（『広辞苑』）

註2　迨夜（たいや）　逮夜とも。忌日の前夜。また葬儀の前夜。（『広辞苑』）

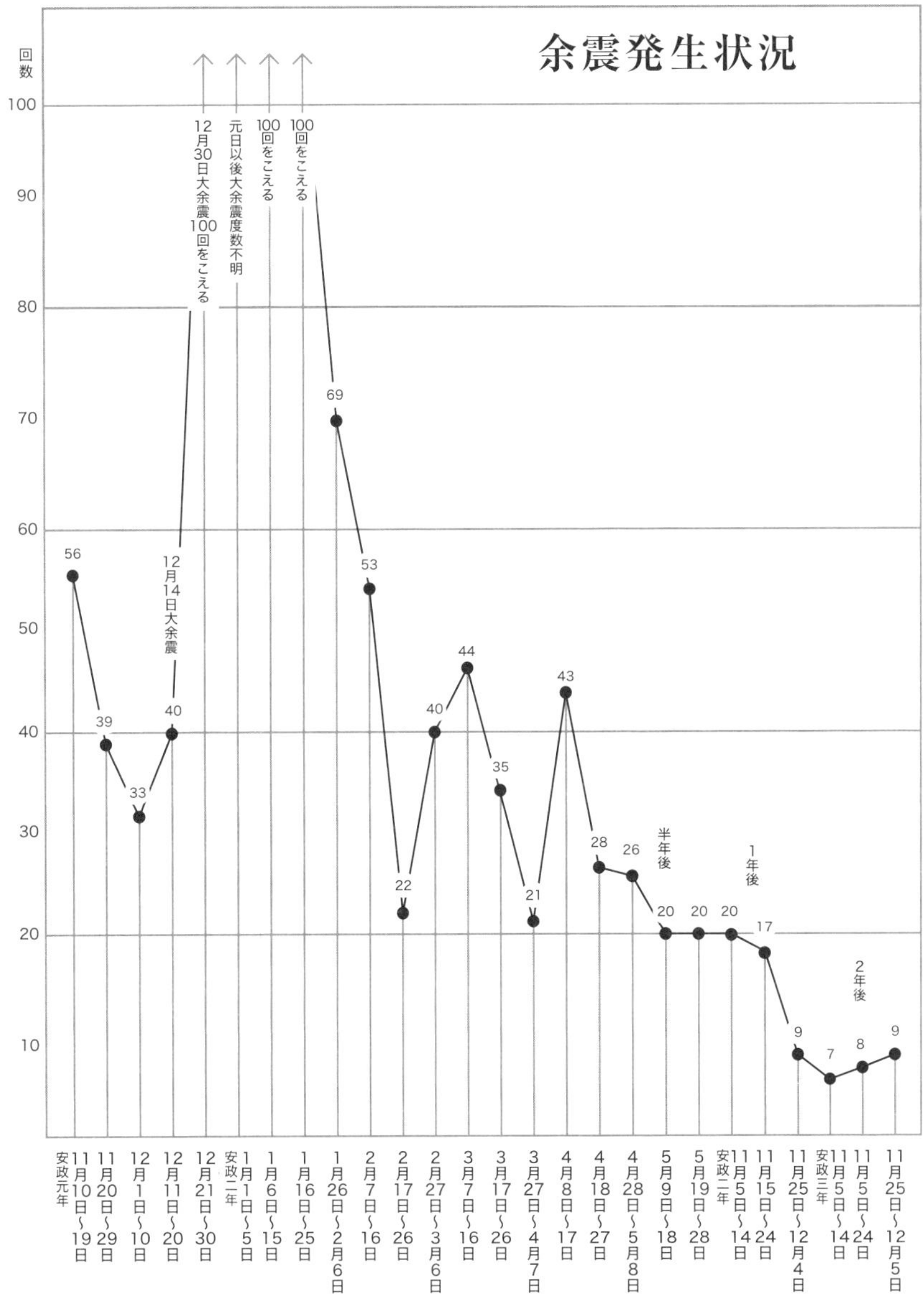
余震発生状況
回数
100
90
80
70
60
50
40
30
20
10
12月30日大余震100回をこえる
元日以後大余震度数不明
100回をこえる
100回をこえる
12月14日大余震
半年後
1年後
2年後
56
39
33
40
69
53
22
40
44
35
21
43
28
26
20
20
20
17
9
7
8
9
安政元年 11月10日〜19日
11月20日〜29日
12月1日〜10日
12月11日〜20日
12月21日〜30日
安政二年 1月1日〜5日
1月6日〜15日
1月16日〜25日
1月26日〜2月6日
2月7日〜16日
2月17日〜26日
2月27日〜3月6日
3月7日〜16日
3月17日〜26日
3月27日〜4月7日
4月8日〜17日
4月18日〜27日
4月28日〜5月8日
5月9日〜18日
5月19日〜28日
安政二年 11月5日〜14日
11月15日〜24日
11月25日〜12月4日
安政三年 11月5日〜14日
11月5日〜24日
11月25日〜12月5日

十二月四日 1－15

薄曇、今日より明日へ又再び汐入り来るとて騒ぐ者多し、すべて左様の事なし、至って寒し。昼の間地震なし、夜三度ゆる、内一度少し烈し。

《濡れ米入札》

十二月五日 1－15

晴天。五ツ頃(午前8時)より九ツ(12時)迄三度ゆる、晩景風吹く。二、三日以前当浦御蔵の濡れ米入札あり、このたびの救米《すくいまい》貰い候者は入札不レ叶《かなわざる》由。夜二、三度小ゆりあり。橋田と新在家との間の塩田、堤きれ入江となりし所、今以て波引かず、船を入れ小湊のごとくなる。

《地震の教訓》

十二月六日 1－15

晴天。夜明け頃ゆる、四ツ半時(午前11時)ゆる、少々風立ち曇る。晩方小ゆり二度夜中二度。宇佐より奥浦の間において溺死の者の死骸三人五人づゝ出る、然れども日数経るゆへ男女の差別知れざるあり、腰より下も之《これ》なきあり、衣類の見覚えを以て取り寄せ葬る。

　惣じて今度の流死の有様をきくに、汐の入るを聞くまゝ家を捨て、欲をはなれて早く逃げ出し候ものは皆助かり、金銀衣類などにおしみをかけ、立ち退く事のおそかりしものは、その場にて直ぐに波に引かれ、たま〱逃げ出し候ても裏道《ウラ》へ汐まわり、木の上に昇りながら精尽きて木より落ち死するもあり、家ともに沖へ流れ出るあり、哀れ千萬なる事なり。又昔より言い伝えに、大地震の時は井戸の水を見よ、もし井戸に水あれば汐の入る事なし、井戸に水なくかわきたる時は油断せず、直ぐに山へ逃げよという言葉をあてにして、唯井戸をのぞきつゝ流るゝ者ありとぞ、これ一概なる了簡[註]なり、このたびの地震にも各井戸を見るに、大ゆりおわるや否や直ぐに一滴もなくかわきたるもあり、又平生の通りにて少しも減《ヘラ》ぬあり、水をあてにするは危《アヤウ》き事なるべし、地震の大小により水のかわくもあり、又新に地より水の涌き出るもあり、後世《コウセイ》よく心得べし。

且つ山へ逃げ上るにも、崩るゝ山あり崩れざるあり、大木のある所と一本も樹木なき所へは近寄るべからず、その余中木の生えたる山に居るべし。又地震の節一概に竹藪に走り入り、竹の切りかぶにて足を損ぜし者もあり、大声上げて泣きさけび、目の見えぬゆえ躓《ツマヅ》き怪我せしものもあり、我が道具を家より出し置きその置き所を忘れ、人に横取りにせらるゝもあり、孰《いず》れ事変には気を落ちつかしむる事第一なるべし。

註　了簡（りょうけん）　料簡とも。考えをめぐらす事。思案。（『広辞苑』）

《濡れ米入札》

十二月八日 1－16

晴天、地震なし。昨日当浦御藏濡れ米寺院ばかりの入札あり、このあいだ医者山伏浪人等の入札あり、これは一俵より上は不二相《あい》渡《わたさざる》一趣。寺院は十俵以下の定め。当寺より令二入《にゅう》札《さつせしめ》一候処、五俵落札に相なり、大和屋儀八より所望申し度き段申し出候に付き、その侭《まま》右男に遣《や》る。一石に付き八銭五十八匁位、勿論汐に濡れ候義故、一俵の内四、五升は糀《こうじ》のごとく相なり居り候由。惣じて濡れ米に上中下の差別あり、右寺院入札の米はそのうち上の分なる趣、店売りの値段一升に付一匁より下米《げまい》は四分まで有《これ》レ之《あり》、その下米食し候ものは多分腹痛甚だしく、二、三日も寝る者あり。この頃は病人ありて医家へ相談しても、薬種は勿論療治の道具匙《さじ》迄も流失と申す事に付き、当浦病人大困り。

さてこの節宇佐浦医者同士寄り合い評議の上、薬一服に付五分づゝ見替えに相なり候由、膏薬も右同断、これ又もっともなる事也。最早地震も相止み候やと思い居り候処、今夜八ツ時(午前2時)又一度ゆる。

《須崎・久礼の被害》

十二月十三日 1―17

今日須崎より帰りし男の咄を聞くに、この間の大波に浦人三十余人死失の由、その内多く大汐入る事を知る侭《まま》直ぐに浜へ走り出、船に乗りその難を遁れんとせしに、波高くして乗る事も出来がたく、兎《と》や角《かく》する内船と船との間にて摺《すり》きられ、五体半分に相なり死せしもの多き趣、さて久礼浦は町より北に当たりて竹藪あり、老人小児の輩《やから》、地震中藪に入り踞《うずくま》り居る時、俄に大浪入り来たり候と騒ぎ、各山の手へ逃げ走るに、老人などは手足不《かなわ》レ叶《ざる》ゆえ、藪際にて遂に浪の為に命を失う者七、八人程有《これ》レ之《ある》由、人家流損また多しと。只藪をあてにし地動の難を遁るゝ事を知りて、波の難を凌ぐ事を知らざるは、誠に残念の至りというべし。

《デマ騒動》

十二月十八日 1―19

晴天、朝風吹かず。五ツ頃(午前8時)より半時(1時間)位づゝ間を置いて頻《しき》りにゆる、恐れて家を飛《トビ》出る程の事なし。今日は惣じて風なく、天気温和にして恰《あたか》も春の如し。

今早朝地震中、新在家を往来せる者、戯《たわむれ》に大声をあげて大浪入り来たる也と叫び行く、その言葉を信じ、いまだ夜も明け離れざる事なれば、一同に騒ぎ立て取る物も取りあへず山へ逃げるあり、途方を失い泣き叫ぶあり、その騒ぐ声橋田へ聞こゆ、橋田辺にもこの音に驚き、少々さわぎ候もののありし由。夜明けて聞けば、新在家の男、彼の道どうりのものを引き捉え、我等を山へ出しぬき跡へ這入り、盗みとらん為の謀《はかりごと》なるべしと罵《ののし》りて大喧嘩せし趣。この節の人心落ち付かぬゆえ、これを実とし騒ぎしももっともなり。今日昼の間五六度ゆる、夜小ゆり一度。

《拾い物を干す》

十二月廿日　1－20

曇天、四ツ時(午前10時)ゆる。橋田の者ども、海にて毎日拾い来たりし衣類等を洗い乾かし、家々に竿を渡さぬ所もなく、蚊帳小袖などかけならべたる有様は時ならぬ土用干しの如し。夜四ツ頃(午後10時)二度ゆる、鳴動の声頻《しき》りに聞こゆ、八ツ時(午前2時)より七ツ(午前4時)迄の間続けゆり四、五度、内に中ゆり一度あり、この時より大風吹き出す。

《浦戸・長浜の様子》

十二月廿四日　1－21

今日浦戸の様子を聞くに、いまだ波引かざるゆえ恐怖して老若とも我家々に鎖をおろし置き、西方寺の越戸《コヘト》より南浦へかけ小屋を構へ移り居り候由。長浜辺は東の方は申すに及ばず、雪蹊寺の西の方より切抜辺まで汐入り来り坡《つつみ》へ上り、船なくては往来なり難しという。

《餅つき》

十二月廿九日　1－22

晴天、五ツ半頃(午前9時)ゆる。小屋掛の者ども餅を搗く、仁ノ村西畑辺は地下役より沙汰として餅をつかせぬ趣、然るに宇佐は貢物[註1]は来年迄延引に相なり、救い米は貰う旁々《かたがた》地下役よりも餅などの義は沙汰可《これ》レ有《ある》レ之《べき》処、如何なる考哉《や》その沙汰なし。御救米を食せし者小屋の口にて餅を搗くも不釣合なる事、又餅つかぬもおかしく、雑煮喰わぬとて年のよらぬといふではなし、餅くわずして年を重ねんよりは、食うて腹をふくらし歳一つ貰う方が年徳神[註2]への忠義なるべし。

当寺は地下《じげ》一統の難渋《なんじゅう》中第一公儀を憚《はばか》り檀家の困窮を思い、餅杵の音をせず佐川へ誂え、御鏡雑煮ばかり餅屋にて調え、正月迎えの心持ちをなす。

註1　貢物（みつぎもの）　年貢。荘園領主や大名が農民に課した貢租。（『広辞苑』）
註2　年徳神（としとくじん）　その年の福徳をつかさどる神。この神の在る方角を明（あき）の方、また恵方（えほう）といい、万事に吉とする。（『広辞苑』）

《大余震来る》

十二月卅日　1－22

少曇。朝寝すぎ漸く五ツ(午前8時)前寝間を出て、兄弟とも本堂にて勤行《ごんぎょう》最中思いがけなく大地震、霜月五日のゆりと全く同じ、本堂の柱くるいゆがむ、法衣の侭《まま》飛出る。小屋の者は皆家を出て山へ逃げ上る、当寺は本尊様を又長持へ納め庭前へ出す、同所にて喫飯して少々道具を片付け、波のくるいあるなしの所気をつける、一時(2時間)余りの間に三十余度ゆる、皆小ゆりはなく中ゆりばかりなり、長ゆりしてやまぬ所は霜月五日よりは遥《はるか》に烈し、ゆりよりは鳴る音夥敷《おびただしく》、煙草のむ間もなくゆる。その中にも搗き残りの餅をつくもあり、注連《シメ》錺《かざ》りするもあり、人心種々あるものと覚えておかしく、今日の震《ゆ》りより算用すれば、当月十日同十四日両度のゆりは物の数にもあらず。海面の満干常の通りにして違わず、近きほとりに居る者皆小屋を捨て、手道具携《たずさ》え足元へ汐の来る如く言次々々山へ逃げ上る、今日は大晦日の事ゆへ、その山中にて昆布醤油の類買うもあり売るもあり、八ツ半(午後3時)頃迄大騒動。

当寺はゆりはやまざれども大風吹き出し、寒気たえ難きゆえ内へ這入り火燵《こたつ》に当る。今日五ツ（午前8時）頃より日暮迄の震《ゆ》り数およそ八十四、五返ばかり、その内小ゆりは少なく中ゆりは多し、ゆる度ごとに空中にてじだんだふむごとき音聞こゆ。家の動く事この間中よりは烈し、夜に入り候ても昼と同じく、少しも間なく鳴動の声ともにゆる。暮六ツ（午後6時）頃より夜明迄又百二十余度ゆる、内七十度程は十日十四日のゆりと同じく皆中の大なり。勿論火燵《こたつ》にて夜を守り、暁をまつ。

夜半頃提灯ともし隣家を見に廻る、家々皆火を焚き寝ず、当年のようなる恐ろしき大晦日に今まで逢いたる事もなく、又咄しにも聞かず、嘸《さぞ》や年徳神《としとくじん》この愁を見聞し迷惑がらせ給ふらん。

今日昼頃まで風吹かず、九ツ（12時）過より大風になる。晩景ゆりの間を見て、本堂の掃除し御花を上る。七ツ（午後4時）頃山へ逃上りし者ども、当寺の騒がぬを見て道具を提げ又小屋へ戻る。夜汐を恐れ山手の小屋へ宿をかりに行くものもあり。昨日《キノウ》今日に搗きたる餅を神仏へ備えぬさきに袂に入れ、三ヶ月なりに喰いきりて、手に提げつゝ水汲むもあり、往来甚だ忙し、我が口程可愛ゆきものはなしと見えたり。

宇佐辺の魚売り数人今朝新居辺迄行き、大ゆりになるといなや魚荷《にな》い戻る。店方の掛集めの影法師も見えず、夜淋しゝ。

❖安政二乙卯《きのとう》歳（一八五五）

《揺れ方の変化》

正月朔日 1－25

朝例の通り半鐘を打ち、本堂にて勤行《ごんぎょう》する。五尊様は御箱の侭《まま》壇上にすえ奉る。それより墓所へ参り、法衣をぬぎ雑煮を食う。地震中なれどもその味去年の通り少しもかわらずうまし〳〵。さあ最早これにて又一つ年を貰うたぞと笑いぬ。四ツ頃（午後10時）去年中の垢を落さんと風呂を涌かし入る、湯の中にある内二、三度ゆる、丁度親の病気の枕元にて婚礼の盃するような心持也。

さて地震のもようは惣体去年分とは違い、地築石築するごときづん〳〵と大なる音してそれよりゆる。余り長々の事ゆえ地震殿もゆりの流義をかえ、人をして驚かしむる手段と見ゆ。又件《くだん》の餅搗くとも思う程の事もあり、人心少しも落ちつかず、勿論礼者もなし、よい春というも不釣り合い、年始の礼は只笑うて事のたるような正月またとあるべき事にもあらず。

今日のゆり数かぞえはせざれども大晦日と同断、夜に入りても一向間なくゆる。毎晩病人の夜伽《よとぎ》する如き訳もなければ、今夜は蒲団引きかぶり、家の崩れは崩れ次第、死なば死に次第と寺内一同寝る。暁までの内、中の大ともいうべきゆり三度ありしかども、首も上げず寝る。今日は朝より夜に入りても風やまず、天気は極上の晴天なり。

《珍説、地震の原因》

一月二日 1－25

朝より大風、赤雲四方の空に見える。五ツ頃（午前8時）半時（1時間）位ゆりの間あり、地震殿の飯時なるべし。さて一両日の地動は去冬長々のゆりとは違い、鳴動の声烈敷《はげしく》ゆる度ごとに大地さけ、地底へおちこむかと思う様なる事度々あり、日夜腹一杯に飯を食い家崩れなば門口《かどぐち》へ飛び出んと思う覚悟より外なし。四ツ頃（午前10時）より曇る、今日は少しづゝゆりの間あり、これはこの一両日以前よりのつゞけゆりに地震も草臥《くたび》れ、二日のゆり初め済みて暫く休息と見えたり。四ツ半《午前11時》頃雪降る直に止む。今日は昨日と違い惣じて度数少なし、然《ソ》れども大槌を以て地をたゝく様なる音はやまず。

人ありいわく、この世界の大地を一時に動かすは如何なるからくりなるや、地底の仕組を見たしというゆえ、我答えていわく、地底は坤軸《コンヂク》とて柱のごとき心木《シンキ》ありと申す事なれば、このゆる所の有様は、狂言の廻《マハ》り舞台のようなる細工にて、下にて心木を廻すゆえ、上にある大地一度に動くならんといえば、彼の人一笑して帰りぬ。

夜に入りてはどん〳〵と鳴り響く音ばかりにてゆらぬ事多し。今朝より今夜四ツ《午後10時》頃迄の間五六十返ゆる。四ツ《午後10時》過ぎ寝る、少々の大ゆりもあれども、寝入りしゆえ暁迄の度数しれず、これぞ地震国とも謂いつべし。

《デマ騒動》

一月三日 1－26

晴天、全体ゆりよう少し緩《ゆるやか》にして昨日の如し、小ゆり中ゆり取りまぜ度数昨日より少し。づん〳〵と打ちもぎなる鳴り様やみ、石原にて車を引くごとき音ありてゆる、又その鳴動ばかりにてゆらぬ事多し。この頃は人々地震馴れて左程に怖れもせず、ゆるたびごとに今のは先刻より烈しゝ、或いは音のみありて存外ゆらぬなどいうて事ともせず。

その中に明四日五日両日とも大ゆりにて又大浪入り来るとて、宇佐の者ども又小屋を取り片付け、昼より山へ籠もるもの多し。これは福智院住僧がうらない候よし、その身も寺を明け置き山中へ逃げ入る趣。先月四日には福島の陰陽師[註]斯様《かよう》の事を言い出し人を騒がせけれども何事もなし、又今日は福智院より右の通り言い出し人を騒動せしむ、誠にあるまじき事なり。

天下一統に行わる、暦書にすら載らざる地震、末世の陰陽師や愚僧などの知る事にあらず、それを実として騒ぐも又その党類なるべし笑うべき事なり。察する所去年霜月五日に大ゆりありしより、只その日を覚えていうならん。地中に日月なし、地震何ぞ日を繰る事あらん、安房《あほう》の一つ覚えとは斯様《かよう》の事をいうなるべし。

今日昼の間三十余度ゆる、夜十返ばかり、その内中の大二、三度あり、夜半頃より曇る、七ツ（午前4時）前より雨降り出す。

註　陰陽師（おんようじ）　おんみょうじとも。陰陽寮に属し、陰陽道に関する事を司る職員。中世以降、民間にあって加持祈祷をする者の称。（『広辞苑』）

《拾得物》

一月十二日　1－29

薄曇り、寒気甚だし。十日程以前より福島浜にて銭を拾い得るもの数多有《これ》レ之《あり》、波打際より沖へかけて汐干を待って沙《すな》を掘り籠にてとうし、銭一人前二匁三分位より、精根《しょうね》の強きものは波の中に入り五十匁括《くく》りを拾うもあり、銭と銭とはくさり合いはづれ難き由。又浜より四、五丁沖にては大碇《イカリ》大釜《カマ》様のもの船にて拾い取るもあり、この節の渡世出来がたき折には、魚籠荷《にな》い廻るより海にて諸品を拾い取るが遥かに勝《まさ》り候と申す事。

朝より九ツ（12時）頃迄の内三度位小ゆり、八ツ（午後2時）より七ツ（午後5時）半迄の内六、七度、夜中四、五度、その内一、二返《へん》中ゆりあり。今日九ツ（12時）頃雪降る、日入る頃ふり止む。大風寒気烈しく、手足首を縮め亀のごとくになり夜を明かす。

《普請所の賃金》

三月二日 1－38

曇天、五ツ頃（午前8時）より晴れる。九ツ（12時）一度中震《ゆ》り、晩方又曇る。普請所へ出る者の賃銀、一日四匁づゝの定め、若し宇佐中にて不参の面々は右賃銀を役人へ持ち行く、然るに右賃銀一両日を経て三匁五分になる、又三匁に定まる。就レ右《みぎについて》他所より来り居り候者、三匁位の賃にては引き合い申さずとて、段々帰る。宇佐惣中大小の隔てなく一軒に六人役づゝ懸る、その余考えを以て雇い夫《ふ》に加わり候者は何日にても右定めの通り一日に三匁と米一升と貰い帰る。夜に入り雨降る。（今夜福島の浜に遊火夥敷《おびただしく》出る、東町にも出る、見る者多し）

《水売り》

三月九日 1－39

晴天、五ツ時（午前8時）二度鳴動小ゆり、今日は天気暖和。橋田浜の井戸、今以て塩（汐）気ありて茶水などには用い難し、山際石の井戸は塩気なし、宇佐の中にて東町より西浜迄の間、井戸の水塩退かざる事橋田と同じ。皆谷々より水を汲む。この節は宇佐町々を水を売り廻るものあり、一荷十二文。夜七ツ（午前5時）半時一度小ゆり、至って寒し。

《漂着仏の霊験》

四月八日 1－44

一面に霧覆う、五ツ頃（午前8時）晴れる、同時小ゆり一度、七ツ時（午後4時）又ゆる。福島浦に久市屋只之丞という男あり、先祖代々真宗にて、顕如上人《けんにょしょうにん》御裏の本尊あり。この真向本尊は古《いにし》え宝永四亥年大浪の節、荒神山の松の木枝に懸かりましませしを御供し来り、この家重代の本尊として毎年霜月廿五日に報恩講を勤む、毎度不思議の告げなどありし趣を以て、聞き伝え拝礼にゆくもの多し。

然るに去年霜月五日の大浪の砌《みぎり》、親子三人連れにて家を逃れ出、船に乗り潮の難を遁れんとするに、船くつがえり一人も残らず溺死せり。その節彼御本尊をば右只之丞妻首にかけ罷《まか》りあり候由。親子とも死骸見えず、百日余りの後、彼の妻女の死体出ける所、衣類髪簪《かみかんざし》の類まで少しも損せず、勿論死骸に疵一つもなく磯辺へ上がりし趣、誠に彼の御本尊の霊験なるべしと、信不信ともに取り沙汰あり、惜しいかな右真向本尊何方へ流れ行き給いしや、つてしれず。化益の因縁懸けさせ給うものなるべし。

宝永四年の浪はこのたびよりは五尺ばかり高かりしという、依って宇佐中にて瀧ヶ谷の百姓家只一軒残りし由。このたびは四、五十軒残れるは汐のひくき證なるべし。さてこの節宇佐に時疫[註]流行、死去の人多し。去年以来寒に傷《いた》み、自然と発する病故、治し難しという、誠に昨冬の地震大汐の難を遁れし身の、今又流行病にて死するは実に残念なるべし。今夜ゆりなし。

註　時疫（じえき）　流行病。はやりやまい。（『広辞苑』）

《デマ騒動》

五月六日　1－49

晴天。昨夜四ツ頃《（午後10時）》東町辺より西の方を、今夜四ツ時《（午後10時）》か八ツ時《（午前2時）》かの内、大波入り来るなり用心せよと、町々を大音にてわめき走るものあり、その声を聞きて俄《にわか》に諸道具取り片付け、山へ逃げ上がる者夥《おびただ》し。右騒動に付鰹船も出ず、漸《ようや》く夜明けて後沖へ出る。今日に至り又山より諸道具荷《にな》い下ろし大に騒ぐ。笑うもあり、腹立てるもあり、大なる骨折損なり。何者《ナニモノ》の言い出したるやしれず。今日九ツ半頃《（午後1時）》小ゆり一度、夜中ゆりを覚えず、少々寒し。

《瀧ヶ谷の模様》

七月廿六日　1－64

曇天。五ツ時（午前8時）瀧ヶ谷へ行き、当浦氏神八幡宮へ詣す。この神林の大木三ヶ一（三分の一）程枯れる。去冬の汐に傷みしと見ゆ。この瀧ヶ谷は宇佐の西北に当たる所、山傍の小高き土地ゆえ、古《いにし》へ宝永の変にも宇佐に流れ残りの家一軒ありしというは、この所の弥平という者の先祖なるよし。このたびの変は猶以て汐来たらず、但し前の方福智院は浪入り来り、畳より上へ六尺ばかり上がりし由、諸道具少々流失せし趣。今日は別して浪高し。晩方橋田の子供磯辺にて羽釜《はがま》一つを拾い来る。この節漁事なきゆえ、惣じて浦の人気衰う。夜九ツ頃（午後12時）一度小ゆり。

《デマ騒動》

十月廿五日　1－76

晴天。今朝五ツ半頃（午前9時）ゆる小。昨夜波幾度も狂いしとて、何方よりいうともなくまた汐の入り来るとて、宇佐中荷物を又山へ運び大騒動。浜辺の者は松明《たいまつ》を灯し暁《あかつき》迄波打ち際を往反して汐を伺うもあり、それゆえ夜前は参詣別して少なし。汐の入る事なきゆえ、今日又山より荷物など元の所へ運び戻す、その狼狽《ろうばい》誠に笑うべし。夜四ツ半時（午後11時）鳴動の声聞こゆ。【昨日の騒動城下辺も同断、人気落ち今も同じ、甚敷（はなはだしき）者は荷物片付け北在郷より上町辺へ立退き候もの数多有レ之（これある）由】

《角力大会》

十一月五日　1－77

晴天、五ツ時（午前8時）ゆる小。去年今日は大地震せしゆえ、今年は宇佐浦にて浦祭と称し、角力《すもう》取らせるとて、中町の浜に土俵を構え、二、三里四方の角力取へ案内する。九ツ頃（12時）より見物の男女来り集まる。晩方角力場賑敷し。（今日は去年大地震の日なるゆえ、その事を思い出しいかゞあるらんと心落付

かず。先ず何事もなきゆえ安心する）

《餅つき》

十二月廿七日 1－85

薄陰り風吹く。糯米《もちごめ》不自由に付き新川にて調え、今日餅を搗く。去年は騒動中ゆえ餅を搗かざりし代わりに、今年は人のあきる、程沢山に搗く積りにてありし処、銭箱を明けて見れば、中は蜘《くも》の巣ばかり、これはと仰天、分別仕替漸く一臼《ヒトウス》二臼《ふたうす》にも足らぬ餅をいかめしく搗くとて人を雇い、杵音のとん〳〵と響く処は、死人の棺をしめる鉄槌の音とも違い、随分心持も宜しく、外輪《そとわ》より寺の餅搗の声きけば中々以て賑敷《にぎわしく》、借銭に溺れて身動きのならぬ貧乏寺とも見えず、されば門外へひゞく杵の音と、掛取を恐るゝ住持の顔持とは雲泥の違いなりと、おもわず笑を催すも、実に浮世の習なるべし。八ツ《（午後2時）》頃雪少し降る直ぐにやむ、風はやまず。夜八ツ半時《（午前3時）》より七ツ《（午前4時）》迄の間に二度ゆる小。

❖安政三丙辰《ひのえたつ》歳（一八五六）

《雄波と雌波》

七月六日 1－120

陰天、雷鳴のごとく震動する。四ツ《（午前10時）》頃より雲急に馳せ、雨まさに来たらんとす。漁船この模様に恐れ沖より帰る。一時《いっとき》ばかりありて空晴れ日光見ゆ。当寺にも先刻の景色を見て、昨年この頃の大風雨に梨子《なし》の落ちし事を思い出し、俄《にわか》に梯子《はしご》をかけ、庭中の梨子三、四十取る。福島の陰陽師《おんようじ》のいうには、一昨年入り来たりしは雄《オ》波と申すものにて、一両年の内には又雌《メ》波来るべし、油断すべからずと流言せしむる由、それに付き児女子は海嘯《註》を聞きて又波入るやと恐怖するもあり。ある男これを聞いていわく、如何に世の中の義理とは言いながら、雌《メ》波雄波と事をわけ夫婦づれにて御つとめには及ばぬ事と云々。夜七夕の通夜とて若者ども集まり歌うて暁に至る。当寺北隣にも娘ある家へ数人来り甚だ賑し、夜中雨ふる。

註　海嘯（かいしょう）　海底の地震などによって起こる波の激しい響き。ここでは海鳴りを指す。

❖安政四丁巳《ひのとみ》歳（一八五七）

《大余震来る》

八月廿五日　2−44

半晴。五ツ半時（午前9時）大いにゆる大の小、半時（1時間）ばかりありて又ゆる小、直ぐに又ゆる中の小。初度のゆりは近頃なき大ゆりにて、家の内に居る者なく、皆門口へ飛び出る、暫くゆりやまず。その中波以前のごとく入り来たらん事をおそれ、宇佐中皆騒ぎ荷物を山へ運び、丈夫なる家へ頼み、男女の騒ぐ声喧《かまびす》し。当寺へも箪笥長持の類より諸品を持ち来り積み重ぬる。

四ツ頃（午前10時）より空晴れる。誠に当年は時変の為にかり遣《つか》われ諸人苦しむ事いうばかりなし。八ツ半（午後3時）時ゆる小、七ツ時（午後4時）又ゆる小の大。七ツ半頃（午後5時）より曇り稲妻光り雷鳴する。日入り過ぎ小雨ふる、直ぐにやむ。当寺本堂の掾《えん》へ畳障子の類まで持ち来り、七、八人来り泊まる。六ツ半時（午後7時）より暁までの間に小ゆり四度、夜中寒し。

（欄外、この地震、長州辺最も甚だしという。当国佐川の奥へ長州より大工数人来り働き居り候処、右の地震に付、不レ残（のこらず）帰国致し候様申し来り、佐川引き払いを以て長州へ帰りける由。彼の地は潮も高かりしという）

《余震の模様》

八月廿六日 2－45

晴天、風大に吹く。昨日のゆりの事を漁船の人々尋ね候に、地方《じかた》より三、四里沖に船掛かりいたし申す内、五ツ半（午前9時）頃波だぶ〳〵として船ゆり、家にてゆらるゝも同断、同時に与津浦の山崩れ、煙のごときものたつを見て、さては何方も大地震なるべしと相考え、櫓を立て直し帰りける趣。七ツ半（午後5時）頃ゆる小、格別なきゆえ山際へ持ち運びの雑具おのがさま〳〵持ち帰る。夜星残らず見え少々寒し。

（右海にてゆらるゝ時まずどう〳〵と鳴り、それよりゆる由、陸にても屋鳴り夥《おびただ》しくゆる事、海面と同じ）

❖安政五戊午《つちのえうま》歳（一八五八）

《震災供養塔建立》

三月廿五日 2－78

このたび萩谷口に石碑を立つ、一つには大変の砌《みぎり》溺死の男女追善の為、二つには後代この碑を見る者、子孫伝言の一端ともなれかしと思うより、当浦中にて石碑料を集め、往還の傍に碑を立てる筈に相なり、この節塚地の石工へ頼み、近日出来《しゅったい》の由、左候時は出来次第、右萩谷口において読経供養致し呉れ度き段、肝煎《きもいり》中より当寺へ頼み来りありしゆえ、造立の時碑下へ納める御経一巻、今日謹みて薫沐《くんよく》致し写し畢《おわ》る。

《供養碑と法談》

六月十五日　2－99

晴天。八ツ時（午後2時）より萩谷口へ行く。ここは塚地へ越える往還にて路傍に立てる碑の下に御経を書き写し納め、碑前に香華を供し旅本尊を御供致しけるより、その仏前にて読経、詣人四十人ばかりあり。

（右の石碑を以来御経塚と唱ふべきよしを申し聞かしむ。碑文は当浦西村畊助これを撰書す）

それより法談一席勤める、その趣意を略していわく、この碑を立てるに付三由あり、一には正面に六字名号[註1]を彫り付け、碑下に御経を納め今日読経するは、大変の節溺死《できし》の男女追福の為也。第二には碑の三方に大変の模様をくわしく記したるは、これ以後又大変あらん時、この碑に記せる意味を見伝え聞き伝えたれば、後人の心得にもなるべく、第三にはここは四国遍路の通り筋なれば、この碑面の名号を見れば、光明真言[註2]又は念仏[註3]を称《とな》え通るべし、又遍路に限らず心あらん人々通行の節、念仏の助縁となるべし、これ有縁無縁ともども来世の結縁ともなるべければ、人をして善心を生ぜしむる善根ともなるべし（合して三由）。

この意を弁じ、次に仏神の慈悲深き、衆生の迷いはてしなき六道輪廻[註4]して、偶《たまたま》人間に生をうけ、仏教に逢い奉る事たやすき因縁にはあらざるべし、その仏教の尊きは、上みは有頂の雲の上より、下もは地獄の底迄も有情を利益し給う、豈《あに》広大なる教えにあらずや、敬うべし信ずべしと、まわらぬ舌を舐めりまわし、七ツ半頃（午後5時）法座すめばおのがさま〱帰宿しぬ。

さて今日の法席は古来より稀なる事にて、当国にある当宗の僧かゝる野原の碑前などにて読経せるすら珍事なるに、法談を勧め教導に及ぶ事、路次大道にて人をも憚《はばか》らず法義讃嘆すべからずといえる掟もあれど、土台当国は仏法不繁昌の土地なれば、守《かぶを》テレ株待《まもりてうさぎ》ツレ兎《をまつ》ヲの一概にては、釈教[註5]の弘まる時節はあるべからず。我れ苟《いやし》くも棄門《ヨステビト》の身と生まれ、仏家に衣食する。仏祖の厚恩を忘れ、何ぞ座《イ》ながら人の悪趣に入るを見るに忍びん、故に今日しも請待《しょうたい》に応じて自他宗の人々を勧誘す、仰ぎ願わくは仏力加祐[註6]して今日の経音遠く響き、山海里の有情におし及ぼし、生存の人間よりこの野にすめる虫類より、六道の岐《わかれ》に迷沈せる亡者迄、平等にこの利益を得ん事を。依ってこの例後に伝わり再びかゝる法莚[註7]発現せば、自然と人を善道に引き入れする一端ともなりぬべきか。これ予が非力無学にて憤《リキム》発ところのおかしさを、有智の人は撫掌《ぶしょう》して、笑わばわらえ死出の山、智者ぢゃとて冥途[註8]が見えるではなし、こちゃかまやせぬと独言《ヒトリゴト》してある処へ、例の当寺の月次《つきなみ》御法座へ月に乗じて参詣三十人ばかりあり、それより勤行《ごんぎょう》法談して四ツ頃（午後10時）涼台にて夏山のしげき木の間をもれ出る月を詠《なが》め九ツ（午後12時）前寝る。

（欄外、今年より二十四、五年以前に、こちゃかまやせぬという歌はやる、その中に〝くもらばくもれ箱根山、さえたとて御江戸が見えではなしこちゃかまやせぬ〟という歌ありしゆえ、それを思い出して云々す）

註1　名号（みょうごう）　仏・菩薩の名。尊号。「南無阿弥陀仏」の六字のほか、九、十字などの名号がある。（『広辞苑』）
註2　光明真言（こうみょうしんごん）　密教で唱える真言の一つ。これを誦すれば一切の罪業を除くという。（『広辞苑』）
註3　念仏（ねんぶつ）　心に仏の姿や功徳を観じ、口に仏名を唱えること。（『広辞苑』）
註4　六道輪廻（ろくどうりんね）　六道とは衆生が4善悪の業によっておもむき住む六つの迷界。すなわち地獄・餓鬼・畜生・修羅・人間・天。輪廻とは、その間を生まれかわり死にかわりして、迷いの生をつづけること。（『広辞苑』）
註5　釈教（しゃっきょう）　釈迦牟尼の教え、すなわち仏教。（『広辞苑』）
註6　加祐（かゆう）　力を貸し助けること。
註7　法莚（のりのむしろ）　法事の席。（『広辞苑』）

註8　冥途（めいど）　死者の霊魂が迷い行く道。また行き着いた暗黒の世界。（『広辞苑』）

《供養碑碑文》

八月十三日　2―115

晴天。朝子供を連れ萩谷口へ女郎花《おみなえし》をきりに行き、序《ついで》を以て先だって供養せし御経塚の碑文をくわしく一見し帰る、その文左の通り。（句読点返り点ルビ編者）

安政元甲寅《きのえとら》歳十一月五日申《さる》の刻大地震、日入前より津波大ニ溢れ進退八、九度、人家漂流残る家僅六、七十軒、溺死の男女宇佐福島を合して七十余人なりき、都而《つて》宇佐の地勢ハ前高く後低く東ハ岩崎西ハ福嶋ノ低ミより汐先路を取巻ゆへ、むかし宝永の変ニも油断の者夥敷《おびただしく》流死の由、今度も其遺談を信じ取あへず山手へ逃登る者皆恙《つつが》なく、衣食等調度し又ハ狼狽《うろたえ》て船ニのりなどせるハ流死の数を免かれず、可レ哀哉《かなしむべきかな》。其翌日ハ御倉開けて御救米頂戴し凍餓に至るものなく、誠ニ難《あり》レ有《がたき》御仁沢下りけれバ、後代の変ニあふ人必用意なく共早く山の平かなる傍ニ岩なき所を択《えら》びて逃よかし、且流失の家財衣服等拾い得し人、暫時内福に似たれども、間もなく流行の悪病ニ染ミ悉皆《しっかい》なくなりしを眼前見聞したるとを告残し、殊ニ而変溺死の人の菩提を弔《とむら》わん為にと衆議して此碑を立るものと云《しか》レ爾《いう》

安政丁巳（四年）十一月　　西邨畊助《にしむらこうすけ》　識

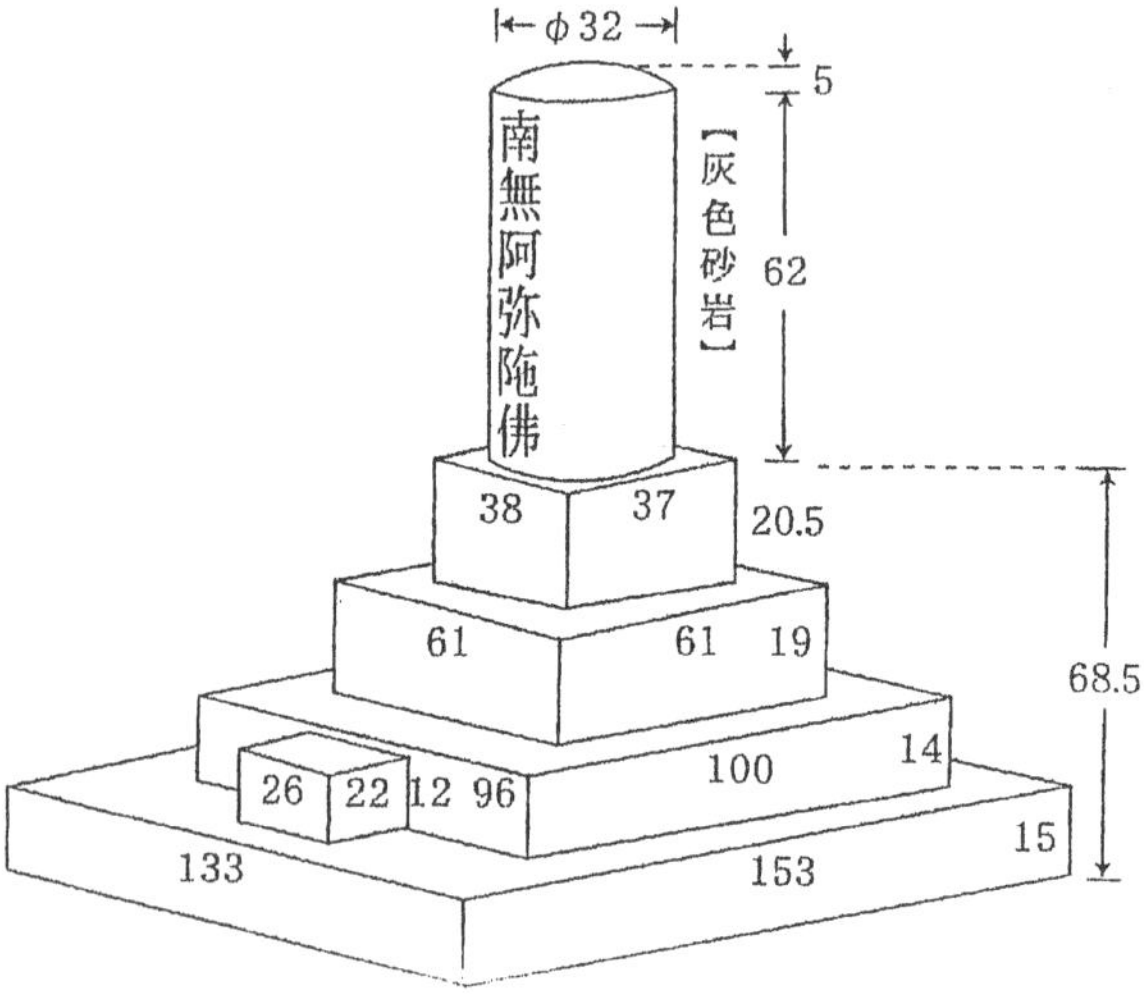

（参考の為、現存する供養碑の拓本と図面を掲げる。提供 岡村庄造氏）

2 上方情報

❖安政五戊午《つちのえうま》歳（一八五八）

八月十日 2－114

この頃江戸の噂を聞けば、七月初旬異国船数艘品川沖へ懸り、見物夥敷《おびただしく》候処、七日より番船付に相なりしに依って見物止まり、その異国人十四人愛宕下真福寺という寺へ上り居り候由。又十一人ばかり京橋辺へ買物に上陸すという。

その後又二艘ばかり見えし由。さて又公方家大騒動、将軍様御他界（毒死とも云う）、西ノ御丸若殿様も御病気、その中にて尾州、水戸、越前、因州などの諸侯方或は隠居又は閉門、種々の御呵《しかり》を受け候御大名衆多き由、それに引替え紀州の御家来は、御家老始め家中の人々御賞禄蒙《こうむ》る人多し、誠に世の中如何《いかが》なり行くらんと恐察す。その中に当国太守様《註》には、このたび異船為二防禦《ぼうぎょのため》一、大坂川口御固め御蒙り、備前様、雲州侯同断の御事、京都へも御大名衆被レ詰《つめられ》候趣、諸国一統只々物騒敷《ものさわがしき》事とはなりぬ。

註 太守（たいしゅ） ここでは十五代山内豊範《とよしげ》。

❖安政七庚申歳《かのとさる》（一八六〇）（三月十八日萬延と改元）

桜田門外の変

安政五年（一八五八）大老となった彦根藩主・井伊直弼は、勅許を得ないまま日米修好通商条約を締結、将軍継嗣問題では和歌山藩主徳川慶福《よしとみ》（のち十五代家茂）を起用、尊攘派、一橋派と厳しく対立した。翌安政六年には反対勢力の大弾圧を行い徳川斉昭、松平春嶽・山内容堂らも処分された。水戸浪士十七人と鹿児島藩士一人は井伊の暗殺を計画、安政七年三月三日早朝、登城中の井伊を桜田門外で襲撃、首級を挙げたが、浪士側の多くは討死、自刃した。この事件を受けて三月十八日、元号が安政七年から万延元年に改められた。

三月廿日　3－86

当月三日於二江府《こうふにおいて》一註、水戸殿御家来昨年来の意趣を以て（去春江府騒動、水戸侯御隠居被二仰《おおせ》付《つけられ》一候事は、大老職井伊掃部頭殿御裁断の由）井伊侯登城の砌《みぎり》を待ち受け、外桜田御門外において不意に鉄砲手鎗にて突き伏せ、御駕籠を切破り彦根侯の首を取り、直に御老中の屋敷へ訴え出候由。右に付双方の手負い死人数多し、上を下へと騒ぎ今以って相治まらずとの事、もっともその日は宵より大雪ふり、節句の日は格別の雪ふりにて、水戸方は合羽を着し笠を着、笠下に白鉢巻を致し、杖に手鎗を仕込み、兼ねて覚悟の事。彦根方は不用意の事ゆえ、井伊侯も首を討たれける程の事に至りける由。近年来未曾有の大乱、右に付御国に於いても臨時御用被二仰《おおせ》付《つけられ》一、江戸へ出足の人、郭中外とも甚だ以て多し。

註　江府（こうふ）　江戸。

❖萬延二辛酉《かのととり》歳(一八六一)(二月十九日文久と改元)

一月廿一日 4－7

昨年、太守様[註1]大坂御警衛御蒙《こうむり》に付、於二彼《かの》地《ちにおいて》一新に御陣屋出来る。材木は安喜の山にて伐り出し、石は甲浦より出し、御国中浦々市艇[註2]へ積み大坂へ廻す。米は諸方御蔵より船手へ廻し、これ又彼地へ積み廻す。人夫八百人ばかり、村々割合を以て昨冬より当春早々迄に皆々大坂へ行く、御国の御入費中々以て莫大の由。

この頃諸国一統諸品高値困窮迷惑に至るも、元来異国交易より事発《おこ》り、このたびの大坂御陣屋も度々異船押《オシ》て大坂へ入津《にゅうしん》ゆえ、その御固めと聞こゆ、蛮夷の為に万民の愁いを生ずる事、前代未曾有也。

註1 太守(たいしゅ) 安政六年(一八五九)二月以降十六代藩主山内豊範。

註2 市艇(いさば) 江戸時代、水産物や薪炭などを主に運送する小廻船の一種。(『広辞苑』)

❖文久二壬戌《みずのえいぬ》歳(一八六二)

《本間精一郎と住吉陣屋》

五月五日 4－116

晩方大坂松下より状来る、先月八日薩州に随従せる浪人本間精一郎住吉陣屋へ来り、松下与膳[註]も一応対談せる由。惣じて京摂の間大に騒々敷《そうぞうしく》、薩長の両侯勤王と称し浪人二千余を集め、上方筋に於ても頻《しき》りに亡命を抱え、追って上京致し禁裏御所を守護し、異船打払の勅命を申し下し、関東御同意なき時は勿論王師を以て関東と取合に及び、夷船ども渡来せぬ様の議定に改め、日本の武威を輝さん為と聞こゆ。その勤王の名を聞きて右両侯に加わる浪人も多し。既に御国中郡の郷士三人故ありて出奔し、大坂にありけるを、薩州より招きけるに、萬一天下の乱にも及ばゝ他国の主に事《つか》ふる理なし、国に帰りて忠を尽す事当然也、一つは国許へ大坂の模様をも告げ、二つには関所を破りし罪をも謝すべし、それ迄暫く返事を待つべしと、二人を大坂に置き、十九歳の男一人この間帰国、その趣役場へ申し出けるに、詮議の上城下の類族へ御預けになる由。予聞き謂へらく、近年異船の渡来より人心自然と不和を生じ、右の事柄に至れり。恐れながら京都関東御一致の上夷賊追伐、萬民安堵の時節に早く移り、昇平を楽しまんと願うより外なし、如何なる江戸の御詮議振りにて異国と交易をなすや、彼等が為に神国の人民の苦しむ事いくばくぞや、実に嘆くべし。

(欄外)○この本間精一郎は根元越後国すい原の豪家にて田地十二万石を持ち、東本願寺直門徒にて、その家四、五軒に分れ、中にも精一郎が家その本根たり。近代本間一族より無為信寺といえる寺を立て頼寺とし、御本山よりこの寺へ御預けになりたる由。右精一郎は大志ある者ゆえ江府へ出、鎗剣の稽古を致し、京都にて学文を励み、それより諸国を廻り、この節薩州の御実父和泉守殿に随従し、このたび大坂に至り御国御陣屋へも来りし由。然るに御陣屋にも元来の素性知らず色々に取沙汰せし趣なり。
○この時御国柞原(梼原)の庄屋吉村乕(虎)太郎兼ねて亡命したるを、本間精一郎伴い御陣屋へ来る。御陣屋にも庄屋とは知らず留置かんといいしも、本間が帰りに連れゆかんといえる詞に気を呑まれ、空しく返しける由、後に亡命者という事知れたり。

註　松下与膳(まつしたよぜん)　土佐藩士で静照師の学問の友人。日記の中に時々登場する。馬廻格からのち中老格に進む。真覚寺の近くに居を構えていたが、萬延元年(一八六〇)から住吉陣営勤務を命ぜられていた。

《伴天連流行》

八月三十日　4－148

隣家松下与膳高知より帰りしとて来る。この人大坂より下着後間もなく又文校助教の役を蒙《こうむ》り、文武館へ日勤の処、明日は休日ゆえ鳥渡《ちょっと》帰れる也。久し振りに四方山《よもやま》の話を聞く。

江戸にては伴天連[註1]大に流行し、その教えを受けたる者へ異人より金一両づゝ呉れる、それゆえ利に迷い耶蘇[註2]教に帰する者多く、殆《ほとん》ど制すべからず。何事によらず伝授せんとする時は、弟子より師匠へ束脩[註3]の礼を行なうが当然なるを、伴天連は師の方より金子を呉れる、これ則《すなわち》邪宗邪法の証拠、異人の中にもイギリスの教師頗る智者にて、江府に於いて当世評判の芝居役者と、極めて美麗の妓婦とへ邪法を教えけるより追々弘まり、人疑い怪しむ時は、目前の天文暦等を以てこれを証するゆえ、人々信仰厚きに至る。

その教えを習いたる僧、ある家の葬式の法要に赴き引導相渡す時、死人の顔を包むべしという。怪しみつゝ顔を隠し跡にて手拭を除き見れば、何時の間にやら死人の両眼をくりぬき取りてありしより事六ケ敷《むずかしく》なり、邪法という事露顕せり。

如《この》レ此《ごとく》せし事一人や二人にてはなかるべし、その両眼の汁を取り薬に用いるとて、異人高価に買い求めるより、右の通りの悪行発《おこ》れる也。葬家の主人も彼耶蘇教を承けしものゆえ、邪僧を請待《しょうたい》して如《この》レ此《ごとし》。これは親の両眼を一両に売りし様なる事也。この頃に至りては、邪法に浸淫《しんいん》する者夥敷《おびただしく》、禁ずる事能わざるに至る趣、実に歎ケ敷《なげかわしき》事也。

註1　伴天連（ばてれん）　キリスト教が日本に伝来した時、宣教に従事した司祭の称号。キリシタンすなわちキリスト教の俗称。

註2　耶蘇教（やそきょう）　キリスト教のこと。
註3　束脩（そくしゅう）　束ねた乾肉の意。中国の古代、初めて入門する時、手軽な贈り物として持参した。転じて、入学の時に納める金銭。

京都での暗殺事件

文久二年（一八六二）秋からの京都では、尊攘派の活動が活発となり、さきの安政の大獄の報復も含めて、天誅、斬奸の名のもとに暗殺事件が相次いだ。ここでは、島田左近・本間精一郎・宇郷玄番・目明し文吉の暗殺のことが取り上げられているが、その外にも、さきの安政の大獄で活動した幕府与力同心四人、儒者の池内大学、千種家の家臣香川肇らが惨殺された。また、悪徳商人や女性が生き晒しにされるという事件も起きた。これらの多くは薩摩の田中新兵衛、土佐の岡田以蔵らが関与したとみられている。

八月三十日4－150

今年七月廿二日、九条殿の侍島田左兵衛権大尉《ごんのだいじょう》という人（年四十位）、主人を江戸へ傾けんとて奸佞邪智《かんねいじゃち》を以て終に利を見せ、禁庭を背かしめける様子ありけるが、木屋町に妾を抱え置き日夜通いけるを伺い、何《いず》くの侍ともしれず四人彼女の家へ行きけるに、嶋田（マヽ）は暑さの頃なれば裸になり食事せんとする折柄、白刃を抜き向かえば、一目山に逃げ出んと走りけるを切り伏せ、首を取り四条河原へ持ち出し獄門にかけ、罰文の札を立て、三日の間さらしけるを、公儀の役人来たりて取り埋めける。この切りたる四人は薩州の侍なるべしという。かの当春住吉陣屋へ来りし本間精一郎もその一人にてありしを、御国の下横目[註]見て帰りしという。

註　下横目（したよこめ）　足軽身分の優秀な者が勤務する監察の役職で、目付方、町方、郡方、浦方など各役所に所属し、罪人の逮捕にあたった。

九月廿日４－162

上方筋の話を聞く。

当年七月殺されたる九条殿諸太夫嶋田左兵衛権大尉は関東間者にて、近年関東より御扶持頂戴せる由。七月廿一日浪人七、八人にて木屋町という所にて打取、四条川原に罰文を添え梟首《きょうしゅ》有《これ》レ之《あり》。

此島田左兵衛権大尉事、大逆賊永野主膳同腹致し不《いわ》レ謂《れざる》奸曲を相巧ミ、天地不《いれる》レ可《べから》レ容《ざる》之奸賊也、依レ之《これによって》加二誅戮一《ちゅうばつをくわえ》令二梟首一《きょうしゅせしめる》者也。

文久二年壬戌七月日

永野（長野）主膳というは井伊の藩中也、これも浪人に被《うかが》レ覘《われ》居由、先日小南五郎右衛門京都へ被《さし》二差立《たてられ》一帰国之上右の咄。（註、長野主膳は八月二十七日彦根藩により斬罪となった）

○当春住吉陣屋へ来りし浪人本間精一郎、（註）閏八月廿日於《において》二京《きょう》都《と》一殺され、廿一日朝四条橋より少し上る中川原に於いて首をさらし置有《これ》レ之《あり》、死骸は高瀬川川原町御邸より半丁ばかり下《しも》に流る、。黒羽二重の羽織に小倉の袴横にきれて見ゆる。其の罰文、

本間精一郎

此者罪状今更申迄も無《これ》レ之《なく》、第一虚唱を以衆人を惑《まどわ》し、其上高貴ノ御方へ出入致し、佞辨《ねいべん》を以

薩長土之三藩を様々ニ致ニ讒《ざん》訴《そいたし》一、有志之間を離間し、姦謀を相巧ミ或ハ非理の貨財を貪り取、其
外不《いわれ》レ謂《ざる》奸曲難レ盡《ひつじょうにつくしがたし》ニ筆上一、此儘ニ閣《おきそうろうて》候而ハ無《かぎり》レ限《なく》禍害可《しょう》レ生《ずべき》ニ付如レ此《このごとくきょうしゅせしめる》令ニ梟首一者也
閏[註]八月日

○九条殿の御家来に宇合（宇郷）玄蕃というあり。閏《うるう》八月廿三日朝、三条四条の間松原通橋の東側川原に
於いて首をさらし有《これ》レ之《あり》、その罰文左の通、

此者嶋田ト同腹主家をして不義に陥《おと》しむ、其罪実ニ彼より重し、依《これによっててんちゅうをくわえる》レ之加ニ天誅一者也。

壬戌後八月

○高倉押小路上ル処に目明し文吉と申す者あり。閏《うるう》八月廿九日夜しめ殺され、三条大橋の一丁ば
かり上《かみ》、賀茂川の中川原に晒木綿屋の晒杭数本立て並べ有《これ》レ之《あり》、それへ丸裸にして両手と首と
細引にて括《くく》り付け、腹は呉絽服の萌黄の帯にて括《くく》り、翌一日朝絶息に相なる由。既に入墨有《これ》レ
之《あり》その上目明しの身分ゆえ、刀に掛けては穢《けが》るゝとて如《この》レ此《ごとし》、年五十ばかり、大男なり。罰文
左の通、

高倉押小路上ル

目あかし文吉

右は先年より嶋田左兵衛ニ随従し種々姦謀之手傳致し、剰《あまつさえ》戌年已来姦吏之徒ニ心を合せ、諸忠
志之面々を為《くつ》レ致《うい》ニ苦《たさせ》痛一、非分之賞金を貪取《むさぼりとり》、其上嶋田所持致し候不正之金子預り、過分之利息

を漁し、近来ニ至り尚又様々姦計を相巧、時勢一新之妨《さまたげ》ニ相成、依而《よって》如《この》ㇾ此《ごとく》誅戮を加へ、死骸引捨ニ致ス。同人死後ニ至り右金子借用之者ハ決而《けつして》返済ニ不《およ》ㇾ及《ばず》、且又此已後迚も文吉同様之所業相働候者有《これ》ㇾ之《あら》バ、身分之高下ニ不《かか》ㇾ拘《わらず》即時ニ可《ちゅう》ㇾ令《ばつ》二誅罰《せしめる》一者也。

戌閏八月廿九日

右の精一郎、玄蕃、文吉三人とも誰が殺せしや知れず。精一郎を害したるは井伊家の士《さむらい》なるべしと、京都にての評判の由。

註　閏（うるう）　季節と暦日とを調節するため、平年より余分に設けた暦日・暦月。地球が太陽を一周するのは三百六十五日五時四十八分四十六秒なので、太陽暦ではその端数を積んで四年に一回、二月の日数を二十九日とし、太陰暦では平年を三百五十四日と定めているから、適当な割合で一年を十三カ月とする。（閏月の例、文久二年八月・慶応元年五月、明治元年四月など）

《御殿山異国人襲撃》

一月廿一日５－６

先だって江戸御殿山にある異国人の旅館を、浪人数輩来りて焼き払う。異人何ともいわず、皆々乗船帰国せり、依《みぎに》ㇾ右《よって》日本国海岸何処へ急に寄せ来たらんも謀り難しとて、京都を始め大騒ぎ。京には一橋殿[註]を始め諸侯方九人、御警衛の為在京、一橋殿は東本願寺を旅宿とし、越前侯は西本願寺にあり、当国太守様は以前のごとく大通院にまします。

右に依り京都の諸品の価高き事倍々の事にて、梅干一つ十二文、干鰯一つ十六文、酒一升六百文、これを以て余の事を察すべし。肥前侯は先だってより在京の処、如何なる故か俄かに江府へ赴かれける由。
さて又御国太守様、薩長の両侯、右御三方を禁庭より召され、則《すなわち》参内ありければ、龍顔を拝せしめ、且天子の御身付の御衣服を下し置かれ、万一蛮夷渡来し兵端開けなば、この衣服を陣羽織直垂《ひたたれ》に仕立て着用し、戦場に赴くべしとの勅命にてありし趣。これは当正月三日の事也、誠に有難き御事にて、昔より例少なき由。元寇建武の乱に新田《にった》・楠に錦の旗を授け給いし事あれども、それは日本同士の軍《いくさ》にて図の見えたる事也、今度の叡慮は夷賊退治の為にて、実に安からざる時勢、恐れ入りたる事共也。

註　一橋（ひとつばし）のちの十五代将軍徳川慶喜《よしのぶ》。水戸藩主徳川斉昭の子であるが、徳川氏の支族である田安・清水・一橋の御三卿の一つである一橋家を相続した。（『日本史広辞典』）

❖文久三癸亥《みずのとい》歳（一八六三）

一月廿三日　5－7
昨夜五ツ時廻文来る、左の通り。
自二京都一《きょうとより》早追御使者手嶋八助到着
太守様益御機嫌能被《あそば》レ遊《され》御超歳、殊当月三日御参内被《あそば》レ遊《され》候処、龍顔御拝天杯御頂戴、且御衣御古御拝領被《あそば》レ遊《され》、右御礼御廻勤等御首尾克被《よくすま》レ為《させ》レ済《られ》、御安堵ニ被《おぼし》二思召《めされる》一旨、重畳恐悦《ちょうじょうきょうえつ》之御事ニ候。
正月十四日

三月廿六日 5－18

当春英船より江都へ三ヶ条の難問ある由、一には薩州島津三郎の首を貰いたし、（これは去年島津侯勅使の御供にて江戸へ行かれしとき、異人四、五人薩州の供先をきる、薩の士走りかゝり二人を切り倒す、余は逃げたる由。右に付き首を望む趣、三郎というは即島津和泉守のこと也）。二には首の代わりに数万両の銀子《カネ》を呉れるか（銀子員数失念せり）、三には右両条不承知なれば兵端を開くべしと、今以って御返答なき由也。この間紀州加田浦迄異国船二艘入り来る、紀侯打払わんと欲せる模様を見て異国船恐れけるや沖へ出けるという。

将軍家茂上洛

前年十月の攘夷督促の勅使三条実美らの東上に応える形で、三月四日将軍家茂《いえもち》が従兵三千人とともに上洛、二条城に入った。実に三代将軍家光以来二百二十九年ぶりという。同七日には参内し、十一日には攘夷祈願の為上加茂・下加茂両社に行幸する孝明天皇に供奉した。越えて四月十一日には石清水八幡宮に行幸されたが、この時は将軍は病気という事で、後見職の徳川慶喜《よしのぶ》が供奉《ぐぶ》した。この上洛で、攘夷期限を五月十日と約束させられた。将軍は六月十六日江戸に帰った。

五月五日 5－27

当三月上旬将軍家御上洛、両三度も参内し給い、その後天子鳳輦《ほうれん》に乗じ加茂石清水へ行幸あり、将軍家を始め在京の諸侯皆御供、もっとも馬上の由、その賑々敷事いうべからず。先だって公方家御上洛の節も、御駕籠の戸を明け、庶民に台顔を拝せしむ。水戸侯後《アト》押えにてありしに、将軍家の御供より水戸の御人数多くして人々疑いあえりとぞ。

　寛永十一年、三代将軍家光公御上洛ありしのち、入朝の式廃絶せしに、このたび二百三十年目に当りて珍敷《めずらしき》御上京ゆえ、諸人御行列を拝見せんとて競い出るももっとも也。右に就いては公武御合体いわずして赫々《かっかく》たる事なれば、上方筋の人気自然と安堵し、世間平穏なる由。実に天朝の御恩沢有難き事也。さて将軍家には三月下旬京都御発駕の思召の処、如何なる事にや又々御延引になる。

　御滞京の大小名およそ三十余頭、その中に水戸侯は将軍家より（江戸の御支配）を命ぜられ、先だって下関あり。

　右の都合に付、当正月御本殿より諸国末寺へ、このたび将軍家御上洛に付旧例も有《これ》レ之《ある》間、住職分は御機嫌伺且為二御守護《ごしゅごとして》一上京可《ある》レ有《べし》との御沙汰有《これ》レ之《あり》、予州辺の法中は上京せし趣。当国へは今以てその御沙汰なし、御廻状滞れるやいぶかし。その砌《みぎり》惣御末寺中は江州《ごうしゅう》大津迄御迎え申すべしとの仰せ出されにてありし処、公方家よりこのたびは萬端御省略御手軽の思《おぼ》し召しゆえ、出迎えには及ばずとの御沙汰に付、上京の法中只行列を拝見せしのみにて帰国せる由。

まぼろしの福井藩挙藩上洛計画

　将軍上洛攘夷期限決定など、天皇を取り込んだ長州を中心とした京都情勢を嫌って、政事総裁職・松平春嶽は三月二十一日無断離京した。薩摩島津久光・土佐山内容堂・宇和島伊達宗城らも相次いで帰国。二十六日、春嶽は政事総裁職を罷免され逼塞《ひっそく》を仰せつけられた。四月中旬頃から福井藩では、挙藩上洛して京畿の防衛や激徒の制圧にあたり、朝廷、幕府に対して国論統一による事態の収拾を建議するという内々の計画が練られていた。この計画は諸般の情勢を把握した結果、七月になって取りやめとなったが、その情報を受けて妨害工作が行われたことが記録されている。

八月廿二日 5－54

先だって越前春嶽侯上京の節、大津より使者を以て本願寺へ旅館の義を御相談ありければ、以前貸し奉る訳を以て御承知に相成る。その夜御本山の近きほとりの辻々に、越前侯の旅館と定まりたれば本願寺を焼き払うべしと張紙あるゆえ、御本山より越前侯へ旅宿返替になる、それより高台寺を以て旅館と定む。その夜浪人ども右寺へ集り一時に焼き払いたるを、越前侯聞し召し上京せずに大津より引返したりという。

右の高台寺は慶長の頃、太閤秀吉公の北ノ政所御建立の菩提所にして、太閤御夫婦の木像あり、秀吉公は唐冠持笏《とうかんじしゃく》の坐像二尺四、五寸ばかり、政所公の像は法体に花の帽子を着く、薄紫の衣に金紋萌黄《もえぎ》地の袈裟《けさ》を掛け、右の膝を立て数珠を持ちたる形也。高台寺院とはこの人の法号にて高台院殿従一位湖月禅定尼と名付く故を以て、この寺を高台寺という也。この所は昔雲居寺の旧地にして、応仁の乱に焼失せし処今度又火災に罹《カ》るも不思議也。東山の中にても高台寺の十境とて別して名所なりしに、灰燼《かいじん》となる事誠に惜しむべし、これ千古の遺憾ともいうべし。

八・一八の政変と天誅組事件

文久三年八月十三日、攘夷祈願の為大和に行幸されるとの詔が発せられた。これも長州を中心とする攘夷派の工作によるものであるが、これを受けて土佐の吉村虎太郎らは、元侍従中山忠光を擁して天誅組と唱え、行幸の魁《さきがけ》として大和に進駐、十七日には五條代官所を襲撃した。その一方、京都では天皇の大和行幸阻止、長州追い落としの秘密工作が進められていた。十八日、薩摩・会津・淀の三藩で九門を固め、天皇臨席の上で中川宮から大和行幸延期、三条以下攘夷派公卿十九人の参内と面会禁止が申し渡された。これによって、長州は七人の公卿を守って京都を去った。大和にいた天誅組は天皇の魁から一転して朝敵とされ、幕府連合軍から追討を受ける立場になった。

八月廿八日 5－58

当十七日関白殿三条殿始め堂上方数人役目御免になり、否皆々御出奔の由にて、京都大騒ぎ、長州侯在京にて将軍家を征伐せんとひしめく由。その所以《ゆえん》委《くわし》く知らざれども、急御用にて四、五日以前福岡殿始め六、七十人上京の由也。

右に付当廿七日八日上町神祭、花鉾大競にて廿六日成就になりし処へ、花鉾停止の御触廻る、若者ども残念の余り暫時に打崩し除けるとぞ。新居浦狂言も先だって稽古に懸る処、右の都合にてこれもやまりとなる。

於二京《きょう》都《とにおいて》一、三条殿等を長州へ奪い取りし様に取沙汰せし故、御国許へも三日続きての早追来る。後に聞けば左にてはなく、長州へ御相談の上暫く寓居し給うとぞ。屋敷を出給いし時、狼藉者もあらんかと御用心の余り、空筒《カラ》を放ち御立退きありしに依って仰山に言い触らせし也。関白殿始め皆交易拒絶の義を押立て給うに、天子の御意に叶わざる事も有《これ》レ之《ある》や、役儀御免に相なりし趣也。

九月七日5－61

晩方岡本隆玄来る。先度京都より到来せる状を持参し見せ呉れる。その大意は八月十日頃主上南都へ行幸、異賊御親征の思召も有《これ》レ之《ある》由。長州始め御供の筈にてありし処、薩州より禁庭へ奏問の別議ありけるより、右行幸御延引の仰せ出されとなる。これは薩州より長州の威名を奪わんとする工《たくら》みなるべしという噂。それより長州は関白殿、三条殿等の堂上方を供し、京を立退く。兵庫沖には長州の船数十艘繋《ツナ》ぎ有《これ》レ之《あり》、陸の方は駕籠馳せ違い騒敷《さわがしき》事にて、定めて右の公家衆は長州へ落ち行き給うらんという。

その跡にて二条殿へ関白職を命ぜられ、同月廿七日の勅命にも、将軍家の下知を待《マ》たず攘夷あるべしと仰せださるゝ、在京の諸侯は肥前、会津、因州、阿州等也。京都に於ても浮説区々にして一定ならず。長州は誠忠無二の由、薩州は江戸を覘《ネラ》う底意ある故、天子様へ都合よく言いなし、我が方へ傾け奉らん策略ともいう。

右先月の騒動の場合、御国方よりは、[註]兵之介様御在京、甚以《はなはだ》て御人数少なく一同心配の処へ、大坂御陣屋より侍十人足軽三十人ばかり俄かに上京せしゆえ、京詰の御家来も大に力を得たりという。

註　兵之助（へいのすけ）　容堂の実弟豊積。天保五年（一八三四）生。（『山内氏略系図』）

九月十三日 5－65

大山文得来る。右文得より当時勢の噺を聞く。先月京都騒擾の砌《みぎり》、中山侍従殿亡命、南都にて諸浪人を集め一揆を企て、和州の諸城を攻むるに、その勢次第に強く、米銭を散じて民を救う故諸民懐《ナツ》き従い、降参せる城主もある由也。

九月廿一日 5－72

京都より御触達の由の写しを見る。

元三条西中納言
元三条中納言
元東久世少将
元壬生修理太夫
元四条侍従
元錦小路右馬頭
元澤主水正

右七人去る十八日已後《いご》同伴及㆓他国《たこくにおよび》㆒候段、不《ちょう》㆑憚《いを》㆓朝威《はばからず》㆒甚如何（遺憾）ニ被《おぼ》㆓思召《しめされ》㆒被《かん》㆑止《いを》㆓官位《とめられ》㆒候。和州五條一揆之中山之ごとく何方へ手寄、偽名を唱、諸人を誑惑《きょうわく》致し候も難《はかり》㆑斗《がたく》候。何方江罷越偽名を唱候共、聊無《いささかもしんしゃくなく》㆓斟酌㆒取押可《ある》㆑有《べき》也。

但、乱暴ヶ間敷候ハゞ、臨機之所置召捕可《これ》㆑有《ある》㆑之《べく》候。

元中山侍従、去ル五月出奔官位返上、祖父已下義絶、当時庶人之身分ニ候処、和州五條之一揆、中山中将或ハ中山侍従と名乗、無謀の所業有《これ》㆑之《ある》由ニ候へ共、勅諚之旨相唱候故斟酌致し候者も有《これ》㆑之《ある》哉ニ相聞へ候。当時称《かんいをとなえ》㆓官位㆒候者ハ全《すべて》偽名、且不《ちょうけんを》㆑憚《はばからず》㆓朝権㆒勅諚候段、国家之乱賊ニ而《にて》、朝廷より被《おおせ》㆓仰付《つけられ》㆒候ニハ一切無《これ》㆑之《なく》候間、討手乃面々江不《もれ》㆑洩《なき》様可《あいたつすべき》㆓相達㆒事。

九月

一、是迄諸藩士并浮浪人等諸家へ立入、暴論を唱へ候より被レ悩二叡慮《えいりょをなやまされ》一候次第之義有《これ》レ之《あり》候間、已来左様無《これ》レ之《なき》様取締被《おおせ》二仰出《いだされ》一候事。

一、諸藩士堂上諸方へ立入候義、已来各藩二而《にて》役々人員相定、名前伝奏江出し置き、其他之輩猥《みだり》二立入有《これ》レ之間敷《あるまじく》被《おおせ》二仰出《いだされ》一候事。

十一月四日 5－93

御触来る、左の如し。

大目附江

中山大納言嫡子之由、浪士六十人斗《ばかり》具足着用、抜身長刀を携《たずさえ》、河州狭山北条相模陣屋其の外二《に》而《て》勅命と偽《いつわり》、武具馬具等借受候由相聞候間、於二領主《りょうしゅにおいて》一も厳重二致二手配《てはいいたし》一、右様乱妨之者見懸次第早速召捕、月番之老中江可《もうし》二被申聞《きかさるべく》一候、時宜二寄り候八ヾ切捨二致し候とも不《くるし》レ苦《からず》候。

右之趣万石已上之面々江不《もれ》レ洩《ざる》様早々可《あい》レ被《ふれ》二相触《られるべく》一候。

八月

大目付江

此度上方筋不《ようい》二容易《ならざる》一時変有《これ》レ之《あり》、人心動揺之折柄右残党ハ勿論其余心得違之者有《これ》レ之《あり》、此上如何様之事変を企可《もうす》レ申《べき》も難《はかり》レ斗《がたく》候間、万一之節銘々領分之固《カタメ》ハ勿論、他領共申合相互応援致し、且又最寄御料所其外寺社領小役所等警衛向、手薄之場所は不《さし》レ待《ずを》二指図《またず》一時宜次第出勢致し、取鎮方手抜無《これ》レ之《なき》様兼而《かねて》心懸置候様可レ被《いたさる》レ致《べく》候。

右之趣中国九州ニ領分有《これ》レ之《ある》万石已上之面々江可《あい》ニ相触《ふれるべく》一候。

八月

別紙之通従二公儀《こうぎより》一御触ニ候条、被レ得二其《その》御《おん》旨《むねをえられ》一、先達而従二京都《きょうとより》一被二仰《おおせ》出《いださる》一、其節相触候通、尚又一統厚可《あい》二相心得《こころうべく》一候。

右之趣相触候様御奉行中被《おおせ》二仰聞《きかさる》旨、御目附中より申来候条、例之夫々《それぞれ》江可《しめし》レ被《きか》二示聞《さるべく》一候已上。

十月六日

❖文久四甲子《きのえね》歳（一八六四）（二月廿日元治と改元）

《長州藩人気》

五月廿一日 6－35

今朝嶋崎清七予に所要ありて来る。先だって容堂様へ禁裏御所より数年の間国家の為御尽力御周旋あらせられたる御褒賞として、従四位上少将拝任あり、その御歓びとして、この嶋崎氏も昨日御城へ出し由の咄し。

それに付きこの頃長州藩中の者数百人京へ入込、五人十人づゝ伴い往来するに、皆深傘を被《かぶ》り面体を見せず、茶屋にても風呂屋にても一人行くという事は決してこれなく、いつにても数人連れ立ち行くゆえ、御国の御家来ども彼の勢いを避けて通る。彼等も土佐と薩州の侍と見れば、別して目を附ける様に覚ゆる、しかし数百人京都徘徊の意味もしれず、禁裏御所の惣門にも諸国浪人体《てい》の者並びに長州の者は、この内へ入る事不二相《あい》成《ならざる》一由の高札昨年以来立たる所、この節は右長州の家来、何の遠慮もなくその門を出入りすれども、御番の者も強いてこれを咎めず、大目に見て居るとの事。且京都市中の者、子供に至る迄皆長州贔屓《ひいき》にて、買物などありて店に腰懸け煙草のむ中にも、長州の事をほむれば彼等も喜び、誠に私などの斯様《かよう》に渡世仕るも長州様の御蔭也といい、誤って長州の事を誹《そし》りなどすれば、町人迄も腹を立てるという。斯様《かよう》に京地の者長州へ自然と心を寄せる事もどうした事やら、つてしれずと、この間右嶋崎の間柄の人、京より下着しての噺也とて清七より聞く。

《浪人跋扈》

六月廿六日 6－44

当春大坂難波《ナニハ》傳法屋へ浪人乱入せし時より、亭主行方なくなりし処、この節静なる様子ゆえ自宅へ帰る。その事を浪人ども聞き附け、再び乱入す。折柄亭主善兵衛は御国福島浦濱市屋、船頭清太郎なるものと同道して百七十両の金子を携え、茶屋遊びに行きし跡へ件の浪人来り、番頭を縛り上げ銀子のある処を白状すべしと責め立て、八、九人手分けして家捜しを致しける処を見兼ね、又一人の番頭代の男、色々と断《ことわり》をいいけるに、一両日の中に千両の金子を調達すべし、左もなき時は我一命に懸る事ありと頭分の浪人厳敷《きびしく》いうにぞ、早速承知したれば間違いなき様の手詰を致し、若し万一相違致す時はこの家を即時に焼き払うべしというて帰りぬ。

さて戸をしめ、恐ろしかりと一同咄し合いの処へ茶屋より両人帰る。戸の内より今夜斯様《かよう》斯様の次第なれば、片時も何方へなりとも身を隠されよというにぞ、両人足に任せて走り出、先年傳法屋に奉公し、今は暇を取り相応に暮せる者ありこれを頼り、その家へ行き戸をたゝけども、つて取りあわず、仕様もなさに出入りの大工の方を志し頼みけるに、漸くおき出、戸を明け呉れる。さて清太郎いう様、この銀子は私預かるべし、両人一所にこの家にあらんも不用心也、私は余の家をかり夜を明し申すべしという、亭主ももっともと同じける処へ、いかゞして聞き出しけん、浪人ども跡を追うて来り、右の咄しを聞き取り、その金子を渡せというのせりふになる、清太郎も恐怖の余り百五六十両の銀子をば直に渡しぬ、先刻も言い出しの通、千両の金子を調えずば傳法屋を焼き払い野原となすべし如何というにぞ、承知候趣返答に及び別れける。

夜明けて後難波の者どもこれを聞き伝え、傳法屋に怨みありて家を焼けば、その家一軒にて火の止まる事はあらじ、当村一統の難儀也、左すれば傳法屋を転宅して貰い、この村にさえあらざれば火事の愁いもなしというより、追々その評議になる、傳法屋も今更転村中々一通りならぬ事、差し当り迷惑に及び、最早この上は仕方もなしと胸を定め、役所へ訴え出る。

そこへ又別村より丁度傳法屋のごとき押入騒動ありて迷惑の趣、浪人の事を訴え出るに出逢いぬ。それ故役人評定し、諸方にて浪人体《てい》の者乱妨するに、その侭《まま》に指しおきては公儀の御威光薄きに似たりとありて、早速捕手を四方に遣わしけるに、不日に四五人の浪人を捕えけるより、先ず暫く静なる事の由、当浦中野屋船頭の噺。

《土佐藩士遭難》

七月廿日 6－50

先だって京都表浪人徘徊し乱行甚敷《はなはだしき》に付、松平肥後守殿家来八方へ別れ捜捕しこれを殺す時、御国の麻田某在京にて西大谷の門前曙《アケボノ》といえる茶屋に入り一杯飲まんとする処へ、会津家来

十四、五人来り麻田を殺さんと鎗にて向かう。
麻田我は浪人にあらず、土佐藩中麻田何某也と名乗るを聞かず鎗にて突く、疵を負いながら、我は土佐の家中に相違なき、何ゆえ殺さんとするや、早まりたる仕方也といえば槍を引く。さて疵を巻き応対に及ぶ、愈々土州士《さむらい》に紛れなき事分明ならんとする処へ、その組の一人槍を提げ跡より馳せ来たり、有無をいわず麻田を突く、その傷深かりしにや終に死せり、又は切腹ともいう。

さて会津侯より御国在京の御家来へ、間違いにて疵付けし段御挨拶ありしに、御家老如何なる考えにや、挨拶を承知せしともいう。その外会津の家臣数十人にて長州の御留守居を殺害せし事あり、これも間違いという事なれども、長州方承知せず、会津を討取らんと甲冑を帯したる者四百人ばかり俄かに上京し、稲荷山に屯し、追々長州より後勢続き登る由、長州勢を播州室《むろ》にて御国船手の者見たる趣也、この末如何なり行くや覚束なし。当春御国家中麻田某京地にて死し、又今度その同姓の人同じく京都に於いて剣難にかゝるも如何なる因果なるやしれず憐れむべし。

❖元治二乙丑《きのとうし》歳（一八六五）（四月八日慶応と改元）

《長州情勢》

一月十九日 7－10
当年より向《さき》に、御大名衆御三人宛交代を以て、三ヶ月詰めにて京都御警衛の筈に相なり、来たる四月五月六月は御国と淀侯と肥後侯との御当りの由。
さて大坂において公儀御役人騎馬にて歩卒数多《あまた》従え浪人狩りをし、怪敷者《あやしきもの》をば召し捕り死刑に行う。先だっても天王寺の傍にて獄門に懸りし者八人あり、これは長州浪人ともいう。右に依って御国御供の人々は悉く中白の印し渡り懐中せしむ、咎められし時はこれを出し見せよとの事。

長州侯京都へ御侘び申し出られ、七卿《ケウ》を国へ誘引せしも、山口の城を築きしも、京都へ乱入せし事も、皆御家老の胸中より出たるにて、国君御父子委《くわ》しく御存知なき趣を以て、先だって御家老三人を誅戮《ちゅうりく》し梟首《きょうしゅ》せしめてその奸を人に示す。然して御父子とも御法体、御若年なる御方へその国御相続仰せ附らるゝ、もっとも御知行の内を減ぜらるゝともいう。それゆえ征伐を蒙りたる諸侯皆囲みを解き、追々御引取りになる、依って中国筋も大に穏やかになり、萬民喜悦すという。

然るに両三年以来諸国亡命の者長州へ抱えられ、その数五百や千人位の事にあらず、右の都合なればこのたび御暇の出るは顕然《けんぜん》也、浪人どももそれを承引するやせざるやいぶかし。若し不承知の時は長州に於いて浪人一揆の起らんも知るべからずと、大坂辺にても評説区々《まちまち》の由。この間上方より御供にて下りたる人の噺也。

而

十月廿三日 7―82

先だって大坂表へ迄長州人を御呼立になりし処、彼の国より答えに、昨年京都を騒がしたるは家老どもの所為なるゆえ、その罪を糺《ただ》し夫々死刑に行ないたり、幾度大坂へ罷《まか》り出ても右の子細より外に申すべき事なし。一旦罪に伏し御侘申し上げるを又々御征伐などゝは如何なる御事にや、この上押して御征伐もあらば仕方もなしと、驚かぬ返答振りに付、将軍家にも困り入らせ給うとの噂。

大坂の町に座頭の坊が糸のきれたる三味線を提げ、歯の抜けたる木履を画きたるはんじ物あり、これは、ゆくにゆかれずひくにひかれず（長州へゆくにゆかれず、江戸へひくにもひかれず）という事にて、公方家の腰の抜けたるを誹《そし》りたるもの、由也。

❖慶応二丙寅《ひのえとら》歳（一八六六）

《米一揆対策》

五月廿一日 8－42

先だって上方米穀大上がり、困窮者夥《おびただし》く終に一揆を起し、手毎に棒竹鎗を携え、兵庫は町々の米を囲いたる大家へ乱入し焼き払い、名高き喜多風の家も焼かれたる由。その人数およそ千人ばかり見え、中々乱妨甚敷《はなはだしき》ゆえ兵庫御固めの諸侯手配りして一揆の者十人ばかりも打取りしに依って、その跡は八方へ散乱せり。

これは食物なきゆえの一揆なれば、憐れみをかけ鎮むるは当然、そこの固めとして一揆を殺すは、不仁の仕方也と評判まちまち也。

大坂は米屋四、五軒も打ち破り難波の綿屋近辺まで騒動、その一揆の模様を見聞したる者は、俄《にわか》に気転《キカ》利して酒屋は戸を大に開き、酒は呑み次第也と云い触らし、米屋は米をいくらにても取るようにと蔵を明け、取次第にする。さて追々這入り米一斗取りて銭二、三百文おき帰るもあり、一、二升の米代に百銭一枚おくもあり、酒屋も丁度同じ事也。しかし左様にせし家は一軒も焼損なし。

兵庫大坂両方の騒動より米沢山に出、俄かに値段下がり一升六百文左右になる。御国の蒸気船も丁度その打ち破りより両三日の後なれば、米価俄かに下がり口へ出くわし、賤《やす》く買来たれる米をば、城下市中小屋の者どもへ追々御売渡しになるという噂、御仁恵有難き事也。

❖慶応三丁卯《ひのとう》歳（一八六七）

《異人と西郷隆盛》

四月廿日 9－25

薩州よりは三郎殿先だってより上京、御人数およそ五萬ばかり入り、京町々往来の帯刀せる者多くは薩人の由也。異国船数十艘先日より大坂兵庫の間へ入津、京都よりの御返事次第交易する積りと見え、売り物仰山積み来たれる由、既に先だって兵庫へ上陸し私に交易せんとするを、薩人西郷吉之介（ママ）行き懸り、不ニ相《あい》成《ならざる》一由《よし》をいう、異人承引せず、西郷いわく、御下知のなき内無理に売買致さば、上陸の異人を残らず撫切《なでぎり》に致すべしと、怒りを顕《あらわ》し言いければ、異人ども理に服し交易を扣《ひか》えける、薩人の武威誠に強大也との評判也。これは薩州は兵庫の開港は好まぬ所なるゆえ、右の都合なるべしとの下説也。

備前侯も右同断の思し召しにて、十七大名承知したりとも我れ一人は兵庫の開港は不承知也と申さるゝ趣。この御方は水戸より御養子にて、先年桜田御門騒動の節水府の浪人組へ交じり井伊侯を討ちたる御方にて、その時の大疵《きず》額にあるという。

十一月六日 9－76

薩州侯は始め長州と同意にてありしに、中頃傍観の人となり、長州征伐を余所に見て居たり。さて一橋殿将軍職を蒙《こうむ》り給う後、長州始め諸侯方不帰服の人々多し。それより薩侯又長州と一和し、兵庫開港の事など如何と江府へ難題を言いかけ逼《セマ》る。将軍家より仰せには、惣じて諸大名予が将軍職を蒙りたるを不帰服と見えたり、故に予に逼《せま》る事なるべし、予廃職せば違変あるべからずとて、先だって将軍家より禁庭へ御廃職の御願い出る、それより禁庭より諸侯方を京都へ御召登せある趣。当国御隠居様にも、右御用にて近々御上京の趣取沙汰する。

❖慶応四戊辰《つちのえたつ》歳（一八六八）（九月八日明治と改元）

王政復古と鳥羽伏見の戦い

前年、慶応三年（一八六七）十二月九日、天皇出席のもと王政復古の大号令が発せられた。

このクーデターは朝廷の旧制度と幕府を同時に廃止し、全国統治権を天皇直属の政府に統合した。そして仮に総裁、議定、参与の三職を置いて新政府を組織すると宣言した。総裁には有栖川宮熾仁親王《ありすがわのみやたるひと》、議定十人の中には仁和寺宮嘉彰親王《にんなじのみやよしあきら》、山階宮晃親王《やましなのみやあきら》などとともに福井の松平春嶽、土佐の山内容堂などが入っている。

十二月九日の小御所会議で辞官納地（総ての官を辞し、所領を納める）を命じられた慶喜は、これを拒んで大坂城に居たが、薩摩藩は関東各地で挑発行動を展開した。正月元旦、慶喜は討薩の表を下し、翌日、会津・桑名両藩兵を含む約一万五千人の幕府軍が京都に向けて進軍を開始、三日夜鳥羽・伏見で薩摩・長州軍約四千人と衝突した。装備で勝る薩長軍は幕府軍を圧倒し、翌日には朝廷から錦旗を受けて官軍が成立、六日には幕府軍は敗走した。（『日本史広辞典』）

一月十九日 10－7

昨年冬容堂様御上京、直ぐ様御参内。只今京詰の諸侯は尾州様、越前春嶽侯、薩州修理太夫殿、芸州侯、長州侯、右の御方々へ改めて禁庭より議定方仰せ出され、京都御警衛、さて又昨冬将軍家御廃職の御願いありし所、これをも御聞届に相なり、一橋様は大坂御城へ御退去、会津侯はこれ迄の役儀後免に相なり、将軍様会津侯御両所とも先ず入京指し留めの形に被二仰《おおせ》出《いださる》一。

然るに当年正月四日、如何なる事にや播州酒井雅楽頭《うたのかみ》殿、美濃大垣戸田采女正《うねめのしょう》殿、讃州高松侯、予州松山侯、勢州桑名侯これ等の御方々大坂にて勢揃いをし、押して京地へ乱入せんとす。薩州・長州・土州伏見と鳥羽と両所にてこれを防ぎ戦う事三日の間也。そこへ有栖川宮様錦の御旗を持たせて御鎮めあらせらるゝを、却って似物（ママ）など、嘲りしかば、いよいよ朝敵に相違なしとありて、官軍勢い強く、関東方敗北となり大坂へ退く、依《これに》レ之《よって》禁庭より一橋殿と会津とへ、その方どもの指図を以て彼等を差し登せたるやと御尋の処、つてこの方存知申さずとの御返答也、然るに将軍家には紀州の方へ落給いしという、会津は国へ逃帰りしともいう、何れ定かならず。

《大坂城炎上》

一月廿六日 10－14

当正月上旬、将軍一橋殿大坂御退去ありしゆえ、城中の物は取次第と誰いうとなく言触らし、さらばゆかんとて大坂市中の者はいうに及ばず、三里五里近辺御国船手の者迄も我も〱と城に入り、思い〱に品を取り戻る、結構なる物を拾うたる者多しという、二日の間右の通り也。

さて三日目の朝御触廻り、最早城中に入るべからずとありしに、欲に迷う人心、それを耳にもかけず打ちつれ立ゆく、兼ねて地雷火仕懸けありしにや、又火箭にて焔硝蔵を打ちしともいう、それより火起り出し、大地破れ城内一同の大火となり、城中に入りし者七百人ばかり焼死す、九日十日十一日三日の間火消えず、御城皆焼け御蔵二ヶ所残り、角櫓少々残るという。その響き中々恐敷《おそろしき》事にて、遥か遠方なる川口の船皆驚き騒ぎたるももっとも也。

日本一の名城焼け失せたる事、実に惜しむべし。この城は聖徳太子の未来記に、後にこの所に精舎《テラ》出来《しゅったい》せんという事を鑑《かんが》み給いて、兼ねて土中に瓦二万枚を埋め置き給いし由、果して数百年を経て本願寺蓮如上人この土地を見立て、一寺建立ありて石山本願寺と名づく、その後織田信長公所望して城地とせんとす、本願寺不承知に付、双方合戦に及び十四年を経て禁庭の御扱いとなり、本願寺は紀州へ退き、間もなく信長滅亡せり。

太閤秀吉公程なく日本を掌握し、石山の城を築き西国の押えとし、その身は伏見の城にて薨去あり、家康公の時秀頼と合戦に及び、終に豊臣の家亡び、徳川氏天下を一統し給いしより、以来当年迄動きなき処に、時節と見えてこのたび焼失、残念なる事也。これというも根元佛法流布の寺地にてありしを、押して奪いとりて城となせしゆえ、永く保つ事能わず如レ此《このごとく》に至る。昔より寺ありし土地に俗家を立てればたゝりありて、その家永く続かずといい習わせしも故ある事也。

その頃宮様（仁和寺の宮とも云う）公家衆二、三人を伴い薩州の勢を召し連れ、紀州の境に御座ある由、何の御用なるをしらず。高野山の大衆皆髪をはやし勤王と称して朝廷の御味方申す由、その事を御下知の為御下向なるやしれず、高野山も御室《みむろ》の宮の御支配なれば也。

《土佐藩士の装束》

一月廿六日 10－16

京坂の間にて武士の往来するを見るに、薩長を始めその外の国々の御家来、上下きっぱりと別ち、士《さむらい》は士、足軽は足軽と装束差別あり、然るに御国御家来は士も郷士も足軽も庄屋も民兵も只衣類をかざり、上下の差別なし。却って他国の人これを笑い謗《そし》る由也、左もあるべし。惣じて近頃は御国中にての往来にも一向その取り分け出来難し、帯刀する者は庄屋足軽陰陽師註の族迄も皆士の様なる顔して通る、これは御国法の大に崩れたる印なり、然りといえども、不《その》レ在バ《くらいにあらざれば》二其位一不《その》レ議ラ《まつりごとをはからず》二其政一という事もあれば、我々風情の者の論ずべき処にあらず、これも御上の思召のある事ならんと恐察するがよし。

註　陰陽師（おんようじ）　おんみょうじとも。陰陽寮に属し、陰陽道に関する事を司る職員。中世以降、民間にあって加持祈祷をする者の称。（『広辞苑』）

二月十三日 10－19

今度勅命を以て関東征伐と申すになり、惣督は仁和寺宮様これを蒙《こうむ》り給い御供の諸侯多し。容堂様は戦を好まず、和を先とし給う、然るを薩長より二心ある如くに言いなし、万端猶予するは内股膏薬の心なるべしと疑念を採らむ事を聞き給い、さらば潔白なる処を見せ申さんとの思し召しにて、このたび関東征伐の御先手を願い出給いし由。太守様は京都を御蒙《こうむ》りの趣、どちらへしても又々御軍用莫大の事ゆえ、寺社を始め庄屋らへも御借入銀懸る訳也。しかし先だって以来御用金指上げたる家々へは、町人なれば御目見、一本の者へは帯刀という様に、俄かに出世するもの多し。治世と乱世とは様子の替れる事多し。

《医師の出世》

二月十六日 10－20

城下医師畑山泰俊、先だって容堂様御供にて上京の処、当正月鳥羽伏見の戦に御国人六、七人手疵を負いしかども、畑山を軽んじめ療法を頼まず。薩長の方に数十人手負あり、右畑山を呼び療治せしむ、不日にして皆平癒す。薩長人その療治の手際を感じ、禁裏御所へ奏聞に及ぶ処、御所より金瘡医総督に被《おおせ》二仰付《つけられ》一、御国より領地三百石被二下《くだ》置《しおかれ》一、道具料として三百両賜り京都へ引越の趣被《おおせ》二仰渡《わたされ》一しという。

この医師は極貧人、その上眇《スガメ》大酒呑殺生好きにて、坊主頭を振りくり川へ這入り蝦子《エビ》を漉く、これ医者のはやらぬゆえ也。今度の上京にも着用なきゆえ、白木綿を求め山梔子《クチナシ》にて染め、筒袖に仕立て着てゆく位の事。然るに右の都合、もっとも金瘡の療治は代々家伝にてありし由聞けども、先ず御国にては下手《ヘタ》医者と見附、多くこれを軽んず、依って御歩行格より上へ進まず。今度不慮に運開けて禁庭の御抱えとなる事、鯉の龍門に登るというに異ならず、山の芋から鰻というがごとく早い出世の土天上、極々の珍事也。斯様《かよう》の御撰にに預かる事御国の面目とはいえども、その器量を知らざるは御国役人の目のなき処、薩長へ対しても恥かしき事なるべしとの評判也。

《関東征伐の模様》

五月十日 10－52

先月頻《しき》りに流言せる関東征伐の一条は、その場所は奥州にてはなく、賊徒籠り居たるを官軍の先鋒は因州土州、後詰は薩長の二州也。この賊徒というも何方の浪士や慥《たし》かにしれず。さて城を攻めるに当りて因州侯の御軍勢玉薬尽きて危うき処を御国よりこれを助け、終に先手の勢を以て彼城を落す、浪士ども或は討たれ或は逃れ、その所を立ち去り再び日光山に栖籠る。又官軍押し寄せこれを追い落とし、日光御門跡を京方へ御供し来れる由也。敵は水戸の方へ隠れたりともいう。御国の侍乾泰介《(退助)》という人、御家老代を勤めその軍の隊長たりしが、その時の褒賞として禁庭より錦《ニシキ》の羽織を拝領せしという風説あり。（欄外、この羽織は虚説也）

野中太内の諫言

野中太内は土佐藩内の佐幕派の一人で、容堂のかつての公武合体主義にしたがい、土佐藩が戊辰の役に参戦したことに批判的な立場であった。戊辰戦争が始まり、野中太内は前衛隊長として大坂まで行っていたが、従軍を拒んで容堂に詰め寄って諫争したため土佐に送り返され、五月二十七日自刃を命ぜられた。同日、容堂は諭告《ゆこく》を発し、今回の参戦の意義を説明し続いて「……今日確然大義を踏み王事を勤むるときに当ってこの趣旨を体認せず、なお方向に迷い異議を起す輩これあらば、きっと申し付くべき也」と結んでいる。これを受けて佐幕派の動きは沈静化した。

六月廿日 10－75

先だって京都に於いて御国の野中某、御隠居様を諫め奉る。そのケ条は第一京都へ御婦人数多《あまた》御召寄せ、御妾は妊胎にて御国へ下る。その外重役の人々金銭を砂のごとく遣い遊女狂いの事。次に関東の軍勢をさして京方より賊徒と呼ぶ、何故に賊と称するや、存外官軍の中に賊ありやしれず、しかれば賊徒何れにある。その上関東方朝敵なれば、五畿七道の軍勢を以て責める事当然、然るに左はなくして先ず薩長土の三藩持ちきりの様に聞こゆ、それへ因州勢加わる由、この三藩の受けもちは如何。且関東へ御差立の足軽郷士ども、戦争に苦しみ身体疲衰《ひすい》しその上疫痢を煩い、役に立つもの甚だ以て少なし、実に憐れむべし。それに御国許に於いては市中を始めとして毎夜の川原遊び、或は音曲席等ありて、日夜の賑わいいうべからず、これを以て関東淹留《えんりゅう》の臣下の身を考えるに、愈々《いよいよ》以て不便《ふびん》也、その中にて或は足を切られ手を打ちぬかれ不成人《カタハ》となりて、手負いの侭《まま》国へ御返しになる事数人、その親兄弟の心中思いやられて無慚也。それに君にも日夜の遊興、国元も右の通り、これ如何。

その余数ヶ条の諫言《かんげん》耳に逆らい、右野中この間追い下しになり、御詮議なしに切腹仰せ付られ、跡は断絶是非もなき次第也。この事を聞くものその人を知るも知るざるも皆惜しみ落涙す。嗚呼忠臣無二の人なるに誠に憐れむべし。

《大坂稲荷の効用》

六月廿三日10－77

春以来関東にての戦いに、御国は少勢なれども白き衣装したる軍勢夥敷《おびただしき》様に見え、敵ねらいを定めて鉄砲を放つに、始終当らず周章する内十余人生捕る、敵の者皆いう、これ神兵なるべしと。又惣軍水に乏しく難儀せしに、老婆のごとき者走り廻り、手桶に水を入れ陣所へ持ち来たり、御国の人々に与えけるに依って、因州も薩州も軍勢皆渇乏すれども、御国の兵に限りて少しも水に乏しき事なし、誠に不思議なる事といい触らし、所詮この上は土州の軍兵を因薩長の勢の中へ少々づゝ加わりて貰いたれば、水に渇する事あるまじと評義《（マヽ）》して軍兵入交になりたりという。これは大坂稲荷の使狐のなす所なるべしと、敵も味方も皆感ずる由。この事浮説に似たれども、左様の事古来なきにしもあらざれば、強いて虚談とも言い難し、不思議なる事也。

《会津戦況》

八月十九日10－91

一昨日奥州会津より注進ありたりとて、その書付を写し伝えて騒ぎ読む、予も鳥渡《ちょっと》見る。八月廿日、官軍奥州二本松にて勢揃い、同廿一日より戦争、敵より構えたる一二三の台場を打破り、家老の陣屋をも落し、会城へ押し寄せ二ノ丸迄責め詰め無《ほど》レ程《なく》本丸へ取懸る筈、廿一日より廿八日迄の戦い也。それより御国へ帰りたる注進也。寄せ手は薩長土はいうに及ばず、肥後、肥前、大村、大垣皆対陣也。御国勢即死の者廿三人、手負七、八十人ばかり、隊長も命を落すという。敵も今度は必死の覚悟ゆえ味方も皆々大いに苦戦すという。右に付いては天子様関東へ行幸、容堂様へ御先駆を仰せ附けられ、太守様は京都御詰合御蒙《こうむ》りの処、御病症に付御名代として兵[註]之助様を京都へ御指立になる趣也。

註　兵之助（へいのすけ）　山内容堂実弟豊積。天保五年（一八三四）生。容堂の本家養子縁組により南邸を相続（『山内家系図』）

《会津落城》

十一月四日10－96

奥州会津表、先だって落城に及び、城主は菩提寺へ御退去、御城は薩州侯御預かり、諸国の軍勢は引払いに付、御国の御人数も異国の蒸気船をかり、千人ばかり昨日帰国する由也。容堂様は江府に御滞座、これは天子様江戸に御出遊ばすゆへその御警衛と聞こゆ。先ず一旦落着に相成り恐悦の至り也。

3 京都への旅

静照師は四十四歳の安政六年（一八五九）四月から五月にかけてと、二年後の文久元年（一八六一）五月から六月にかけての二回、京都に旅行したことを日記に残している。

安政六年は妻の佐保さんと同行である。佐保さんは二歳位の年下とみられており、吾川郡西畑村《さいばたむら》（現高知市春野町西畑）の弘願《ぐがん》寺の出であるという。日記の中に静照師をやりこめるところや、和歌が出ていることからみると、教養のある女性であったことが窺える。

師にとっては何度目かの上京であろうが、奥方は初めて見る京都の町々ではないかと思われるので、色々な感想もあったと思うが、日記には最初の四月十九日「妻と僕を連れ宇佐出発」と、五月十一日京都で「妻御堂へ詣し御剃刀《かみそり》頂戴相済む」以外、妻の事には触れていない。

旅は四月十九日宇佐出発、立川、川之江を経て、丸亀から船で瀬戸内海を航行、港の泊まりを重ねて五月五日大坂安治川着、七日伏見から京都七条の土佐の定宿に落ち着いたあと、十三日間京都市内で参詣や観光に日を過ごした。本山の東本願寺は前年の安政五年火災にあっており、その復興の模様なども感慨深く見ている。

帰途も同じコースで五月廿日伏見、二十二日大坂出帆、二十四日丸亀、二十八日宇佐に帰り着くまでの三十八日間の旅行記である。

文久元年は飛檐《ひえん》という真覚寺の寺格を受けることが目的であったようで、五月六日宇佐出発、ほぼ前回と同じコースで十四日京都着。色々な手続きを経て廿二日飛檐御免の申し渡しを受けたあと、廿六日京都発。六月三日宇佐に帰るまでの二十七日間の旅である。

（その一）

❖安政六己未《つちのとひつじ》歳（一八五九）

四月十九日 3－24

大雨。五ツ時（午前8時）妻と僕（註）を連れ宇佐出足、九ツ時（12時）升形着。八ツ時（午後2時）頃より雨止む僕を返す。夜千蓮寺法席へ行き横町へ寄り、升形へ戻り泊まる。餞別とて酒莚《しゅえん》を開き丁寧の饗応《きょうおう》に預かる。

註 僕（ぼく） 人に使われる男。しもべ。下男。（『広辞苑』）

四月廿日 3－24

晴天。七ツ時（午前4時）より用意して六ツ時（午前6時）升形発足、比嶋にて夜明ける。四ツ過ぎ（午前10時）領石にて昼飯を喫し、八ツ時（午後2時）戸出野着、日和佐屋にて泊まる。獅子崎（宍崎）より戸出野迄の間百合《ゆり》甚だ以て多し。領石辺の山々に咲ける五月躑躅《さつきつつじ》、紅色をなし恰《あたか》も錦の如し。今夜山田、安芸辺の男五六人同宿。九ツ頃（午後12時）雨ふる音聞こゆるゆえ、おき上り二階より見れば雨にはあらで筧《かけひ》の水の音なり、又寝る。

四月廿一日 3－24

陰天。五ツ前（午前8時）から雨ふる。杉村と川口との間にて城下小松屋の僕に逢う。九ツ頃（12時）より空晴れる。八ツ半時（午後3時）立川着、下番所へ切手[註1]を納め、木屋にて泊まる。山田の男来り四方山の咄する。今日は持病の疝気[註2]発《おこ》り歩行に難儀、幾度も腰をさすりつゝ、歩む。

註1　切手（きって）　関所の通過や乗船などの際の通行証。（『広辞苑』）
註2　疝気（せんき）　漢方で腰腹部の疼痛の総称。（『広辞苑』）

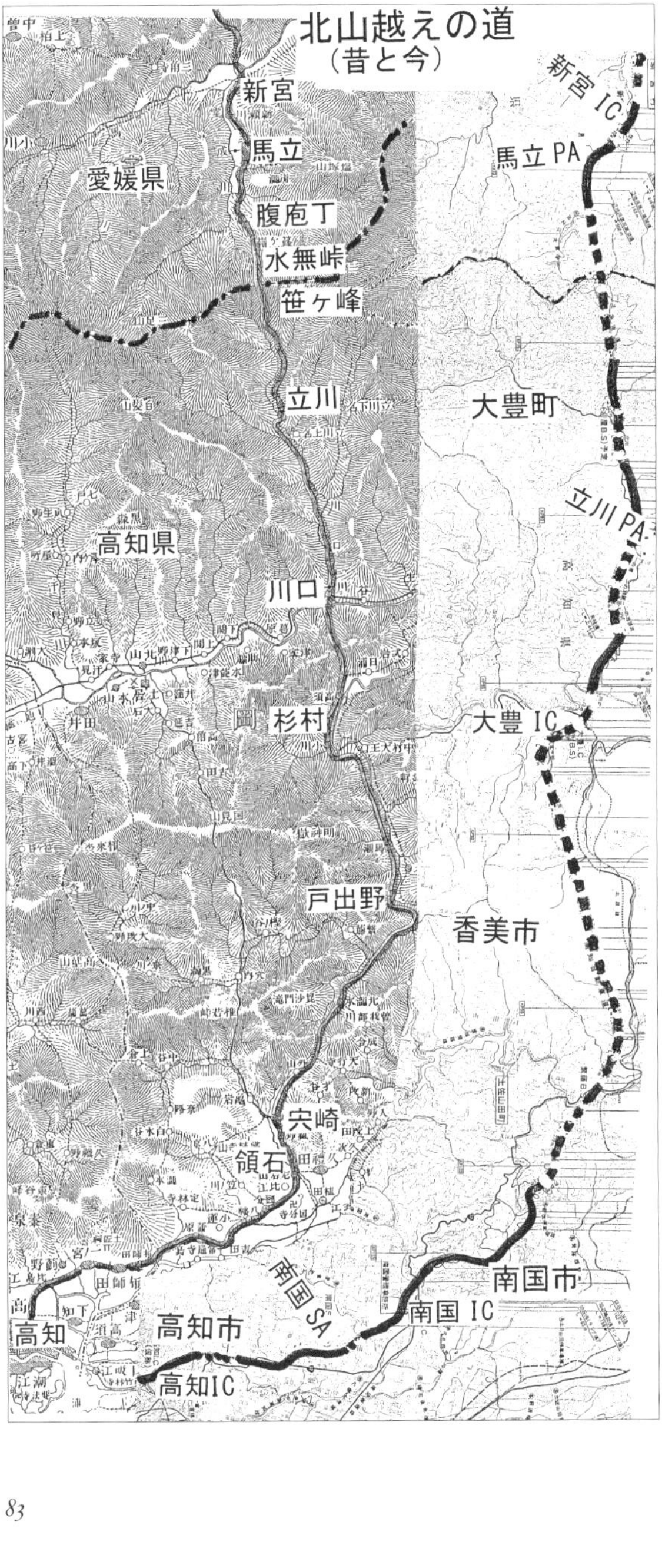

四月廿二日 3－25

半晴。旅中なれば心ばかりに御命日の御礼して五ツ前（午前8時）出足。平山迄小揚げの戻り便を以て荷物を持たせる。冷汗を流しつゝ険阻を登り、

〝国恩をわけて思うやきょうの道〟

と石に書き付け、笹ヶ峰に至れば石楠花《しゃくなげ》の花今を盛りと開き、山椿本躑躅《つつじ》もまた色を争い咲く。杖を留め眺めつゝ、四ツ過ぎ（午前10時）馬立にて中飯いたし新宮にて休み、水ヶ峠にてまた息をつき、八ツ半時（午後3時）川ノ江着、都屋源太郎方にて泊まる。

次の間へ我等を置かんとするゆえ、客多くして差閊《さしつかえ》なれば何方へなりとも宿を替え申すべしといえば、上の間へ行き呉れたき由挨拶に付洗足する。この家も両三年以前は萬事奇麗なる事にてありしが、この頃は壁も落ち畳も破れ、客は少なし、顔はふくれる。二百三十二文の宿賃てふ扱いに逢うては考えにあわぬとつぶやきつゝ、腹のちぎれるほど飯を取り込む。月代《さかやき》を剃り按摩に揉ませる。今夜客十人余あり、月明也。

《金毘羅泊まり》

四月廿三日 3－25

晴天。日の出頃出足、和田浜長崎屋にて休み、唐饅頭を喫し茶をのみ咄しを聞けば、川ノ江より和田浜への間、磯辺の松原にて盗賊三人来り、往来人（四人にてありし由）の銀子を奪い取り行方しれず、今朝五ツ（午前8時）頃の事なる由、口々に咄し行く。さて金毘羅《こんぴら》街道へ懸れば馬士ども口々に馬

にのり給へ駕籠にめし給へとすゝむ。誠に深切(ママ)なる事なりと独言して八ツ半時(午後3時)金毘羅へ参詣、四季の差別なく詣人断間《たえま》なし。来申年《さるどし》は大僧正金剛坊開帳に付き、当社の霊宝《れいほう》[註1]弘通の由高札に記しあり。この金剛坊というは二百年余り以前当社にありける僧にて中々有験の名を得し者なるが、昔はこの山魔所にて男女とも容易に参詣なり難し、金剛坊これを嘆き、山に籠り断食荒行して遂に参詣の道を開く、それより諸国の男女詣する様にはなりぬ。

　この僧の木像は本地堂の後ろに鏡を懸け、その下に安置せり。毎年冬忌日[註2]に当たりこの僧の末孫（今讃州にて馬方なりという）来り鎖を明け法会を行う由。この僧の行法の烈しき、萬民の為に参詣の道開きせし事を聞《きこ》し召し、昨年の冬忝《かたじけな》くも禁裏御所より大僧正の官を贈り給へりとこそ、依って右来春開帳有《これ》レ之《ある》趣。

　金毘羅大権現の御正体の開帳などと言い触らせるは、大なる誤りなり、この神は日本一社の神にして今古開帳のありし事をきかず、これ霊神なるがゆえ也。近年本社修覆ありて極彩色金物打替え見事なり。一昨年姫路より寄附ありし大日堂の前なる石灯籠、この細工また格別なり。絵馬堂の中に[註3]坂将軍田村丸東夷征伐の時、地蔵毘沙門《びしゃもん》姿を替え、敵徒を禦《ふせ》ぎ給いし事跡を絵に顕《あらわ》し掲げあり、画師冠書して古へ蒙古吾朝を襲いし時の図なりとす、これ画師の不案内なり、京都清水寺観音堂にもこの図あり、その時霊応ありしに依って田村丸清水寺を造立せり。蒙古我朝に来たりしは文永弘安の頃にて、風の宮の神徳顕《あらわ》せし事は諸書に載りたれども、地蔵毘沙門の助力ありし事古記に見えずゆえ、その誤りなるをしる。

　さて禁《ふもと》に至るに、左右の旅館よりとまれ〳〵と呼び込むゆえ、神の御蔭か銭の御蔭か何にもせよ有難しと、出来屋善右衛門方にて泊まる。この家老夫婦は実躰[註4]顔に見え、若夫婦は顔癖わるし、一杯のむ。隣家に三味線太鼓にて騒ぐ様子を聞きつゝ寝る、誠に晴雨をいわず遠近海陸の差別なく引きもきらず、夜に入れば鞘橋の内外萬灯舎の如く、金山寺は歌舞の菩薩の色くらべ、青楼[註5]に登るもあれば瘡[註6]を恐れて目ばかり喜ばしめ、格子の外を足早に行きすぐる賑わいも皆神徳の余光なるべし。

註1　弘通（ぐつう）　一般には仏法がひろく広まること。（『広辞苑』）ここでは霊宝を展示すること。
註2　忌日（きにち）　その人の死亡した日と日付の同じ日で、毎年または毎月回向などする日。命日。（『広辞苑』）
註3　坂将軍（さかしょうぐん）　坂上田村麻呂（さかのうえのたむらまろ）。平安時代の初め、蝦夷征討に活躍した武将。清水寺を創建したと伝える。（『日本史広辞典』）
註4　実躰（じってい）　土佐弁。まじめで正直なこと。
註5　青楼（せいろう）　美人のいる楼。女郎屋。昔、中国で青漆を塗ったからいう。（『広辞苑』）
註6　瘡（かさ）　梅毒の俗称。（『広辞苑』）

《丸亀への道》

四月廿四日　3－26

晴天。朝風大いに吹き寒し。五ツ時（午前8時）町の両側を見物しつゝ、街道へ出る。町を離れたる所に石灯籠数十基立つ、これは一両年以前造立と見ゆ。又西の方田中に高灯爐を造るとて土台の石ばかり出来《しゅつたい》せり。阿波国北方の僧俗三人と同伴し四ツ半頃（午前11時）丸亀着。柏屋団次方へ行き、風呂に入り休息、二階より往来の人を見る。この町四季ともに賑わしく四国一の繁花（ママ）也。夜に入り町を見に廻る。五ツ半頃（午後9時）より寝る。

《圓成寺と同船》

四月廿五日　3－27

晴れ。早朝盥漱《たらいすす》ぎし静かに勤行する。九ツ半時（午後1時）東御坊へ参詣し乗船する（住吉丸という）。風あしく出帆せず。讃州高篠圓成寺と同船。菅[註]公讃岐守たりし時の屋敷の跡は今の瀧の宮と称する所なるよし。さて又近年善通寺と屏風ヶ浦海岸寺と弘法大師誕生地の真贋を争いける時、海岸寺は無住に付弥谷《いやだに》寺より看坊兼勤せしゆえ、その訴訟弥谷・善通両寺火花をちらして関訴す、しかれども相決せず、このときより弥谷寺は善通寺の末院を離れ直末寺となりしとぞ。又金毘羅別当金光院も古来より善通寺末寺たりしに、近年大金を捧げ善通寺の配下を遁れ、高松侯も誕生院（善通寺の事也）法会の砌《みぎり》は表門番の役たりしに、四千両誕生院へ施入し、これまたその役を免る。丸亀侯は金子調進せざるゆえか今以って出勤すという。

先年土州の浪人武智《たけち》某渡守《わたしもり》に殺され、その敵《かたき》を討たんとて同苗萬次郎諸国を尋ね廻り、讃州丸亀街道九原《くばら》にて病に侵され死去せり。様子ありてその者の石碑に「武智万次郎云者墓」と彫り付け有《これ》レ之《あり》、その敵僧形となり、四、五年以前より金毘羅金光院へ被《かかえ》レ拘《られ》花畠を預かり居る由土州に聞こえければ、昨年武智親類の者象頭山へ参り、その敵を討たん為その由言い入りけるに、山主これを宥《なだ》め命乞いをし、大護摩札（一枚に付礼銀一貫二百目位）を二枚贈り遣わしける、依って事を山主へ委《ゆだ》ね帰国せしとなん。（右の渡守強気なる男にて今は出家し、名を道楽と改め金毘羅坂の道を作り、石を取り除け往来の人を安からしめんとするも、昔の罪ほろぼしと聞こゆ、しかし昔の悪心も残れるや、人を相手にし喧嘩などする由）。

右数条の咄圓成寺より聞く。この寺は往昔《おうせき》他宗にて、境内に毘沙門堂あり、観音堂あり閻魔《えんま》堂あり、御開山の御木像ならびに水珠といえる玉も伝来せる由、諸堂の形も今に残れりとぞ。船中にて心易く相なり、帰国の節は高篠へよられ候え、両三日は留め申さんと深切に申し呉れる。今夜丸亀湊船中にて寝る。

註　菅公（かんこう）菅原道真《すがわらのみちざね》。仁和二年（八八六）讃岐守として赴任。

（『日本史広辞典』）

四月廿六日 3－28　夜五ツ（午後8時）頃出帆、塩飽《しわく》諸島牛島で留まる。

四月廿七日 3－28　八ツ（午後2時）頃備前国日比着。

四月廿九日 3－28　七ツ（午後5時）半時播州赤穂新浜着。

《船中での事件》

五月朔日 3－28

雨天。九ツ（12時）頃右処出帆、波高く難儀、七ツ（午後4時）頃室津着船、雨中に皆々陸へ上り、我等も月代《さかやき》致し風呂に入り、船中の疲れを休むる。夜に入り船頭の望みにより三国志を咄し聞かしむ。鶏鳴頃乗合の者一人（嵯峨の男なる由）大便に出るとて船中にて途を失い、人の寝たる上を践《ふ》みうろたえけるゆえ、皆々起き上がり悪口するやら火をともすやら大騒動、犢鼻褌《フンドシ》へ糞をたれかけ、ぱっちへ迄流れる、、（此の男船に乗りけれどもパッチをぬかず、それゆえ大便ふんどしよりパッチへとおりぬける）その臭気いうべからず、眉にしわよせるもあり、鼻をつまむもあり。夜明けて後同伴の者褌《フンドシ》を洗い遣わす、それよりのちは、右の男両便に出る時は通り筋を明け、口々に御通り〳〵とい

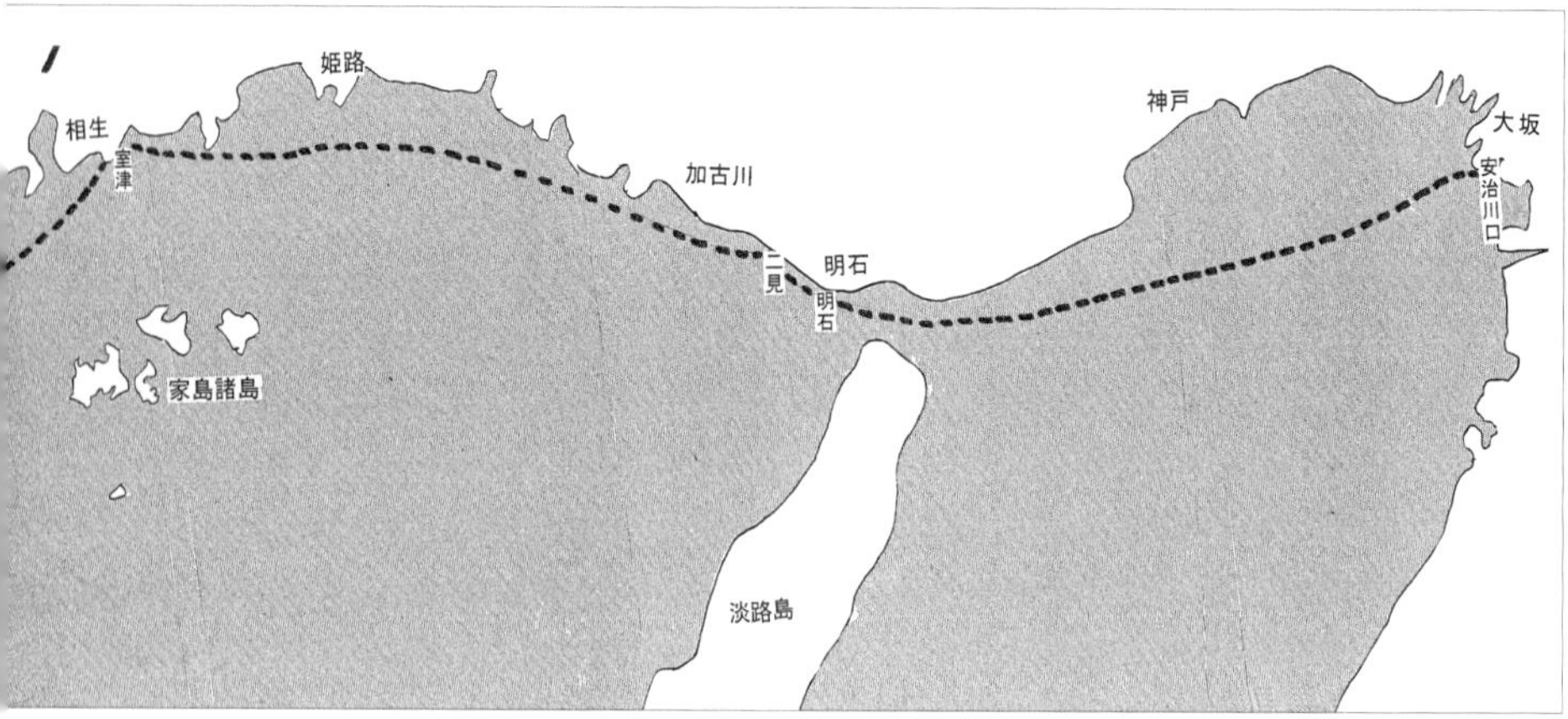

うて笑い通す、その者出入り毎に腹を立てる。さなきだに垢つきたる蒲団を首に巻き虱《シラミ》は五体を徘徊し、かげたる茶碗に粥を盛り大小便の流るゝ汐にて香の物を洗い、何一つ奇麗なる事もなきに、嵯峨の糞臭船中にみち、愈々頭痛の増しけるも金毘羅船の習いかや。

五月二日 3－29 七ツ（午後4時）頃二見の湊へ着。
五月三日、四日　二見の湊滞留。

五月五日 3－29
晴。朝海上人家一面に霧渡る。今日は節句なれども船中にてはその形もなく、村々に立てたる幟《のぼり》を遠見するばかり、中に四、五人船より人家に至り菖蒲を貰い来り坊主頭へ鉢巻にするもあり、頭の髪に挟むもありおかしゝ。我等漸く餅などを買い、心祝いとする。同時出帆四ツ（午前10時）頃明石着、二人上陸ただちに出帆、八ツ半（午後3時）時安治川口入津。さて船より上り加賀の士《さむらい》二人、智積院在寮の僧一人、讃州の男一人大坂の者二人、我等とともに淀屋橋松屋卯兵衛方へ行き同宿、風呂に入るに菖蒲をたばね中にあり、これ悪病除けの呪《マジマヒ》なる由。酒二合買

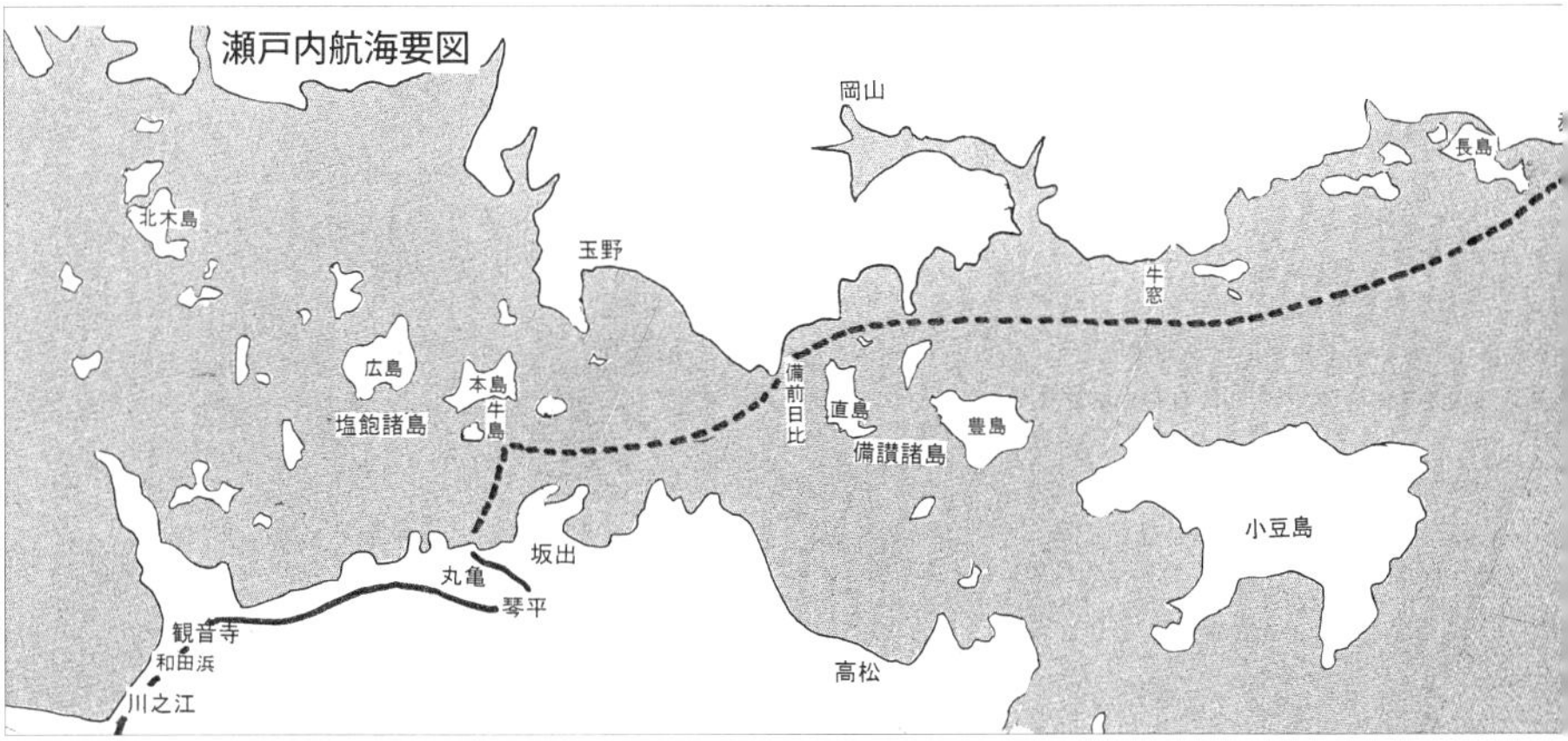

い節句を祝い、同宿の人々へものましむる。

五月六日　3－30

晴。五ツ時(午前8時)衆人に別れ、北久太郎町柴田へ行き、龍眼肉圓一剤を調え、長堀御国屋敷へ行く。才三郎、孫四郎（皆宇佐より大坂に詰め候者）に逢い、佃屋平七方へ行き宿を取り、荷物取り寄せ九ツ時(12時)土佐利へ行き、国より上《のぼ》せありし所の銀子請け取り、鰹座《かつおざ》河七方へ行き、春日丸の船頭助之丞を尋ねれどもいまだ上坂せずと申す事。七ツ時(午後4時)より四ツ橋へ行く、暫くありて大仏屋より一番船に乗る、船中川風に当り大いに咳《たご》る、難儀。

五月七日　3－30

晴。日の出頃淀の傍を通り五ツ時(午前8時)伏見着。大仏屋へ上り支度し人足を雇い荷物為《もた》レ持《せ》四ツ時(午前10時)京都七條着、尾張屋清兵衛方土州の定宿なれば、これにて泊まる。九ツ時(12時)より急に雨降り出す。御殿へ御礼を遂げ御戸願い致し、集会所へ京着届をし、上納所へ諸方より被《たの》レ頼《まれ》の志を納め、御台所屋敷へ行き、自分の品物献上し、御焼け跡（東本願寺）を拝見し不覚に落涙する。七ツ時(午後4時)宿へ帰る、薬をのむ。

五月八日　3－30

陰天、四ツ頃(午前10時)より晴れる。三季方役所へ出、御用向き直ぐに済む。今日も咳《たご》る。御国許役所より被《たの》レ頼《まれ》の御本尊の義を絵表会所（不明通下数珠上る）へ願い出置く、尾清（註、尾張屋清兵衛）へ追々客来あり。

五月九日 3－30

晴。大谷へ参詣、序《ついで》を以て東山名所を廻る。九ツ時（12時）誓願寺前花遊軒へ寄り六十四文の茶漬けを喰い、揚弓手妻《註》などを見て、帰りがけ寺町通仏師田中淨慶へ寄り、宿へ帰る。七ツ時（午後4時）仏師来り御本尊再興を頼む。

註　手妻（てづま）　手品。

五月十日 3－31

晴。九ツ時（12時）集会所へ出る。八ツ時（午後2時）御仮御殿広間において血誓御用被二仰《おおせ》付《つけられ》一相済む。同列八十人ばかり有《これ》レ之《あり》。夜五条通夜店を見に行く、橋上の蛍売より買婦の家々、料理屋の賑わい目を驚かすばかり也。四ツ時（午後10時）旅宿へ帰る。

《東本願寺復興の模様》

五月十一日 3－31

半晴。朝御堂へ参り諸所御焼跡を見に廻る。去年六月御類焼後、御仮御殿より茶所等に至る迄、当年三月下旬数え見るに百十棟出来《しゅつたい》すという。今は大工四、五百人集まり、御仮御堂の普請に懸る、諸国より寄附の材木伏見より日々挽き来り、高瀬川岸に六条御殿御用材揚場といへる役所を構え、この所にて改め請取り御殿内へ挽く。数千の材木積み重ねある中にも、九条関白殿より御寄進として材木五百本、江州彦根侯より御寄附として松板五百枚、その余は記すに遑《いとま》あらず。

その中にても御法義相続肝要也と仰せ出され、毎朝御堂の法談済みて茶所にて又法談あり、九ツ（12時）時又御堂において夏《ゲ》の御文《ヲフミ》の法談、続いて茶所寄講の法座、夜は惣会所の法席、毎日毎夜懈怠[註]なし。朝時参りの僧分三百余人、その余俗輩の参詣これを以てその多きをしるべし。御法徳の衰変《すいへん》なき事、実に不思議なり。四ツ半時（午前11時）妻御堂へ詣し御剃刀《かみそり》頂戴相済む。我は下数珠《じゅず》屋町丁子屋へ行き御経類を求め、経師屋にて扇を買い、七條通山孫にて仏具を調う。この頃真鍮大上り恂《びっく》りする。晩方諏訪の町常徳寺へ行き、夜早々寝る。

註　懈怠（けたい）　仏教で、悪を断ち善を修めるのに全力を注いでいないこと。精進に対していう。なまけ、怠ること。（『広辞苑』）

五月十二日　3－31

晴。朝御堂へ参り経拝読する。五ツ半（午前9時）頃より北野天神へ参詣、法施を捧げ観音堂渡唐天神社へ参る。神威益々盛んにして詣人たえず。それより御所町に入り人やどりにて休み、公家《くげ》衆の出勤せらるゝを見る。昨年以来京と江戸との取り合いに付、恐れ多くも近衛殿、鷹司殿、三条殿等の堂上方、この頃斬髪し僧形となり給う由、かつ高野山の僧正ならびに清水寺執行忍光、調伏祈念の事顕《あらわ》れ網乗物にて江府[註1]へ赴く、江州彦根侯は禁裏守護の役として寺町通に幕を打ち兵士を置き、彦根一番手陣所という札を打ち、警衛厳也。只今の天子叡明雄武《えいめいゆうぶ》にして近代珍敷《めずらしき》御性質、京都においても萬民崇敬し奉る。御製に、

“国ゆたか民安かれとおもふにぞ　心にかゝる沖の異船《コトフネ》”

草堂前にて五倍子[註2]を求め、又請願寺前茶屋にて喫飯し、六角堂へ詣し痰《たん》の薬十八丸を調え帰る。夜因幡薬師《いなばやくし》へ参る。数百人の参詣おし合いへし合い仰山なる人寄り、夜店の行灯《あんどん》星のごとく浄瑠璃丁加鈴[註3]、のぞき祭文、草花の市あり。非人不成人《カタワ》の物貰い迄境内寺外に充満せり。五ツ（午後8時）頃宿へ帰る。

註1　江府（こうふ）　江戸。

註2　五倍子（ふし）　ヌルデの若芽・若葉などに生じた瘤状の虫癭（虫こぶ）。タンニン剤として女性が歯を黒く染めることや、薬用・染色用・インク製造などに供した。（『広辞苑』）

註3　丁加鈴（ちょんがれ）　ちょぼくれとも。小さい木魚二個を叩きながら、あほだら経などに節をつけて早口に謡う一種の俗謡。またそれを謡いながら米銭を乞い歩いた乞食僧。江戸時代に流行し、町民の幕政批判がこめられていた。（『広辞苑』）

五月十三日　3－32

晴。九ツ（12時）時夏の御文法座へ参り、御堂にて又御経を上げる。寄講法席へ詣し、銭屋幸介方にて数珠《じゅず》を求め帰る。夜物会所法座へ参る。夜々咳《たご》り難儀ゆえ茶をのみ凌ぐ。今日隣の二階に寓居せる尾州徳法寺龍夫（干《とき》レ時《に》寮司）に被《まね》レ招《かれ》、酒の馳走に逢う。

五月十四日　3－32

半晴。朝大谷へ参詣、代御門跡様御廟参あり、四ツ半（午前11時）時より雨降り出す、今明日は我が亡父威勝院年忌[註]正当ゆえ、九ツ半（午後1時）頃御堂へ参り、御経拝読、晩方大雨、御花を買い宿の御内仏へ上げる。

註　年忌（ねんき）毎年の命日。また、命日に行う死者の冥福を祈る仏事。死後一年目（一周忌）、二年目（三回忌）、六年目（七回忌）などが重視される。（『広辞苑』）

五月十五日 3－32
雨天。朝御堂へ詣す。九ツ時（12時）又参詣、阿弥陀堂にて大経を読む、茶所の法談を聞く。学寮続席の義を龍天へ頼み置く。

五月十六日 3－32
陰天。西六条御堂へ参詣、興正寺常楽台へも詣し、香具屋へ寄り塗香を求め帰る。九ツ時（12時）より出懸け、四条辺をうろたえ祇園を徘徊し買婦芸子《ヲヤマ》を見て目を悦ばしめ、鰻《ウナギ》の蒲焼《カバヤキ》に鼻を慰め、三条大橋へ出る頃、急雨来り傘下駄を調え七條へ帰る。夜中雨やまず、今日御本尊御再興相済み仏師御供し来る。

五月十七日 3－33
雨天。朝時参り畢《おわ》り東寺へ参る、帰足西六条へ参詣。九ツ時（12時）より出懸け、人に頼まれたる用事に廻り、四条五条の間を流浪し華遊軒にて一杯呑み、今日十二日目に始めて月代《さかやき》を除く。晩方隣座敷へ招かれまたのむ、その礼として鰹節一本、紙類を遣《や》る、夜宵より寝る。

五月十八日 3－33
陰天。荷物を縛《しば》り帰国の用意をなす。晩方雨降る夜中大雨。

五月十九日 3－33

陰天。東山西大谷へ詣し、近年出来《しゅったい》の祖師聖人茶毘《ダビ》所（火葬の事也）を見に行く。西大谷の門前へ目鑑橋《めがねはし》懸り、池の中に蓮を植え岸には松桜を作り立て、奇麗なる事言語に絶えず。帰足四条にて軽業《カルワザ》など見て戻る。七ツ時《（午後4時）》又雨夜に入り止む、夜半頃又ふる。（此の火葬所は西派好事の者新たに拵え、古く見ゆる様に苔をつけ石を築き上げ、傍には庵をたてる、皆これ山事也、笑うべし）

五月廿日 3－33

晴。五ツ時《（午前8時）》京都出足、四ツ時《（午前10時）》伏見より乗船、八ツ半時《（午後3時）》長堀着、佃平（註、佃屋平七）へ行き上ノ加江禅源寺に逢う、この僧今夜金毘羅船にのるとて出行きぬ。この頃大坂船場稲荷社、今宮社へ砂持とて町々大に賑敷《にぎわしく》、別して新町堀江辺の芸子遊女のはやし仰山なるゆえ見物夥《おびただ》し。

この宿近年貧窮にて蚊帳もなく、夜中蚊出て足を喰い布団は虱《しらみ》ばかり、手水鉢に蚯蚓《ミミズ》三つ死してあり、下の手水鉢の水を犬来たりてのむ。雪隠《せっちん》の草履はかた〳〵、女房も娘も昼夜裸にて寝る。下女は顔のふくれた奴《ヤツ》、亭主も女房も日夜に腹を立て、鮒《ふな》の念仏いうようにぶつ〳〵いうゆえ、この家を「〝づく〟田や」と名付けしなるべし。暮れ六ツ半時《（午後7時）》より俄《にわ》かに雨ふり雷鳴電激甚だし、急に二階の戸をしめ寝る。一時《（2時間）》ばかりありて雷やむ、夜中大雨。

五月廿一日 3－34

陰天。五ツ頃《（午前8時）》より又雨。土佐利へ荷物を頼み置き、船便なきゆえまた如《ごとく》レ元《もとの》立川通帰国の切手願いを致し、阿弥陀池より順慶町東御堂へ詣し新町通り帰る。九ツ頃《（12時）》より雨やむ。又御屋敷へ行き、橋田の男に逢い用事通し置き出足の用意する。今日の忙敷《いそがしき》事いうべからず、五体の痛むほど走り廻る。
さてこの様なる穢《キタナ》き宿に長居はたまらぬと、そこそこに挨拶して八ツ半時《(午後3時)》佃平（註、佃屋平七）を出る、津村御堂へ参詣し先日泊まりし淀屋橋松卯（註、松屋卯兵衛）に至る。この家は奇麗なる上、亭主も実躰《じってい》なる男ゆえ客来たえず。今日難波御堂へ参りし時、御迨夜[註1]の勤行《ごんぎょう》最中也、又津村御堂へ詣せしにこれまた御使僧下向にて、先刻法談ありしとて衆人群集せり。宿にて心持の御礼して、夜五ツ頃《(午後8時)》より船場へ行く。新橋の春楼《ヲヤマヤ》燈を点して白昼の如く、買婦我劣らじと粧い立ち、五人十人づゝ居並びたる有様は、浄土の菩薩に異《コト》ならず、我等も心動けども、巾着は軽し妻は具し（註、同行）たり、唾《ツ》をのんで走る。
さて船に乗り暫くありて腹痛甚だしく、薬を取り出しのみ、間もなく吐瀉[註2]頻り也、三度船より出る、息たはしく[註3]困り入る。旅の習い不自由ながらに辛抱して船中に寝る。今夜西風ゆえ出帆せず。乗組三十七、八人あり。土州五台山の弟子と同船。

註1　迨夜（たいや）逮夜とも。忌日の前夜、また葬儀の前夜。（『広辞苑』）
註2　吐瀉（としゃ）嘔吐と下痢。はきくだし。（『広辞苑』）
註3　たはしく　古語。たはくの形容詞化。ふしだらであるさま。みだら。

五月廿二日　3－34雨天。安治川口を日入る前出帆。
五月廿三日　3－35晴天。九ツ頃《(午後12時)》播州赤穂沖、七ツ時《(午前4時)》備前牛窓、暮七ツ時《(午後4時)》丸亀。
五月廿四日　3－35
雨天。朝丸亀柏屋へ上り喫飯、五ツ半時《(午前9時)》出足。大坂にて別れし禅源寺に又逢い後先になり行く。

単《ひとえ》合羽に雨通り、道大いに濘《ぬか》り難儀。九ツ半（午後1時）時本山寺の茶店にて休む、尓来徒歩《カチ》渡りの川、出水に付船にて渡る（船賃十文づゝ）。

鳥坂《とっさか》覚善寺の門徒と同道し、種々の咄を聞き慰む。八ツ頃（午後2時）和田浜長崎屋にて唐まん頭を買い又あゆむ、雨すべてやまず。七ツ（午後4時）時川ノ江着、農人町阿波屋藤吉方にて泊まる。この家の娘女疝[註]の由に付、灸をおしえ置く。今日は雨にぬれ五体ひえけるゆえ酒一杯のむ。夜に入り大雨、大坂より来れる女の按摩来り揉ませる、大上手也。この家も都屋とおなじく壁も傾き、立具（マヽ）等も揃わねども、夜具ばかりは奇麗也。心地よく寝る。

註　疝（せん）　仙気。漢方で腰腹部の疼痛の総称。（『広辞苑』）

《弓祈祷》

五月廿五日　3－35

雨天。五ツ（午前8時）時川ノ江発足、谷川数々徒歩《カチ》渡りし身体自然と冷えたるゆえ、萬金丹を出しのむ。雨愈々《いよいよ》烈しく、風添い衣類濡れる。平山にて休み山に上る。水ケ峠の風雨を凌ぎ兼ね、庵へ寄り茶をのみからだを温むる。新宮にて昼飯を喫し渡しを越し馬立の新屋《アタラシ》才次方にて宿を取る、時に八ツ半（午後3時）時也、雨やまず。

今日この家へ陰陽師[註1]来り弓祈祷[註2]する、一間《ひとま》へだててこれを聞くに、先だってこの家の親父不意死せしと見え、今いかなる所にか住み給うやと尋ねれば、陰陽師の答えに、物に誘われたるにもあらず、死なねばならぬ時節になり、他国へ出るにも十と二十との銭なくては出られず、それゆえ心を定めて右の通り也。この上は盆彼岸の祭をなし呉れよ、仏の座へなおるべし、問いたき事あらば遠慮なく尋ぬべしなどと、弓を打ち数々面白き事、文盲なる事のありたけをしゃべりちらし、もはや弥陀の浄土へ帰るぞや〳〵というてやみぬ。類族ども集まり頭を下げ信仰顔なるも笑止也。迷いやすき人心、自他国ともにかわる事なし。

註1　陰陽師（おんようじ）　おんみょうじとも。穏陽寮に属し、陰陽道に関する事を司る職員。中世以降、民間にあって加持祈祷を行う者の称。（『広辞苑』）

註2　弓祈祷（ゆみきとう）　近世土佐には米占い（ふまうらない）と弓祈祷による病人祈祷を行う博士という職種があった。現在弓祈祷として残されているのは、今治市姫小島神社で、「鬼」と書かれた的に向かって交互に弓を射ることで、五穀豊穣と無病息災が祈願されるという。（『高知県歴史事典』ほか）

五月廿六日　3－36

雨天。九ツ（12時）時立川着。昼飯。七ツ（午後4時）時川口休憩、七ツ半（午後5時）時杉村、森吉屋市兵衛方泊。

五月廿七日　3－36

陰天。五ツ（午前8時）前出足。四ツ（午前10時）前戸出野着。七ツ（午後4時）時布師田、中嶋屋栄次方泊。

五月廿八日　3－37

晴。七ツ半（午前5時）時出足。山田橋を南へ渡り、潮江天神の森より西に向かい、長谷を越し西分にて休み、秋山より仁ノ村渡しをこえ、九ツ半（午後1時）頃首尾よく帰寺。

（その二）

❖萬延二辛酉《かのととり》歳（一八六一）（二月十九日文久と改元）

五月六日　4－22

四ツ頃《午前10時》より出足、八ツ半頃《午後3時》升形着大いに暑し。

五月七日　4－22

大雨。七ツ半頃《午前5時》欣浄院へ寄り、六ツ時《午後6時》極楽寺同道にて江ノ口通り比島へ出る。雨益々急也。谷川数多《あまた》歩行《かち》渡りし、九ツ時《12時》戸出野着。山田高知の追分へ石の道標《みちしるべ》出来る、大坂富平、太右衛門当年存じ立これを立てる。八ツ前《午後2時》雨やみ日輪見ゆる。七ツ頃《午後4時》川口着、御殿番にて泊まる。

五月八日　4－22

晴雨不定。四ツ半頃《午前11時》立川着、この時小雨、山路歩行に極苦しむ。石楠花《しゃくなげ》少々あり。水無にて休み八ツ頃《午後2時》馬立新屋にて又休み、七ツ前《午後4時》新宮にて薬など取り出しのみ、極楽寺に荷を持たせ命限りに歩む。七ツ半時《午後5時》平山着宿を取る。六、七人同宿、蚊出れども蚊帳なし、価は三百五十文、厄体[註]々々。

註　厄体（やくたい）土佐弁。役に立たない。しまりがない。またそのような者。

五月九日　4－22
半晴。四ツ《（午前10時）》前和田浜にて喫飯、雨降り出す。大川三つ四つ徒歩《カチ》渡りす。晩方急雨大いに至り頭足ともに濡れる。鳥坂《とっさか》にて休む、丸亀道は大濘《ぬか》り難儀する。七ツ《（午後4時）》前丸亀着、柏屋へ行く客十四、五人あり。一杯呑む、今夜初めて快《こころよ》く寝る。

五月十日　4－22
晴れ、西風。四ツ《（午前10時）》時乗船。御国中の僧俗十六人にて一艘を借り切り行く、自由この上なし。この中に大坂御陣屋詰めの郷士二、三人、潮江妙修寺など乗合也。京都へ帰る御役者五六人あり、至って安気なる事也。夜八ツ《（午前2時）》頃播州赤穂沖に懸る。

五月十一日　4－23
明石の湍門[註]通過。湊に入る。
註　湍門（せと）瀬戸。流れの早い海峡。

五月十二日　4－23
晴れ。五ツ《（午前8時）》頃出帆、八ツ半《（午後3時）》時安治川口に入り、船番所にて一応《イチヲウ》改めあり（是迄なき事なり）。今日快晴ゆえ往来の船数百艘、誠に海面の帆影、遠くは白鷺の群飛するがごとく、近くは布を晒すに似たり。
御屋敷へ届を致し播磨屋平九郎方を宿とす。さて問屋を尋ねるに国許より荷物いまだ着せざる由、実に困り入る。月代《さかやき》をし風呂に入り、久し振りにさっぱりする。米高値に付、大坂にて一昼夜三度の飯料一朱づゝと申す事恂《びっく》りする。

五月十三日　4－23

四ツ頃（午前10時）住吉街道の御陣屋へ始めて行き、松下与膳[註]に逢い、暫くありて帰る。一両日以前英吉利《いぎりす》船（またアメリカ船ともいう）兵庫へ入津《にゅうしん》上陸、天王寺へ参り住吉に行かんとするを、御陣屋より障《さえぎ》り住吉詣りはやまりとなる、御国御陣屋の評判高し。六ツ時（午前6時）乗船。

註　松下与膳（まつしたよぜん）　土佐藩士で静照師の学問の友人、日記の中に時々登場する。馬廻格からのち中老格に進む。真覚寺の近くに居を構えていたが、萬延元年（一八六〇）から住吉陣営勤務を命ぜられていた。

五月十四日　4－23

五ツ半時（午前9時）伏見へ着船、番所の役人船へ来り乗合の者を悉《ことごと》く改める。僧と侍とは國所寺号法名迄書き渡す、これまた未曾有也。

大仏屋へ上り喫飯、本街道を行きけるに、稲荷前に又御番所あり帯刀の者と僧分とを改める、ここにても名前を書き渡す。九ツ時（12時）六条着、尾清（註、土佐定宿尾張屋清兵衛）へ行き宿とす、この宿よりも御殿町奉行へ日々客の名を書き出すとてまた寺号法名を記し与える、実に六ケ敷《むつかしき》世にはなりけり。この家蚤多く昼夜とも螽《イナゴ》の如く飛ぶ、これは焼跡の土には別して蚤わくものゆえ、この如しという。

五月十五日　4－24

五ツ半時《（午前9時）》飛檐註の嘆願をせんとする処へ、御殿の筆役長野良介来り願書の指図致し呉れる。今日諸方より願いの御本尊五幅絵、表会所へ願い置く。九ツ頃《（12時）》極楽寺同道を以て寺町より知恩院へ行く。元祖の御廟へ詣し三条通り帰り、胡瓜にて一杯のむ。

註　飛檐（ひえん）　仏殿の内陣に接する両側の部屋。転じて真宗では本山の法会でここに座ることを許された、末寺の格式を示すのに用いる。（『仏教語大事典』）

（五月十六日から二十一日にかけては、飛檐《ひえん》出仕についての願書の下書き提出、書き替え、本願書の提出などの手続きを行い、その間には寺院参拝、仏具屋、見世物見物などで過ごす）

五月二十二日　4－25

九ツ頃《（12時）》集会所へ出る。飛檐《ひえん》官職御免の申し渡しあり。（飛檐出仕の義、多年願望あり、このたび漸く存立、俄かに上京いたしけるに、今日御免に相なる事、実に有難し有難し）。

八ツ時《（午後2時）》荷物の用事に付、極楽寺同伴を以て大坂へ下らんとて京を立ち、伏見にて日暮れ、四ツ半《（午後11時）》頃番所の改め相済む。夜九ツ半《（午前1時）》頃急雨、再三苫《とま》の間より雨もる。山門御用の飛脚雨に付立腹、船頭を切らんとて長刀《テウトウ》を抜き放す、船頭身をかわし川へ飛びこむ、雨やむ、さて川より上がりて船頭同士大声にて件の飛脚を笑い誹《そし》り雑言する、実に横着《おうちゃく》なるものなり、我等船中ゆえ大いに心配する。

五月廿五日　4－26

御台所へ行き、上納物の御印を取り、四ツ時《（午前10時）》極印所へ行く。廿三日に御伝抄拝読御免、今日輪《わ》袈裟《げさ》御免になる。夜四条夕涼みへ行く、その賑敷《にぎわしき》事筆に尽しがたし、萬灯会《まんとうえ》とはこれやらん、数百人遊ぶ。その中に我等はここへ来りし印とて、三文づヽの香煎《註》を二つ呑みて、銭持たぬ身は懐中の用心もいらず、数千の灯《ともしび》星の如きを見て目を悦《よろこば》しめ、樺焼《カバヤキ》の匂いに鼻を悦ばせ、都の女に肌《はだ》触《さわ》るは中々我等が及ばぬ事なれば、せめて姫の袖になりとも触れ当たらば、今宵来れる甲斐あるべしと思い付、小袖を着たる美婦と見ては余所《ヨソ》ながらに近寄り、袖の振合多生の縁というの心持をなす。さて見るが目の毒さわるが煩悩、宿に帰りても種々の妄念増長し、大上気《ノボセ》にて熱を発し八ツ時《（午前2時）》漸《ようや》く寝入る。

註　香煎（こうせん）　穀類をいって粉にしたもの、特に、麦をいって粉にしたもの。麦こがし。（『広辞苑』）

五月廿六日　4－27

晴れ。飛檐《ひえん》御伝抄などの御免書を取り、五ツ《（午前8時）》京都発足、竹田街道の番所にて改を受け（昨年伏見にて水戸浪人三人を捕えしより、諸方の番所別して厳しく改むる様になりしという）、四ツ時《（午前10時）》伏見にて又改められ名前を出す。

船中に月水（月経）をこらえ居たる女あり、時移り忍び兼ねて終に尻をからげ始末せんとするに、その臭気船中に匂い渡り、乗合数人皆俄かに袖にて鼻を掩《おお》い、眉をひそむるもあり、笑い罵《ののし》るもあり大騒動。八ツ時《（午後2時）》高麗橋へ上る。

廿七日夜五ツ(午後八時)頃筑前橋にて乗船、廿九日姫路沖通過。

五月三十日　4－28

晴れ、東風吹き船早く日出より五ツ《(午前8時)》頃迄の間に十二、三里走り、備前日比の湍門《セト》に至る。四ツ《(午前10時)》頃丸亀入湊《にゅうそう》、今朝の粥腹にて頻《しき》りに歩行《アルキ》、鳥坂《とっさか》にて昼飯。七ツ《(午後4時)》頃和田浜着、新屋徳兵衛方に泊る、今夜蚤多く閨《ねや》暑く困り入る。月代《さかやき》する、上手すぎて気味悪し。

六月朔日　4－28

六ツ半《(午前7時)》時出足、九ツ半《(午後1時)》頃より腹庖丁[註]にかゝる。風なく暑は強く汗眼に入り頭痛し極難渋《ごくなんじゅう》。この山極険阻《ごくけんそ》にて行人の苦しむ処は、恰《あたか》も腹をきる時の苦痛に類す、故に切腹《セップク》坂というべきなれど、名の悪《アシ》きとにくんで腹庖丁《はらぼうちょう》と言い来たれるなるべし。水無にて休み、七ツ前《(午後4時)》立川着、木屋にて泊る。

註　腹庖丁（はらぼうちょう）　参勤交代道笹ヶ峰越え。日記の解釈とは別に、あまり急坂なので腰に指した刀のこじりが地面にふれる、そこで腹側にまわして上り下りしたのでこの名があるという。

二日　川口、戸出野、獅子崎(宍崎)、領石経由、布師田中嶋屋泊、歯痛続く。

六月三日　4－29

晴。五ツ《(午前8時)》時船を雇い潮江へ渡り、長谷通り仁ノ村へ出、甫渕坂を越し、八ツ《(午後2時)》過ぎ帰宿、今日も大暑。直ぐに墓参りし、風呂に入り疲れを休むる。歯大痛《おおいたみ》、食事の度に極難儀、夜痛み強し。

以後数日歯の痛みに苦しんでいたが、十日には高知に出て飛檐《ひえん》官に進んだことを寺社方へ届け出、円満寺、千蓮寺に吹聴した。十一日に帰ってから十二日にかけて、浦中へ二十通、甲浦から幡多迄の間へ吹聴状四十通を出した。そして廿九日、盛大に祝賀会を開催した。

六月廿九日　4－33

晴。今日官職御免の祝席を開かんとて、近辺の人へ案内する。八ツ（午後2時）頃より客来あり、案内の向きは三十軒位の処、今日の祝いを聞き伝えおしかけに来るもの多く、夜五ツ（午後9時）半頃迄追々来る、およそ七十人に及べり、首尾よく安心する。夜九ツ（午後12時）頃漸く寝る。

4 — 高知城下往復

静照師は、毎月十九日に城下北奉公人町の同宗（真宗大谷派）千蓮寺で法座を開くことが定例になっており、特別な支障がない限り宇佐から高知城下へ出てきている。日記によりその記録を見ると、安政二年一月から慶応四年（明治元年）十二月までの十四年間でおよそ百五十回に及んでおり、病気の為休んだ慶応二年七月から同三年一月までの七カ月間と、二度の京都旅行期間を除き、ほとんど毎月出高の記録が見られる。そしてその大部分は十八日か十九日に出高、十九日に千蓮寺で法座を勤めたのち、他家の法要や和讃の指導などを行い、二十一日か二日に帰宅するというパターンである。従って往復の道中や高知で見聞した記事がたくさん見受けられるが、それらは別稿の城下見聞などにまとめ、ここでは城下での動きや往復の見聞、事件などを採録する。

城下へのコースは宇佐を出て新居坂を越え、十文字の渡しか中嶋の渡しで仁淀川を渡り、西畑から森山をぬけ、荒倉神社前を通過して鶉坂《うずらざか》を越え、雁切川を渡って城下に入るコースと、西畑から東に行って、芳原から鷲尾山の東を越える白土峠越えのコースがあり（別図参照）、静照師はおもにこれらのコースを通っている。仁淀川の渡し船以外はすべて徒歩である。『宇佐町史』には「高知市へ五里二十二町」とあり、片道約二十二㎞の道を歩いて通っている。高知での定宿は升形の大徳屋であったようで、そこに宿泊した記事が多い。

《千蓮寺縁起》

千蓮寺は真宗大谷派の寺院で、本尊は阿弥陀如来。『皆山集』にある「元禄二、三年間之図」「（上町、小高坂）」にその名があるので、歴史の古い寺院であるが、旧記がなく、開基は不明とされている。井口町永福寺の第四世釋勝慶の時代に千蓮寺に隠居し本山より千蓮寺の寺号を受けたたという記録がある。もと上町本丁一丁目にあり、のち小高坂越前町へ移転したが、越前町の寺地を御用に差し上げ、寛文元年（一六六一）に北奉公人町に移転した。

『日記』によると、千蓮寺の毎月の法座は、大徳屋と益永屋の発起で嘉永五年（一八五二）十月から静照師が法談を勤めて来たが、安政の地震で中断、安政二年四月から再開された。

平成十三年（二〇〇一）、第十二世住職顕学院釋群萠師の還浄（逝去）により無住となっていたが、現在はいの町正宝寺と合併して、八反町の地に移転、正宝寺十二世住職宮﨑善之師が兼任して、布教活動を続けている。

❖安政二乙卯《きのとう》歳（一八五五）

二月廿三日　1－37

晴天風なし。四ツ（午前10時）頃より新井口へ行く。八ツ（午後2時）前着法座[註]あり、朝倉屋にて泊、夜寒し。

註　法座（ほうざ）説法する者の坐る座。転じて、仏法が説かれる場所。またその集り。法席。（『広辞苑』）

二月廿四日　1－37

五ツ半時《(午前9時)》、新井口より水通《すいどう》江口へ行き、それより本丁大徳屋へゆく。九ツ《(12時)》過ぎ潮江傳照寺へ行く、この寺本堂庫裏《註》とも旧冬の変に処々破損。渡しを越え廿代町類族を尋ねる、この辺の町不《のこ》レ残《らず》焼失、目も当てられぬ有様也。七ツ半時《(午後5時)》魚棚通岩村屋へ寄り、上町へ戻り風呂に入る、小寄せ法座あり今夜大徳屋にて泊まる。

註　庫裏（くり）　寺の台所。庫院。転じて、住職や家族の居間。（『広辞苑』）

二月廿五日　1－37

五ツ時《(午前8時)》本丁を出て常通寺橋通益永屋へ寄り、帰路に赴く。今日は日和《ひより》大暖照りつけ頭痛する。諸所にて休み九ツ《(12時)》過ぎ帰宿、喫飯し直ぐに西浜あみや法用に行く。

五月十九日　1－52

曇天。四ツ頃《(午前10時)》より城下へ行く。弘岡両寺へ寄る、暑気甚だし。荒倉社前にて小雨降る、店屋にて休み山に上る、山中にて光寿寺にあう、長縄手にて又雨にあう、観音堂にて雨やむをまつ。八ツ半《(午後3時)》前本丁へ着き、徴覧を廿代へ返礼に遣《や》る。七ツ半時《(午後5時)》小ゆり一度、夜千蓮寺法座へ参詣法談二座、九ツ頃《(午後12時)》相済み本丁へ帰り、馳走に逢い一宿。

六月廿五日　1－58

薄曇。七ツ半時《(午前5時)》閨《ねや》よりおき出、食事致し、六ツ時《(午前6時)》自坊を出て城下へ行く。今朝は大いに涼し。道にて文殊参りの人に数々逢う。五ツ半頃《(午前9時)》高知着、千蓮寺升永屋両家へ寄り、大徳屋へ行く。

宇佐・高知往還
(明治初年頃)
大河内
久万
尾立
万々
江ノ口
高知
杓田
枝川
鴨部
石立
潮江
伊野
神田
朝倉
鎌田
横浜
鷲尾山
瀬戸
内ノ谷
荒倉峠
御畳瀬
八田
芳原
長浜
弘岡上
弘岡下
西諸木
東諸木
浦戸
川
弘岡中
西分
高岡
中嶋
森山
森山
甲殿
蓮池
西畑
秋山
仁野
塚地
用石
出間
波介
新居
宇佐浦
新居浦
深浦
浦ノ内
渭ノ浜
出見
福島
立目
竜浦
竜崎
池ノ浦
仁淀川下流の渡し場
①八十の渡し
②八田の渡し
③中渡し
④中島の渡し
⑤十文字の渡し
⑥仁ノの渡し

八ツ半時《（午後3時）》廿代へ行く、今夜北奉公人町御法座へ参詣、本丁へ戻り一宿。夜八ツ時《（午前2時）》ゆる中ノ小、今夜夏祭りの由にて提灯《ちょうちん》生花等ありて見物の男女東西に行き違う。

六月廿七日 1－59

晴天。朝六ツ時《（午前6時）》喫飯して横町を出て帰る。雁切川を徒《かち》渡りし、四ツ前《（午前10時）》に宇佐帰着。暑気甚だし。九ツ頃《（12時）》ゆる小七ツ時《（午後4時）》又一度小ゆり、浪少々高くして炎暑甚し、夜中二度ゆる小。

七月十九日 1－63

八ツ半時《（午前3時）》よりおき出府の用意をなす。七ツ半時《（午前5時）》出寺、森山にて夜明ける。一度ゆる中ノ小、五ツ半頃《（午前9時）》本丁着、馳走にあい寝る。晩景又ゆる小、今晩月次《つきなみ》法座あり、横町にて一宿。

七月廿日 1－63

曇天。五ツ《（午前8時）》ゆる小、小雨ふる。八ツ時《（午後2時）》柏原弥平へ本尊御紐解法座に付参る。遍照寺その余同行四、五人来る。暮れ六ツ時《（午後6時）》柏原を出て本丁へ寄り、新井口へ赴く、徳屋と申す家にて小寄法座あり、四ツ前《（午後10時）》すむ。同所朝倉屋へ行き一宿。今夜九ツ《（午後12時）》過ぎより雨大に降る。

八月十九日 1－67

雨天、朝出府。四ツ頃《（午前10時）》ゆる小。今晩北奉公人町御法座有レ之《これあり》参詣する。今日千蓮寺為二声明稽古一《しょうみょうけいこのため》本丁へ来る。今夜升形にて泊まる、夜中雨降る。

九月十九日 1－71

晴天。朝六ツ時《(午前6時)》城下へ志し出寺、風大いに吹く。中島の渡しを越え、弘岡光寿寺へ所用ありて寄る。酒の馳走に逢い、九ツ《(12時)》前右所を出て鶉坂へ懸かるに、手結《てい》の男脚気にて歩行甚だ難儀なる様子を見て、梺《ふもと》の店へ寄り、土チ脚気の灸をおろし遣《や》る。八ツ半時《(午後3時)》本丁着。七ツ時《(午後4時)》ゆる中ノ小。夜北奉公人町御法座へ参詣、横町へ寄り泊まる。

九月廿日 1－72

晴天。千蓮寺御伝抄の稽古に付又行く。今夜又法座あり、四ツ頃《(午後10時)》済みて後、参詣の人々四、五人本丁へ寄り御和讃[註]の稽古あり、右家にて泊まる。

註　和讃（わさん）仏・菩薩、教法、先徳などを和語で讃嘆した歌。（『広辞苑』）

《蒟蒻屋由来》

九月廿一日 1－72

晴天。四ツ半《(午前11時)》頃本丁を出江口へ寄り、宇佐の婦人一緒に帰足、昼頃よりてりつけ大に暑し。鶉坂にて休み、蒟蒻《こんにゃく》店屋八右衛門に来歴を問えば、彼男答えていう様、昔忠義様[註]当所御鹿狩の節、私先祖権兵衛と申す者御茶を指上げ候所、御喜悦の余り永代この所を与える間、汝が子孫に至りても不《あい》ニ相更《かわらず》一この所において茶を炊《タ》き渡世はなすべしと、御直の仰せ有《これ》レ之《ある》より、私家の〝かぶ〟と相なり、今以て如《かくの》レ斯《ごとく》に候と物語れり。七ツ時《(午後4時)》頃帰宿、同時ゆる小、夜に入り風吹く寒し。

（欄外、此の頃坊さんかんざしの歌大流行に付、婦人をつれあるく事予の好まぬ所なれども頼まれしゆえ仕方なし、その歌は我ではないという顔にて戻る。）

註　忠義様（ただよしさま）　山内一豊の跡を継いだ二代藩主、慶長十年（一六〇五）から明暦二年（一六五六）まで、長期間藩主を勤めた。（『山内家系図』）

十月十八日　1－75

大雨波高し、四ツ《（午前10時）》時雨やみ晴れる。九ツ《（12時）》前より城下へ行く。八ツ《（午後2時）》時又陰雲《かげり》厚く覆い鶉坂《うずらざか》の梺《ふもと》より又雨にあい少々濡れる。七ツ《（午後5時）》半時本丁着。今夜大徳屋御取越法座、千蓮、仏性の両寺来る。夜中空晴れる。

十一月廿八日　1－81

朝右の如く参詣、昨夜千蓮寺へ嫁来る、これは老僧病気に付き俄に来込み、内々の杯ありし由。盆も正月も一つにて、槌で庭はく騒ぎとはこの事なるべし。四ツ半《（午前11時）》時日中の法座あり、先ず御七昼夜の御法席滞りなく相済む。今晩千蓮寺老僧終に病死、七十歳なりという。今日はゆりなし。

極月[註]朔日《ついたち》　1－81

晴天。四ツ《（午前10時）》頃より升形屋部家へ行く、御和讃のふし稽古あり。八ツ《（午後2時）》時千蓮寺葬式諷経《ふうきょう》（読経）に行く、傳照寺父子、福典寺親子、徳法寺後住来る。七ツ《（午後5時）》半時相済み本丁へ帰り、それより横町へ行き泊まる。

註　極月（ごくげつ）　年の極まる月の意で十二月のこと。しわす。（『広辞苑』）

❖安政三丙辰《ひのえたつ》歳（一八五六）

二月十八日 1－96

晴天、朝大風。六ツ（午前6時）時起きる、城下へ行く。古川の橋落ちけるゆえ中嶋の渡しを越し、荒倉通り行く、四ツ半（午前11時）頃本丁着、直ぐに[註]僕を戻す。今夜廿代町へ行き、本丁へ戻り泊まる。今夜ゆりを覚えず、この節桃桜の花満開。

註　僕（ぼく）　人に使われる男。しもべ。下男。（『広辞苑』）

《鶉坂猪狩り》

三月廿一日 1－101

陰天、今日は空曇り、むすように暖なり。御法義咄し終わりて九ツ（12時）時横町を出て本丁へ寄り直ぐに帰足。今日も昨日の通り大師参り夥《おびただ》し、何分現世祈りを好む人心、近き餌には喰い付きやすし、もっともなる事也。

鶉坂に懸る処、今日は御猪狩《ししがり》にて[註1]勢子夥敷《おびただしく》山に入る、峠より南の道は往来留めゆえ荒倉の方へ赴く。猪を山より追い出す勢子の声、鉄砲の音頻《しき》りに聞こゆ。

城下には大師参りとて、詣人[註2]光明真言或いは[註3]念仏を唱えて善根を心懸ければ、この山には殺生して楽しむ、同日に人々のなす所、善悪の業異なるもこれ則《すなわち》三界唯一心に外無別法と説き給える[註4]釈尊の金言、衆生身口意の三業のなす処、来世の生所異なる有様眼前にありと悲喜交《コモゴモ》にて帰りぬ。

仁淀川を渡るに、この辺また七ケ所遍路などの往来しげくして甚《ハナ》はだ賑わし、八ツ半（午後3時）頃新居坂を越える時、俄《にわか》に雲しば〱動き急雨来る、傘を持たざれば木陰に立ち寄り雨を凌《しの》げれども、その甲斐なく頭を始めづぶ濡れになりければ、彼の後醍醐《ごだいご》天皇の急雨を避けんとて松の陰へ立ち寄り給えば、愈々《いよいよ》木の雫落ち御衣にかかりければ、

〝さして行く笠置《かさぎ》の山を出しより　あめが下にはかくれ家もなし〟

と口ずさませ給えるに、藤房卿、

〝いかにせんたのむ蔭とて立ちよれば　猶袖ぬらす松の下露〟

と君臣の詠せられしむかしを思い出しつゝ、我も一首、

〝冠もきざる我らが哀しさは　頭《アタマ》の雫頸《クビ》へ流るゝ〟

独り狂しつゝ、誠に濡鼠《ぬれねずみ》の如くなりて山を下る。雨やみ七ツ（午後4時）前帰着、間もなくゆる小。又雨ふり出す、夜に入り大雨。八ツ（午後2時）頃より風添い波高し雨やまず。

註1　勢子（せこ）　狩場などで鳥獣を駆り立て、また逃げるのを防ぐ役目の人。（『広辞苑』）
註2　光明真言（こうみょうしんごん）　密教で唱える真言の一つ。これを誦すれば一切の罪業を除くという。（『広辞苑』）
註3　念仏（ねんぶつ）　心に仏の姿や功徳を観じ、口に仏名を唱えること。（『広辞苑』）
註4　釈尊（しゃくそん）　釈迦牟尼世尊《しゃかむにせそん》の略称、釈迦牟尼の尊称。（『広辞苑』）

五月廿一日 1－112

薄曇。五ツ頃(午前8時)日輪見ゆる同時ゆる小ノ大。四ツ(午前10時)前横町を出て本丁へ寄り帰足。長縄手より雨ふり出す風添う、高善寺に逢う。昨夜の雨に水まして雁切川大出水、鴨部にて草鞋《わらじ》を買い尻引っからげ戻る。

大風雨田中の道通行し難きゆえ、衣斐《えび》ヶ橋より南の本道を通る、この所にて雨止む大いに暑し。弘岡古川《フルカワ》の所大出水にて、杖を提げて水中を歩む、その水褌を隔たる事僅か五歩ばかり、往来の中婦人別して困る様子に見ゆ。鰹担ぎの男三十人ばかり逢う、宇佐福島の間大漁にて鰹至って下値なり、極大の品三匁より四匁に至る、近年なき事なりという。西畑渡し場より奥浦楊梅《ヤマモモ》売りに逢い、一所に坂を越え戻る。坂の梺《ふもと》にて傘を荷い呉れる、楊梅一升五、六分なりという。佐川へ持ち行けば一升二匁一分位に売れる由。八ツ時(午後2時)帰寺、空の模様晴陰定まらず、七ツ半時(午後5時)ゆる小。

六月八日 1－115

陰天、小雨降る。九ツ(12時)前本丁を出て戻る。千蓮寺並びに仁ノ村岡本の子息、僕都合四人一所に帰足。雁切川出水漸々《ようよう》渡る、所々の小川水増し歩行に苦しむ。仁居川渡し無《これ》レ之《なき》趣に付き中嶋を渡る、近頃の大水甚だ危うし。連日の大雨ゆえ田畑へ雨滞《とどま》り百姓の迷惑この上なし。七ツ(午後4時)前漸《ようや》く帰宿、千蓮寺僕とも二人泊まる、雨やまず。

八月十九日 1－128

雨天、朝雨烈しくふる、波少々高し。四ツ時(午前10時)より出府、所々谷川の水出る、雁切川に至る時雷鳴大雨、篠《しの》を乱せる如し。九ツ半（午後1時）頃本丁着、終日雨やまず、夜に入り同断。北奉公人町法座へ詣す。この頃西御本山[註]御使僧来り、城下近辺寺々にて法座ありという。夜半頃より雨止む、升形に一宿。

註　西御本山（にしごほんざん）　京都西本願寺。

❖安政四丁巳《ひのとみ》歳（一八五七）

四月廿四日　2－15
半晴。五ツ（午前8時）頃より出府、坂越しにはむすが如くに暑し。九ツ（12時）時横町へ寄り、直ぐに寺町浄福寺へ行く。佐川光明寺に逢い、茶漬を喰い真光寺へ寄り本丁へ至る、その夜右家にて宿。今日鶉坂五月躑躅《つつじ》を折取、横町へ遣《や》る。

四月廿五日　2－15
陰天。五ツ（午前8時）頃光明寺大徳屋へ誘いに寄る。同道して称名寺へ行く。九ツ（12時）時天神の社へ詣し、当年楼門へ掛けたる鈴《スズ》を見る。それより下町才谷屋へ寄り買物し、本町へ戻り直ぐに寺町へ行く。折柄波川本願寺来り合わせ、ともに一杯傾ける、八ツ（午後2時）時頃より雨ふり出す。七ツ半（午後5時）時千蓮寺へ行き、益永屋へ寄る泊る。夜中大雨。

四月廿六日　2－15

大雨天、六ツ時（午前6時）ゆる中ノ中。四ツ頃（午前10時）より大風雨、雁切川大出水。今日寺町の僕を雇い、白衣袈裟の類を宇佐へ取りに遣《や》る。終日雨風甚しく市中の往来も出来難し。日入る頃寺町の男宇佐より命がけに風雨を凌《しの》ぎ戻る。今日御和讃の稽古あり、同行衆一両人来る。夜四ツ頃（午後10時）雨止み空晴れ星皆見ゆる。

六月十九日 2－29

晴天。朝七ツ頃（午前4時）よりおき城下へ行く。新居坂の蝮《ハミ》を恐れ、竹の頭へ笹を括《くく》り付け、足元を撫でて行く、坂の東の梺《ふもと》にて石に躓《つまづ》き爪の間より少し血出る、路の土を取りて血留めとす。森山にて夜明ける。鶉坂峠を越し始めて日傘を開く。五ツ過ぎ（午前8時）下嶋の横山へ寄り膏薬を貰い寺町へ行き、喫飯し九ツ時（12時）桜馬場圓満寺へ寄る。それより大徳屋へ行く。穏便[註]に付き今夜の御法座延引。夜雷鳴電光これに添う、夜半頃より雨ふる暁に至り止む。

註　穏便（おんびん）　藩主やその一族などの喪に服するため、歌舞音曲などを控える。

六月廿二日 2－30

雨天五ツ時（午前8時）雨やむ。本丁を出て白土《しらつち》通り甲殿へ廻り、寿念寺御法座へ参る。今日雨なし、八ツ半頃（午後3時）より帰足、日入り過ぎ漸く帰寺。

❖安政五戊午《つちのえうま》歳（一八五八）

三月廿日　2－76
四ツ頃（午前10時）升形へ寄り、白土通帰足。この山の禁《ふもと》に藤の花大木を埋め山中に八本、躑躅《つつじ》花盛りにてその仰山なる事譬《たと》ふるに物なし。錦をふんで峠に登り襟を開きて汗を入らしめ、西分光顕寺へ永代経（註）の礼に寄り、弘岡へ廻り光寿寺へも同断、中嶋の渡しを越し漸く七ツ半（午後5時）帰寺。

註　永代経（えいだいきょう）　故人の供養のため、毎年の忌日や彼岸などに寺院で永久に行う読経。永代読経。永代供養。
（『広辞苑』）

《白土峠越えにて》

三月廿一日　2－76
昨日白土の峠にて古き御祓《ハライ》を集めに廻る男に逢うて、問いていわく、御禊《ハライ》を集めて如何《いかが》するや、また一つの御祓納め賃何文なるや、彼男答えていわく、納め料大の分は一つに三文宛、小の方は二文づゝ、さて集め終り候時は祈念を致し置き、火にて焼《ヤキ》申すなり。又問いていわく、その担《ニナ》いたる籠《カゴ》へ御祓何百程入るや、答えていわく、およそ二百程は入れ申すなり、又問う一日の中に一荷程もあるや、答えていわく、仕合せのよき日は五荷ほど有《あり》レ之《これ》。又問う数多《あまた》の御祓の中に南無あみだ仏を書きて納めたる小札入りたる事ありと聞く、しかりや、いなや答えていわく、折々中を開き見れども、いまだ左様の事見及び申さずと話す中、彼男は老足にて遅く、我は道を急ぎけるゆえ、追いこして別れぬ。

❖安政六己未《つちのとひつじ》歳（一八五九）

一月十八日　3－9
九ツ（12時）頃より出府、風吹き寒し。七ツ時（午後4時）升形着、今夜当家初御座詣人多し。

一月十九日　3－9
朝廿代町へ行き、潮江へ寄る。傳照寺中陰[註]に付読経する、高願・眞光・明性・長泉の四ヶ寺来る。八ツ（午後2時）時戻る。

註　中陰（ちゅういん）　中有《ちゅうう》とも。衆生が死んで次の生を受けるまでの間、期間は一念の間から七日あるいは不定ともいうが、日本では四十九日。この間七日毎に供養を行う。満中陰。（『広辞苑』）

一月廿一日　3－9
九ツ（12時）頃升形へ寄り帰足、風吹く。鴨部にて小松左傳太に逢う、日没頃漸く帰着、御迨夜[註]の勤行する。

註　迨夜（たいや）　逮夜とも。忌日の前夜、また葬儀の前夜。（『広辞苑』）

二月十八日　3－15
四ツ（午前10時）時より朝倉高蓮寺法座へ行く。西分光顕寺、本隆寺へ永代経の案内に寄り、長谷通り八ツ半（午後3時）時朝倉着。今夜法座参詣二、三十人ばかり有《これ》レ之《あり》、高蓮寺泊り。

二月十九日　3－16

四ツ（午前10時）頃高蓮寺を出、升形へ行く。御和讃の稽古ありて日を暮らす。夜千蓮寺法座へ行き、如《もとの》レ元《ごとく》戻り一宿。

二月廿一日　3－16

九ツ（12時）頃升形へ寄り、鳶口を頼み置き帰足。光寿寺へ永代経の案内に寄り、中嶋を渡り七ツ半（午後5時）時帰着。

三月十九日　3－20

四ツ（午前10時）頃より弘岡へ寄り、高知へ行く。八ツ半（午後3時）時升形着。夜千蓮寺法席へ参る。四ツ（午後10時）時如《もとの》レ元《ごとく》戻り泊る。

三月廿日　3－20

七ツ（午後4時）頃より常通寺へ参る者多し、同時袋町より常通寺の前を通るに、詣人夥敷《おびただしく》、寺の門前別して賑敷《にぎわしく》、手遊物より菓子を売るもの多し。時に当りて俄《にわ》かに雨ふり出し、菓子売りを初め諸人東西へ走り大騒動。それより西町を通り中須賀の唯七方法座へ行く。

三月二十二日　3－21

四ツ半（午前11時）時横町より升形へ寄り、手作りの美林酒馳走にあい、九ツ（12時）前神田《こうだ》より長谷へ懸る所にて急雨来る、山を走り越ゆ、店屋へ立ち寄り休む。雨やまざるゆえ、芋谷富農覚蔵方へ寄り傘を借り、本隆寺にてかり替え帰らんとするに、この寺傘なし、詮方なく右の傘をさし西分の渡しを越す。このとき七ヶ所遍路数十人俄雨にぬれ、皆迷惑顔にて走る。秋山より仁ノ村へ越え、岡本へ寄り、日入る前渡しを越し、久し振りに甫渕を通り、日暮れ前に漸《ようや》く帰寺。

七月十九日 3－43

僕を召し連れ出府、先だって餞別を受けし家々へ土産を賦《くば》しむ。八ツ半時《(午後3時)》松下へ行く。日入る頃升形へ戻り千蓮寺法席へ詣す、参詣甚以て多し。四ツ時《(午後10時)》升形にて泊る。今日は昼より夜に至りても涼気少しもなく、炎暑甚し。

※この年四月から五月にかけて京都へ旅行しているので、その時の餞別に対して土産をくばったものであろう。

七月廿日 3－44

四ツ時《(午前10時)》千蓮寺において御屋敷如来様の御紐解の勤行《ごんぎょう》、続いて三部経拝読、八ツ時《(午後2時)》漸く相済む。御屋敷より代参の婦人四、五人来る。酒飯まで持ち来り、右寺において馳走有《これ》レ之《あり》、七ツ半頃《(午後5時)》横町へ行く。

七月廿一日 3－44

四ツ時《(午前10時)》より帰足、暑激《あつさ》しく歩行中大いに苦しむ。汗帯まで透る。八ツ半時《(午後3時)》帰着。

❖安政七庚申《かのえさる》歳（一八六〇）（三月十八日萬延と改元）

十一月十九日 3－149

晴。四ツ半《（午前11時）》頃小高坂小川端嶋崎清七より、三部経[註]を拝読致し呉れたく案内に付き行く、千蓮寺来る。夜蓮池町岩村屋御取越に付き行く、源通寺来る。四ツ半時《（午後11時）》如《もとの》レ元《ごとく》戻り泊る。

註　三部経（さんぶきょう）　特に尊重する三部の経典。法華三部経・大日三部経・鎮護国家三部経・弥勒三部経・浄土三部経などがある。（『広辞苑』）

十一月廿一日 3－150

晴。八ツ時《（午後2時）》千蓮寺へ行き、御紐解法座相済む。今夜より同寺に於いて御正忌[註1]を勤める（宇佐自坊は弟慈動御正忌を勤める）。このたび御表具仕替を縁として、太子讃十一首を讃題として、聖徳王[註2]の御苦労を逐一に弁じ、儒家より太子を誹議するの非を糺《ただ》し、また仏者の太子を讃過し、却って儒者の為に笑わるゝの失をも、挙偏なく党なき論をなし聞かしむ。これ予が及ばざる処なれども、太子へのせめての恩忠と思い、日夜これを弁別する。

註1　正忌（しょうき）　祥月命日に同じ。一周忌以後における故人の死去の当月当日。（『広辞苑』）
註2　聖徳王（しょうとくおう）　聖徳太子。

十一月廿八日 3－150

晴、寒し。千蓮寺東隣国沢宗三郎（郷士の由）、今年六十九歳なりしが、家事に付心痛、数日を経て今朝井戸へ飛び込み、頭下足上にて即死、憐《あわ》れむべし。勿論寺の隣家なれども、夢にも仏法気のなき男の由、寺の門には鬼のすむという諺《ことわざ》も眼前也。九ツ半時（午後1時）日中の法座を勤める。病身の我等、存外風もひかず咳気もなく、昼夜両席づゝの法席今日まで無二魔《ま》事《じなく》一相勤め終る事、実に難《あり》レ有《がたし》と喜び奉る。

十一月三十日 3−151

陰天、八ツ時（午後2時）より雨ふる、直ぐにやむ。夜千蓮寺御浚《さら》えの御法座へ行く。相済みて後、右寺において精進落ち註の馳走あり、高法寺来る。

註　精進落ち（しょうじんおち）　精進明けとも。精進の期間が終わって肉食すること。（『広辞苑』）

《渡し船で馬暴れる》

十二月一日 3−151

四ツ半時（午前10時）升形へ寄り、荷物片付け九ツ半頃（午後1時）より帰足、弘岡より雨降り出す。新居川渡し船に乗り込む、中流にて馬二匹船中にてはね合い、魚売りの籠《カゴ》を川へ蹴こみ、弁当を流すもあり、買札を落すもあり財布を沈むるあり、乗組七、八人声を上げ騒ぐゆえ、馬いよいよ嘶《むせ》びはね、すでに船かたむき人馬とも沈まんとす。我等も覚悟を究め、これ迄の寿命なるべし、しかし船くつがえるとも船に取付かば、萬死を出て一生を得る事もやと思慮し、船べりを押えかゞむ中、漸《ようや》く船を戻し馬を追い上げ、始めて人心地《ひとごこち》になり、一同死を免がるゝ事を喜びぬ。予おもえらく、これぞ正《まさ》しく仏神の加護ありて、今日の一死を救い給える現世の利益ならんと、独り仏恩を念じつゝ、日暮れて後帰寺。洗足終りし処へ極楽寺も城下より帰りしとて寄る、今日の危難を遁れしを語り喜び、酒一杯のむ。

❖文久二壬戌《みずのえいぬ》歳（一八六二）

《美女に見とれて》

六月廿一日 4－132

九ツ時《(12時)》より帰足、風少々吹けども暑気甚敷《はなはだしく》、往来人歩行に倦《う》む。鶉坂の東の麓《ふもと》にて一婦下婢をつれ行くに逢う。予幾《イク》度も見返り、さても奇麗なる女かなと独言して見る内に、いつの間にやら袂に入れたる手拭を落としたれども、暫くは覚えずしらず、坂へ懸り汗を拭かんとて袂を見るになし、一、二丁跡にてありつるに合点行かずと、懐より腰の辺を捜せどもすべて見えず、心を定めて考え見るに、彼の婦人と行き違いの時落したるに相違なしと始めて心付く、跡へ戻り尋ね見んと思いしかども、往来繁き事ゆえさてやめけり。

つく〴〵思いめぐらすに、一度女を見れば永く眼の功徳を失うと仏の戒め、我は一度女を見て手拭一つ失えり。又大蛇を見るとも女人を見るべからずとの金言もあり、我これ迄数十年、東西奔走すれどもいまだ蛇《ヘビ》を見て恂《びっく》りし、扇子一本落したる事なし、然るに今日女に出逢い手拭を落したるは、人の目よりは鈍くさい男と見ゆるかもしらざれども、所謂《いわゆる》女に魂を奪われ有頂天へ登りたる時なるべきか、さてこそ仏も右のごとく、大蛇を見るとも女を見るべからずと戒め給えり。

今迄諸国を往来し、祇園《ぎおん》島原の娼婦《ヲヤマ》を見てさえ木偶人《ニンゲウ》のごとく思いなし、少しも染着の心なく恍惚《ウッカリ》したる事なきに、今日始めて斯様《かよう》の次第は、我が身の菩提心薄きゆえか、但しは天魔が見入れしか、怪しむべし怖るべし。
昔悪七兵衛景清は、頼朝の武運の程を感じ入り、彼を討たんとつけねらうはこの眼あるがゆえなり、見ざるにはしかずとて、自ら両眼を突潰《つきつぶ》せりと小説に出たり。我も今日女を見て惘然《ぼうぜん》たるは、この眼あるがゆえなり、両眼なきにはしかずと思うて見たれど、眼なければ第一御経読誦に事闕《か》け、余所《よそ》の女は見ずして事もたるべけれど、内の女房は日夜十二時見ても見あかず、されば眼はなければならず、この眼がありたればこそ、名もしらず所もしらぬ美婦人まで拝せる事の嬉しやと、色々に機《(ママ)》を取り直し坂を登る。汗の目に入る度毎に鼻紙取り出し汗をふき、いま〳〵しき奴《ヤツ》に出あい、夏の往来に手拭のないというような不自由する事かなと、独り怒り独り笑い歩みつゝ、新居坂に懸る処、宇佐の男両人話すよう、件《くだん》のお文はどうも尻癖わるいやつ、しかし閨中《ネヤ》の狂言は極上手、いかな男でもお文と寝たら皆湯になると、人の咄しを独りきゝ、今日はいかなる吉日ぞ、見るも聞くも女の事、しかしどこの女かはしらねども、お文という人に逢うて湯になって見たいと思う心を独り戒め、僧形にてありながら斯かる念慮を発す事、皆天魔の所為なるべし、仏の冥見恐れありと懺悔《ざんげ》し、念仏の声を合図《アイヅ》に漸く本心に相成りぬ。心のうろたえにひまどりしゆえか、七ツ半頃《(午後5時)》帰宿、行水し御逮夜[註]の勤行《ごんぎょう》する。終日大暑夜に入り少し涼し。

註　逮夜（たいや）　忌日の前夜、また葬儀の前夜。

雁切川の橋

現在の鏡川は、かつて下流部分を潮江川、上流部分を鴨部川または雁切川と称していた。この川を鏡川と名付けたのは、元禄の頃の五代藩主・山内豊房公であるが、この呼び名はあまり徹底していなかったのか、明治十一年河田小龍作成の『高知市街全図』では、紅葉橋のあたりに雁切川、天神大橋のあたりに潮江川と記し、鏡川の名はない。雁切川の渡しにようやく橋が架けられたのは、日記にあるように萬延元年（一八六〇）のことで、当時は水かさが増すと流れるような簡単な橋であったが、慶応二年（一八六六）には、大きな橋に架けなおされている。城下から西部方面への往還で、当時このあたりに梟首場《きょうしゅば》があって、吉田東洋・岡田以蔵・清岡道之助（野根山事件首領）などの首が晒された。紅葉橋は明治の初めに架橋され、東の青柳橋に対してこの名がつけられたという。

❖安政七庚申《かのえさる》歳（一八六〇）（三月十八日萬延と改元）

十一月十八日 3－149

この頃雁切川へ橋懸る。往来の人々夏冬とも難儀せしに、御上みの恵みを以て夜中といえども自由に往来し、かつ牛馬に至る迄足をも濡らさず渡る事、実に国恩の難《あり》レ有《がたき》仁恵を人畜ともに蒙《こうむ》るは、今の時節に生まれたる者の仕合せなるべし。

❖萬延二辛酉《かのととり》歳（一八六一）（二月十九日文久と改元）

七月十九日 4－36

雁切川の橋先だって流れ、船にて人を渡しけるが、この頃再びかゝる。人馬の往来自由なる事也。

❖慶応二丙寅《ひのえとら》歳（一八六六）

四月十九日　8−27

このたび雁切川に大橋掛け直る。以前より別して高く長く、中々広大なる事にて、万民自由自在に昼夜往来する事、御上みの御恵みと有難く覚ゆ。

八月廿五日　8−68

当十五日御国所々大水、雁切川別して烈敷《はげしく》今度懸りし橋の上を水越し、西の橋台も崩れ東の岸も大破、一通りならぬ大傷《いた》み、その近辺田畑の損亡いうべからず。その水思案橋より内へ押し入り、北は井口小高坂辺迄水深く入り、人家に入りたるもある由。

5 ― 高知城下見聞

❖安政四丁巳《ひのとみ》歳（一八五七）

《伊豆のアメリカ人》

四月廿八日 2－16

晴天。九ツ半（午後1時）時法事相済み、夜法義讃嘆して四ツ（午後10時）時寝る。江戸表にて傘江戸絵を亜墨利加《あめりか》人へ渡し金銀をこの方へ受け取る交易専ら盛也。昨年亜墨利加人一人伊豆にて死去致し、日本地へ葬り度き由申し出る所、江戸よりの御沙汰にはその死骸本国へ持ち帰り可レ申《もうすべき》旨被二申聞一《もうしきかさる》、かれこれ引き合い六ケ敷《むずかしく》相なり、終に豆州へ葬り候由、且つ右伊豆にて亜墨利加の者と馴染み候孕《はらみ》女十三人を召し捕り、江戸の牢へ打ち込み御詮議有レ之《これある》由、今日江戸行きの人より直聞。この末如何なり行くや、いぶかし。

《朝倉煙硝倉爆発》

十一月廿七日 2－56

今日上町ある大家へ潮江の大工来り細工致し、日入り頃酒肴を出しけるゆえ、外大工四、五人ども魚肉を喰らい呑む中、右潮江の男俄《にわか》に腹痛[註1]吐瀉し騒動、さて潮江へ送り跡にて様子を聞けば、その大工は真宗の者にてありけるよし。祖師の大迨夜[註2]に当り魚を食いし御咎めなるべしと伝聞の人々恐怖す。夜五ツ頃（午後8時）千蓮寺法座始まり四ツ頃（午後10時）終わる、詣人本堂に充満せり。それより舛形へ帰り内佛前にて勤行《ごんぎょう》の最中、夥《おびただし》敷き音にて屋鳴りする、勿論戸障子ゆるぎ渡る。町々大騒動、雷鳴かと疑う者もあり、地震と思うもあり、五七里遠方迄ひびき渡る。空には煙の如きもの飛び、暫く様子しれず。我等坐を動かずまた読経終わり、自坊の五尊様への御礼且つ年中当家の本尊の加護を蒙《こうむ》り奉る報恩の為に、内佛前にて法談一坐相勤むる跡にて聞けば、朝倉の焔硝《えんしょう》仕成《しなし》場に不時の火発《おこ》り、千斤余炮薬焼け、その音四方へ響きける由、人々舌を巻き恐る丶。当夜城下ある寺には御法座中右の都合、談僧は講座より飛び下り、参詣の男女大騒ぎ、戸障子四、五枚微塵になり、児女の叫ぶ声甚だしく、怪我人もありし趣。右に付千蓮寺の御法座済みて後斯様《かよう》の騒動ゆえ、彼等を気の毒に思い、この寺の仕合わせを喜び、これ偏《ひとえ》に佛祖の加被力にてもあらんかと恐悦する。

註1　吐瀉（としゃ）　嘔吐と下痢。はきくだし。（『広辞苑』）
註2　迨夜（たいや）　逮夜とも。忌日の前夜。また葬儀の前夜。（『広辞苑』）

❖安政五戊午《つちのえうま》歳（一八五八）

《農人町火災》

一月十三日　2－67

旧冬農人町の火事は小屋の灯明より発《おこ》り二十四、五軒焼失せる由。大晦日の事ゆえ子供を寝させ置き買物に出たる留守もあり、掛取りを追出し置き、一杯引懸け寝て居るもあり大騒動。軒下に夜店を張りたるものは雪踏、羽《ハ》子板、柿栗の飛び散るを拾い、火終わりて後も火事装束の侭《まま》にて店に入るもの数十人、さてやけたる家々は隣家又は知音[註]の方より見舞として米銭諸道具を貰い、これ迄一、二升の米を漸々《ようよう》と求め越年せし輩、去る暮は米一俵を枕にして不慮に年を越えるも転過為福《てんかいふく》（わざわいてんじてふくとなる）の仕合者なるべし。それゆえ類焼せる小屋の者ども寄り集まりての評議に、御互いに当暮はこれ迄なき暮仕舞、これというもかゝる火事ありての事なれば、火元の家方角へは足をむけられぬぞと言合せたりとぞ、一笑。

註　智音（ちいん）　よく心を知り合っている人。親友。（『広辞苑』）

《婦人と若殿様》

三月廿四日　2−77

この間城下において若殿様北奉公人町御通行の節、ある家の婦人我が家の門口に蹲《うずくま》り居る所、陰門の出るも知らずありけるに、若殿様馬上より彼女の道具を出しながら知らずして蹲《うずくま》るを御覧して、おかしさのまま微笑して通り給えるを、従士続いてこれを見るより、各々笑いつゝ、行き過ぎぬ。彼女すべて知らざりし由。後日人々評すらく、我が陰門を殿様の御目に懸けし女は国に一人もあるまじく、比類なき御目見えというべしとぞ。

予評していわく、昔ある国守の御通行に下たに〱というて領内を廻られし時、一人の婦人すべて頭をさげず、役人大いに叱《しか》り罵《ののし》りければ、彼女衣《きもの》をかゝげ尻を出し殿の方へむけ、手を以て我が尻をたゝきていわく、三世諸仏出世の門はこれなるぞ、下たにおれとはこれどうじゃといいし由、同日の談なれども、彼はたくみて人に見せ、これは知らずして人に見らる、ともに一笑の種なるべし。

《殺人事件》

四月八日　2－81

九ツ半頃（午後1時）より出府。先月廿四日江ノ口富田何某、妻女縁辺より事発《おこ》り、同所森下の妻を殺害し、それより水通横山蘭亭方へ践《ふみ》込み蘭亭ならびに娘（富田の妻となり終に離別す）を殺し、水通の川にて血刀洗い我が屋敷に帰り直様《すぐさま》切腹、同日に四人剣難に懸り自害に服するもいかなる前生の悪報にや恐るべし。

今日御差配ありて双方とも断絶と申す事、この世にては先祖の名を汚し家を没収し、その魂は来世修羅界[註]に入り、愈々怨恨を重ぬべし。人のふり見て我がふりなおせ、必ず一旦の怒りに千金の躯《からだ》を失なわざるよう、心身を慎み念佛すべし。

註　修羅界（しゅらかい）　修羅道とも。仏教で六道の一つ。阿修羅の住む世界。人間と畜生の間にあって、常に争いが絶えないという。（『広辞苑』）

《真如寺橋から飛び降り》

六月五日　2－98

先月城下に於いて、ある侍朋友と勇気をばくらべんというより事発《おこ》り、終に傘をさし下駄をはき、真如寺橋より飛ばんというに至り、さて約束のごとく一人傘を開き持ち、木履《ぼくり》を踏み橋より下へ飛びけるに、傘空さまに開き窄《スボ》み、助くるものなきゆえに河原に落ちる勢い甚だしく、砂上に着《ツ》くやいなや忽ち腰抜け、行歩不調の不成人《カタワ》となりし由。これ何事ぞや、牛若丸の五條橋千人切りの真似か、但しは軽業《カルワザ》の真似か、君子は危うきに近よらずの先言をも知らず、身体[註]髪膚の孝道にも遠し。今よりは君に仕えること能《あた》わず、不忠不孝の身となる事残念というべし。

註　身体髪膚（しんたいはっぷ）　身体髪膚之を父母に受く、敢えて毀傷せざるは孝の始め也（孝経）。我々の体はすべて父母からいただいたものであるから、絶対にそこなわないようにするのが孝行の第一歩である。（『新漢語林』）

❖安政六己未歳（一八五九）

《早起き奇人》

一月十三日　3－8

この頃郷ノ瀬という処に卜筮[註]などを所業とする者あり、もとは新町に住し小野何某といえる者なりしが、先祖に日出《ヒノデ》某という者ある由を以て、その日ノ出より一段上を望めるより革姓革名《かくせいかくめい》を願い、聞き届けの上夜明鶏助《ヨアケケイスケ》と名乗り、郷ノ瀬に居住し祈祷などする趣を以て、宇佐辺よりも卜占《ぼくせん》祈祷など頼みに行く者多し、諸方にて聞くに頗《すこぶ》る異人なるよし、右内職は何方より習い来たりしや知らず。

予が掛川にありし時、与井村という所に仙右衛門という男あり、年中朝起《アサオキ》を好み、八ツ（午後2時）頃より七ツ（午前4時）の間におき出て茶の下を炊き付ける癖あり、若《モシ》外の人よりおくれておきたれば、その日は心外の余り頭痛するというほどの事也。近村の者迄も異名し鶏《ニハトリ》仙右衛門と呼びけり、余もこの男に両三度逢いし事あり、その後鶏の名ある人をきかず、今の鶏助と同日の論にて可レ笑《わらうべし》。

註　卜筮（ぼくぜい）　うらない。亀甲を焼いてうらなうことと、筮竹を用いてうらなうこと。（『広辞苑』）

《米価値上がり》

六月十九日　3－39

朝早々より城下へ行く。当年四月八日長浜釈尊[註]へ参り、時節柄をも憚《はばか》らず三味線太鼓を入れ船中遊興の罰を以て三日罰牢の者、城下上下町合して男女百余人ありという。

下町富商婚礼の夜、闇にまぎれ絹着せし咎《とが》とありて町役召放され、或は入牢の者もあるよし。又過日城下呉服店十七軒、御町方御定めの値段より少し高利を取りし訳を以て、品は悉《ことごと》く御取上、亭主番頭とも追放に相なり、新たに呉服屋五軒出来る、その品御町方へ取り上げ、新店にて売らしむ。召し上げの品少なきは五、六十貫目より大家は五百六、七十貫に至るという。（この時の御町奉行は市原八郎右衛門、御仕置役は吉田元吉という人なり）、萬事厳敷《きびしき》時節柄、朝夕唯薄氷をふむが如し、盛者必衰の有様なる事どもなり。その上この頃穀物高価、宇佐辺は白米一升に付一匁九分、上灘筋（津呂室津）辺は二匁二、三分と申す事、右に付津呂辺の貧民或は借銭し、又は質を置き他国米を買い、内々岡揚《おかあげ》の場合露見に及び、一艘買入れの米不レ残《のこらず》取り上げらるゝ、勿論餓死する外仕方なきゆえ、浦中一統田野浦役所へ願い出の趣は、このたび米高値に付、御法度《はっと》とは存じながら他国米買い候処、右の通御取り上げに相なり、外に渡世とても出来申さず、忽ち如何とも手段出来がたく、依って衆議一決の上、御国暇を願い他国へ罷《まか》り出申したき段数十人願い出る。田野役所にて差配出来難く、この間城下へ伺い出に相なり候趣。

註　釈尊（しゃくそん）　釈迦牟尼世尊（しゃかむにせそん）の略。釈迦牟尼の尊称。（『広辞苑』）

《大赦令出る》

十一月五日　3－174

このたび太守様[註1]隠居様[註2]ともに京都江戸の御都合宜しく恐悦、御祝式御赦令に引き当られ、御國中の咎人罪の軽重をいわず皆赦さるゝ、囹圄《ラフヤカラ》空になるという。中にも下町徳屋善八という者、先年大借の上大胆無道なりしかば、銀主切腹す。その相手なるゆえ永牢となり、近年まで牢庄屋致せしに、四、五年跡御祝の砌牢舎を赦され、助命の訳を以て渡り川限り追放。然るにこのたび御赦令に懸り、配所より城下へ帰参す、歳七十有余。初め入牢してより当年二十七年目に故郷へ帰りし由、珍敷《めずらしき》事なりという。

この間当浦の男、城下浦戸町角屋といえる宿屋へ行きしに、今度赦さるゝ咎人ども、西東より数十人集まり、宿問《つか》えにてありしゆえ、旅宿を転じて泊まりける趣。その咎人どもの親子親類の歓びいかばかりぞや、御上の仁恵万民に及ぼせる、誠に仰ぐべし。その事実を聞く我等までも国恩の厚きを別して喜ぶのみ。

註1　太守様（たいしゅさま）　十六代藩主豊範公。
註2　隠居様（いんきょさま）　十五代藩主豊信（容堂）公。

❖萬延二辛酉《かのととり》歳（一八六一）（二月十九日文久と改元）

《刃傷事件》

一月七日　4―4

去暮大晦日の夜城下蓮池町にて夜店見物往来繁き中、筧《カケヒ》（侍）・安岡（御家老の騎馬）の両人行き違いの事より口論に及び抜き合せんとするに、安岡源吾が刀は今時はやる長剣を帯したりし、いかゞしたりけん抜く事能《あた》わず、二、三ケ所手疵を負いつゝ逃げ行き、村田仁右衛門といえる中老の屋敷へ逃げこみ、玄関へ上らんとする所を後ろより胴中を刺し通す、何かは以てたまるべき、忽ち倒れぬ。筧は我が姓名を名乗り置き帰る。源吾は下段《げだん》の上手にて自然と高慢心もありし由、斯かる火急の場合には長剣は却って利あらずと郭中にても評せる趣。

正月二日の夜、五丁目観音堂の堤にて丸裸の侭《まま》倒れ死したる者あり、福井の男なる由、酔って帰る処を突き倒し、衣類を剥取りたるならんという噂、か丶る騒々敷《そうぞうしき》世の中ゆえ、城下市中は去冬より自身番。

豊範公初の帰国

安政六年（一八五九）二月、十五代藩主豊信《とよしげ》（容堂）の隠居に伴い、十四歳で十六代藩主となった豊範公の初めての帰国である。十六歳の若殿様の行列を一目見ようと、近郷近在から見物人が詰めかけた様子が記されている。

二月廿日 4－10

太守様今日江戸より御帰城、始めての御入部ゆへ御行列拝見せんとて諸方より輻湊[註]するもの夥《おびただ》し。四ツ（午前10時）前御着城、今日城下町々の往来繁く賑々敷《にぎにぎしき》事近年未曾有なり。太守様当年御年十六歳、去年分於二江府一《こうふにおいて》侍従拝任被レ遊《あそばされ》、国内一統奉二恐悦一《きょうえつたてまつる》御次第、就中《なかんずく》天気の御順甚宜敷《よろしく》、上下賑々敷ももっともなる御事也。

この節他所《よそ》の者城下へ入るに、その村々地下役《じげやく》の切手持参せざれば宿屋一人も留めず、難儀する輩《やから》多し。これは昨冬盗人旅宿に逗留し、市中徘徊せるより斯様《かよう》に相なりしとぞ。昨日宇佐辺の者御着城行列を拝せんとて出府の男女、切手持参せるに逢うてその咄を聞く。予戯《たわむ》れて宇佐より高知迄二、三里の往来に切手の入る《（要る）》といえば、京大坂へ登れば切手の千枚も持参なくては事足るまじといへば、彼も大笑いせり、珍敷《めずらしき》時節とはなりぬ。

註　輻湊（ふくそう）　方々から集まること。物が一ヵ所にこみあうこと。（『広辞苑』）

井口事件

土佐では第十代藩主豊策《とよかず》公が文政八年（一八二五）八月三日に死去しているので、三日は月命日となり、桃の節句は三月四日に祝っていた。いわゆる井口事件が起こったのは、文久元年（一八六一）の三月四日の夜である。井口村永福寺門前で酒に酔った上士の山田広衛と下士の中平忠次郎が衝突したことから、双方斬り合いとなり、中平は一刀流達人の山田に斬り伏せられた。同行の宇賀喜久馬から急を聞いて駆け付けた中平の兄池田虎之進が背後から山田に斬りつけ、茶道方の益永繁齊も重傷を負った。そして山田、中平の両人は翌日死亡した。益永は日記にもあるように意識不明のまま四月二十一日に死亡した（丹中山墓）。この事件は上士と下士の対立を呼び、一触即発の事態となったが、坂崎紫瀾著『汗血千里駒』によると、坂本龍馬らが登場し、池田虎之進と中平の同行者宇賀喜久馬の切腹によって、事をおさめたという。翌年一月の日記にあるように、その後の裁決で山田の家は存続、中平、池田の家は家格家禄とも没収という片手落ちの扱いとなったことが、下士たちの憤激をかい、同年結成の土佐勤王党に下士層が多く加盟するきっかけとなった事件といわれる。

三月十三日　4－13

当月四日の夜、井口にて若侍（山田広衛二十七歳）郷士（宇賀某）御用人（中平忠次）御茶道頭（松井某）、

途中行当りの論より喧嘩となり、その場にて三人切死、家に帰りて二人切腹、鳥渡《ちょっと》したる口論より暫時の間に五人死失、如何なる因縁ぞや。
昨年は江府[註]に於いて三月節句に井伊家の騒動あり、当年は御国許にて諸方の騒ぎ、戸波《へわ》にても四、五人を切りし者あり、大小の違いはあれども、ともに剣難にて死するも、三月は桃の酔いより事のおこれるゆえなるべし、恐るべし〳〵。

註　江府（こうふ）江戸。

三月廿日　4－14
この間井口騒動の砌《みぎり》頭をきられし御茶道頭松井某（益永）、今以って死せず養生に懸りあり、しかし頭の脳へ刀疵懸りけるや、すべて言舌分明ならずという。その事に携《たずさ》わりし人数多《あまた》にて二十余人遠足留めになる、中にも川原町安倍某、永福寺福典寺なども右の御詮議懸りに加わる。

一月十九日（文久二年）4－84
去春井口騒動一件の御詮議詰めに相なり、旧冬御差配有《これ》レ之《あり》、中平党の者二軒断絶、その余両人他国へ追い払いになり、呵《しか》り捨て追い込みに逢いたる者夥《おびただ》しく有《これ》レ之《ある》由。

土佐最初の人体解剖

我が国で最初の人体解剖を行なったのは、京都の医者山脇東洋であるとされる。罪人の刑死体を解剖した東洋は、宝暦四年（一七五四）その結果をまとめた『蔵志』を著わしたと伝えられている。蘭法医杉田玄白らが江戸小塚原の刑場で人体解剖を行なってから、四年がかりでオランダ解剖書を翻訳し、『解体新書』を仕上げたのは、安永三年（一七七四）のことである。

土佐では安政元年（一八五四）に、石坂玄泰という医師が、医学発展のためにと刑死者の解剖を請願しているが、はじめて人体解剖が許されたのは、七年後の文久元年（一八六一）のことである。しかし、公式の記録にはないようで、平尾道雄著『土佐庶民史話』でもこの日記の一部を原文のまま紹介している。

八月廿日　4―42

当月八日長芝に於て科人《とがにん》成敗に逢い、牢の口にて殺さるゝもあり、都合八人同日に殺されけるとぞ。中にも東灘の神職高松鷹弥という者、近辺の庵主（この僧は伯州産の由）を殺害し、その血を以て庵の障子へこの僧親の敵《かたき》にて候ゆえ今晩首尾《しゅび》克《よく》討負せたりなど書置し、他国より来たりし者のごとくに偽り立退きしゆえ、暫くは知れざりしに、右鷹弥その後坂折《サコウ》の家へ行き、朝日奈某の名をたばかり金子を借らんとす。家人承引せず疑念の余り郭中へその趣を申し来たれるにより、御吟味の端開け、役人彼の鷹弥を捕え厳しく詮議の処、彼《かの》庵主を殺せし事迄包まず白状に及ぶ。依って先だって入牢、終に打首となる。同じく東灘の親殺しの者一人、これは生磔《イキハツケ》に逢うて獄門に懸る。

牢の口六人の中に高岡村の鹿太郎という盗人、当年廿一歳。兼ねて医者中より願いに付鹿太郎へ承知させ、打首の後長芝にて医者数人集まり解体《カイタイ》す。頭は鋸にて引割り、手足悉《ことごと》く切放し腹を裂き、脉絡《みゃくかく》筋骨迄不レ残《のこらず》見終り解体の図に引合わせ、さて棺に入れ葬方法事等迄致し遣わしけるとぞ。これは始めよりその約束にて、役場へも願いの上如レ此《このごとし》という。一医《ヒトリノイシャ》刀を以て肉をきり取り、塩をつけ喰らいける由。横山、浜田などいえる医師を始め、その所へ集まる者およそ七十人程ありし趣。御国に於てはもっとも珍しき事也。僅かなる一生涯を快く過ごす事能《あた》わず、悪行を増起せしめ、公儀へ御苦労を懸け、死刑に逢う事自業自得の悪報とは言いながら浅ましき次第也。

文武館建設

これまでの藩の教育機関であった教授館《こうじゅかん》に代えて、学問と武芸をあわせて教育するため、川原町と呼ばれていたこの地の、十一軒の武家屋敷を移転させて文武館として開設した。現在の県立武道館の場所で、慶応元年(一八六五)には致道館と改名、戊辰戦争の土佐藩迅衝隊などはここに集結して出発した。明治以後は一時県庁となり、その後師範学校の前身となる陶冶学舎となった。

十一月廿九日 4―60

先だって以来西大門より北へ新たに文武館を営造ありとて、人夫千人ばかり集まり、堤を除け砂を入れ賑敷事也《にぎわしき》。これ迄ありし平井・瀬戸などいえる家中の家々皆引料を下され諸方へ転宅、川原町辺の家々も同断。今日は若士組六、七百人手伝いに出る。揃いの赤鉢巻に袴をつり砂を運ぶ。これは常の人夫に混ぜざる様にとの意と見ゆ。太守様砂持を御上覧あり、晩方千六百余人へ酒を賜わる。一人前三合宛、士中《さむらい》へは皿鉢の肴を下され、人夫へはうるめを俵にて舁《か》き来たり肴に下さるゝ。酔って後、家中町を連れだちあるき、歌をうたうもあり、浄瑠璃を語るもあり、中々賑わしき事也。

❖文久三癸亥《みずのとい》歳（一八六三）

《武術稽古奨励》

一月廿一日 5－6

この頃当国城下を始め郷浦に住居の寺院医師町人百姓迄も、武術稽古すべき由の御触れあり。しかし馬術は先ず不《あい》二相成《ならざる》一由のケ所も有《これ》レ之《ある》趣。越前町に薙刀《ナギナタ》の指南する家ありて、武士の妻娘並びに真宗の僧分も日々稽古する由、中にも坊主は至って目立ち、指南家の隣児どもこれを見て、手を打ちて大に笑い集まるとの咄し。さて又食禄の医者中へも武芸習練すべき由の触れある処、右医者寄り集まり評議し、坊主頭にては戦場にても見苦しきゆえ、今より俗体になり袴を着し稽古致したき由の願書を出さんと議定せるとぞ。

二月十三日 5－13

昨日四ツ（午前10時）頃太守様御帰城、御行列を拝見せんとて諸村より出る者夥敷《おびただしき》事の由。この間大風雨の砌《みぎり》水ヶ峠を越え給うに、御供の人々一文字の笠を吹き散らされずぶ濡れになりし時、俄かに頬冠《ほほかむり》御免にて山を越し、馬立までの御道割なれども、右の通りの天気ゆえ新宮にて御泊りになる。その地家少なき在所なれば極不自由にて、家々の縁側に寝るもあり、主人の駕籠の中に這入りて寝る者もありたる趣、高知より帰りたる者の咄《はな》し。

藩主夫人ら帰国

文久二年（一八六二）の幕政改革によって、隔年に行われていた参勤交代は三年に一回となり、人質がわりに江戸藩邸にあった妻子も国許に帰してもよいことになった。それを受けて豊範公夫人毛利氏と容堂公夫人三条氏がともに始めてのお国入りとなった。住み慣れた江戸を離れて土佐に来る事が嬉しかったかどうか。それはともかく、庶民としては初めて見る藩主夫人の帰国に、多くの人々が見物に訪れた。

二月廿五日 5－14

今日御姫様御前様江戸より御帰国なりとて、行列拝見に行く者夥《おびただ》し。慶長九年藤堂高虎議を倡《とな》えて、国々の列侯をして邸と人質とを江府に置かしむ。相良《さがら》氏その母を納めて質とす、衆諸侯これに継ぐ。その時より始まりて二百五十余年変革なかりしに、昨年その式改まり、御婦人方皆国々へ引き取る事勝手次第と相なり、これ迄御自身の国を知らざる御前様方、如何ばかりか嬉しかるらん、珍しき事也とて、男女競いて拝見に行くもまたもっとも也。女房や娘の為に弁当提げ尻に付き廻りたる男も多き由、時節も能《よ》く遊山の心持にて、これも又もっとも也。我等僧分、婦人の行列を見にゆくも不似合なるべしと、こらえて内に居るも又もっとも也。

二月廿九日 5－15

この節城下を始め剣術稽古大流行、家中の妻娘は長刀の術を習練し鉄炮まで打つ女もある由。上方筋は大に静謐《せいひつ》なるに、御国は却って人気騒々敷《そうぞうしき》という。右に付き諸所の鍛冶、鎗鍔《やりつば》より稽古の面《メン》を打ち銀子《カネ》設けする者多し。

粟田宮令旨《りょうじ》事件と間崎哲馬

間崎哲馬は天保五年（一八三四）種崎町生まれ。大変利発で幼時細川潤次郎・岩崎馬之助とともに三奇童といわれた。十六歳で江戸に学び、三年後帰国、江ノ口村で塾を開いていた。のち家塾を閉じて上京、武市半平太の片腕として江戸で活動していた。文久二年（一八六二）末、土佐の藩政改革を目指して弘瀬健太とともに帰国の途中、平井収二郎と相談して、勤王運動にも理解のある粟田宮に拝謁、藩政改革に関する宮の令旨（皇太子、また三宮・親王および王・女院の命令を伝える文書、『広辞苑』）を頂いた。そして帰国後、日夜熱心に藩首脳の間を説いて回った。改革の要点は人材登用、兵制確立、財政運用の三点にあって、それはある程度の効果を挙げつつあった。

容堂はかねてから、土佐勤王党の下級武士たちが公卿に接近し、身分に過ぎた交渉をすることに対して、不快の念を抱いていた。文久三年（一八六三）一月、平井ら三人が勝手に粟田宮の令旨を受けたことを知って激怒し、三人とも五月二十三日出頭を命ぜられ、山田町の獄舎に収容された。そして半平太の助命嘆願も聞き入れられず、六月八日には切腹を命ぜられた。間崎哲馬の切腹の模様について、寺石正路著『土佐偉人伝』は、「従兄間崎琢一郎介錯す」とだけ書いている、巷の噂はどこからでたものか。

六月十九日 5－36

幡多郡の正木（間崎）の郷士の養育人に哲馬という者あり、去年文武修行の願いを出し他国へ出る。粟田宮へ土佐家中と称し三人一所に御目見を致し、子細ありて先達って帰国、数ヶ条不実の義有《これ》レ之《ある》に付三人ともに入牢、その罪軽からざるにより死刑は顕然なれども、粟田宮御声懸りの者ゆえ段々御詮議の上、この度御祝式に引き当たられ、三人ともに牢の口へ畳を敷き、その上に大なる風呂敷様の物をしき、その上にて切腹仰せ附けらる丶。士《さむらい》に非ざれば切腹させぬ法式なれども、右の都合に付今度始めて如《みぎの》レ右《ごとき》の罰法出来《しゅつたい》、御国に於いては古来よりこれなき事の由。

三人の内正木哲馬死際至って不出来、腹をきりかね横目[註]に介錯を頼みしという噂、世間の物笑いとなる。死骸は右の風呂敷に包みその一族へ遣わさる丶、それゆえの風呂敷と聞こゆ。右哲馬は中々才ある男にて学問もあるゆえ、それを鼻に懸けての出国、終には猿智恵の為にその身を失う、恐るべし。

註　横目（よこめ）　横目役ともいい、藩政時代の警察業務に当る役職。身分的には足軽級であって、下横目というのもあるので、上下二級から成立していたものである。（『高知県歴史事典』）

《市中警戒厳重》

九月廿四日　5－74

この間立川関所の近辺にて飛脚二人切り殺されたりという。この頃城下町々には士《さむらい》四、五人づ丶小提灯《ちょうちん》とぼし毎々替る替る廻る、帯刀などしたる怪しきものをば必ず咎《とが》む。それゆえ夜中の往来甚少なし、その上諸御屋敷、昼夜とも御番の人数を増し、本町辺の辻には足軽番小屋に詰める、四ヶ村[註]近在もその所の地下役《じげやく》夜回りする由。この御用心深き事は如何なる義にて始まりたるや、その故を知る者なし。過日宇和島侯より当国へ御使者として西園寺雪江来る。内々の御使者か、鎗も持たせぬ由、何の御用やらこれまたしれず。

註　四ヶ村（よんかそん）　高知城下の近辺にある井口村・小高坂村・江ノ口村・潮江村を城下四ヶ村と呼んでいた。これらの村は城下町と密接な関係にあったので城下町に準ずる扱いを受けていた。城下四ヶ村禁足。（『高知県歴史事典』）

土佐勤王党弾圧始まる

文久三年（一八六三）八月の京都政変で公武合体派が政権を握り、攘夷を掲げて活動していた長州は七卿とともに京都を去った。この時期を待っていたかのように、容堂は土佐勤王党弾圧に踏み切り、九月廿一日武市半平太を含む五人が収容された。十一月十二日には更に桧垣清治ら三人が捕えられた。静照師の考えか巷の噂か、勤王運動に対する見方は厳しい。

十月七日 5－76

先だって勤王を唱え党を結び上京し、三条殿館にありつる者六人、この間追い下しに相なり、揚り屋へ入る。その頭分は武市半平太という者の由（御留守居組という）。吾が国を捨て出国し名利を貪《むさぼ》る輩夥敷《おびただしき》由。これは誠実の忠士にあらず、親に孝なく君に忠なきもの、只智弁を鋳《かざ》るとも、天地の容《イレ》ざる処、何の勤王かこれあらん。

❖元治二乙丑《きのとうし》歳（一八六五）（四月八日慶応と改元）

厳しい取り調べ

半平太らの入獄一年後、取り調べにあたる監察陣を強化した藩庁は、隠居容堂が直接指揮を執る体制を整えた。以後、下士の入獄者に対しては拷問を加えながら、厳しい取り調べが行われた。中でも香美郡下島村郷士・島村衛吉は吉田東洋暗殺関係者として連日拷問を受けたが、これに堪えて一言もしゃべらず、三月廿三日絶命した。衛吉拷問死の責任を取らされて、廿六日大目付野中太内、森権次の二人が更迭されている。記録では拷問死は衛吉一人である。

半平太の場合は上士扱いで、拷問を受けることはなく、時には対座の形での取り調べもあった。容堂は時々南会所を訪れ、襖を隔てた別室で審問の状況を聞いていたという。審問の中心は吉田東洋暗殺であったが、この件については最後まで白状しなかった。

四月廿三日 7—31

先だって以来勤王を称せし組を呼び立て入牢の人多く、島村某はこの間吟味厳敷《きびしく》拷問数度に及び、役所より帰りかけ牢の口にて倒る丶由。武市半平太も今以て御詮議詰に相成らずという、その組の人々吟味中一言も物をいわず。

容堂様障子一重隔て丶聞き給い指図遊ばし、その党類を白状させんとすれども、終始無言にて拷問厳敷《きびしく》して既に死せんとする時、只心外〳〵とばかりいうて息絶えたる者両三人もありし趣、その余の事は一言も出さずという。

《長州征伐》

五月十九日 7—38

先だって長州征伐の再議あり、江戸より御国への懸け合い左の通、

毛利大膳父子始御征伐之儀、先般塚原但馬守、御手洗幹一郎を以被《おおせ》二仰出《いだされ》一候御趣意相背《そむき》候ハゞ急速御進発可《あそ》レ被《ばさる》レ遊《べき》旨被《おおせ》二仰出《いだされ》レ候処、未《いまだ》右之模様不《あい》二相分《わからず》一候得共、不《ようい》二容易《ならざる》一企有《これ》レ之《ある》趣ニ相聞、更ニ悔悟之躰《てい》ニも無《これ》レ之《なく》、且御所より被《おおせ》二仰進《すすめられ》一候趣も有《これ》レ之《あり》、旁《かたがた》御征伐可《あそば》レ被《さる》レ遊《べき》旨被《おおせ》二仰出《いだされ》一候、依《これに》レ之《よって》五月十六日御進発可《あそば》レ被《さる》レ遊《べき》旨被《おおせ》二仰出《いだされ》一候段、老衆《としより》より申来候間早々御達出可《なら》レ被《れる》レ成《べく》候以上

牧野備中守内
加藤市次郎
生沼仙之助
平井僊左衛門
森七郎

松平土佐守様
同　甲斐守様
御家来中様

依《みぎに》レ右《よって》当国太守様は兼ねて禁裏清和院御門御固め御蒙《こうむ》りの事故、今度将軍家御上洛に付いては、太守様にも御自身御上京にて御警衛の可否を、過日桐間殿屋敷へ御家老中集会の上大評議有《これ》レ之《ある》処、是非御上京無《これ》レ之《なく》ては御都合不《よろし》レ宜《からず》という人もあり、又御沙汰これなきに御上京は所謂諂《へつら》い也、御名代にて事足るべしというもあり一決せざりしが、終に御上京に決着し御侍中を始めその余の御家来三、四百人ばかり蒸気船にて大坂へ赴き、足軽百五十余人は北山通御差立になりこの間出足、今度の御物入り莫大に付、又々市中へ御借入銀懸る、大数一万両余りの由。太守様には当月十七日御発駕の筈にてありしに、如何なる故にや御日延べになり廿日に御治定又日延べになり、廿七日浦戸へ迄御出駕御乗船、翌廿八日蒸気船出帆の筈也。

長州にては萩の城下を捨て、防州山口新城へ楯籠《たてこも》り防戦の用意取々にて、又浪人どもを集め、一旦朝敵の汚名を受けたるに依ってやぶれかぶれの一戦せんと企る由風聞に付、御国より岩崎、北村の両士を撰出し、この間長州路より九州の間へ探《（マヽ）》作御用を仰附けられ出国すという。この岩崎某は以前鎗術稽古の為九州に暫く滞留せしに依って、彼の地に心易き人数々あり、知音[註]多き国に至らば長州一件明白ならんといえる御評議より、御撰《えらび》になりしという、未だ帰らず。

註　知音（ちいん）　よく心を知り合っている人。親友。（『広辞苑』）

《医師長崎留学》

十月廿三日 7－82

今度御隠居様の思し召しを以て、先だって御咎《とが》を受けたる今井省庵という医者、並に佐川より出府せる蘭方医者、その外の者都合七人ばかり、路銀扶持《ふち》迄下し置かれ、長崎に滞留せる英国の医師、門弟五百人もある由にて名高く聞こえたる「ボウドイン」といえる者を師とし、蘭学仏蘭《ふらん》西《す》学を稽古せしめ、医術修行致すべき由を命ぜられ、皆々長崎へ行く趣也。この「ボウドイン」は諸病を療治する中、別して眼療へ妙を得て、瞳《ヒトミ》の朽ちたる眼へ別に瞳を入れ見える様に致し、常並の雲の懸りたるをば、瞳に針し銀の匕《さじ》にてその脇を彫り、雲を除き明にする由、実に奇妙の療術を得たりという。しかし瞳の死して見えぬものを別に瞳を入れ替えるなどの事、若し伴天連[註1]の方ならんかもしれずと疑うて見る人もあるよし聞けり、もっともなる事也。彼医術弘通[註2]に事寄せ切支丹の方を伝えんもしるべからず、実に恐るべし。

註1　伴天連（ばてれん）　キリスト教が日本に伝来した時、宣教に従事した司祭の称号。キリシタンすなわちキリスト教の俗称。（『広辞苑』）

註2　弘通（ぐずう）　ひろく広まること。（『広辞苑』）

足軽・松之丞

松之丞は天保六年（一八三五）生まれ。新規足軽に召し出され、江戸に勤務中手裏剣《しゅりけん》の術を学び、努力の末熟達した。その技は三間（約五・四メートル）の距離に一文銭を吊り、その穴を打って一度も誤らなかったという。技量が認められて、藩主山内容堂の護衛として駕籠脇にしたがったこともあった。慶応元年（一八六五）には、朝敵となった長州探索に赴き、報告書も残る。しかし、土佐人と見破られ、酒楼にいる処を襲われたが、得意の手裏剣で危地を脱し帰国した。その功をもって渡辺の姓を名乗ることを許されたという。自分の名を一寸（かっちか）と名乗り、子供は半分でよいと五分（ゆきお）と名づけた。明治二十一年（一八八八）没。墓秦泉寺。

十月廿三日 7－83

御国より松之丞といえる足軽頗《すこぶ》る手裏剣に妙を得たるゆえ、今度長州へ密《ひそか》に探作（ママ）御用を以て差立てられ、彼の地に数月滞留の処、この者土佐よりの廻し者に疑いなし、人知れず打ちて捨てんと工《たく》らみしを、茶屋の妓婦の内々知らせ呉れけるに依って、松之丞裸《ハダカ》身同然にて逃げ出し先だって帰着、褒美として名字を名乗らしむという。

❖慶応二丙寅《ひのえとら》歳（一八六六）

《蒸気船松山藩へ貸与》

六月廿日 8－48

先日以来長州に於いて兵端開け、防州大嶋にて戦争、二千軒ばかり民家を焼く、双方死人手負多く、先鋒井伊勢手負五十人ばかり船にのせ大坂へ送る由。右に付松山侯より当国蒸気船[註]を借用致したき由の御使者来る。これは兵粮の運送より御人数諸道具を、松山より防州へ迄積廻さん為と聞ゆ、御詮議の上御貸渡しに相なる。右御使者この間中、本丁和泉屋にて逗留の処、今日八ツ(午後2時)時右船に乗り浦戸より出帆、予州へ帰る。

註　蒸気船（じょうきせん）　文久二年（一八六二）土佐藩が始めて購入した「南海丸」。鉄製の内輪船で百馬力、長さ三十一間（約二十五米）、幅五間（約九米）。この船は松山藩に貸し出され、帰国後英国商人に売却された。（『土佐庶民史話』）

《長芝での仇討ち》

十二月廿四日　8―97

両三日以前重罪の者六、七人長芝において死刑に行わるゝ時、夫を瀧より突き落し殺したる女もありこれは磔也《はりつけ》。又一昨年比嶋村の御六尺の男、足軽の老人役所の御銀二十四両持ち帰るを我が家へ招き酒を呑ませ、終に帰る道その老人をたゝき殺し川へ投げ込みしに、多分猿猴《えんこう》のわざなるべしという評判にて殺されたる事しれず。然るに先だって下町にさし火[註]あり、件《くだん》の御六尺御詮議懸りとなり、火をさしたる事白状に及びしより、外に悪事をなせし事あるべしとの御疑いにて吟味厳敷《きびしき》処に、彼の比嶋にて足軽を殺し二十四両を盗取りし事迄も有体《ありてい》に白状す。依って右足軽の家より敵討《かたきうち》の願いを出し、御聞届になる。

成敗の場所にて敵討御免というの咄《はな》しを聞き伝え、我も我もと集まりて見物にゆく。さて足軽の家には殺されたる者の妻、最早老婆にて腰も屈みたるあり、跡を続きたる倅は今年江戸にあり、孫は当年十三歳也、右婆々と十三歳の孫とへ敵討を免《ゆる》さる丶。勿論その日は絹着御免、無《ほど》レ程《なく》刻限に至れば、火あぶりと敵討と罪二つなるゆえ、先ず咎人を磔《はりつけ》柱に括り置きその子を呼び出す、十三歳の子鉢巻襷《たすき》に身を堅め刀を抜き、参りたというて切り付ける、相手は身動きせぬ事なれば思うま丶に初太刀にて切付け、二の太刀を腹へ突込む、御六尺は只苦しむばかり也、そこへ件の婆々手槍を提げ名乗り懸けて突く、女の事にてはあり、数百人の中なれば突き損じ柱へ中《アタ》るを、彼孫走り出婆々の鎗を持ち添え胴中を突き通す。見物一同声を上げてほめそやす。役人指図して扣《ひか》えさせ、それより跡を火あぶりにする、無慚なる死に様近代稀なる事也。

註　さし火　放火のこと。

❖慶応三丁卯《ひのとう》歳（一八六七）

一月十四日 9－7

禁庭より京都の御警備仰せ附けられ、大坂御固め御免に付、去冬住吉の御陣屋を毀《こぼ》ち礎に至るまで京地へ運送し、黒谷の口へ又々新たに御国の御陣屋出来る筈、右に付いては愈々御国の御入費莫大也という。

《後藤象二郎と中浜萬次郎》

一月十四日 9－7

昨年容堂様の思召《おぼしめし》を以て後藤象次（ママ）郎へ萬次郎を添え、御国蒸気船にのせ右船古きゆえ長崎に於いて異国人に渡し、新しき船に取替、その上別に使節船一艘求め来たり候様仰聞けられ長崎へ赴く。然るに老船を渡し新船と取替調い難きゆえにや、後藤も萬次郎も倶《とも》に漢土の地へ渡り上海《しゃんはい》に罷《まか》りある由。後藤は俘《トリコ》にあうたりともいう故、又々旧冬御詮議の上、谷、前野の両士へその穿鑿《せんさく》仰附けられ、長崎表へ御差し立になる趣也。これは昨年七月六日、英船浦戸の口へ懸り艀《テンマ》にて六、七人異人城下を志し乗り行かんとす、人々制すれども聞き入れず、孕の渡合《とあい》にて乗行くを、役人来り追い戻し様子を尋ぬれば、書翰を出し捧ぐ。この時応接は右の御仕置役後藤象次郎、通辞は中浜萬次郎也。その一書左の通り、

翻訳

以二書翰一《しょかんをもって》申進候、然ハ今般其領海ヲ通航アリナガラニ訪問申事ナリ難キハ実ニ残念ニ被《ぞん》レ存《ぜられ》候、併シ其内再訪ノ都合モ可《ある》レ有《べく》候、是則《すなわち》英国ト日本ト親情ヲ結《ムス》ビ堅スルノ為ニ相成事ニ付、今コノ書翰ハ英国政府ノ軍艦ニテ贈呈ス、返翰ハ横浜公使館マデ其都合ヲ以贈与セラレン事ヲ望ム相具謹言

英国全権特派
公使ハルリーパルクス

松平土佐守殿

英国軍艦サヲシス伊豫宇和島ニ於テ西洋一千八百六十六年八月十日即チ日本慶応二年七月朔日ニ当ル。

その時異人より鶏卵茄子の類を所望す。鶏卵は急速に調い難く、茄子ばかり調え長持に一杯程異船へ渡す、異人受け取る処へ萬次郎出迎い、何やらん異人にいえば、異人は俄かに頭を下げ礼

をいう形をなす。さて異人ども萬次郎を見て恟《びっく》りし、斯様《かよう》の言語の通ずる人、日本にて余り見受け申さず、御姓名承りたしという。萬次郎名前を記し異人に渡す、直様《すぐさま》異船も出帆江戸を志しゆく。右の都合あるゆえ後藤と萬次郎とを長崎へ御指立になりたる也。惣じて今時の人気漢土上海へ長崎より海路二百八十里の処へ渡る事を、隣へゆく様に思えるも時勢の然らしむる処か、怪しむべし。

西郷隆盛来国と容堂公上京

西郷隆盛は慶応三年(一八六七)二月十六日、大坂から海路土佐に着き、十七日容堂公と会見した。用件は島津久光の意を受けて、容堂公に四侯会議への参加の為の上洛を促すものであった。十七日の会談で容堂公は上洛を約束したので、西郷は使命を果たし、二十二日には浦戸から帰国した。滞在中、西郷の能筆ぶりを知って揮毫を求めに来た人とともに、坂本龍馬の兄権平が西郷を訪ね、吉行の刀を龍馬に渡してくれるよう依頼した。龍馬が暗殺された時鞘のまま凶刃を受けた太刀である。

三月六日 9－18

近々容堂様御召しに依って御上京の思召也。御用向きは兵庫開港の一件と長州征伐の事と両条、今度京都にて諸侯御集会の上大評議ありしとの事也、依って御国御供の人数千人位、上下二千人程という。その内老幼を除き十七歳以上四十歳以下御撰びにて御供仰せ附けらるゝ。この度は一通りならざる上京、もし萬一異論にも渡り候はば、その節は身命を抛《なげう》って忠義を尽すべしと仰渡され有《これ》レ之《あり》、それに付競う者もあり、めりこむ者もあり、勇なるは競い臆病はめりこむ筈也。大抵文武館へ出席の人々には御供仰せ附けらる、ならんという取沙汰。もっとも一芸なきものは御供叶わぬ由也。

薩州侯は先だってより上京、その余段々上京の命を蒙《こうむ》る御大名多き趣、先日薩州西郷《サイゴウ》吉之助という人蒸気船にて御国へ御使者に来る。上下六十人ばかり、浦戸より四、五人上陸、余は船にて須崎へ廻り、用事相済みたる時又浦戸へ船を廻しそれへのり帰る、この御用向き委敷《くわしく》は知れざれども、多分今度京都の一条の仰せ合されなるべしという。右御使者の吉次郎（之助）は元町人[註]にてありしが、一器量あるゆえ大いに出世を致し、終に御家老場をも勤める様に相なる。然るをその身辞職し隠居してありしを、このたび御使者として御国へ来る。中々能書にて、先日城下滞留中段々望みに依って数十枚書きたりし由。

右容堂様御上京に付、莫大の御入費ゆえ国中へ寸志懸る、一歩《いちぶ》以上という。又郭中には自力を以て御供致したき由願い出の人も数々ある由、孰《いず》れ容易ならぬ事也。

註　町人（ちょうにん）　西郷家の家格は鹿児島藩で下から二番目の御小姓与《ぐみ》ではあるが、町人ではない。

《相次いで上京》

四月廿日　9－25

今日兵之介[註1]様御上京御出帆、浦戸にて蒸気船にめす。当廿五日は御隠居様御上京御出帆御治定、御供の人数二千八百人、内小人[註2]六百五十人也。御侍中は紺と黒との衣服に限り、白札以下足軽迄は取交ぜの着用、御侍中より外は甲冑持参不㆓相《あい》成《ならず》㆒、もっとも郷士は持ち行く由也。筒方の御人数へは於㆓彼《かの》地《ちにおいて》㆒筒袖の着物一枚づゝ、御渡しに相なると申す事、今度の御物入り莫大也。

このたび御供の人々へ下し置かる、銀子夥敷《おびただしき》事にて、御侍中へは一ヶ月に十七両づゝ下さる丶、もっとも喰捨也。御用人等へは九両、無名の輩《やから》へはその半分也、御費用の夥敷《おびただしき》これを以て知るべし。且今度御上京に鉄炮御持参の筈にてありし処、それはいまだ事の発せざる内、戦い好む様に幕府の見附もなきにあらず、萬一京地にて諸侯方御異論に相なる時は、その一左右次第積み登せ申すべしと諌《いさ》むる人多し、依って御船へ積込みはやまりとなる。誠に御上の御苦労恐れ入り奉る事也。

註1　兵之助(へいのすけ)　山内容堂実弟豊積。天保五年(一八三四)生。容堂の本家養子縁組により南邸を相続。(『山内家系図』)
註2　小人（こびと）　武家に使われた走り使いの者。江戸時代には職名となる。（『広辞苑』）

容堂公帰国

二月の西郷との会談の席で、西郷から「この度はことのしぐさしではいけませんぞ」と念を押されて、容堂公は「その儀はきっと心得ておる」といったと伝えられているが、上洛した容堂公は、五月十四日から二条城で将軍慶喜と島津久光、松平春嶽、伊達宗城と容堂公の四侯の会議で、兵庫開港、長州処分について意見交換をしたが、決着をみないまま病気と称して五月二十七日帰国した。

六月七日　9－42

容堂様先だって御上京の処、先月廿六日御病気の御願いあり、同廿九日御暇《いとま》給わり当月朔日《ついたち》蒸気船にて御帰国、御供僅か十四、五人也、惣御人数は跡より追々下着の趣、僅かなる御供にてひそかに急ぎ御帰国は、何ぞ故ある事にや思し召しはかり難しと下説区々《マチマチ》也。

《初めて写真を見る》

七月廿日 9―53

昨夜千蓮寺にて写真鏡を始めて見る。これは千蓮寺去年大坂にて写したる鏡にて、幅三寸五歩位（約十㎝）、長四寸五歩（約十四㎝）程の鏡也。その中へ千蓮が顔その侭《まま（ママ）》移る、もっとも夜中ゆえ委敷《くわしく》は見えねども、昼間見れば顔の毛穴痣《あざ》迄も明に見ゆる由、一度その向うたる人も影移りて消えず、西洋人は家を出る時、我が皃《かお》を鏡に移して妻子に残しおき、妻子の皃をば鏡に写し船中に貯え、双方とも朝夕見る心地にて日夜取り出し喜ぶとぞ。死去の後もその鏡を見て慰み、日本人の仏壇の位牌を拝するごとく敬する趣也。薬方を以て写すとはいえども、筆をとりて書きもせぬに、向うたる顔鏡面に移るも一奇也。洋夷の巧術《こうじゅつ》を以て人を惑わす事今始まりたるにあらず、この写真鏡の事邪法を以てする事か、又磁石の針琥珀《こはく》のちりなどのごとく、自然の理にて薬を拵え顔の移る様にせしものか、心ある人は篤《とく》と思慮せよ、飛懸りて彼等が奇術に迷う事なかれ。

《鏡川納涼遊興》

八月十九日 9―61

当年七月上旬より、下町川原にて涼みと称して遊びに行くもの夥敷《おびただしく》、始めの程は瓢箪《ひょうたん》提重位にて呑みしも、次第に奢《おご》りに移り用意丸を四、五日借り切りて置くもあり、魚店《ウヲノタナ》へ肴を誂《あつら》え提灯を数々照らし、いつの間にやら我も我もと出行く事となりて、若き男はその親ども制すれども承知せず、娘は七ツ頃《（午後4時）》よりソレ白粉《ヲシロイ》よ着物よと騒ぎ立て、打ち連れ立って出《いで》ゆけば、今迄制したる爺《ヲヤヂ》もおのづと娘に引かれ、川原の賑わいを見に行く様になり、角力取るやら踊るやら、後には川原に幾筋もの町出来て、往来の男女銭を遣《つか》わぬはなく、四条の涼みを爰《ここ》に移したる心持、猿賢《さるがしこ》き御国風、物真似上手の処なれば、涼台をば水の流れの上におき、四方に簾《す》を垂れ、客は中にて酒をのみ一杯々々又一杯、賀茂川に劣らぬ鏡川、大橋より下《しも》を見れば、行灯桃灯の数々はいとも冴えたる秋の夜の銀漢《アマノカハ》に異ならず。船に乗りて遊ぶもあり、川原を徘徊するもあり、影人形、ノゾキ揚弓、浄瑠璃思い思いに這入って目を悦ばせ耳を楽《タノシマ》しむ。

中にも鼻を悦こばせる一番道具は、行灯にうの字を書きたる樺焼《カバ》店、客を見附で銭をとる、金三両にて買いたる樺焼、大平らに一つあり兼ねる鰻の天上とはこれなんめり。それ故銭の費《つい》えの多き程には腹はらず、風に吹かれてのむ酒は尓来よりは酔いも廻りにくし。さて次第に賑《にぎやか》になり、八朔《はっさく》の夜は別して甚敷《はなはだしく》、川原の往来なり難き程の事、案内ありて上町より見に行くもあり、このたびの涼みに出ぬものは痴人《アホフ》か癇《カン》症やみかという位、この夜は千五百両位川原へ落ちたりという。（欄外、この時川原に於いて四方を板にてかこい、真中に蚊帳を釣り、女を中に入れ淫を売るあり、若き男中にはいれば出ることを知らず、女は皆東灘の者也という。これは一両夜を経て相成らぬこととて役所よりさし留めらる丶由、これに限らず東灘の女を多く雇い入れて、客を呼びこみ酌を取らしむ、引子酌取とも皆赤前垂也）後には踊り子に手を附けて大仏踊りというを企て、その組々々に踊るもあり、ノエクリと称して、帯のうしろの結び目を押え又その跡を押え、十人も二十人も蛇の様にノエクリゆくもあり、盛んなる夜には播磨屋橋より南の川原へ迄、件《くだん》のノエクリの人数引き続き仰山なる事也、これは往来の邪魔になるとて差し留めらる、川原にては毎夜ノエクリ廻る也、永く引っ張り合うて窮屈《きゅうくつ》なるゆえ脇へのきたいと思うても、うしろの者帯をしかと取り放さねば、一人のく事もならず、いやながらノエクルもあり、どういう上気《ノボセ》やらしれぬという。しかし斯程《かほど》の事なれども役所よりの制度もなし、御日柄などの差別もなし、踊り次第舞次第、銭は遣い次第也。

この根元を尋ねるに、七月の初め頃上方筋の男四、五人商売用に御国へ来る。市中は暑さ堪え難しとて酒肴を携《たずさ》え川原へ出る、宿の夫婦娘迄我もゆかんと薄縁《ウスベリ》を持ち、月に乗じて酒をのみ、京の踊りを見給えとて頭と手足動かして踊りて見せたが始め也。それを見たる若者ども我等も彼に劣らんやと嫉《ねた》み半分に始めたが終に川原の踊りとなり、かく多人数に及ぶとぞ。

《後藤象二郎の出世》

十一月廿日 9－78

この間御仕置役の後藤象次郎《(ママ)》、段々御勤功あるに依って二百五十石の処へ六百石の加増、その上八百石の役料を下され中老に進み、大奉行の加役として今度京都へ御指立になる、近年珍《めずらし》敷出世也と評判区々《まちまち》也。それを又気にいらぬとて、郭中の諸士存寄を申し出る人々多く騒《さわがし》敷事の由。

❖慶応四戊辰《つちのえたつ》歳（一八六八）（九月八日明治と改元）

三月十九日 10－30

大守様蒸気船にて当十七日御帰城、十六日七ツ時《(午後4時)》大坂御出帆、同夜九ツ時《(午後12時)》浦戸へ御入船、誠に早き事也。御瘧《おこり》疾も御軽みに相なり、御機嫌克《よ》く御着城にて諸人恐悦。

麻布《あざぶ》山内家の遺族

麻布山内家は、二代藩主山内忠義の三男一安が分家して創設したもので、のち宗家から収納米の分与を受け、一万三千石の江戸在府大名として高知新田藩と称していた。

明治維新にあたって、徳川家の恩顧と宗家の討幕方針の板挟みとなって、一月十四日八代藩主豊福《とよよし》夫妻が自刃した。跡を継いだ豊誠《とよのぶ》は宗家とともに戊辰戦争に参加したが、二人の遺児（女子）と老幼婦人などは土佐に引き取られた。山内家史料『幕末維新』明治元年（一八六八）四月一日の項に「明治元年四月朔日、是ヨリ先、故麻布邸豊福君遺族江戸ヨリ土佐ニ移リ、是日新地（古新地土佐郷旭村）山荘ニ入ル」とある。山内家では二人の遺児を育て、それぞれ旧三春藩主家秋田氏と、旧信濃上田藩主家松平氏に嫁がせている。

三月廿七日 10−33

このたび江戸征伐の為、土州因州の御軍勢先だって美濃国大垣迄出張、如何なる故か一橋[註]様は御法体遊ばし東叡山へ御入り、先ず大半穏やかになりしかども、中には敵する御旗本などもある由、それをば焼き打ち等に致し、江府の米価も追々下がりける処、右騒動に付麻生《アサブ》様の御家来、足手の立つものは残り、老人子供婦人は蒸気船にて三百人位昨日浦戸へ着く。遠州灘の難所にて一同船に酔い、産後の婦人老人の類三人死すという。さてその御人数を上陸させ、浦戸種崎の間へ賦《くば》り、一軒の家に十四、五人程づゝ置く、今日もまた百人ばかり来るという。昨日の船は異国の蒸気船にて、船賃千三百両にて借り来たれる趣也。

註 一橋（ひとつばし） 十五代将軍徳川慶喜《よしのぶ》。水戸藩主徳川斉昭の子であるが、徳川氏の支族田安・清水・一橋の御三卿の一つである一橋家を相続した。（『日本史広辞典』）

《寺町屯集》

六月二十日 10−76

この頃称名寺、常通寺、寺町浄福寺、専修寺、欣浄院この寺々本尊前だけは明け置き、その余は城下近辺の郷士足軽の類数百人を分かち、勿論玉薬等の入物も備え、スハといわば打って出る様の体《てい》にて扣《ひか》え居る。その中寺町へは惣門出来る。僧分は不レ残《のこらず》西念寺へ集りおきふしする。この多人数へ日々御上より炊き出しの御賄《おんまかない》仰山なる事也。その三ヶ所へ屯集せしむる御上の思し召しどういう事やら知りたる者なし、只々騒々敷《そうぞうしき》事也。

このたび関東へ御送りの品多き中、草鞋《わらじ》三千足、人の疵を縫う針五十本、白木綿三百反（疵をく丶る時の用具也）。「ハタシ」（女の織るはたの終りに残れる木綿のはしなり）掛目一貫目に付銭何十匁と、これらを皆札入れをせよと文武館より申し来る由也。これを司るを小荷駄《ニダ》方という。彼等の御費用仰山なる事也。

《越後出兵》

七月三日 10－79

寺町辺に逗留の兵士、今度越後高田へ御指立に付、百四、五十人出足。これは先だって関東方の者を生捕る処、その者のいう様、関東兵士の大事の場所は越後高田也、この道をたち切られたれば、兵糧の運送忽《たちま》ちたゆるゆえ、始終関東勢かわるがわる高田に屯すという事を白状せるより、右の都合に至るという。又傍らよりそれは存外敵の謀計にて左様の事をいい、京勢を釣り寄せる術ならんともしれず、それへうかつにゆくは危うき事也と、眉を顰《ひそ》むる人もあるよし。誠に以て大変千萬也。御上の御苦慮、兵士の辛労察すべし。

致道館での慰霊祭と慰労祝宴

現在の県立武道館の所は、文久二年（一八六二）藩の教育機関として新たに文武館が造られていた。文武館は慶応元年（一八六五）致道館と名前を変えたが、日記は旧名を使っている。

明治元年（一八六八）十一月三十日、藩主豊範は戊辰戦争から凱旋した藩士を迎えて、戦死した土佐藩関係の将兵百五人の慰霊祭を執行した。明治二年には霊を五台山大島岬に移し、のち護国神社となった。日記は慰霊祭の模様とその翌日に開かれた慰労宴会の模様を伝えている。

十二月五日 10―100

今度会津より帰りたる者、褒賞に逢い出世するもあり、御咎めにあい身上を没するもあり、先月三十日於二文武館一《ぶんぶかんにおいて》仮社を設け、討死の輩七十余人の姓名を記し神職ども数人集まりてその儀祭を致し、右死人の一門参拝、その外の者といえども文武館内へ勝手次第という事ゆえ、大に賑敷《にぎわしき》事也。

その翌日、当月朔日には会津戻りの御人数二千五百人ばかりを文武館へ呼び寄せ、御酒頂戴、酒は禁庭より少々参る由、その上へ御国酒を加入し呑み次第、肴次第は京都よりスルメ少々来る。その上へ御国にて料理物を足し、皿の様なる物へ入れ、一つのむろ蓋《フタ》へ五人前づゝ入れ配る。始めは難レ有《ありがたし》というてのみたるも、後には杯を投げ砕くもあり、酒を銚子のまゝ取り帰るもあり、土瓶五百御仕入れになりたるを、その器《うつわ》一つもなしという。猪口《ちょこ》にて足をきり医者これを縫うに、医者も酔人《ヨフタンボ》怪我せる者も酔人、一向見られたものではないという咄《はなし》、今日は御振舞の事ゆえあばれ次第との事なるべし。

その翌日、北奉公人町に兄弟とも会津より帰りたる家ありて、一門朋友を招き祝宴ありけるに、さあ〳〵あばれる〳〵、大荒れにて酒呑猪口《ちょこ》六十ばかり散り砕けし由。これを以てその坐敷の模様察すべし。馬には乗るとも調子にはのるなという事あり、戒しむべし。

吉田東洋暗殺事件

文久元年（一八六一）八月、江戸で土佐勤王党を結成し、その領袖となった武市半平太は、九月に帰国して同志を募るとともに、藩庁に出て挙藩勤王を説いたが、隠居容堂の意を受けて公武合体を藩是とする藩中枢部はこれを書生論として受けいれなかった。十一月には直接仕置役の吉田東洋に面会して持論を述べたが、東洋からも武市らの論を過激の浪士達に挑発翻弄されているものとして突き返された。一方で、東洋の改革政治に反感を持つ山内家連枝（一族、大学など）に働きかけて東洋の失脚を図ったが、東洋はびくともしない。

年が明けて文久二年（一八六二）、薩摩藩主上洛の噂、長州の情勢などに刺激されて、あせりをつのらせた半平太は、同志とはかって遂に東洋暗殺に踏み切った。実行したのは四月八日、実行犯は那須慎吾、大石団蔵、安岡嘉助の三人とされているが、当日は見張りなどを含め二十人以上が出動していたとみられ、日記の中にもそういった人影がちらちらとみられる。

静照師は、記者の嗅覚を持っていたのか、前年十二月の東洋弾劾の立て札から記録し、事件発生から三日後の四月十一日には本格的に取材をはじめ、どうやって入手したのか公式の届書から町の噂までを丁寧に記録しており、新聞記者のような取材力に驚かされる。

《予兆》

半平太が藩首脳部、特に吉田東洋に接触していた頃、東洋の失脚をねらったとみられる落書きである。十九日は八代藩主豊敷《とよのぶ》公、十一代豊興《とよおき》公二人の月命日にあたるので、藩主豊範が筆山の山内家墓地に参拝するのをねらっての落書きと思われる。

❖萬延二辛酉《かのととり》歳（一八六一）（二月十九日文久と改元）

十二月一日 4－61

当十月十九日真如寺《しんにょじ》橋（現天神大橋）の板にあやしき事書付たる者あり、その文左の通り。

乍レ恐《おそれながら》土国之大君江言上仕《つかまつり》候、吉田元吉[註1]大望を企、於二大坂一《おうさかにおいて》御借金と号し莫大之金銀を借受、御役人中ハ素《もと》より小役人ニ至ル迄学才を以是を取入、凡《およそ》四十余人徒党を組連判を致し、邪学を旨として公辺へ言路を開キ、金銀山之如く賄《まいない》し、品川御隠居様を再度奉レ成二大君一《たいくんとなしたてまつり》、大老と成る政事を司り、随ふ者へハ禄を専として股肱《ここう》の忠臣を退んとす、已《すで》ニ御大事ニ至る事近し、私不レ及《およばず》も是を糺《ただ》さん為、元吉ニ諂《へつら》ひ漸々《ようよう》連判へ組し、是を見正し、去月已来《いらい》山内下総殿[註2]江奉レ訴《うったえたてまつり》候へ共、未《いまだ》夕何等之御沙汰無二御座一《ござなき》故、乍レ恐《おそれながら》御目通奉レ願《ねがいたてまつり》候へ共、悉《ことごとく》言路塞《ふさが》り進退窮《きわま》り候ニ付、此処へ記し置もの也

十月十九日朝

その日御仏参に付、役人大勢役所へ行き、両方へ縄張りし往来を留め、縄にて摺らせけれども、油墨と見えすべて消えず、それより大工を呼び寄せ削らせ、漸《ようや》く文字見えぬようになりぬ。段々写し伝え評判区々《まちまち》也。この頃迄すべて筆者しれず。右に付ての事や、下総殿御奉行職を断り出られけるに早速御免に相なる、雨ノ森源右衛門という人も子細ありてこの頃揚り屋入り[註3]になり、色々取沙汰騒がし丶。

註1 元吉（もときち） 元吉は通称で、本名は正秋。東洋は号である。

註2　下総（しもうさ）家老。本姓酒井氏。
註3　揚り屋（あがりや）士格・神職・僧侶などの未決囚を収容した場所。

❖文久二壬戌《みずのえいぬ》年（一八六二）

《事件発生》

四月十一日　4－101

当月八日の夜、御仕置役吉田元吉登城し御前にて書籍の講釈相済み、諸士とともに御酒頂戴、はからずも夜に入り深更に及んで後下城す。大腰掛[註]を通る時、四、五人軒下に佇立《ちょりつ》せるを見て、同伴の御目付役某、これを怪しみ頻《しき》りに謦咳《セキバライ》せしかば、打ちつれ東の方へ赴きぬ。さて追手筋にて別れ、吉田は帯屋町へ曲る処に何者ともしれず後ろより一人声をかけ、吉田元吉覚悟せよという侭《まま》切付ける、思い懸けなき事なれば、仕舞《しまっ》たと言いつゝ抜き合わせせんとするに、向うの方よりも又切懸る。初太刀に深手を負いしゆえ尻居にどうと倒れ、忽ち白刃の下に命を殞《オト》しぬ。

「文久三年高知郭中図」（『高知県史要』より）
暗殺事件の翌年で、吉田の邸跡は空家となっている。

註　大腰掛（おおこしかけ）　追手筋南側西端のあたり、主人が登城中の家来の待機場所。（前図参照）

家来どもは刃の光を見るやいなや仰天して逃去り、屋敷へ知らせけるにぞ、吉田の家内大いに驚き隣屋敷へ泣告《なきつげ》れば、隣士某家僕に提灯《ちょうちん》持たせ欠付けるに、死骸は朱《アケ》に染めながら首は何処へ飛びしや見えず、勿論相手一人も近き辺りにあらざれば、先ず屍《しかばね》を屋敷へ取り入れ、翌朝其趣達しける。

袖扣

吉田元吉

右は昨八日之夜於ニ途中ー《とちゅうにおいて》狼藉者有レ之及ニ刃傷ー《これありにんじょうにおよび》相果申し候故、右狼藉者尋方仕候得共《つかまつりそうらえども》逃去、今以相分り不レ申《もうさず》候、然るに右死骸を其儘擱《おき》候義御作法に御座候処、源太郎父子の情において屍《しかばね》を道途に置候義難レ忍《しのびがたく》、不レ得レ止《やむをえず》自宅江取寄せ御座候に付、此段御届仕候　以上

四月九日　百々幸彌

さて、八方へ人を分かち首を尋ねる処、九日晩景雁切川堤《ツツミ》の際梟首場《ゴクモンバ》にて見出す。先ず首をば越中褌《フンドシ》に包み、その上を油紙にて又包み、板に罰文を書付け、別に封状一通相添え有レ之《これあり》、封状は直に御目付方へ出し、首は吉田屋敷へ取り帰り、その段達し出る。

先刻御届仕候《つかまつりそうろう》死体尚詮議仕候処、疵三ケ所之内肩疵長五寸、深二寸開き一寸五歩、右腕かすり疵四寸斗《ばかり》、首は鰓《えら》より放れ行衛相知不レ申《あいしれもうさず》候処、雁切川に封状相添有レ之《これあり》取寄申し候、封状之義は御目付方江早速差出申候巳上

吉田次郎左衛門

首に添板に書付たる文左の通り
此元吉事、重役ニ乍《ありな》レ有《がら》心儘《まま》成御政事を取行ひ、天下不安時節をも不《かえ》レ顧《りみず》一日も安気ニ暮し度所存を以、御国次第ニ御窮迫之御勝手に相成を乍《さとり》レ悟《ながら》、表ハ御餘銀有《これ》レ之《ある》様都合能《よく》申錺《かざ》り、既ニ先年より御囲ニ相成居候籾米存分ニ摺尽し、御国内御宝山等不《のこ》レ残《らず》伐剥《きりはがし》、何ニ不《よ》レ寄《らず》下賤の者より八金銀厳敷取上、御国民上を親之《したしむ》心為《あい》ニ相隔《へだたせ》一、於《じぶ》ニ自分《んにおいて》一ハ賄賂を貪《むさぼ》り衣類の驕《おごり》を極メ、於《えど》ニ江戸表《おもてにおいて》一軽薄之小役人江申付、御名をたばかり結構成銀之銚子を相調、且自己之作事平常之衣食花美を尽し候事共、此侭捨置候而ハ士民之心行相放、御用立者一人も無《これ》レ之《なき》様相成、終ニハ御国滅亡之端共相成り候ニ付、無《よ》ニ余儀《ぎなく》一堪忍難《なり》レ成《がたく》、上ハ御国を患ひ下ハ萬民之艱苦《かんく》を救んため、己が罪を忘レ如《この》レ此《ごとく》取行ヒ尚又さらし置もの也
戌四月八日

右首を包みたる油紙に杏林軒《きょうりんけん》といえる銘有《これ》レ之《あり》、合羽屋を御穿鑿《せんさく》ありけるに、御国仕成《しなし》にあらず江戸合羽の由にて、何れの手より出たるや知れず、さて首を尋ねる時、雁切にて一番に見当たりし者、大声にてここに首ありしというに、外より数々集まり驚き見る。その時川の中に編笠を着たる士《さむらい》一人、網を打ちけるに、その首を尋ね当りたる騒ぎを知りながら、聞かぬふりにて居たり。その節一人として心付たるものなく、後にこの事役手へ聞こえ、その人を穿鑿《せんさく》すれどもすべて誰なるやしれず。かつ八日の夜死骸の傍へ吉田党の数人集まり騒ぎ合いし砌《みぎり》、士《さむらい》二人通り懸り何事ぞと問う、病人也と答えければ、首のなき病人も如何《いかが》と言い捨て行き通る。その節は皆狼狽《ろうばい》、気も付かざりしが、これも後に誰なるらんと疑いしかども、夜中の事ゆえ何人やしれず、

孰《いず》れ殺したる人の同類なるべしという。

さて吉田へ出入りする朝倉の男、首ばかりの髪を結い、夜九ツ半《（午前1時）》頃仮の葬式を取り行う。右の男人に対して、首の髪を結いたる時の恐ろしさ譬《たと》ふるに物なしと語りしとぞ。かつ檀那寺は雪蹊寺なる由。

さて位牌前へは家内を始め恐れて寄りつかず、尓来《じらい》出入りの者へ頼み香花を手向けしむ。座敷に硝子《ビイドロ》の障子ありて起居の影写るゆえ、元吉の霊顕《あらわ》る、様に覚えて、一門一家の人までも戦慄《フルイ》恐る、趣なり。

十日の朝、武藤某大学様[註1]へ御目通りを願い出けるに、それぞれ懸りの役人いまだに出勤せざるゆへ不レ叶《かな》由《わざる》御回答ありければ、順の通り御目通仕《つかまつ》るは平生の事、斯かる御国極大事の場に至りし義に候へば、押して願い奉ると再び言入れければ、然らばとて御許容ありけり。武藤御前において思う侭《まま》の密事を申し上げ帰宿す、何事にてありしや知る人なし。間もなく西東の御屋敷へ御懸合に相なり、御内談の上、太守様[註2]少将様[註3]より仰せ出されとして、今迄の御奉行深尾弘人殿[註4]御免に相なり、桐間、五藤、柴田の三老へ御奉行職仰付けられける。深尾は吉田と極懇意にてありし故か右のごとく相なる。御仕置は小八木、寺田、間《はざま》の三氏これを蒙り、御目付は大庭《おおば》氏に代わる。その外吉田党の役人は皆退けられ、暫く蟄《ちっ》したる人々時を得て進む。実に御国に於いては古来稀なる騒動也。

註1　大学様（だいがく）　十二代藩主豊資《とよすけ》弟、追手邸山内豊栄《とよよし》、当時四十八歳。東洋の改革に反対姿勢という。（『山内家系図』）
註2　太守（たいしゅ）　十六代藩主・山内豊範。当時十六歳。
註3　少将（しょうしょう）　十二代藩主・山内豊資（とよすけ）、豊範の実父。当時六十九歳。（『山内家系図』）
註4　深尾弘人（ふかおひろめ）　家老、帯屋町ひろめ市場は住居跡。

《東洋批判、町の噂》

四月廿日 4－106

吉田一件の委敷《くわしき》咄しを聞き、世評区々《まちまち》なる事を左に記す。

この人廿五年以前若党を手討にす、その月日則《すなわち》四月八日にてありし由、このたび家来の年回に当りて剣難に罹《カカ》り、身首処を異《コト》にするも不思議なり。

近年結構なる家作をし座敷より欄干の橋を渡り向うの座敷へ至る、これを以て家の広き事をしるべし。常に書籍を披《ひら》き坐する蒲団は天鵝絨《びろうど》にて、寝間の敷蒲団は和天鵝絨、その上に臥せば五体蒲団に陥りて頭ばかり見ゆるという、これにて衣類の美をしるべし。酒席に銀の銚子あるを以て飲食の驕《おご》りをしるべし。かつ家には数千巻の書籍を積み、庫《クラ》には万金を貯えながら、借《カリ》たる品の代を渡さず。強いて催促すれば手打にするなどいう事珍しからず。以前家来を殺せしゆえ、我等もまた殺されんかと恐るゝ者も多かりし。

大工左官、畳屋呉服屋、唐津屋石築屋、日雇いに至る迄、品の取々に逢い、職人は油を取りぬかれ、吉田へ出入りするよりは地獄へ落ちるが遥かにましじゃとつぶやくものも多く、第一依怙[註1]贔屓の癖ありて、市原、由比、末松などと党を結び、議論を専《もっぱら》とし名を売り、意に背《ソム》く者をば退け憎み、その学風を仰ぎその門に出入りする阿諛[註2]の者をば僧俗ともに愛し顕秩《リッシン》せしめ、政事の幕《ソウダン》友《アイテ》は越レ次《つぎをこえて》重職に進み、樸樕《ヤクザ》の散才《サイ》たりとも彫蟲小枝《ジブンヲツクル》をば推挙して禄を得しむる等の事夥敷《おびただしく》、既に横山蘭次横死の後、その家永く没すべきに弟桂作なる者、吉田が普請の節数百両の金子を贈りしより如レ元《もとのごとく》登竜《リッシン》し今御相伴《しょうばん》格となり、赤岡畠中が郷士となりしも皆銀子《カネ》仕事、本丁長徳寺の倅医者となり川谷順斎という、この者を取立て近頃朝日の昇るがごとく立身せしめ、今は御側医者となる、これは如何なる思慮より発《おこ》りしや、定めて深き吉田の所存なるべしという。長浜の長楽院に住せる月暁《げつぎょう》という僧を永国寺へ転住せしめ、年を経ずして国分寺より足摺山等へ転昇せしむるは、吉田の詩友なるがゆえ也。依って四、五年以前より、早く立身致したくば吉田へ書物を読みにゆけと、郭中にても流言せし由、もっともなる事なり。

先年罪ありて長浜に蟄《ちっ》しけるが、再び召出され重役を蒙《こうむ》りし時、小八木貞之助いえる様、我等追放者と同席にて国の政事を論ぜん事自ら心に恥る処也、元吉重役にある間は我は役目を蒙むらじとて引籠りしに、この度右の騒動に及び、貞之助を五兵衛と改名し、又御仕置を勤むるも、武士の一言金鉄の如しとはこれなりけりと誉《ほ》めあえり。就中《なかんずく》文武館の建築《フシン》に付いては、上見ぬ鷲の心持もありけるより、郭中の憎しみも甚だしく、かつ御政事改革と称し数条の新法を思い立ち、国中に令するに喜ぶ者は少なく、苦しむ者は多し。下民その非を知るといえども、罰を畏れて敢ていわず、郭中の諸士は時を待ちて口を箝《はさ》む、憎まるゝ者は退けられ愛せらるゝ者は進む。就中《なかんずく》神仏を嫌い天を畏れず、仏法は世道に益なしとして、近年坊主狩りを始め、一失ある僧をば悉《ことごと》く退寺退院す。故にその身に過失ある事を知れる者は声のかゝらぬ内にとて逐電《シュッポン》する者多し。かつ家中を始め諸役人迄も罪あるをば小過をも赦《ゆる》さず、巣穴を穿《うが》ちてこれを罰しおきながら、才智あるをば配所より呼び返し、相当の任《ヤクメ》を命ず、それはいかんというに孔門の顔回すら不レ貳レ過《フタタビアヤマチヲ》（あやまちをふたたびせず）という、今世の人何ぞ失なかるべき、罪はその時限りに見切り、志ある輩を引出すは、その短を捨てその長を取るの意也とて、一旦罪を得て配所にありし人の再び政事に携わるゆえ、公罰を受けるを強いて恥とせず、これは先年吉田事、長浜の配所より帰任否や重役に進みしより、右等の取捌きに至りける由、吾が非を隠すの手段なるべし。

吉田東洋宅の図（『皆山集』刊本第５巻より）

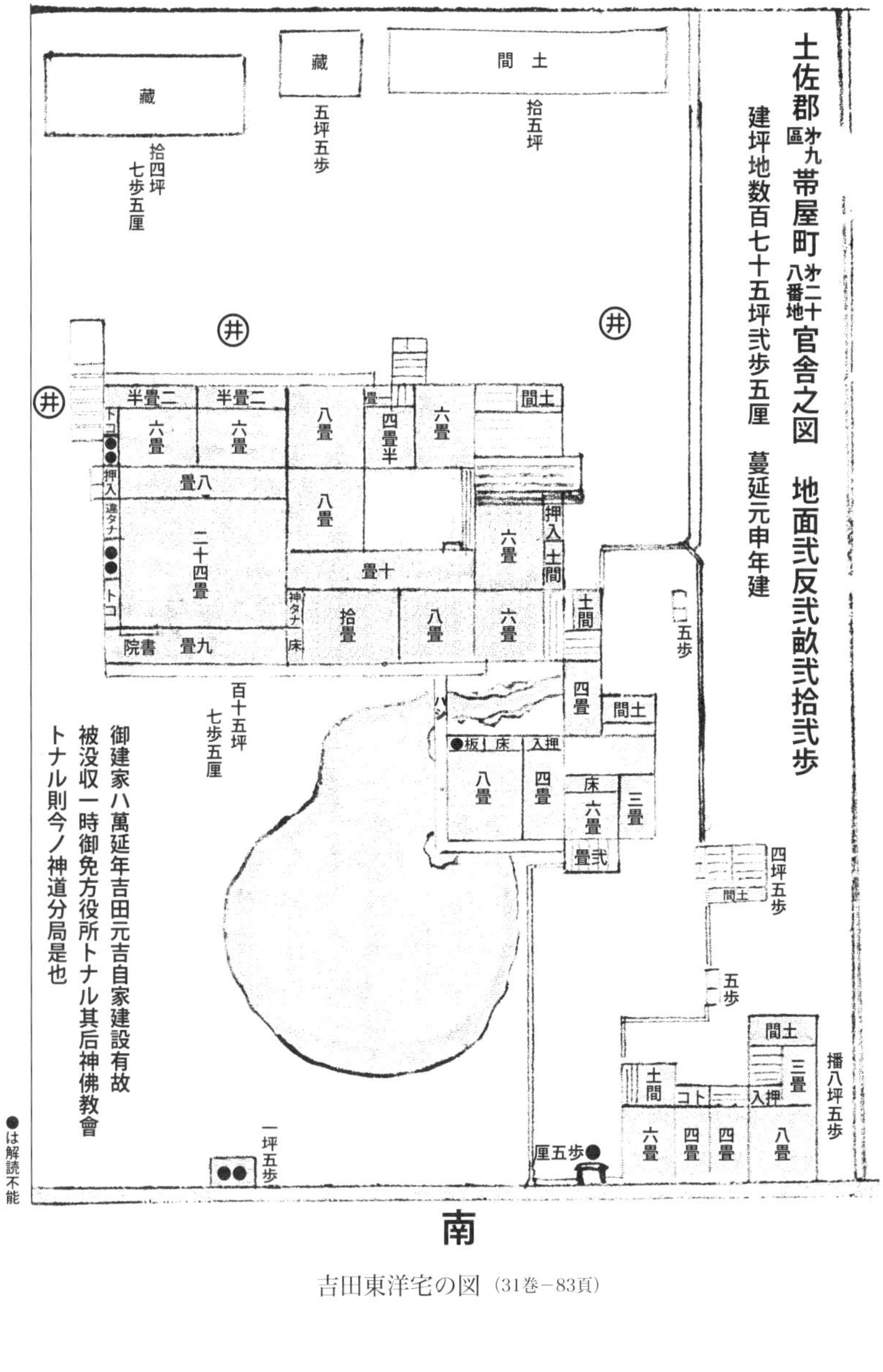

吉田東洋宅の図（31巻－83頁）

又去る寅年退役の砌《みぎり》、その子源太郎へ禄を下し置かれけるに、元吉再び御仕置役になる時、別に禄を賜りぬ。吉田奸智深きゆえ萬代不易の為と考え父子の禄を一つに合わせ、人々羨み思いけるに、図らずも今度の都合、父子別禄にてあらば一分は残るべきに、今日御詮議之上、吉田の家断絶に相なる。その上元吉妻面体《めんてい》に庁毒発しけるが、過日よりの心痛にて追《ひを》レ日《おって》両眼も腫れ閉《フサガ》り悩乱しけるが、最早両三日の命も覚束なしと医者も言いける由。

さて又古来より掛廻り役数十人ありけるを、吉田の計らいとして一両年除きけり、八日の夜も以前の如くに夜役徘徊せば、萬に一つも死を免るべきに、相手の人数もしれず、跡をつけたる者もなきは、所謂《いわゆる》自らなせる禍《わざわい》にて、世をも人をも恨むべきにあらず。右夜役を廃せし一条と、父子の禄を合わせしとは、則《すなわち》智者の一失にて、全くこれ繋驢橛[註3]なり。同病相憐み同類相集るの道理にて、弘人《ひろめ》殿は元吉と無二の交《まじわり》をなしけるが、過日御寄合の席にて桐間蔵人殿の尋ねに、近年江戸御屋敷大坂御陣屋、かつこの度の文武館等に付、御国の御費用莫大也、このおさまりは如何して付けらるゝや、弘人殿答えにそれはこの方存ぜず、御用脚《キンギン》の一段は吉田元吉が引請たれば、これに委《ゆだ》ね置きて然るべしというにぞ、蔵人殿又いわく、斯程《かほど》大切なる義を元吉風情の者に御委ねなされ、御自分御存知なしとは如何敷《いかがわしく》、我に於ては不承知也とあらかに申さるゝ、双方の顔色すわといわば指違えんという程に見ゆるゆえ、対座の人々より取鎮め、各退出しけり。

さてこそ弘人殿は我も身の上危うしと思いけるや、元吉死去後は居間の四方に二重襖を入れ、夜には寝ずの番を置き、用心厳重也という。

又市原八郎左衛門も今度の騒ぎより門出せず、その子文武館にて、拙者が親ども近頃は物恐れをなしあまり他出せず、士《さむらい》の身にて有間敷《あるまじき》卑怯、何という事ぞわけはわからぬなどと、まけぬ皃《がお》していいける趣。悪党は自然と濡《ヌレ》鼠の如くに屈《カゞ》み隠れ、忠士は時を得て鷹の如くに揚《アガ》る、僅かの間に栄枯黜陟[註4]処を易《カ》ゆ。

然るに今日迄も吉田を殺したる人すべて知れず、九日の朝より諸方へ役人を馳せ尋ねれども、これぞと思う人もなし。近頃本丁の坂本某（註、龍馬）を始め、出奔せる者も多けれども、吉田を討ちたるならんと疑うべきは一人もなし。

この節家中の薗村《そのむら》某申し出に、只今御国の四民ともに吉田元吉をほむる者なきは、彼が悪政をにくんで也、然れば元吉を殺したるは全く忠臣也、その忠臣を穿鑿《せんさく》して御作法の通り行われなば、忠義の士総てなく、却って御国乱の基となるまじきも知れず、最早この上はその尋ねを捨て置き、古来の御政事に立ち戻るが則《すなわち》御国の為ならん、強いて穿《うが》たばその乱やむまじと存じ寄りを申し上げる。少将様の仰せにも最早相人《アイテ》の穿鑿には及ぶまじとの御意なる由。

吉田の首を取りたる仲間《ナカマ》は中々多人数にて五、三人にあらずという。元来吉田の学風議論を先とし、その身傑出の才あるを以て、贔屓[註5]偏頗もありけるにや、高名《メイ》なる代りには自然と悪評もあり、終に今度闘諍《とうそう》の端を開き、終りを全うせず、今迄の鴻勲《テガラ》も忽瓦解し、一刀の下に身首離散せる有様、井伊侯の騒動に似たる事よと罵《ののし》るもあり、又宋の王安石が新法を企て、万民の憂いを生じ、終に宋朝滅亡の端を開く、広狭大小の異ありといえども、事実頗《すこぶ》る相似たり。

この度太守様の御供にて江戸へ赴く筈の処、忽ちその身亡びたるは、御国運の強き処、彼江府[註6]に至らば上みを欺き、如何様の異事を工《たくら》み出さんもはかり難し、天誅遁るゝ事能わずして、身亡び家滅す、豈《あに》慎まざるべけんや、恐るべし。右は数十人の雑評を聞きつゝ記す。

予いわく、衆人のいう所道理也、併し我は唯その名を聞きてその人を知らず。一旦罪に処せられて再び国政を議する職に至る事、庸人[註7]の及ぶ処にあらず、昔より賢智の人のしばしば難に逢い、菑《わざわ》い家に及び身に懸る事その例《ため》しもっとも多し、衆人雷同の謗《そし》りを請ける事その身の不徳というべし。かつやその国に居ては不《たい》レ非《ふに》ラ二大夫《あらず》一といい、不レ在《そのくらいに》二其位《あらざれば》一不レ謀《そのまつりごとをはからず》二其政一ともあれば、下民漫《みだ》りに評するは上みへ対して非礼也。昔は芸ハ助《みを》レ身《たすく》と書きしも、今は世かわりて萬事古へとは表裏鉾楯《むじゅん》するゆえ、芸は殺《みを》レ身《ころす》なりと評論せし人の語も思い合されぬ。

予がごとき山林に蟄《ちっ》し鳥声を聞いて心を慰むる鈍根の者は、無《かも》レ可《なくふか》無二不可《もなく》一、登る望みもなければ退く憂いもなし。我等にては城下至って騒ぎ事也とのみ聞きてその来歴をしらず、出府の道すがら往来の人の口々に語りあるくを聞きて右の如くの評なるをしれり。これ予が村舎稍尽《ムラハヅレ》に潜居せる證《シルシ》なり。

今思うに、吉田経史[註8]に目を曬《サラ》し、日夜に国家の興廃政事の得失を論じながら、政《まつりごと》の根本は唯愛民にありという事を、何が故に悟らざるや不審《イブカシ》。講学の一を行ないて愛民の心更になく、薄斂[註9]去奢等の政道に疎《うと》きゆえ、四民の怨み一身に集り、自ら禍を招き遁るゝに拠《よんどころ》なし。世間に酒をのむ者と酒にのまるゝ者との別あるより見れば、吉田は博学多才なれども、書を読むにあらずして書物に読まれたるなるべし。これ己が才知に誇りて自ら省みる事能《あた》わざるの過ちならんか、然るに吾教えより見れば、今生にて暫時威を振るいしかども、不忠不仁の現報目前に来り、刀下に一命を殞《オト》す時の心持如何ありしや、只心外なる思いのみにて更に余念はなかるべし。さなきだに臨終の一念に依って善悪の生をひくという、吉田が幽鬼定めて悪趣に沈み、独り迷い悲しむらん、恣《ホシイマヽ》に供仏施僧の営《いとなみ》しても、冥途[註10]に達する事は七分が一也と聞けば、平生仏の正法を謗《そし》り、剣難に罹《カヽ》りて死せし身の、何とて善処に生すべき、自業自得とは言いながら後の世の苦しみの程思いやられて哀《あわれ》に覚ゆ。

註1　依怙贔屓（えこひいき）　みなに公平でなく、ある人を特にひいきにすること。（『広辞苑』）
註2　阿諛（あゆ）　おもねるへつらうこと。おべっか。（『広辞苑』）
註3　繫驢橛（けいろけつ）　ろばをつなぐくい。
註4　栄枯黜陟（えいこちゅっちょく）　栄える事と衰える事。黜《ちゅつ》はしりぞける、陟《ちょく》は昇進させる事。（『広辞苑』）
註5　贔屓偏波（ひいきへんぱ）　えこひいきにおなじ。（『広辞苑』）
註6　江府（こうふ）　江戸。
註7　庸人（ようにん）　普通の人、凡人。（『漢和辞典』）
註8　経史（けいし）　経書と史書。経学と史学。（『広辞苑』）
註9　薄斂去奢（はくれんきょしゃ）　取り立ては少なく、おごりはすてる。
註10　冥途（めいど）　死者の霊魂が迷い行く道。また、行き着いた暗黒の世界。（『広辞苑』）

《屋敷明け渡し》

四月廿一日　4－112

吉田元吉妻病気弥《いよいよ》重くなり、今朝終に病死す。昨日家は断絶に相なり、今日は家内の死去といい、寔《まこと》に以て散々なる事のみなり。

御奉行中評議の上、吉田の庫へは封を付けらる。さて屋敷を明《アケ》渡すに付、襖畳を始めとしてあらゆる諸道具を隣家敷へ運びけるに、その雑具の夥敷《おびただしき》事恰《あたか》も山の如く、見る者目を驚かさぬはなし。彼の硝子《ビイドロ》の障子も隣家の門へ迄出し懸けありしを、先刻一見したりという人もありけり。この頃城下町にはいうに及ばず、郷中浦々街道の往来にても、日夜吉田の噂ばかり也。かく一国の人に評判せらるゝは実に豪傑と謂うべし。

四月廿六日　4－113

吉田一件にて川谷順斎益々不評、江戸の御供やまり、御留守居組に落ちる。弘人《ひろめ》殿これまた不評、病気とて引籠る。竹八月に木六月、弘人殿が腹も今がきり時と家中より雑言する由。

吉田源太郎は親類へ御預けになる。過日諸道具を運び出す節は、隣家末松務左衛門元吉とは無二の交りゆえ、その屋敷へ先ず取出しけるとぞ、吉田を中老に進むる事を弘人殿より御家老中へ示談に及びけるに、桐間蔵人殿よりそれは中老にするよりは、互いの仲間に入れて然るべしと哂《アザケ》りければ、その場の咄はやみけり、日を経て後当月十五日には弘人殿の吹挙《すいきょ》を以て、御家老嫡子格となり政事を取り行う筈にてありし趣郭中へ洩れ聞こえ、最早許されぬというより過日の騒動に及ぶという噂、浮説かは知らざれども、この頃城下にての取沙汰也と、高知戻りの者どもの噺《はな》し。

五月朔日　4－114

先月吉田一件にて御奉行御仕置等のかわりたる廻文来る。

《楽書集》

五月廿日　4－119

吉田一件の落書《シヨ》を見る。

気味のよいめにアイウエオ　誰か罰文カキケコ
御刀伊達にサシスセソ　是で御国がタチツテト
一つも御為にナニヌネノ　腰抜け弟子はハヒフヘホ
狸の御仕置マミムメモ　小頭なんでもヤイユエヨ

新方御政事ラリルレロ　　　今では憂目にワイウエヲ

《日本無双おごり落し薬》

この御薬は誠忠の郭公《かっこう》を主薬として蘭方をまじえず、漢方を主として調合せしむるより、卯月八日の甘茶を以て服する時は、いかなる反逆大望の頭をも落とし、一身の役威を振ふ者落ざる事なし。一国の動気をしずめ米穀を安うし足の軽みを増し、一念の気をまし紙蝋燭《ろうそく》の病を治し、改正等相発し候ても暫く昇進する事なし、逆政を治し古格にすぎざる良剤なり。

本家調合所

西門ニて

安房館製

一、此頃水通本丁辺に紛敷《まぎらわしき》毒薬調合仕者御座候ニ付、能々《よくよく》御吟味之上御求可レ被《ならるれ》レ成候《べく》

一、この薬は天竺釈迦如来の御夢想にして、弘法大師帰朝の後土州長浜雪蹊寺と月暁へ相伝有レ之《これある》秘方なり

○雪蹊寺は吉田元吉長浜にありし時心易く付合、吉田に従い書物を習読せり故を以、一両年以前雪蹊寺の作事善美を尽せる由、又月暁は吉田が詩友にて贔屓《ひいき》を以て転昇せしむ故にこの両人を載《のせ》たりと見ゆ。

《くどき》

花のサアへ。高知の御家中ニ。さても珍し新流噺。しまり切たる帯屋の町ニ。学も吉田の大先生ハ。嘉永六ツノ其年頃ニ。初手《しょて》ハ目附で暮ニハ仕置。明テ七年御江戸へ登り。或日御前で酒宴のあがり。御一門なる松下様の。頭コクヤラ乱妨だらけ。そこで御尻ハ御国へ下り。腹をキラス

カ具同ヘヤルカ。[註]四ヶ禁位ハ御慈恵至極。ソコデ其夜ハ朝倉村へ。当時居ルトテ百姓共ハ。鬼か鬼神が出て来たようニ。よりてたかりて呫《ささや》く内ニ。長浜アタリノよき場を見立。壱丁四面の地を買求メ。普請ナントモ善美を尽し。苦《ニガ》ヒ皃《かお》ニハ似合もやらず。甘ヒ甘蔗を作りて見たり。白ト黒トの砂糖もしめて。アタリ近所の百姓どもも。砂糖同断皆シめ上て。人の迷惑さてかへり見ず。ソコデサアへ。其年大ゆり致し。津浪入やら田が沈むやら。是ハタマラン百姓どもも。キャツがいんだら我々迄も。共ニくつろぐイツ帰るのだ。コマリ返りて居ル其中ニ。頃ハサアへ安政五ツの午の正月。めし返されて元の御仕置。百五の新知役料取たと御自慢なさる。数の弟子衆も追従ダラケ。酒をヤルヤラ肴を贈り。馳走するもの皆取立ル。わけて蘭学する医者衆ハ。氏も素性も糺《ただし》もせずニ。御側《ソバ》御医者ニ召出されたり。追従《ついしょう》軽薄する役人ハ。滅多ヤタラニ重役サセテ。何ニ限らず鑒察《かんさつ》サセテ。針を杵ほど科《トガ》拵へて。扶持も知行も皆取上て。西と東へ昨日も今日も。御追放ヤラ禁足トヤラ。ほんニ気侭ハ日毎ニ長し。親子知行を一ツニしたら。俄大身三百石で。兎角サキニハ中老ニなるか。又ハ家老の仲間ニ入ルカ。弘ヒ家中ニさて珍しき。コンナ普請ハカノ唐《カラ》国《クニ》の。是が安房の感陽宮《カンヨウキウ》か。金《キン》ノ仕立の間が出来ルヤラ。ギヤマン仕立の障子も入りて。銀の銚子で彼ノ正宗《マサムネ》を。毎夜寝酒もおてかにつがせ。奢極《おごりきわめ》し其天罰か。人を殺せし其むくいにや。卯月八日の御釈迦の晩ニ。共ニ涅拌《ねはん》ニ入ル其頃ハ。最早四ツ半九ツ前ニ。家来引連下城の砌《みぎり》。西ノ角にて刃の光り。見れバ御首ハ早落まして。ドコへイッタカ行衛がしれぬ。家来なんどハ色青ざめて。内へ逃込ミガタガタ振ひ。家内騒動其筈ながら。近所隣が出て止めるやら。平瀬さんヤラ数々来レド。切タ相手ハ、マどこへヤラ。西ヨ東と尋て見タリヤ。相手天狗ヨ天狗ハドコダ。足のモトダヨ目ノサキトヤラ。鬼も天狗モ狸モ居ル事。どんな馬転《バテ》でもシリャサンスマイ。ソコデ御弟子の其人達モ。首のからだへ付てる内ニ。武士を立タガ一番ヨカロ。哀《アハレ》なるかな其奥方ハ。死ダ夫トの二七日目ニ。庁か癰《ヨウ》かハしらないけれど。終ニコロリト三途のつれと。なるもたへるも皆天道が。積ル悪事をニクマセ玉ひ。人の手をかり悪人退治。是で四国もます〳〵栄へ。御代ハ千歳萬々歳ヨ。

註　四ヶ禁（よんかきん）　城下と四ヶ村（潮江・下知・井口・小高坂）禁足。

八月十五日　4－145

当年四月吉田を闇打ちにせし者出奔し、只今長州にある由頻《しき》りに流言し、先だって御国より捕人彼の地へ赴きけるが今以て何の沙汰もなし、勿論御国中に於いて誰が殺害せしやその相手しれず。

❖文久三癸亥《みずのとい》歳（一八六三）

五月廿一日　5－31

吉田党の人々御家老には深尾、福岡を始め、平士には由比、市原、朝比奈等の家々重きは追放、軽きは御叱込の御咎《おんとが》を受けるという、郭中甚だ以て騒がし。

《月暁の末路》

八月廿六日　5－57

真言僧に月暁なるものあり。先年長浜長楽院にありしが、吉田元吉に交わり詩作に名あり、宗学はつてなし。文学は吉田、詩作は月暁といわるゝ程なりしが、諸所移転の後足摺山に住せり。

先だってより病気にて伊佐の浜へ小座敷をしつらい児女子を集め保養せる内、この間寺に於いて死す。その死様異なりて物に打付けられたる様になり、腸《ハラワタ》出てありしとぞ。元来足摺は魔所にて、毎朝六ツ時（午前6時）本堂に入り勤行する例也。その刻限おくる、時は大の異僧本堂に来り看経す。それを見、もしその経音を聞きたる者は、自然と病を生ずるといい伝ふ。右月暁もその勤行《ごんぎょう》怠りけるや、又は詩作の高慢心へ天魔つけ込み障害をなせしや、勿論宗学[註1]に疎《うと》く名利の為に繋がれ芸能に誇るもの、ついに魔障を受ける事古今珍しからず、僧分もっとも慎み恐るべき事也。名利の為に詩文を能《よ》くせんよりは、寧《ムシロ》知らざらんにはしかず。吉田、月暁両人とも名を衒《テラ》いて実学なきゆえ、ともに死をよくせず。前覆の鑑戒[註2]なるべきおや。

註1　宗学（しゅうがく）　各宗門の教義に関する学問。（『広辞苑』）
註2　鑑戒（かんかい）　いましめとすべき手本。（『広辞苑』）

❖慶応元乙丑《きのとうし》年（一八六五）

《座頭の頓智》

一月十日7－7

昨年の秋頃より座頭[註]諸所を廻り浄瑠璃を語り、聞く者群をなす。城下近在座頭を尊ぶ事神仏のごとくすれば、座頭眼なくして人を見下し、至って押柄《おうへい》也。

その中に日下村の座頭岩見都《イチ》頗《すこぶ》る賢《かしこ》きものにて、鋏《はさみ》を以て摘絵《ツミエ》をするに妙を得たり、又如何なる難題の隠語《ナゾヨト》にても能く解くという。

先の頃この岩見都を容堂様の御前へ召され、女中の取次ぎにて吉田元吉とかけて何と解《ト》くぞとありしに、座頭大いに恐れ入り、これは重き御役義を勤められたる御人《ごじん》なれば、それを題にする処は後免仰せ付らるべしと辞退す。いやそれは苦しからず何となりとも解《トイ》て見るべしとありしかば、然らば解き申さん、吉田元吉とかけて腐《クサ》りたるうるめと解く、こゝろはやくうちに首《クビ》がおちるといいしかば、一坐の人々その盲目の頓智を感ぜしとぞ。

註　座頭（ざとう）　盲人の官位をつかさどり、その職業を保護する組織として発足した当動座の四つの盲官（検校・別当・勾当、座頭）の一つ。その後は髪を剃った盲人で、芸人や按摩になった者を一般に座頭と呼んだ。（『広辞苑』）

坊さんカンザシ事件と僧侶の不行跡

安政元年（一八五四）の頃、五台山竹林寺の脇坊南ノ坊の若い修行僧慶全は、かねて恋仲であった鋳掛屋の娘お馬さんが、住職の純信になびいているのを引き留めようと、はりまや橋に出てカンザシを買った。頭に毛のない坊さんがカンザシを買ったというのは、またたく間に巷の噂になり、

〝おかしことやなはりまやばしで、坊さんカンザシ買いよった〟

とよさこい節の替え歌として唄われるようになった。これを知った純信は慶全を寺から追放したが、慶全は「カンザシを買ったのはおれじゃない、純信だ」と触れて回り、一方、純信とお馬さんとの逢引きも知られたことから、寺から謹慎の処分を受け、お馬さんも寺への出入りを禁止された。たまりかねた二人は、楠目村の安右衛門を道案内に、安政二年五月十九日の夜駆け落ちしたが、琴平の旅籠で追いかけて来た藩の役人に捕えられ、土佐に連れ帰られた。裁判の結果、二人とも城下三番所で面晒しの上、純信は国外追放、

お馬さんは安芸川限り追放となった。日記は二人が連れ帰られた所から起し、翌年三月に純信が舞い戻って事件を起こした事などが記されている。ここでは併せて日記にある僧の行状に関する情報も採録した。

❖安政二乙卯《きのとう》歳（一八五五）

七月二日 1–59

この間五台山脇寺の僧、ある家の娘を連れ出奔致し、讃州へ越え金比羅の梺《ふもと》に泊まり居る所へ当国役人参り、右両人ならびに人足とも都合三人召し捕り来り直ちに入牢、日々吟味場へ出候由。誠に諸宗一統の恥辱、末世の有様是非もなき事也。右に付き寺社方より諸宗僧分へ厳誡の廻文来たる。

九月八日 1–70

この節諸宗一統に僧分の身持悪く、不行状の輩《やから》数多《あまた》有《これ》レ之《ある》に付、役所より鑒察の上或いは寺替或いは退寺退院にあう者多し。又その身に咎《とが》を受くべき覚ある者は、役所より声のかゝらぬ内に出奔するもあり、真言宗にもっとも多し。これは先の頃五台山脇寺の僧、女をつれ出奔し、讃岐にて被《めし》二召捕《とられ》一候より如《かくの》レ斯《ごとく》坊主狩り始まり候よし、末世の有様かくあるべき筈、これに付けても濁世相応の宗風を開き給いし宗祖の厚恩を感戴し、自行化他とも懈怠[註]せるを自ら恐れ慎むのみ。

註　懈怠（けたい）　仏教で、悪を断ち善を修めるのに全力を注いでいないこと。精進に対していう。（『広辞苑』）

九月廿一日 1–72

晴天。四ツ半（午前11時）頃本丁を出江口へ寄り、宇佐の婦人一緒に帰足。昼頃よりてりつけ大に暑し。
（この頃坊さんかんざしの歌大流行に付き、婦人をつれあるく事予の好まぬ所なれども、頼まれしゆえ仕方なし。その歌は我れではないという顔にて戻る）

❖安政三丙辰《ひのえたつ》歳（一八五六）

《純信、再び事件を起こす》

国外追放になって川之江に居た純信は、翌年春行商人に身をやつして、お馬さんの居る安芸郡安田村の旅館に来て、お馬さんを連れ出そうとした。しかし、お馬さんにその気がなかったことから事件となり、純信は捕えられて再び国外追放、お馬さんは須崎へ移されることになった。

三月七日 1－99
この間五台山の南ノ坊他国より立帰り、彼の娘の配所安喜浦へ来り乱暴する。直に召捕られ入牢、娘その日より吟味に逢う、甚だ迷惑の至りなりという。

八月廿一日 1－128
晴天。四ツ時（午前10時）本丁へ来り、九ツ（12時）前帰足。今日も大いに暑し。八ツ半時（午後3時）帰着。昨日横町にて後日《ごじつ》怪談浮名簪《かいだんうきなのかんざし》という造り本を見る。（五台山お馬一件を浄瑠璃に作れるなり）

❖安政四丁巳《ひのとみ》歳（一八五七）

《僧侶の不行跡》

六月八日　2―27

この間物部真福寺という真言僧、女を集め祈祷中一室に閉め置き、余人を禁じ僧と女と二人這入り修法せし由を以て、段々聞き合わせ有《これ》レ之《ある》処、祈祷と称し女を犯せし事露顕《ろけん》に付き追放せられ候由。その中家中の娘なども有《これ》レ之《ある》由、笑止千萬なる事也。この男は始め浄土宗の弟子となり、十二、三歳の頃より呪占《マジナイウラナイ》等の事を好み、終に改宗し真言宗となり、介良の西養寺《さいようじ》という寺の弟子となり、物部に住しけると。右西養寺もと筮《うらない》祈祷を専《もっぱ》らとして光陰を送る者なりしが、故ありて出国し、後に又国に帰り出見の千光院に潜居せり、公裁懸かりの義あるを恐れ、船に乗り出見より東寺の方角を志し出懸けしに、何方にて海に入りしや知るものなし。師弟ともに斯様《かよう》の事のありけるも前業[註]なるべし。

註　前業（ぜんごう）　前世になした善悪の業。（『広辞苑』）

❖安政六己未《つちのとひつじ》歳（一八五九）

一月廿四日　3―10

先日、ある村の真言の隠居せる僧病気に付、養生の為魚物喰いたきゆえ、僧形にては如何敷《いかがしく》、御免を蒙り還俗[註]仕《つかまつ》り、右魚用い候て身の養生方致したき段、寺社方へ届け出る処、役場の下知には、左様なる義を願い出る僧はありて益なし、養生せずして早く死去するが外《ほか》僧分の為なりとて、御聞届無《これ》レ之《なき》趣。何方の僧かは知らざれども、我ら仏門の大賊、早く世は末になりたりと覚ゆ。

註　還俗（げんぞく）　一度出家した者が、再び俗人にかえること。（『広辞苑』）

❖安政七庚申《かのえさる》歳（一八六〇）（三月十八日萬延と改元）

四月廿八日　3－104

西法寺来る、八ツ半（午後3時）頃帰る。先日雪蹊寺末慈恩寺、讃州琴平へ行き遊興数日を重ね、五十両余遣《つか》い果し鑒察をうけ、本寺より廃事せしむ。この僧若年より好色、度々仕損じ、終に如《この》レ此《ごとく》なるに至る、これ木のほりは木にて果てるという道理にて、遁《のが》れぬ所なりとの評判なる由（長浜山伏の子なりという）。

五月七日　3－109

先日雪蹊寺脇慈恩寺、讃州金毘羅にて遊び、金子《きんす》を砂の如く遣《つか》い果したる事、鑒察厳敷《きびしき》に付、本寺より寺務を廃せしむ。また城下町人川崎源右衛門より、甲州身延山へ通し駕籠にて行きける事、只今の御時節を憚《はばか》らず驕奢《きょうしゃ》の至り不届きとありて、直支配を取り上げらるゝ、かつ諸役人へ暑寒の進物など決して不二相《あい》成《ならざる》一由の取沙汰。城下は右の通りの質素の御示し、郷浦は米価愈々《いよいよ》貴《タカ》く、惣じて淋し。

❖文久二壬戌《みずのえいぬ》歳（一八六二）

九月十二日 4−159

隣寺正念寺秀亮、当年夏〝おうし〟という妾をおきしに、寺へ入込まざるさきより満腹にてありしや、四、五日以前安産の由。右秀亮去る卯年住職召し放され、放蕩気侭の暮らしかた、門徒中のうけ悪く諫言[註1]をも用いず、悪口せられても耳にもかけず、日夜酒食三線を事とす。仏祖の冥罰をも恐れず、門徒の信施を恣《ほしいまま》に費すの罪軽からず。未来の業報いかゞあらんと、心ある者は眉を顰《ヒソ》む。然るにまたこれに同じき咄あり。御畳瀬《みませ》西法寺大厳も先年〝おうし〟という妾を愛し、子も多く出生し、これまた酒色に長じ奢《おご》りを極めるより、講中立腹し舌戦数度に及ぶ。大厳も〝おうし〟もともに当春までに冥途[註2]へ行きて今なし。正念寺に居るも〝おうし〟、西法寺にありしも〝おうし〟、孰《いず》れ寺の妾は〝おうし〟というに限ると見えたり。昔より僧たる者の空しく信施を受け仏物を費し、道心なくして牛に生れたる事も多し。右の両僧無道心にして、ひたもの[註3]〝おうし〟を可愛がるも、終には牛に生るべき先表にやと恐ろし。

管丞相の牛に乗るは、歌を詠まん為の風雅也。右の両僧牛に乗るは色を貪《むさぼ》らん為の不風雅也。当国同宗の僧の形状（行状）も、ひとしく妾の名の同じきも、実に奇妙也。予も仏恩を懈怠《けたい》し、放逸無慚の身なるゆえ、人の評論すべきにあらず、見聞の侭《まま》を記し、我身の上を恐れ慎むのみ。

今より三十年前、宇佐にて医師、郷士、浪人の輩《やから》、本妻を取るは物入りなりとて、言合せたるように妾をおきけり。平井の妾は〝およし〟といい、田嶋は〝おつや〟、岩井は〝おごろ〟、中山は〝お春〟という。その頃極楽寺へ野根の〝お実〟なる者来り、竊《ひそか》に逗留す。この者痘毒にて鼻

落ちけれども、住僧見捨てられぬ事もありけるにや、それと知りつゝ留置ける。その節の狂歌師これを聞きて、

〝田嶋つや岩井五郎に平井よし　中山の春に極楽の花〟

と詠みたり。「中山の春に極楽の花」といいしも面白く、鼻の落ちたる処を花とかよわしたるもおかし。これは寺にある女の咄の転ぜるより、予が子供の時聞きし事を記せり。

註1　諫言（かんげん）　目上の人の非をいさめること。また、その言葉。（『広辞苑』）
註2　冥途（めいど）　死者の霊魂が迷い行く道。また行きついた暗黒の世界。（『広辞苑』）
註3　ひたもの　古語。むやみと。わけなく。（『明解 古語辞典』）

❖文久三癸亥《みずのとい》歳（一八六三）

九月十一日５－64

当浦福智院住職英光、積年不身持の事ありけるにや、常通寺より寺務を廃せしむ。家具類を始め夜具に至るまで売り払い、今日は餞別の酒席を設け、二、三十人案内す。兼ねて様子を知りたる者は態《わざ》とゆかず。廃事の身にて餞別するは、身の恥をさらすというもの、宇佐を出て当分種間寺へ寓居の事なれば、跡をくらまし竊《ひそか》に立ち退くこそ僧なれ、負けぬ気で人を集め、我が非をかくさんとするは大俗にも劣りたる事也と悪評区々《まちまち》なり。予はその男の浅劣なるを知るゆえ、深く

交わらず、依って今日も案内なし。案内なきゆえ行かず、ゆかざるゆえ酔わず、酔わざるゆえ家醸の濁酒をのみ寝入る。

❖元治二乙丑《きのとうし》歳（一八六五）（四月八日慶応と改元）

《二人のお馬さん》

明治以前の土佐では、子供の健康な成長を願って、動物の名前がよく付けられた。丑(うし)、馬(うま)、寅(とら)、辰(たつ) などの名が多く見受けられる。ここでもたまたま二人のお馬さんが手伝いに来たことが記されている。

七月朔日 7－63

日雇い二人来たり畠の手入れする。夏替の手伝人橋田辺に少なきゆえ、この間新川の人へ頼み置きしに、当年十五歳になる小娘両人を連れ来る、二人ともお馬という者也。兼ねて頼み置きたる事なれば小供《（子供）》なりとて直ぐに追帰されはせず、今日より二人を雇いおく、しかし先年五台山の脇寺南坊お馬という女をつれ欠落《かけおち》し、讃州迄逃げたるを金毘羅の町にて御国役人召し捕り、入牢の上御差配ありし事、当国に知らぬものなし。〝お馬ふれ〳〵五尺の袖をなけりゃぼんさんに買てもらえ〟という歌も人口に残れり、今日同名のお馬という者二人寺へ入り来たる処、吉か不吉か知るべからず。不図《ふと》右南坊の事をおもい出し独笑し、五台山の僧は一人のお馬に迷い、人の謗《そし》りを請けたり、我が寺へは二人のお馬入り来る、然れども我は迷わず、その上子供の事なれば苦しかるまじと料簡[註]すれど、お馬ふれ〳〵の歌を知りたる者あれば、定めて今日の有様を笑わんかと、独りおかしくぞありける。

註　料簡（りょうけん）　了簡とも。考えをめぐらすこと。思案、所存。（『広辞苑』）

七月六日　7－64

二人のお馬、七夕ゆえ帰りたしというゆえ、新居坂の東の梺《ふもと》迄寺子を添え帰らしむ。

七月廿二日　7－67

先だって雪蹊寺も住職召放され寿命院も還俗《げんぞく》し、吉祥寺も同断。能津の善住寺は首を括《くく》り、用《もち》石《いし》の妙福寺も還俗す。皆女ゆえの事と聞こゆ、浅ましき事也。

❖慶応四戊辰《つちのえたつ》歳（一八六八）（九月八日明治と改元）

五月廿七日　10－58

先だって御畳瀬《みませ》西法寺弟へノ字咎《とが》ありて類族へ御預けの処、このたびの御赦令に付異議なく御免に相成り、西法寺もそれに付いての廃職ゆえ、これも如レ元《もとのごとく》住職被二仰附《おおせつけられ》一事相済む。その後件《くだん》のへノ字、武術稽古の為下町に寄宿す。

ある夜大酔いにて町を通るに、町家の軒下にしつらいたる掛出しに行き当り、独り腹を立てその柱を引き抜き、桶などを刀を以て散々に切り、新町のごとく帰るを、その家の亭主跡を認めたれば、眞證寺へ這入りけるより戻り、翌朝訴え出る。それより又々西派[註]一統の法中四人づゝの番を致す様と役所より申し来る、中々当節四人づゝは甚だ迷惑の由願い出れば、一日に一ケ寺づゝの番というになる。昨日西派の法中四人程、御目付方の門傍に扣《ひか》えたるを見し人のある由、若しやその御差配ならんかという。

註　西派（にしは）　真宗西本願寺派。

高松・松山征討

❖慶応四戊辰《つちのえたつ》歳（一八六八）（九月八日明治と改元）

《錦旗下る》

鳥羽伏見の戦いを経て、徳川は朝敵とされ、一月十一日には徳川方に参加した高松・松山征討の令が土佐藩に下された。十三日には、家老深尾丹波を総督とする一千余人の迅衝隊が編成されて、致道館を出発、川之江に向けて進軍した。

御沙汰書とともに拝領した二旒の錦旗は、大監察本山只一郎以下十二人に護られて十三日京都を出発したが、途中神戸通過中、警戒にあたっていたアメリカ軍に奪われるといったトラブルもあり、ようやく十九日、川之江から高松に向かって進軍中の土佐藩軍に一旒が渡された。二十一日には家老深尾左馬助を総督とする松山征討軍が編成され、錦旗を先頭に総員千四百余人が出発した。

日記には兵士の軍装など従軍の模様から、高松・松山接収の模様、松山で起きた軍律違反の兵士の処分問題なども記録している。

一月十九日 10－7

昨年冬容堂様御上京、直ぐ様御参内。只今京詰の諸侯は尾州様、越前春嶽侯、薩州修理太夫殿、芸州侯、長州侯、右の御方々へ改めて禁庭より議定方仰せ出され、京都御警衛、さて又昨冬将軍家御廃職の御願いありし所これをも御聞届に相なり、一橋様は大坂御城へ御退去、会津侯はこれ迄の役儀後免に相なり、将軍様会津侯御両所とも先ず入京指し留めの形に被《おおせ》二仰出《いださる》一。

然るに当年正月四日、如何なる事にや播州酒井雅楽頭《うたのかみ》殿、美濃大垣戸田釆女正《うねめのしょう》殿、讃州高松侯、予州松山侯、勢州桑名侯、これ等の御方々大坂にて勢揃をし、押して京地へ乱入せんとす。薩州・長州・土州伏見と鳥羽と両所にてこれを防ぎ戦う事三日の間也。その所へ有栖川宮様錦の御旗を持たせて御鎮めあらせらるゝを却って似物（マヽ）などゝ嘲りしかば、いよいよ朝敵に相違なしとありて、官軍勢い強く関東方敗北となり大坂へ退く、依《これに》レ之《よって》禁庭より一橋殿と会津とへ、その方どもの指図をを以て彼等を差し登せたるやと御尋の処、ってこの方存知申さずとの御返答也、然るに将軍家には紀州の方へ落給いしという、会津は国へ逃帰りしともいう、何れ定かならず。（ここまで「上方情報」再掲）

それより京詰めの諸侯へ朝敵征伐を仰出さるゝ。薩州長州の御人数は播州を蒙《こうむ》り、先だって彼地へ押し寄せ不日に姫路の城を攻落す。会津をば加賀守殿これを蒙り、松山と高松と両所をば容堂様御蒙りに付、当月十三日深尾丹波殿惣督として五六百の人数を率し上京の処、俄《にわ》かに右征伐の都合ゆえ、丸亀迄赴きたるを御呼返しに相成り高松へ御指向、与州の方へも追々御人数御指立、大釜大筒の類迄送る。

今日京都より日月の御旗御国へ着、それを立て松山征伐という噂。明日は桐間殿惣督にて又讃州へ御指向の由にて、今日は町々右往左往、俄かの仰せ出されにて迷惑の家々夥敷《おびただしき》由也。

このあいだ十三日文武館[註1]より押出したる時は、侍已下《いか》無名に至る迄上下均等に一人前に付金三[註2]両二歩づゝ渡る、御銀をば千両箱より取出し、戸板の上に一と森《（ママ）》づゝ並べ置き、名前を呼出し御渡しになる、その御費用誠に以て莫大也。奉公人等へは鉄砲もそれぞれ御渡しに相なる、弁当は手廻りよき家は酒屋などへ頼み、米を蒸しそれを乾し干飯《ホシイヒ》として持行く人多し、これは向所にて湯茶の中へ漬けたれば、直ぐに和らぎ食うに世話なきゆえ也、且つ御侍中を始め無僕の仰せ渡されあり、よって思い〳〵に丸き長き袋を拵《こしら》え、後先に口を明けその中へ入用の品を入れ、自ら背に負い、着用は家豊かなる人は羅紗にて胸を牡丹懸けに致し、筒袖の物を着し、下の袴は程々に替る。羅紗は和かなる物にて第一寒からず、少々の雨をも凌ぎ、鉄砲なども少々は防ぐ故の事なりとぞ。その余呉絽服《ごろふく》唐木綿など地は色々あれども袖は一様の筒袖也。その上へ常の着用したるもあり、鞭裂《ぶっさき》羽織を着たるもあり、鉄砲を背中に負い兜を項《ウナジ》に懸けゆくもあり、このたびの戦鎖《クサリ》帷子《かたびら》又は鎧をば用いず、只鉄砲を先とするゆえ也。太刀も長鎗よりは短鎗に利方ありという、乱軍の中にては長き物は邪魔になるとの事。孰《いず》れも死門に赴く事なれば、惣じて容貌は柔和なるはなく、勇怯面に顕《あらわ》れ青白し、もっともなる事也。

註1　文武館（ぶんぶかん）　文久二年（一八六二）現在の県立武道館の場所に建てられた藩の教育施設。はじめ文武館と称していたが、慶応元年（一八六五）には致道館と名称が変わった。

註2　三両二歩（さんりょうにぶ）　土佐藩の給与の最低基準額か。坂本龍馬の海援隊士も同額、中浜萬次郎について長崎に出張した池道之助の給与も同額である。

《寒中出陣》

一月廿日10－9

五ツ頃(午前8時)浅見五郎平より御経を上げくれたく由申し来り、右家へ行く。これは桐間の騎馬ゆえ今日御供にて讃州へ赴く、右に依り戦場に一命を殞《ヲト》す程も計り難ければ、首途《カドデ》に御経聴聞し決心して参りたき望みにて如《この》レ此《ごとし》、則《すなわち》小経一巻拝読、現世和讃《註》二首引にて相済まし、今日の出足にて甚だ忙敷模様ゆえ直ぐに戻る。今日討手に赴く人は多けれども、一死を決し御経聴聞してゆく人は稀なるべし、然るに右浅見氏右の心付け誠に神妙にて、感ずるに余りあり。

九ツ頃(12時)より下町へ行くに、往来の人夥敷《おびただしく》、男女とも只横筋違いに走る、これ皆今日出足の用事と知られたり。晩方風大いに吹く、七ツ半頃(午後5時)桐間殿出足、御家来六十人ばかり、一様の白鉢巻也、これは余の人数に混ぜざらしめん為也。その外数百人皆文武館より押し出す。日入る頃より発足して今夜領石迄赴かる丶由也。その中寒気強きゆえ途中にて凍《コゴヘ》たる者あれば、その侭《まま》に捨ておきゆくべし、必ず介抱すべからずとの言い渡しとの事、これは一刻を争い讃州へ急ぐゆえなるべし。又明日も文武館より押し出して御人数東西へ別る丶とて、今日より騒動。

註　和讃（わさん）　仏・菩薩、教法、先徳などを和語で賛嘆した歌。讃嘆に起こり、七五調風に句を重ね、親鸞は四句一章とした。（『広辞苑』）

《郷士出陣の模様》

一月廿一日10－9

今日深尾弘人《ひろめ》殿惣督として松山征伐に行かるゝ。高岡宇佐近辺の郷士浪人数十人、皆装束して文武館へ出るに逢う。皆花やかに出立ちて陣羽織を着たるもあり、兜を戴きたるもあり、鉢巻したるもあり、鎗を持たせ具足櫃を荷《にな》わせ爰《ココ》を晴れとかざる中に、着の身着の侭《まま》なるもあり、陣笠を着し馬にて飛ばすもあり、これ等は気のきゝたるように見ゆ。鎗具足などは御士《さむらい》中も持たさぬとの咄なれば、文武館へゆく迄の間の事也。何事も早く勝負を決し、且つ費《ついえ》多きを厭うゆえの事とぞ。

その郷士の中にも門出の酒に酔いすぎ、装束の侭《まま》そふけ駕籠にて舁《か》かれゆくも二、三人あるを見る。君の大事を承り他国へ行くにこの有様は何事ぞ、これは定めて内の出にくい男にて、親子兄弟に別れをおしみての事か、又は戦場に赴くを怖れてのみ過ごしか、何れ未練の風俗也。

当正月四日、京都鳥羽にての戦いに御国城下十六歳の男（足軽の子供という）、彼の地にありて西洋流の太鼓を打つ役なりしが、敵の鉄砲にて陣太鼓を打ち破られ、その太鼓を捨置き敵の中へ分入り、兵器を奪い取り敵五、六人を切って落す、その身も鉄砲疵数ヶ所あり、されども死せず、抜群の高名也との取沙汰也。

一月廿六日 10－13

御国より松山へ数百人立越し、久万の町に陣取り責入らんとす。然るに松山侯より、この方全く朝敵の名を受ける覚えなし、依って合戦は御用捨《ようしゃ》下されたき段申し来る、さて御国より彼の地へ商売用に毎度往来せる町人を以て探作《（ママ）》せしむるに、松山領は城下を始め惣じて穏便同様にて、つて静なる事也。御国の若者ども何にもせよ打入るべしとはやるを、惣督より押え留めありし由也。用居《モチイ》口近辺の家々男女とも皆御用に遣われ、男は四尺ばかり積みたる雪をかき除く、女は兵粮の米を踏み、家は戸を立てあり、その境目より久萬《（ママ）》の町へ魚売り数人行きたるに、荷を持ちたる者をば通さず、空手《テブラ》のものを見付けては、これを持ち行くべしと指図して、何にても軍用の品を運ばしむ、依って諸商人の類迷惑なる由。

その中へ千鍬雑古《チクハザコ》を持行きたる者大当りにて、右の品は弁当のさいにその侭喰るゝゆえ勝手也。煮て喰う品は鳥渡《ちょっと》間にあわず、熬《イリ》雑古《（ママ）》も始は二合半五合づゝ升《マス》にてくみたれども、向原得手わるきゆえ後には魚売りの気転にて少しづゝ紙に包み、これは十文二十文というて売るに、暫時に売れて仕舞、銭設《モフ》け多しという。

讃州へも古物屋の町人を探作用に御差立、丸亀侯も御国先手をせんと申さるゝ由也。公家衆一両人、丸亀へ下着、何の御用向きなるをしらず。

《高松無血開城》

二月十三日 10―18

先だって桐間蔵人殿、深尾丹波殿惣督として、讃州高松征伐の為丸亀へ出張の処、丸亀侯多度津侯御先手致さんと請《コ》い、丸亀より二百人多度津より五十人御加勢に出る。海陸より同時に押し寄せんと約し、近々と寄せ大砲を放つに、城中より鬨《とき》の声をも合さず静まり返りたる様子也。如何なるぞと見る処に城門に降旗を立つ、これを見るより一同城内へ乗入れるに、高松侯は城を明け御菩提寺に退き、御家臣は麻上下にて城門の内外に蹲《うずくま》り居たり。依て城を請取り京都へその旨達しに及ぶ。

それよりこの地当分土佐少将預かりという高札を城外に立て、御国御家来も過半彼の地に留まる、至って御丁寧なる御扱いなどありし由なり。

《松山接収と軍律違反者処分》

松山接収中の二月五日、軍法を犯したとして、歩兵第一小隊の四人の兵士が斬罪のうえ梟首された。大軍監小笠原只八の裁決によるとされているが、戊辰戦争に従軍した土佐藩軍は、軍律が厳しく、違反者を厳しく処分したので、現地住民からの信頼は厚かったという。平尾道雄著『土佐百年史話』によると、斬罪となったのは次の四人である。

五百人方足軽楠永鉄太郎・下代大久保虎三郎・御雇足軽国沢守衛・同岡上光之進。

二月十三日 10－18

松山へは深尾内記殿、弘人《ひろめ》殿惣督として向かわせらるゝ処、これも降参にて、松山侯は御菩提寺に退き、城御渡しになる、但し若殿行方しれざる様子なれども慥《たしか》ならず。御国へ城請取りての一日程経て、長州より数艘予州を討たんと押し寄せる。然れども早く御国御家来着陣、御取締りの上なれば、空敷扣《むなしくひか》えたり、この時御両人遅くして長人早く来たらば、松山は野となるべきに、土州の御蔭を以て御城を始め町々迄別条なし仕合せなる事也というて、松山市中の者ども御国を仰ぎ尊ぶという。

その軍威に誇り、御国足軽中間四人、かの地呉服屋へ行き、着用にせんとて羅紗を求む、代物少し渡し跡は知らぬ皃《かお》して居る故、その代銀の貰いたき呉服屋より御国惣督へ願い出る。直様《すぐさま》詮議に及ぶ処、右の通に相違なし、依って四人を召し出し、軍令を背き不届の仕方也とありて打首の上、室蓋《ムロブタ》様の物へその首を入れ、彼の地町役と呉服屋とを呼び、法式を破るゆえ如《ごとく》レ此《この》死刑に行うたり、右代銀は迷惑に不《あい》二相成《ならざる》一様渡し可《べし》レ申《もうす》と言渡しければ、町役も呉服屋も思いがけなき事なれば仰天してうつむき頭をあげず。御国人もこれを見て恂《びっく》りする、呉服屋は何卒《なにとぞ》代物さえ貰うたればよいと思うて願いしに、存外なる事に至りしかば恂《びっく》りするももっともなり。これによって御国人も彼の地の人も大におぢ怖れ、屹度《きっと》跡々の為になりし由也。その上右四人の首獄門に懸ける。

長人三津ヶ浜へ上陸し、長州領という札を立てる。御国人これを聞き付け、文通にて長人へ不審する、その趣意はこのたび土佐守松山の討手を蒙《こうむ》り、降参の上城を請取り罷《まか》りあり、然らば三津ヶ浜も先ず土佐守預かり同様也、それを御勝手に札を立てらるゝはいかなる事哉、御主人大膳太夫様御指図にて候や、又御臣下の御考なるや承りたし、その上土州長州御一門の事故、斯様《かよう》の事にて御主人同士御隔意となりては不忠の至りなるべしと申し遣わしければ、理に逼《せま》り彼札を引きしという。

二月十九日 10－22

四ツ半頃（午前11時）より高知へ行く。雁切川に懸る時、松山戻りの一備えに逢う。上下四十人ばかり、一隊の長は金子平十郎という人にて、馬上にて陣笠を着る、その余は皆歩兵なり、見物夥《おびただし》く敷出る。先だって松山にて死刑の足軽は、江ノ口秦泉寺辺の者という。軍服にせん為呉服屋にてその品を求めたるに、四人の中へ十二両程懸る、それを僅か金三両位渡し残金遅滞せる故、呉服屋より願い出ける趣也。然るに首を刎ねて後は、彼の地の者大に恐怖し、土佐は誠に荒き国也、その国の家来さえ如《この》レ此《ごとく》打ち首にするゆえうっかりした事はいわれぬと震い恐るゝ。さてその死骸は彼の地の住人を呼び始末をさせる、松山辺にては死刑などは滅多になき事と見え、町役も町人も恐れて色青ざめたるを、御国の役人厳しく叱り付け、漸く取り埋めしける。その上彼の呉服屋より申し出候は、以来この四人の法事等は私方にて永代弔い申し度由を願い出るという、さもあるべき事也。

今日予州を引き払い皆々帰国するを見聞しては、その四人の親兄弟如何ばかりの愁嘆ならんと町々の取沙汰也。これはむごい仕方と思えども、それを赦《ゆる》し置かば征伐を蒙りたりというの御威光に誇り、何事のあらんともしれず、依って一つには軍令の重きを示し、二つには御国の武威を彼国人に知らせん為なるべしという。

二月廿一日 10－24

昨日も松山より一備《ひとそなえ》戻り、今日も又一隊戻る由也。高松は降参の後御国人をよく扱い、数百人へ御賄も出たり。故に御国軍勢も至って静かに城衛《ゼウエイ》せしという。又松山は左様の事もなく不自由なる事而已《のみ》にて、糠味噌をさいにして飯をくう人多かりしゆえ、足軽以下のものは少々あばれ半分にて城衛せし由也。しかるに松山の城は昔加藤左馬之介嘉明の居城ゆえ、誠に堅固広大にて、御国の城の三増倍程に見ゆるという、それへ数百の人馳込み、夜中寒き時は御城内の紙門《カラカミ》障子などを引きはずし、火にくえ当りしという、惜しむべし。

三月廿四日 10－32

波川辺の男四人、先だって松山へ御用にて行きたる時、彼御城門の千両箱を一つ盗み、四人配分せり。帰国の後も知るものなかりしに、何分とも俄に銀子《カネ》もうけの様子見えけるより御疑い懸り、詮議に懸る、その体《てい》白状に及ぶ。四人打首のうえ獄門に懸る。先日の風雨はその荒れという。又長州の家来、松山御城の池傍にて鶏を引き裂き焼喰いたりしを長人見付け召し捕り、これまた獄門になるという。

四月三日 10―38

讃州高松の一件は始終御家老の企てたる事に決し、右家老の首二つを京都へ捧げ、御断り申し出しかば、その罪宥免になり、御城地御知行ともその侭《まま》下し置かるゝ、よって今度江戸征伐始まるを聞き、高松侯その先手に加わりたき義を願い出る、という。

又予州松山はその咎《とが》軽からざるにや、奥州棚倉へ国替の沙汰有《これ》レ之《ある》に付、その御家来二つになり、御請けすまじき様子聞こゆるより、又打ち捨て置かれず、御用意の為御国より御人数四、五百ばかり御指し立てに決定の由也。

奥州会津征伐の事、仙台侯より私一人へ被《おおせ》二仰付《つけられ》一度《たし》と願い出けれども、御免なく以前被《おおせ》二仰付《つけられ》一たる四五ヶ国の勢とともに征伐すべき由を命ぜらるゝという。

容堂公と龍馬

坂本龍馬は慶応三年（一八六七）春、長崎で後藤象二郎と会談、脱藩の罪を許され、亀山社中を海援隊に改編し、後藤象二郎と謀って大政奉還策を推進していた。この年九月、後藤は京都に出て薩摩などとの間で、大政奉還建白への根回しに奔走していたが、長崎に居た龍馬は、幕府がこの建白を受けいれない場合は、薩長を中心とする討幕戦が起きるとみて、その時に土佐が後れをとらないようにと考え、土佐藩の決起を促すため、長崎で購入したライフル銃千挺を積んで、九月二十三日帰国した。藩では京都の情勢が切迫しているという龍馬の話を聞いて、銃の購入を決定、その後龍馬は五年半ぶりに家に帰って歓談し、十月京都に上った。

巷の噂では、このとき容堂公に面会して五十両拝領し、ご意見を申し上げたことになっている。同年十月の後藤宛の手紙で「小弟は御国にて五十金、官よりもらいしなり。それを二十金人につかわし、自ら十金ばかり使い、二十金ばかり持ち居り候」と書いているので、貰ったことは明らかであるが、噂のように容堂公に面会できたかは不明である。なお、ここに了馬・良馬と当て字が使われているが、当時から〝りょうま〟でなく〝りょうま〟と呼ばれていたことを示すものである。ここでは、龍馬が暗殺された模様や、容堂公の苦衷なども書かれている。

❖慶応四戊辰《つちのえたつ》歳（一八六八）（九月八日明治と改元）

一月廿一日 10－10

水通《すいどう》に坂本了馬（ママ）というあり、郷士御用人の子也。先年故ありて御国を出奔し、諸国を流浪し次第に芸能長じ、手下二、三百人も出来一旦薩州へ身を寄せ、蒸気船二、三艘を求め交易などをせしにや、金銀も沢山になり、一昨年後藤象次郎（ママ）といえる御仕置役御用にて長崎へ行きたる時、右の良馬（ママ）に逢い御国益の件々を聞くより、御国へ戻る道を明けたれども帰国もせざりしが、去年冬蒸気船にて帰国し浦戸より上り御前へ出けるに、金五十両大義料として下し置かるゝ。

有難しと御請け申して水通へ戻り、三日程祝席を開き久し振りに一家集り歓を尽せり。さて彼拝領の五十両を姉に遣わし何なりとも買い給えという、又その身の幼少の時の乳母を呼び、これへも土産として銀子《ぎんす》多く与え、その外何角《なにかど》心付け致し又右の船に乗り出帆す。

それより京坂の地にありしが、先だって京都寺町通の宿屋に滞留し、二階に居たりしを、何国の浪人ともしれず四、五人打ち連れその家へ来たり、土州坂本良馬という人逗留せるやと尋ぬ、何程二階に居られ候といえば、国許より書状参りしゆえ手渡し致し度、その趣取次ぎを頼むという。亭主良馬へその由を言いければ、これへ通し呉れよという、左様ならばというて二階へ皆々上り来る、坂本何心なく応対せんとするに、早くも切り附ける。大小も手近になかりしにや、刀を刀をといへども誰ありて取って渡す者もなく忽ち殺さる丶。一人家来居たりしが、二階の矢切へ出て人を呼びけれども、一人として出逢うものもなくこれも害せられる丶。殺したる者は会津浪人ならんとの評判なり、これ大なる油断なり惜しむべし。当年三十四《（ママ）》歳の由。

去冬入国の節、容堂様へ申し上げる様は、今度の御上京は凶多くして吉少なし、可二相《あい》成《なるべく》一は御上京遊ばさぬ様と、極内御諫め申せしという。果たして御上京否や高松松山征伐を御蒙《こうむ》り、御一門といい、双方とも御隣国といい、旁《かたがた》御気の毒なる御事ばかり也。

京都にても薩州の若殿修理太夫殿は、一橋を追い懸け征伐せんという、長州もこれに同意の趣なり、これは皆一橋殿へ怨みあるがゆえ也。容堂様の仰せには今一橋殿を伐《う》ちて徳川氏の根を絶たんとせば、日本国惣じて鼎沸[註1]の勢いとなるは顕然[註2]、日本の諸侯一橋殿を不帰服ならば、その外の徳川家の御一門の内にて、その器を撰み、将軍と仰ぎ奉らば穏《おだやか》に治まるべし、今徳川氏を除き、余人を将軍とせば湯を以て湯の沸を留むるがごとく、愈々乱甚だしからん、又一橋殿会津侯一両人を伐《う》つとも、その余御譜代御一門の徳川の氏族夥《おびただ》し、何ぞ黙して止《ヤマ》んやというの思し召しゆえ、京詰の御大名衆、所謂噺《はなし》があわぬ様になりて居るという説あり。一橋殿御退去の後、尾州侯、越前春嶽侯京地に留まるも意味ある事と思われたり。近頃容堂様の仰せに、このたびの義、島津三郎なれば相談の都合宜しかるべきに、修理太夫ははやる気ゆえ示談調い難し、残念なる事也と嘆息し給うとの説もあり。

当月の讃州行き、桐間殿廿一日の出足と定まりしに、俄かに廿日に縮まり、夜通しに領石へ迄赴かれしも、薩州より御沙汰ありて、この方は疾《ト》く姫路征伐事終れり、土州侯には高松松山両所の征伐を蒙《こうむ》りながら、裕予せらるゝは如何と咎《とが》め給いしより、急に押し出しになるともいう。御国の御迷惑御上の御心痛察すべし。今の時節に酒呑んで足ふみ延し寝るものは頗《すこぶ》る罰当りというべし。

註1　鼎沸（ていふつ）　鼎の中の湯が沸くように、多くの人が非常にやかましく騒ぎたてること。（『広辞苑』）
註2　顕然（けんぜん）　はっきりとしているさま。著しく明らかなさま。（『広辞苑』）

豊範公離婚再婚問題

文久二年（一八六二）十二月、十六代藩主豊範公は、かねて婚約中の長州藩主毛利敬親《たかちか》の養女俊子（実は一門の毛利信順の二女喜久姫）と江戸で結婚の式を挙げた。

元治元年（一八六四）七月、禁門の変に敗れた長州は朝敵とされたため、八月二十二日俊姫は朝敵の名に遠慮して離婚され、五藤内蔵助の屋敷に住まわれることになった。

一方で藩の中枢では、日記に出てくるように徳大寺家の娘を後室に迎える段取りが進んでいて、その為に俊姫を長州に送り帰す時期をうかがっていたようであるが、時勢は急激に動き、大政奉還、次いで鳥羽・伏見の戦い、戊辰戦争と進んで行く中で、長州の情勢も変化して、話は沙汰止みとなり、俊姫は明治元年十二月七日には復縁となった。しかしこれも形式的なもので、明治五年（一八七二）八月には正式に離婚となって萩に帰り、同三十二年（一八九九）五十六歳で死去された。のち豊範公は、旧米沢藩主上杉齊憲の長女栄姫と婚儀を挙げた。一方で、内々の話が進んでいた徳大寺の姫は宙ぶらりんとなって、山内家が責任をとらなければならなくなったのであろうか、十二代藩主豊資《とよすけ》公の養女として、大洲加藤家へ御輿入れとなられた。日記は政略結婚のはざまで苦しまれた俊姫に同情する庶民感情を拾い上げている。

❖慶応二丙寅《ひのえとら》歳（一八六六）

五月廿三日　8―43

役所廻文来る。

従《えどより》㆓江戸㆒御飛脚到着、然《しから》バ先月廿五日西園寺三位中将様御妹、三位中将様御養女ニ付、御実は徳大寺右府様御息女福君様を、太守様へ御縁組御願通被《おおせ》㆓仰出《いだされ》㆒候御旨御左右相達、恐悦之御事ニ候、右之趣拝承為《つかまつらせ》㆑仕候様、御奉行中より申来候条、如《れいの》㆑例《ごとく》首尾可《ある》㆑有《べく》候　已上

四月廿二日

○太守様御奥様は長州より御入輿《にゅうよ》の処、近年長州一件不《ならざる》㆓容易《ようい》㆒義出来《しゅったい》に付、太守様思し召しを以て御奥様御離別御退去を以て、当分五藤内蔵之介殿留守屋敷御借り上げにて御住居、俊姫様と奉《となえたてまつる》㆑唱様と被《おおせ》㆓仰出《いだされ》㆒、今以って右の処に御閑居也。然るにまたこのたび改めて、右の通徳大寺様の御息女御縁組は誠に恐悦なれども、俊姫様の御心中おしはかられて御痛敷《いたわしき》事也。

❖慶応三丁卯《ひのとう》歳（一八六七）

一月十四日 9－7

太守様の御奥様、長州の御養女なるを以て、一両年跡より五藤の屋敷へ御引籠りに相なる処、年々長州様より御衣装の類を贈り給えるに、御自身には只太守様の御事のみ御気遣い遊ばし、鬱々《うつうつ》として御暮しなれば、一両度召したる着用は御傍勤めの婦人に下さるゝ由。去年の春、桜の枝一本取り寄せ御庭に立てさせられ、御花見と名づけて御覧あり、女中数人へ花見の御酒とて下されたる趣、誠に御いたわしき事申すばかりもなく聞く者落涙す。

6 宇佐見聞

❖安政二乙卯《きのとう》歳(一八五五)

《喧嘩騒動》

五月十五日 1－51

雨天。鳴動の声両度聞こゆ、五ツ頃(午前8時)風雨直ぐにやむ、四ツ頃(午前10時)より小雨となる。光寿寺来る、暫くありて西法寺、賢遵来る、雨烈しく降る。今日法事の勤行《ごんぎょう》中より墓参する迄雨やまず、八ツ半(午後3時)頃より小雨となる。善蔵、光寿寺、賢遵三人とも帰る、この時橋田浜の小屋にて大喧嘩あり、剃刀《かみそり》をもって相手の頭をきる大騒動となり、橋田中の男女過半出て見る。(もっとも在所狭きゆえその場へ立ち合う人三十人ばかりあり)

七ツ半時(午後5時)、薬師堂の前の小屋にて又喧嘩あり、今夜雨止む。地下役三人程来り、彼の剃刀を持ちし男を尋ねる、行方しれず。

《駆け落ち投身》

五月十五日 1－51

今日、佐川家中何某の妻、小者と密通し、十二日の夜欠落《かけおち》せしとて、宇佐福島まで尋ねに来る（男廿二歳、女廿八歳）。

五月十六日 1－51
今日又地下役橋田へ来る。八ツ時（午後2時）喧嘩の相手を縛り庄屋へ連れ行く、それより橋田組頭にて番をする。
さて、佐川の出奔者昨日福島へ来り、それより井尻へ移る。追々佐川より追人重なり遁るゝ所なきゆえ、井尻口にて二人ともに海中へ身を投げし所、男は死し女は浮き上がりけるゆえ、人々引上げしに片息になり、いまだ存亡知れずと申す噂。今夜に至り咄を聞けば、二人共福島井尻の間にて船をわざ〳〵雇い、他国へ出る積りにて十五日出船せし所、波荒くして出難きゆえ、龍《りゅう》沖より船を戻し、井尻に懸かりある処へ佐川の追人重なり候由、さて男は海中に死せしゆえ女ばかりを海より引き上げ（此の時女も余程汐をのみ居り候由）、宇佐へ連れ来り、今日晩景駕籠へのせ、四方を縛り佐川へ連れ帰り候よし。

五月十七日 1－52
今日佐川の男の死骸、海上に浮き上がる。佐川より数人来り、暮れ六ツ半時（午後7時）舁《かつ》ぎ帰る。

《大雨被害》
六月廿日 1－57
大雨。五ツ半頃（午前9時）雷鳴、波高くして砂を打ち上げ、川の水浜へ出ざるゆえ、その水往還の道へ溢れ、東町と新在家の境人馬共往来出来ず、五、六十人程人出て浜を掘り明け、潦水《たまりみず》を海へ通ぜしむ。新町は十王堂の北より水溢れ来り人家五、六軒浮く、これも数人出てゆる註を掘り明け水を海へ流す。七ツ（午後4時）頃より雨やみ晴れる。

註　ゆる　土佐弁。水路のこと。（『高知県方言辞典』）

七月五日 1―60

晴天。この間宇佐の地下役替わる。浦庄屋仲川彦右エ門は志和へ行き、郷庄屋久保添大吉は津野山郷北川村へ所替。当浦へは須崎上郷の庄屋安助（無名字）引っ越し来る。二人の庄屋にてありし処、当年より一人となる。

七月廿六日 1―64

五ツ（午前8時）時瀧ヶ谷へ行く、当浦氏神八幡宮へ詣ず。この神林の大木三ヶ一程枯れる。去冬の汐に傷みしと見ゆ。この瀧ヶ谷は宇佐の西北に当たる所、山傍の小高き土地ゆえ、古《いにしえ》へ宝永の変にも宇佐に流れ残りの家一軒ありしというは、この所の弥平という者の先祖なるよし。このたびの変はなお汐来たらず、但し前の方福智院は浪入り来り畳より上へ六尺ばかり上がりし由、諸道具少々流失せし趣。今日は別して浪高し。晩方橋田の子供磯辺にて羽釜《はがま》一つ拾い来る。この節漁事なきゆえ、惣じて浦の人気衰う。

《絵島踊り流行》

十月十三日 1―74

当年八月頃より諸方に絵島踊り大に流行して、神祭又は日待等の節夜に入ればその村の広き場所に屯《たむろ》し踊る、もっとも男女とも入交じり笠を被《かぶ》り小袖を着し、思い〳〵の装束にて出る。町家百姓とも大家は新たに踊り着物を拵《こしら》え、我劣らじと娘を仕立て踊らしむ。もと伊野より始まり、八田、弘岡、高岡、新川辺もっとも甚だし。先月末方弘岡上ノ村踊りの時は、諸方へ案内し踊り組を呼び寄せ、川原にて踊る。松保佐を数ヶ所に焚き白昼の如くなし、さて踊りも済み帰足の砌《みぎり》は蝋燭《ろうそく》数百本を配り、提灯《ちょうちん》とぼし帰らしむ。踊る家の両親などは狂言の様なる心持ちになり、金銀も惜しまず我が娘などをつれあるき、うかれ暮らす。この間に至り伊野村は踊りを禁ぜられ候よし。およそ村々にて踊る人数三百、五百人ほど、手をふり足とりし賑敷事《にぎわしき》いうべからず、見物の人数は推量して知るべし、これや世界の一変というべし。

《角力大会》

十一月五日 1-77

晴天、五ツ時（午前8時）ゆる小。去年今日は大地震せしゆえ、今年は宇佐浦にて浦祭と称し、角力取らせるとて、中町の浜に土俵を構え、二、三里四方の角力取へ案内する。九ツ頃（12時）より見物の男女来り集まる。晩方角力場賑敷し。（今日は去年大地震の日なるゆえ、その事を思い出しいかゞあるらんと心落ち付かず。先ず何事もなきゆえ安心する）

❖安政三丙辰《ひのえたつ》歳（一八五六）

《風に思う》

一月十七日 1―91

晴天。五ツ時《午前8時》より又大風、夜中風少なし。誠に風ほど不思議なるものはあらじ、眼なくして昼夜を知り、手なくして樹木を折り、足なけれども土砂を蹴上げ、火を誘うては人家を焼き、波を怒らしては船を覆《くつがえ》し人をそこなう。三千世界を探しても風の姿を見たる人なく、これほど恐ろしきものはなし。されど三伏[註]の炎天には一日も風なくんば暑熱に侵され皆死すべし、空吹く風を待ちわびて団扇《うちわ》などにて招き寄せ、暑さを凌ぐも多からん。実にや善にも強く悪にも強しとは風伯をいうなるべし。

註　三伏（さんぷく）　夏の極暑の期間。夏至後の第三の庚《かのえ》の日を初伏、第四の庚の日を中伏、立秋後の第一の庚の日を末伏という。（『広辞苑』）

一月廿二日 1―92

又雨降る、時節柄しめやかに草木を濡《ウル》おし、梅の香を洗い鶯の糞を濯ぐ。今日は太子講にて宇佐浦大工与之助宿廻りに付き、右家へ拙僧を招き聖徳太子の御一生の有様、大工中へ為《とき》二説聞《きかせ》一貰い度き段、与之助より相談に来る。九ツ半《午後1時》頃雨中に西浜与之助宅へ行き、大工中来集の上、太子の行状肝要の所ばかり演説する。それより酒宴、暫くありて客同士喧嘩、漸く取り治め日暮れ頃帰る。

《奇怪な出来事》

三月五日 1―98

この間東町の娘日下村へ奉公しある所、ある夜天狗にさそわれ空中を飛行し、その夜宇佐我が家の近辺へつれ来り落しける由、その娘衣類の袂に椿《ツバキ》の葉など多く入れ、数日魚の臭いを大に嫌い候由。以前日下《くさか》にて誘いに来りしものを尋ねるに、振袖着たる美婦人なりしという。長浜辺より大内堤《ツツミ》の上あたりを通りし事は明に覚え居る趣、近年の一奇事なり。（是は宇佐の芝という所の百姓の娘なり）

《鼻に噛付く》

三月六日 1－98

四、五日以前、当浦東町の若き男、喧嘩して酒狂の余り相手の男の鼻へかみつき、既にかみきらんと欲しける処を、数人来りて押しわけ、先ず鼻はのこりけれど歯の跡入り昼夜大痛み、命の程も危うきとて地下役《じげ》へ届け出候由、それより城下医師へ頼み薬を貰い、今日あたりは大分痛みも去り、命に気遣いあるまじと申す事、我等その男をば知らざれども、惣体躓《ツマヅ》きたる時ひたいを損じても鼻は損じぬものなり、然るにこのたびの喧嘩はめっそう近うよせたものと見えて、鼻へかぶりつくというは実に珍らしき事なり。この間の天狗につかまれし事もこの喧嘩の事も、皆鼻の詮議はなはだ以て危うき事。

〝はなが見たくば吉野へごんせ　いまはよし野の花ざかり〟

という歌もあれば、桜咲く頃は鼻の咄しもありそうな事ならんか。

六月十五日 1－116

新在家の男二人海際を通る所、両人とも海へ引き込まれ、漸くその難を遁れ家に帰り大騒ぎ、天狗猿猴《えんこう》の類《たぐい》なすわざならんという、然るにその節は両人共酩酊にてありし趣、一笑。

《剣術稽古》

九月八日 1―130

この頃当浦極楽寺の広庭にて毎日剣術の稽古ある由。僧俗とも竹具足を着し出精の趣、誠に念仏修行の道場変じて修羅闘諍《しゅらとうそう》の学びをなす事、末法の習いとはいいながら浅間敷《あさましき》事なり。また我が宗門に日夜鎗剣の稽古をなし、我が旦家をば他宗の寺へ附け置き、たとえ二人三人の扶持にても不レ苦《くるしからざる》間、士格に御取立有《これ》レ之《あら》ば、早速還俗[註]致したき由内望の僧あると申す事、これまた同日の談にして共に論ずるに足らず。家の鼠木を食う虫にも比せんや哀《かな》しむべし。

註　還俗（げんぞく）　一度、出家した者が元の俗人に戻ること。（『広辞苑』）

十一月三日 1―137

今日は商いする人々は夷《えびす》の神を祭るとて餅を搗いて配るもあり、人を呼び寄せ馳走するもあり、終日歌の声やまず。今朝当浦の漁船鯋魚《フカ》を釣り来り市場にて売り渡し、商人買い来りその腹を割《サク》に人間の手を一つ呑み居たりし由にて見物夥《おびただ》し、その魚知らぬものに売り渡せしや、又葬り捨てしやしらず。

❖安政四丁巳《ひのとみ》歳（一八五七）

《節分豆まき》

一月九日 2-4

今晩節分なりとて家々に大豆をいり、鬼と貧乏神を一所に打ち出す。その時住み馴れし家を出るに恨めし顔に見返りて鬼、

〝おたがいに平生よりは格別に　浮名のたつは節季節分〟

と狂しければ貧乏神、

〝一旦は追い出されても我が住家　またつれだちて明日《アス》は帰らん〟

《真言宗と真宗問答》

七月十六日 2-34

今日は送り火というをたきける真言宗の人と、真宗の人と通り筋の家にて争うを聞くに、真言の人いわく、門徒宗は先祖まつりというて別に六ケ敷《むつかしき》事もせず、大切な盆でもあみだ様ばかりを祭る一概な宗旨なりという。真宗のものいわく、なるほどわしの宗旨は何にも六ケ敷《むつかしき》事はせぬ、その代り盆に[註]冥途からくる先祖も真宗の亡者は道も早し、真言宗や浄土宗の人は未来へいぬるに道でひまがいるげなといえば、それはまたどうした事でその違いがあるぞと真顔で問えば、答えて言う、いやおまえがたは盆には先ずきびだんごを始め、茄子のあえ物さて素めんから油上げ、

いろいろの物で御馳走するによりて、亡者が皆喰いすぎて大勢つれにて冥途へ帰る道にて、まあ少し待ってくれ小便せねばならぬ、或いは雪隠《せっちん》へ行くのというて道でひまをとるゆえ、つれの亡者どもきつう迷惑するという、またわしなどの先祖はめしばかり喰っていぬるゆえ、道をあるくに早いというはこゝな事といえば、双方とも笑いになりて咄はやみぬ。我も垣の外通りかゝりにて、この咄しを聞きつゝひとり笑うて帰る。

註　冥途（めいど）　死者の霊魂が迷い行く道。また、行きついた暗黒の世界。（『広辞苑』）

❖安政五戊午《つちのえうま》歳（一八五八）

四月廿二日 2−86

普請所大に賑敷《にぎわしき》し。今日迄に他所より来る人夫二百人ばかり当浦へ入り込む。新在家東の外れより、西は稲荷明神の社前迄の間石にて築く。普請方役人は同所稲荷社の西山際に小家を立て、御紋の幕を打ち日々出張。新在家より中町迄の宿屋、煮売店《ニウリミセ》相応に銭設《モウケ》ありという咄し。

《桶の底抜け》

五月三日 2−89

晩方橋田或る家の小娘我家より少し隔《ヘダ》たる所にて臼をかり、節句用の粽《ちまき》の粉を挽き、乾きたる桶に入れ肩上にあげ片手にて桶のふちをとり、片手にて桶の底をさゝえ帰りけるに、思わずも桶の底ぬけて路傍の草の上に落し、拘《びっく》り周章《アハテ》ける所へ母親来たり大いに怒り、拳《コブシ》をあげ頭背の撰《エラ》びなく打ちたゝき、大声にてあゝ誠に誠に今日の様な気持《キモチ》の悪い日があるものか、方々尋ねても臼がないゆえ浜にて漸々《ようよう》とかり、この粉を挽かしめけるに、こゝにて桶を打ち落とし、まあまあ何という事ぞ、一体おのれが阿房《アホウ》なからじゃ、はしゃいだ桶の底を手のはらで突き上げたら、底《ソコ》のぬけるはしれた事、えゝこな馬鹿めごくどうめ、まあ皆さん見てくんなんせというゆえ、数人集まりそれは笑止千萬という内にも、謗《そし》るもあり笑うもあり、真実気の毒顔なるは一人もなし。我等この形勢《アリサマ》を遠見し、誠に気の毒気の毒と独り言して、雪月花によせて一首、

〝花歌で挽たる子《コ》をば月ちらし　頭《アタマ》も草も時ならぬ雪〟

人の仕損じをここに記すも不人情と思いながらも、加賀の国の千代尼となりて後、水桶の底ぬけて悟道せし昔をおもい出つ、

〝桶の底ぬけるは一つ品は別　彼れは仏道これは極道〟

《猿田洞発見》
高岡郡日高村沖名の猿田石灰洞は、安政五年（一八五八）四月二十五日、猿田の百姓虎之丞が発見したもので、開口当時は見物人日に数百人に達し、洞口付近には掛店軒を並べ、非常に雑踏を極めたという。（『日高村史』）

日記では内部の模様などや、見物人で賑わった様子が記録されている。

五月廿三日　2―95

先月廿二日日下《クサカ》に大なる洞穴《ホラ》顕《あらわ》れ見物夥《おびただ》し、入口より奥迄の長さ二百二十五間ばかり、中闇《くら》くして対面相見えず、松明《たいまつ》を取りて行くに天地左右とも馬骨石[註1]にて、処によりて広狭《こうきょう》あり、始終足下に水ありて、浅き処は踵《かがと》を浸すばかり、深きに至りては十二、三尋《ひろ》（約二十メートル）あり、その石の形上り龍下り龍に似たるあり、地蔵菩薩に似たるもあり、広き場所は松明《たいまつ》を挙げて行くに少しも障りなし、狭きに至りては上の石低く垂れて匍匐《ほふく》して通る。さて珍事なりとて、城下を始め三里五里遠方より聞き伝え、見物に行くもの甚だ以て多く、一日の間に来るもの始めは五十人百人より、後には千人二千人に至るゆえ、その近辺の店商いのもの銭設《ぜにもう》けありという。さてこの洞穴というは自他国ともにある事にて、昔より名高く聞こえたるは富士の人穴、伊豆国伊東ヶ崎の洞穴を以て第一とす。当国にては十市の蛇穴[註2]、伊予河の洞穴[註3]、須崎近辺の洞穴等多くは骨石なり。昔より諸方にある事にて怪しむに足らざれども、穴と聞いては見たく思うも虚々《ウカウカ》したる人心、浮世の習いと謂いつべし。

〝屁は弘岡《ヒロカ》穴は日下《クサカ》としりながら　孰《ダレ》も迷うは世の中の癖《クセ》〟

註1　馬骨石（ばこつせき）　石灰岩。
註2　十市の蛇穴（とうちのへびあな）　南国市十市の石土神社にあり、往古男蛇女蛇が二つの穴に住んでいたという。（『南路志』）
註3　伊予河の洞穴（いよがわのどうけつ）　現高知市春野町伊予川、水分神社境内にあり、伊予国に通じていると伝える。（『南路志』）

《石鎚権現》

六月四日 2－97

先日立目《タチメ》の男、予州より石鎚権現を盗み来れりとて、宇佐辺の者頻《しき》りに参る。又当浦より福島近辺の者時疾[註1]に染み生霊につかれ、又鰹漁なき時などには、彼盗主を先達《センダチ》と称して呼び寄せ祈念せしむ、誠に浅はかなる人心かな。

伝え聞く石鎚山は古《いにし》え弘法大師修業苦艱の地にして、則《すなわち》大師の言に或るときは跨ニテ石峰一ニ以絶レ粮轗軻たり（読み下し、せきほうにまたがりてかてをたつ轗軻『ふぐう』たり）とある所也。本地は弥陀尊なりという。斯様《かよう》の霊場にまします権現いづくんぞ立目に来り給わん。萬一盗まれ給わゞ神の威厳なきに似たり、その虚妄[註2]なる事顕然、申すも中々恐れある事也。惣じて浮世の習い、この頃の売僧《マイス》、山伏[註3]、陰陽師[註4]の輩、現罰をも恐れず神仏を売りて我が活業《スキハイ》を寄《ヨ》す、憐れむべきに堪えたり。今生一旦の冥罰すら容易なるべからず、かかる虚説に迷い金銭を費やす者も、又謀計を以て人を邪道に引き入れるも、ともに悪報を招くの基い、哀しみても猶あまりあり、噫《ア》嘘《ア》嚱危乎《アヤフキカナ》。

註1　時疾（じしつ）　流行病。
註2　虚妄（きょもう）　うそいつわり。（『広辞苑』）
註3　山伏（やまぶし）　仏道修行のために山野に起臥する僧。修験者の別称。（『広辞苑』）
註4　陰陽師（おんようじ）　おんみょうじとも。陰陽寮に属し、陰陽道に関する事をつかさどる職員。中世以降、民間にあって加持祈祷を行う者の称。（『広辞苑』）

❖安政六己未《つちのとひつじ》歳（一八五九）

《雨乞い祈祷》

七月廿九日 3－45

先だって予州石鎚山大権現を宇佐浦茶臼森へ勧請し、則《すなわち》石槌山参詣の者は八角の杖を突き白装束致し自ら先達《センダチ》と称し、毎年予州へ行く者あり。当浦にも四、五人有《これ》レ之《ある》趣。この頃の旱魃《かんばつ》に付請雨《アマゴヒ》の為と見え、昨夜より数人彼組の者ども、茶臼森へ上り、灯明を照らし法螺《ホラ》貝を吹き、今日も朝より晩まで貝を吹く。

八月朔日 3－45

今朝も茶臼山嶺の貝の声聞こゆ。雨乞い何ぞ彼等が力に及ばんや、昔の高僧すらこれを病《ヤメ》り、匹夫下郎[注1]として天をも恐れず人をも憚らず、祈れば忽ち納受あるべしと思える心底笑うべし、又憐《あわ》れむべし。山上にありて貝を吹くを止《ヤ》め、我が田地へ水を汲み作物を枯らさぬ工夫専要なるべし。然るを身の分限[注2]を弁《わきま》えず山上にありて雨をまつは、痴猿捉レ月（ちえんつきをとらえる）の譬《たとえ》にひとしく、一日山にあれば作物一日枯れ、二日貝を吹けば稲芋の類二日枯稿[注3]す、これ則《すなわ》ち痴漢《アホウ》の先達《センダチ》にして、労して功なきをしらず、浅はかなる心中もっとも不便なり。今日四ツ半（午後11時）頃迄山上にありてかわる〴〵貝を吹き祈れども愈々晴天となるゆえ、精も尽き人も恥ずかしとて、皆々力なく山を下りけるとぞ、一笑。

注1　匹夫下郎（ひっぷげろう）　匹夫は身分のいやしい男。下郎は人に使われる身分のいやしい男。（『広辞苑』）
注2　分限（ぶげん）　身の分際、身の程。財力のある事、分限者。（『広辞苑』）
注3　枯稿（ここう）　枯れしぼむ。やせ衰える。（『漢和辞典』）

❖安政七庚申《かのえさる》（一八六〇）（三月十八日萬延と改元）

《節分行事》

一月十二日 3－75

今日節分。さて儺《オニヤライ》の事、戯《たわむ》れに似たれども古《いにしえ》の礼也。聖人も朝服[註]して阼階《ソカイ》（階段）に立つとありて、唐土の書にも記しおけり。我が朝にては文武天皇（四十二代）慶雲三年禁庭において大舎人寮鬼《ヲ、トネリノカミ》の面を被《かぶ》り南殿の庭にあるを、殿上人桃の弓葦の矢を以て射る。それより伝わりて今以って絶えず。今民間に門壁に柊《ひいらぎ》の葉をはさみ、邪鬼をふせぎ爆豆《イリマメ》を抛《なげ》て福は内鬼は外《ソト》と唱ふ。これいつの頃より始まりしや知らず。福は内というは欲心深きもの丶思い付きなるべし。誤りて鬼は内福は外というものもあり、一笑を発するに足れり。

註　朝服（ちょうふく）　皇族以下文武の官が、朝廷に出仕する時に着用する正服。（『広辞苑』）

《拾得物》

二月十四日 3－82

四五日以前、当浦中町の浜にて二朱の砂中に埋もれたるを拾いし子供あり、三人の中へ二朱七ツ程拾い取る。先年大波の節より埋もれありし銀子なるべし。又松岡の川跡を掘り、茶釜を得るものあり、これを聞き付け我も我もと掘る程に、大釜脇差《わきざし》などを拾いしものもあり。茶釜の数すべて六十余り、瓦一萬余り掘り出しける。中に泉屋甚左衛門次男は、一人にて二百目余りの品を掘り、鍋釜の類は直ぐに売渡しける由。これ皆大変の時より今日まで埋もれありしに、時至って再び世に出たるもの也、奇というべし。

《強盗逮捕》

六月二日 3－114

今日九ツ（12時）頃、東灘の烟草《たばこ》売り、宇佐より新居へ越えるとて甫渕坂の峠に昼寝したりしを、有無をいわず財布を奪い逃げんとする時、寝たる者起き上がり取り返さんと抓懸《つかみか》かるを拳にてたゝきふせ、梺《ふもと》をさして走り行くにぞ。その跡を追い甫渕坂東梺《ふもと》にて声を立て、浜の方へ盗人行きたるぞ行きたるぞと言うに、近辺の者聞き付け棒を持ち四方よりかこみ、終に浜にて打ち伏せ組頭これを縛り、新居村庄屋へ連れ行ける。この盗人は科《とが》ありて入牢の処、一昨日出牢、今日に至りて早くも右の悪行誠に憎むべし、財布の中には二歩余り有《これ》レ之《あり》し由、これを聞き伝ふる婦人子供、甫渕坂の通行を大いに恐るゝ。

《ところてんに死す》

橋田の一女、心太《トコロテン》十丁余り食い、その汁を麦飯にかけ腹一杯取り込みしより、もっとも烈敷《はげしき》霍乱[註1]となり、吐瀉[註2]頻りにして昨夜九ツ（午後12時）頃より苦しみけるが、今日八ツ（午後2時）頃病死せり。つて夏は食傷にて死するもの多く、茄子と打死するもあり、胡瓜《キウリ》に跨《またが》り冥途に赴くもあり、南瓜《ボウフラ》と共に土となるあり、この女のごときは心太《トコロテン》の為に命《イノチ》を突《ツキ》出す、実に憐むべし。

註1　霍乱（かくらん）　暑気あたりの病。普通、日射病〈熱中症〉をさすが、古くは吐瀉病も含めて用いた。（『広辞苑』）

註2　吐瀉（としゃ）　嘔吐と下痢、はきくだし。（『広辞苑』）

《竜巻発生》

六月十日 3－115

雨。五ツ（午前8時）頃より大風雨、樹木の動揺する声夥敷《おびただしく》、誠に激し。四ツ（午前10時）頃萩の海にて龍《タツ》水を取る、海面擂盆《すりばち》の如くなり、橋田の浜俄に闇《クラ》く沙渦《すなウズ》のごとくに舞う。当寺本堂庫裏[註]とも縁側より敷居へ沙来る、障子を明けんとするに沙飛び来りて、目を撲《う》つ。橋田の家無事なるはなし、男女沙を被《かぶ》りて騒動する。近年当寺へ沙吹き入りし事を覚えず、一奇なり。庭中の梨子柿不《のこ》レ残《らず》吹き落す、五尊様を庫裏へ御供せし程の事也。九ツ《（12時）》頃より雨やみ波湘《ナ》ぎ、風穏《おだやか》になる。今日の風は高イゼという物の由。西浜にて漁船一艘破損。

註　庫裏（くり）　寺の台所。転じて、住職や家族の居間。（『広辞苑』）

《大蛇退治》

八月十七日　3－135

当年は山分も大豆小豆の類、昨年と同じく不作ゆえ大困窮、曼珠沙華《シイレ》の根を取り食物に充つ。

谷ノ川と言う所の農夫、七歳の子をつれ山ふかく入り耕耘する中、小家に残せし児大声にて泣くゆえ、急ぎ小家に帰り見るに、蟒蛇《ウハバミ》その児を呑まんとて首を擡《モタ》げねらう有様、さてはと驚き小家に置きつる鉄砲を構え、大蛇に向かい、早くここを引けば命は助くべし、さなくんば只一打ちぞと三度迄はいいけれども、如《もとの》レ元《ごとく》鎌首を立てるゆえ、火蓋をきり放つに少しも動かず、復《ま》た一発せしに同じく身動きせず、三発に至りて終に斃《タヲ》れたり。蟒蛇の廻《マハ》り三尺長七尋《（約12メートル）》ありと。

これは先日当浦の紺屋彼の地へ渡世の為行きたりし節の事にて、委敷《くわしく》聞き帰りし由。山分にては異形のもの出る事珍らしからぬゆえ、家を隔て丶耕す者は皆鉄砲を持ち行くという。

《鶏泥棒》

十月廿二日　3－146

当浦の若男四人、諸所を徘徊して鶏を盗み、或は売りて酒を買い、残れるをば肴にし、毎夜頻《しき》りに飲食す。その盗み様、鶏の巣の下に亍《タヽズ》み手をあぐれば、鶏首を上げ見んとする所を、垣鋏を以て首をきる、その首地に落ちれどもからだは向うへ飛ぶ、それを取り来り四人手分けして盗み集めるに、一夜に三、四羽より十七、八羽も取るという。

この間ある家に行き盗む所を見付けられ、事顕《あらわ》れ庄屋にて尋合わせの上、類族ども四人組の番をし、終に須崎へ引き出さる丶という。これ鶏を殺し己れが口を悦こばしむるむくいなるべし。しかし孟子にその隣の鶏を攘《ヌスム》の論あるを見れば、鶏を盗むは古き事にて、宇佐の者始めしにはあらず。

《砲術稽古》

十一月六日 3-148

松岡の浜にて近村の郷士組集まり、筒の稽古せし由、当寺屋敷より遠見する。昇平久敷《ひさしく》打ち続きたる世の習い、人々口に任せて兵書を論じ、手毎に武器を持ち、西洋流と称し炮術を学べども、只今にても実に洋夷どもに出逢いなば、彼が一丸に怖れ魂天外に飛ぶものも多かるべし。肩を怒らし口をた丶きりきむも所謂席上の腐談にして、真実に武道熟練して、その心戦場にありても泰然として動かざるは、百人の中五三なるべし、臆病者の多きは二百余年干戈[註]おさまれるの證ならんか。

註　干戈（かんか）　たてとほこ。武器。転じて、いくさ。（『広辞苑』）

《白酒没収》

八月十五日 4-41

当浦祭礼にて案内ありし家へ呑みに行く。須崎より役人来り、白酒を売る家々を吟味する。これは酒屋組より内訴致せしゆえなるべしという噂。少々濁酒取り上げられ須崎へ送りし者ある由、法度《はっと》を知りつゝ白酒を売るは上を恐れぬ罪あれば取上らるゝも無理ならず。その酒を取上、役所においては如何《いかが》取計らい致さるゝや、よも捨てはせまじ、罪の酒を売り払い人に呑ませるも不仁也、又取り上げ帰りし役人、我が妻子に呑ませるは猶以て不仁也。恨みのこもりたる酒をのめば心持はよかるまじ、呑みて心配せんよりは呑まざらんにはしかじ、酒ばかり濁れるにはあらず人の心も大に濁れり。胸を濁々《ダクダク》さする人を見ては気の毒にて、折角呑込みし酒の酔もさめぬべし。

《百合女の伝を見て》

十二月十九日 4－63

凭レ几《つくえにもたれ》頼氏の遺稿に載《の》りたる百合女の伝を見て、独り感ずる事のありけるより、紙の費《ついえ》を顧《かえり》みず筆をとりて、その伝を誌《しる》す。享保の頃京都東山真葛原《まくずがはら》のほとりに梶といえる美女あり、茶店を構え和歌をよくす。その後安永の頃その跡を続きて百合という女あり、また和歌を好む。関東より夫とともに都に来り、茶店をいとなみなりわいとす。その頃大雅堂貸成《タイセイ》という者あり（池野秋平事なり）。風流の人にて書画をよくし、和歌は冷泉家《れいぜいけ》の門に入り世に名高し。貸成彼の百合の娘まちを妻とす。町女夫の風流に随い和歌及び画をよくし、玉瀾と号し夫婦の名一時に鳴る。ある時、町女冷泉為村卿の館へ参りけるに、町女へ〝ゆか〟という名を賜りその上白き手拭と赤き蔽膝《マエダレ》とを下されし由、近代ためし少なき事也。

　これに付いて思い出せる事こそあれ。橋田薬師堂のほとりに百合という女あり、その娘を〝ゆか〟という。母娘とも貧しき暮らしにて、画はかゝずして松葉をかき、和歌をよくせずして馬鹿《バカ》を尽し、白手拭に赤蔽膝《マエダレ》をばさておき、縞の破れ前垂に煤《スス》色なる手拭を戴《いただ》き、日々山に上りて枯木を折るも風流の一つか。彼は大雅堂の名を都鄙[注1]に輝かし、これは薬師堂の近辺を常々往来す。世渡るさまは異なれども名を同じくするもまた一奇也。

世の中を見渡すに、このあたりにても紺屋の染之丞、大工の鉋《カナ》蔵あるいは百姓の女房にお稲、麹屋の娘にお花などいうは今現に当浦にあり、また橋田おこめが娘二人あり、姉は〝おます〟妹〝おひつ〟という。これらは自然の道理にて付けたる名なれば、さのみ珍敷《めずらしき》事にはあらず。宇佐にても山田屋の九郎兵衛妻お墨《スミ》というあり、夫死して後牛《ウシ》蔵が妻となる。これらは滅多にはなき事にて、昔より橋田の在所を草深《クサフカ》といい習わし、七月の踊《ヲド》りを芥《アクタ》踊りと名づく。その草深に住居せる我等が実名を静照《ゼウセウ》というより見れば、深草の少将と草深の静照とは、五音正しくせざれば必ず混ずべきか。しかしこの在所に小野小町はなくして橋田にお町という女のあるも自然の理なるやとそゞろにおかしく、古人の名に混ぜんとするを独り喜ぶも、所謂烏《カラス》が鵜《ウ》の真似とやらんにて、及ばぬ恥さらしなれど、今日も百合女の伝を見て感ずる思いのありというはこの事にて、寒風凛冽たるその中に微笑して記すも、和歌のかわりに馬鹿をつくすの骨張[注2]なるべし。

註1　都鄙（とゆう）　町と田舎。都会と農山村。（『漢和辞典』）

註2　骨張（こっちょう）　一説に「骨張（ほねばり）」の音読に由来。意地を張ること。強く主張すること。（『広辞苑』）

❖文久二壬戌《みずのえいぬ》歳（一八六二）

《盗難二件》

二月三日 4－86

この間甫渕農夫日暮れて後家内寄り集り、食事の席を以て、旧冬以来諸方火災多きゆえ、若しやこの辺火事といわば、衣類は女房持ち出すべし、位牌は倅持ち出よ、牀《ゆか》の下なる飯銅[註]の銀子は我れ持ち出すべしといえる咄しを、戸外に聞き取る者あり、内には夢にも知らずありしに、日ならず家内一同の留守へ盗人来たり、畳を剥ぎ上げ牀下の飯銅を明け、三十両位入りたる銀子を残らず盗み取る。白昼なれども一人も見たる者なしという。

又東灘に於いて三人連れにて医者を病家より迎えに来る者あり。医者駕籠に乗り一人に薬箱を持たせ家を出けるに、暫くありて薬箱持跡へ戻り、医者の妻に向かい、厳寒ゆえ衣類二、三枚、薬店へ算用もあれば帰りには薬屋へ寄りたく、銀子と衣類とこの者へ渡すべきとの事也というゆえ、家内も実と心得両品を渡しける。これ則《すなわち》盗人にてその家を出るや否、薬箱を路傍へ捨置き行方なし。さて駕籠舁《か》きは鳥渡《ちょっと》支度仕る間御免下さるべしと断り置き、打ちつれとある家に入りぬ。久しく待てども見えざるゆえ医師詮議するに、三人ともすべて見えず。さては盗人に謀られたかと、始めて心付きたる処へ送り夫二人通りかゝる。医師委細を咄し駕籠を舁き呉れたき段頼み入る。漸く賃銀定め承知せし事なれば、我が家をさして空しく帰り、衣類銀子迄たばかられし事を聞き、愈《いよいよ》驚きけれども詮方なし、命に恙《つつが》なきこそ仕合せなれ、一杯呑まんとて酒を始め、送り夫にものませ賃金渡し返しける。その夜件の二人医家へ這入り衣類等を盗み取り行衛しれず。これ皆盗人仲間にて二十五人の組なる由。狂言に似たる事なれども実説の趣、誠に恐ろしき世にはなりけり、油断すべきにあらず。

〝膏薬で吸い出されたる癤《ねぶと》医者　穴が明たで内は減《へ》けり〟

註　飯銅（はんどう）　洗いすすいだ水をこぼし入れる器。また、それに似た茶壺や火鉢。（『広辞苑』）

❖文久三癸亥《みずのとい》歳（一八六三）

《座頭と瞽女》

八月九日 5－50

新在家の座頭[註1]達弥なる者へ上ノ加江の瞽女《ゴゼ》[註2]一人来り、三味線を稽古せんとす。達弥教える筈にてつれ込み、竊《ひそか》に女房となす。その姉なる者これを聞き附け（城下へ縁に付たる瞽女の姉也）、新在家へ来り、立腹にて妹の瞽女を連れ出す。達弥名残をおしみ新居坂の梺《ふもと》迄跡を慕い行く、彼の盲女も少々は目も見ゆるか、いく度も見返り互いに別れを哀しむ。瞽女と坐頭との見送り見返るというもおかしけれど、虚説にあらず。

さて日を経て後、彼盲女達弥の事を忘れ難くやありけん、姉の家を忍び出、再び達弥が家に来り、媒人[註3]なしに夫婦となる。その盲女按摩は至って上手にて、一日に三匁五匁位取る事はいと安き由なれど、達弥悋気[註4]をいうて余所へ出さず、二人一所なれば行くという。予思うに世界の男女その形を見て恋の病に沈むゆえ、見るが目の毒さわるが煩悩といい習わせり。彼等二人はそれに反《ハン》して、見ぬ恋にあこがるゝというものにて、見て慰む事のなきゆえ、その思い常人より一倍深かるべし、これこそ「目に見ぬ人も恋しかりけり」といえる古歌に的中するもの也。これによく似たる事あり、予が若年の頃、当浦に須磨といえる瞽女《こぜ》あり、新居村坐頭清順と深く契り、終に夫婦となる。坐番これを聞き附け、両人の職業を取り上げる。その後は両人とも新居浦にて暮らす内、男子出生す。膝にのせ可愛がり、二、三歳になればその子を中におき須磨いえらく、この子が一目《ひとめ》見たいわいなと泣き沈みければ、清順もともに涙を流しけるとぞ、その心中思いやられて不便《ふびん》なり。

それにつき世間にて瞽女坐頭というて、女を先にいい習わせり、これも故ある事也。人王五十八代光孝天皇の姫宮〝雨夜の内親王〟盲目にて、京中の女の盲者をめして御伽《おとぎ》とし給い、賤《いや》しき者には官を賜い、御前にあるゆえ御前《ゴゼ》といい習わす。それより男子の盲人も官を賜いて座頭と称し、検校[註5]勾当[註6]の官に任ずる事とはなりぬ。これはもと右の姫君より始まりし事ゆえ、自然と女を敬い男を跡へ廻して瞽女座頭といい来たりしもの也。

註1　座頭（ざとう）　盲人の官位をつかさどり、その職業を保護する組織として発足した当動座の四つの盲官（検校・別当・勾当、座頭）の一つ。その後は髪を剃った盲人で、芸人や按摩になった者を一般に座頭と呼んだ。（『広辞苑』）
註2　瞽女（ごぜ）　御前（ごぜ）から。三味線を弾き、唄を歌いなどして米や金銭を得た盲目の女。めくらごぜ。（『広辞苑』）
註3　媒人（ばいにん）仲人　（なこうど）のこと。媒酌人。（『漢和辞典』）
註4　悋気（りんき）　ねたむこと。特に情事に関する嫉妬。やきもち。（『広辞苑』）
註5　検校（けんぎょう）　昔、盲人の最上級の官名。（『広辞苑』）
註6　勾当（こうとう）　盲人の官の一。座頭の上に位した。（『広辞苑』）

❖文久四甲子《きのえね》歳（一八六四）（二月二十日元治と改元）

《はやり神二題》

一月十二日6－7

宇佐浦冨太郎という者、先年予州松山領山分へ越し商方《あきないかた》致し数年を経る内、宿の後家と夫婦になるの約をなし置けるに、彼女心変りしその後はとりあわぬようになりしかば、以前の約語を言い聞かせ再三手詰[註1]に及びけれども、つて承引せず、冨太郎怒りてその後家を切害す、下人[註2]手向ひするゆえこれをも切殺し、娘に手疵を為レ負《おわせ》御国へ逃帰り久礼辺にありしを、役人召捕り入牢になり、予州よりも追々御懸合あり、愈々殺害相違無レ之《これなき》に付、従二目付《めつけ》一《より》以下同境へ迄御差立、彼地よりも検使来り、則《すなわち》冨太郎打首になる。しかるに右冨太郎を所の者どもいつとはなく小社を立て、神と祭り冨吉明神と称し祈願するに、その験応《げんのう》ある由にて、近年流行《はやり》神になりたりという。

吾川郡十田の近辺とやらん、先年魚売一人山中を通るに、罠《わな》に懸りて死したる山鳥あり、商人山鳥をほしく思へども、山中にてその主あらざれば詮方なし、今これを取らば盗人也、如何せんと思案し、魚籠を見れば黒鯛三枚あり、これを代わりにおけば罪ともなるまじと、罠の所へ鯛三枚を置き、山鳥を取り帰れり。

その跡へ罠のぬし来りこれを見て大いに惘《あき》れ、鳥の罠に黒鯛の懸れるも只事にあらず、天より然らしむる事なるべしと、直《すぐ》に小社を立て、右の鯛を納め神と祝いこめ、黒鯛三所権現と唱え、村中一統祭り来れるに、その感応ひゞきのごとく縮《なお》り寺社役所へ訴え出、永くその村の神と祭るべき由の下知をうけ、今以って盛んなる趣。役場の神社帳にも黒鯛三所権現と明《あきらか》に記し有レ之《これある》とぞ、実に珍事也。これは今日来客より聞きし侭《まま》併せ記す。

註1　手詰（てづめ）　厳しくつめよること。（『広辞苑』）
註2　下人（げにん）　身分の低い者。下男。しもべ。（『広辞苑』）

《服装の流行》

七月十五日 7－65

晩方より夜五ツ（午後8時）頃迄詣人多し。男女共呉絽覆輪[註1]の帯をしめ、その奢《おごり》一方ならず。娘同士二人参る者は、一人紫の呉絽ふくを結えば、一人は浅黄の呉絽ふくと出懸、中には黒繻子の帯にて参る女もあり、裾除けは思い〳〵の模様にて布もあり、木綿もあれども、惣分はでなる事にて、これ迄見聞せざる処也。女一人の五体を千両の値打《ネウチ》にすれば、頭より胴中迄の間百五十両、腰より下もに八百五十両の値打あり。昼の中に参る者は帷子[註2]も帯も新に調えたる組也、夜に入りて参る者は去年の品を用い、或は布の帯をしめたる組也。本堂に地獄絵を懸け置きたるに、それを見る事も知らずそこ〳〵におがみて帰る。女は新調の衣類を見せに来たれる也と知らるゝ。米価の高くなる程人の心も高くなり、飲食衣類に驕奢《きょうしゃ》を窮める事、世の末如何なり行くらんと危うく覚ゆ。

註1　呉絽覆輪（ごろふくりん）　舶来の梳毛織物。江戸ではゴロ、上方ではフクリンといった。（『広辞苑』）
註2　帷子（かたびら）　夏に着る、生絹や麻布で仕立てた単衣。（『広辞苑』）

《婦人の身嗜み》

八月九日 9－58

当年六月以来無漁ゆえ、魚売漁者の家々困窮し、就中《なかんづく》橋田辺の女昼夜とも着物を懸けたるは甚以て少なく、十四、五より廿位《はたち》迄の娘は人を恥じて着物を身に纏《マト》えども、子供は勿論老婆の類皆裸《ハダカ》にて、廿余りの女も嫁して一人にても子のあるものは、直ぐに裸形《らぎょう》となる。これ子のあるという看板と見ゆ。滅多に髪も結わず裸形へ前懸けという物を腰に巻きしばかりにて、角力取りのごとく素肌を顕し乳房をふりくり、裸《ハダカ》の子を抱きあるく有様実に異形《いぎょう》なるものにて、赤道の下なる裸《ハダカ》人国へ行きし様に覚ゆ。抱かれたる子はぶらつく乳房へ直に吸いつきながらみちをゆく、その肌に白きあり黒きあり、赤きあり鮫《サメ》肌あり汗肌あり、乳房の開帳ともいうべく一向だだくさ[註1]千万なる事也。

将軍家綱公の御台所《みだいどころ》は伏見宮の御娘也。貞静[註2]にして婦徳あり、ある時乳岩《にゅうがん》（癌）の病を患う、医師のいわく、御許しを得て御脈《みゃく》を伺い、乳の辺の療治を致さねば御薬ばかりにては治し申さずと、家綱公これを聞き、医師の療治を請うべしと許し給う、御台所のいわく、我れたとい乳岩の為に死すとも、他人に乳房を見せ節を変じては女の道たゝずというて療治せず、終にその病に依って死去し給うとぞ。

かくのごとく乳房は容易に他人に見せず、水中の月のように滅多に手に取られぬ品ゆえ、上方筋の女は浴《ユアミ》する時両の乳を隠して陰門を隠さず、乳を他人に見らるゝを恥とす。田舎《イナカ》者とはアチコチ也。然るにこの辺の女ども、白昼に裸形となり乳を暴《サラ》す、不行儀とも痴人《アホウ》とも名の附けようなし、それを折檻する事もしらず、裸で廻《マハ》らば廻り次第にしておく亭主もホンの人間に生れたなりけりの男にて見るもうたてき[註3]事ども也。

註1　だだくさ　土佐弁。乱雑な。整頓していない。（『高知県方言辞典』）
註2　貞静（ていせい）　心が正しく、穏やか。（『漢和辞典』）
註3　うたてき　古語。嘆かわしい、情けない。（『明解 古語辞典』）

❖慶応四戊辰《つちのえたつ》歳（一八六八）（九月八日明治と改元）

《降ってきた宝物》

一月廿六日 10－15

当正月初めの事か、大浜浦の市艇《いさば》二艘、大坂川口にありしに、両船の間へ加藤清正朝鮮攻めの時の巻物、南無妙法蓮華経の題目の掛字、蛭子《えびす》大黒の類空より降り来る、両方争い鬮《くじ》を取り品を分かち帰帆の上、大いに祝客を催し仰山なる事也。その家へ与える所の手拭千三百筋、途方もなき上気《ノボセ》也。その巻物というも何を書きたる物やしれず、題目は箱に入りたる品也、明けたれば目がつぶれるという噺、左様なる品を拾い来るは、誠に危ないものなりと笑うもあれど、その拾いたる家は、この上なしの賜《タマ》物と思いて祝う事なれば、千三百筋の手拭をやりても無益と思わず、迷うも悟るも我が心一つにて、一様ならぬ人心は浮世の習い也、これは大坂の城にありたる宝物にてありしが、城の焼けぬ内に飛び出て右の船へ落ち来るも、誠に不思議也と迷うものは皆信仰する、我等その迷うて金銀を費やすものを別して憐れむ。何れの国にても文盲なる者はトント仕様のなきものにて痴人《アホウ》に付ける薬なしとは実に名言也。

海難事故

❖安政五戊午《つちのえうま》歳（一八五八）

四月廿日 2－85

今朝西畑《さいばた》の男普請所へ船にて石を積み来り、新在家へ上り酒一杯のみ、その勢いを以て、自分乗り来たれる船へ游《およ》ぐとて、海面にて息きれ沈む。さて右の男を助けんとて二、三人船にて行き引上げ来り、浜にすえ置き火にてあぶり薬などのましむれども、その甲斐なく死去す。この者初生の時、両親産湯《うぶゆ》において死せしめん為、咽《のど》をしめ頭へ石をおき圧殺《ヲシ》さんとすれども死せず。最早時も移れば詮方なく取り上げ養う。その時の石の疵《きず》今以って額《ヒタヒ》にありし処、この度又石の為に溺死す、不思議というべし。

昔より水難剣難の相ありという事は聞けども、いまだ石難という事をきかず。右の男の不意死は顕然[註]石難なるべし。古人看相に石難を洩らせしゆえ、今この一難を加ふるのみ。

註　顕然（けんぜん）　はっきりとしているさま。著しく明らかなさま。（『広辞苑』）

❖安政七庚申《かのえさる》歳（一八六〇）（三月十八日萬延と改元）

六月廿五日　3－119

当月十日の大風雨の節、改田沖にて破損の市艇[註1]四、五艘有《これ》レ之《ある》由。中にも五百石位の船は、船頭の考えを以て陸へ船をつかし上げ、即時に船は微塵になりしかども、船中の人命に恙《つつが》なし。その外松尾の酒屋の船に御家中柴田桂吉という人主従、三年目江府[註2]より帰るに、大坂より便船し右の風雨にあい、船頭のいう様最早叶わぬゆえ覚悟なされよと、その時柴田は大小を五体に巻き付け、主従死をまつ処へ大浪来たり只一払いに落とされ海の藻屑となる。船頭並びに炊者《カシキ》両人同時に死す、その余船方二人船滓《ふねかす》に取り付き漸く陸へ上る。これも命に恙《つつが》なき由。その趣城下へ聞こえければ柴田屋敷大騒動、八方へ人を遣《つか》わし詮議すれども死骸行方しれず。右柴田の家来浦々分[註3]一役へ右死骸の尋ね合わせに行きたりとて、今日橋田松下へ寄りし趣。同時宇佐中野屋船も難風に逢い、山を見違え危うき処漸く龍《りゅう》浦の山を見付け命限りに宇佐へ帆にて走せ込む。この船へ江戸下りの足軽二人便船しける、この男右柴田と同日に大坂出船の処、一艘は損じ一艘は遁る、、運の吉凶実に危うきかな。

その余西東の浦々にて同日破損の船多く、紙椎皮《シイカハ》の類諸方海面に浮沈するを見て帰る漁船多し。この日九州は何方も平常の通り穏《おだやか》なる日和にて格別なかりしという。誠に人命の危うき海上往来の恐ろしき、電光朝露[註4]の喩《たとえ》、眼前我が家にある身すら不定なるに、ましてや海上は尚更の事、一寸さきは闇《ヤミ》の世とは斯様《かよう》の事をいうなるべし。（柴田桂吉愈々溺死に究めしと相見え、七月廿日頃御詮議の上その家断絶に相なる）

註1　市艇（いさば）　江戸時代、水産物や薪炭などを主に運送する小廻船の一種。（『広辞苑』）

註2　江府（こうふ）　江戸。

註3　分一役（ぶいちやく）　江戸時代、浦役人の配下として置かれた役職。移出木材などの何分の一というような関税を取り立てていたので、この名がある。（『高知県百科事典』）

註4　電光朝露（でんこうちょうろ）　いなずまや朝露のように人生のはかないことの形容。（『広辞苑』）

十二月廿六日　3－155

夜半頃伊佐浦の船十人乗り萩ノ浜沖にて覆《クツガ》えり、橋田の者俄《にわか》に松明《たいまつ》提灯《ちょうちん》にて大騒動。この中に先年伊佐より大埇《おおそね》へ嫁せる女あり、子二人ありて姉は八歳弟は五歳、当年悪病流行の節夫は死去し、二人の子を育てありしに、このたび故郷の親どもより是非に連れ帰り呉れたき頼みに付、その女の弟大埇へ行きその引合を付け、城下にて買物なども致し、今晩宇佐を出帆せしに、波高く岩に乗り上げ終に女（二十八歳）二人の子ともに三人溺死す。男子分は皆游《およ》ぎ上り命を助かる。それより橋田の家々より世話し死骸を捜《さぐ》れども、闇夜なればすべて見えず。

十二月廿七日 3－155

早朝より海上西東を尋ねけるに、女の死骸早く見え二子の死骸は奥浦にて漸《ようや》く見当たり、橋田の浜に三屍を並べ地下役《じげやく》改終り仮葬《かりほうむ》りするに付、当寺へ頼み来たり、則《すなわち》法名三ツ授与す。さて棺を三ツ調え甫渕坂の埜《ふもと》に埋葬す。実に哀れ千萬なる事どもにて、見聞せる男女落涙せざるはなし。七ツ頃（午後4時）右死去の女の兄弟、類家の者と二人当寺へ参詣す、読経の上その咄しを委敷《くわしく》聞く。宇佐より三十五六里西、伊佐浦実右衛門といえる者の娘なる由也。昨夜萩ノ浜の沖にて船覆《くつがえ》らんとせし時、幼子二人大に怖れ騒ぎ、母の兄弟たる男の首を押え、叔父さん〳〵というて二度程船の転倒する間は放たざりしに、波の強さにおし落され、空しく三人共海の藻屑となりし趣。その時の三人の怖ろしさ心根思いやられて不便《ふびん》なり。

❖文久三癸亥《みずのとい》歳（一八六二）

二月八日 5－12

大風雨四ツ頃（午前10時）止む、浪大に高し。東灘津呂の鯨船久保津の帰りに龍《りゅう》の磯に碇《いかり》をおろし、日和を見合わする内、風波の為に碇綱をきられ磯に繋ぐ事も出来難く、矢帆[註1]ばかりにて沖合へ出るに、間もなく船横になる。この船中に蒲団の七、八十枚も積み、鯨の油鯨の不塩[註2]、金子《きんす》の類悉《ことごと》く海に沈む。乗合五、六人の中十九歳になる男は、その家富みて萬事不足なき者なるが、衆人に向かいいう様、最早命も危うし積荷の損失は苦にし惜しむべからず、何卒我が命さえ助け呉れたら一統へ損はかけまじといえども、所詮救う手立てもなけれども、せめては死骸なりとも知れる様に致し遣わすべし、我々が死骸は兎も角もというより、十七歳の男と右の十九歳の男と両人を、漂うたる帆柱へ括《くく》りつけ、只波にゆられて最後をまつばかり也。

時に龍《りゅう》浦の男女遥かにこの様子を見て、何卒助けんものと血気の若者十八人、船を出し近寄らんとすれども、浪荒くして救わん様なし、猶予すれば彼者ども忽ち落命せん、我等が命も神仏任せと、十八人同時に不動尊へ祈誓[註3]し、皆髪を切り船を押し出す。漸《ようや》く近寄り先ず船滓《カス》に取り付きたる者どもを助け、次に帆柱の二人を救い、双方共危うきを凌ぎ帰る由、今日の咄し。苦心察すべし。

註1　矢帆（やほ）　弥帆とも。和船で船の舳（へさき）に張る小さい帆（『広辞苑』）
註2　不塩（ぶえん）　古語（無塩）。塩気を含まないこと。生（なま）であること。（『明解 古語辞典』）
註3　祈誓（きせい）　神仏に祈って誓いを立てる事。（『広辞苑』）

鰹漁と運搬

鰹漁の記録は二月末頃から五月にかけて見える。その年初めての漁の時は〝角附祝《つのづけいわい》〟と称してお祝いをする風習があり、真覚寺もそのおすそ分けに預かっている。城下を近くに控えた漁港として、宇佐浦の鰹は高知城下の雑魚《ざこ》場《ば》の魚市場に運ばれ、高値で取引された。冷蔵技術のない中で、少しでも新鮮なものを届けようと、荒倉越えの道中を走り抜ける運搬人の様子も記録され、また近隣の農家から鰹の煮汁などを貰いに来る様子も記録されている。

❖安政二乙卯《きのとう》歳（一八五五）

四月二十二日 1―47

今日橋田兼吉船、熊引二百余釣来り、角附《つのづけ》[註]祝いする。また同所清之丞船大鰹五十五本釣り帰り、つのづけの祝いする（この鰹一本に付十五匁づゝと申す事。右両家より酒肴を貰い、酔いて前後もしらず寝る）。

註　角附（つのづけ）　牛の角で作った餌（えば）で鰹がよく釣れた。そのため初めての漁で鰹を釣り帰った時を角附けといって祝った。

❖安政三丙辰《ひのえたつ》歳（一八五六）

五月朔日 1―109

雨天、朝霧雨《きりさめ》降る、晩方雨止む。鰹漁盛んなり、魚至って下値にて、大の鰹一本に付き代五匁位、中三匁五分より四匁に至る、右漁事あるゆえ漁者ども追々家を立て浜へ出る。

五月廿一日 1―112

四ツ（午前10時）前横町を出て本丁へ寄り帰足。鰹担ぎの男三十人ばかり逢う、宇佐福島の間大漁にて鰹至って下値なり、極大の品三匁より四匁に至る、近年なき事なりという。

❖安政四丁巳《ひのとみ》歳（一八五七）

四月三日 2－13

今日橋田清之丞船角附祝いに付、また酒肴を貰う、右祝い品として小懸物一軸遣《や》る。惣じて今日は鰹漁事多し海面賑敷《にぎわしき》し。

四月七日 2－13

今日も鰹大漁、価《あたい》随分下値ゆえ、貧家の者までも初鰹を食う。

五月四日 2－17

今日鰹漁事多く、四、五軒より鰹を貰う。

五月五日 2－17

風ありて寒し。家々酒をのみ歌う。今日も鰹大漁、菖蒲帷子[註]を着る者一人もなし、袷《あわせ》或は肌着単物《ひとえもの》にて初節句の家へゆくもの多し。

註　菖蒲帷子（しょうぶかたびら）　五月五日から同月中に着たかたびら。晒《さらし》の布を紺地白に染めたもの。（『広辞苑』）

五月十五日 2—18
今日鰹大漁に付、肴沢山に貰う。

五月十六日 2—18
今日は船止めなれども、神社修復の為釣り上げの船四、五艘出る。百二百づゝ釣り帰る。

❖安政五戊午《つちのえうま》歳（一八五八）

四月十二日 2—82
今日は鰹漁ありて浜辺賑敷《にがわしき》し、浪高し。

《仏法と殺生》

四月十三日 2—82
今日橋田清之丞、兼吉両家の船、鰹釣り来り角附《ツノツケ》祝に付、如《れいの》レ例《ごとく》酒肴を贈り来る。

近代の儒者太宰純が著せる『辨道書』にいわく、仏法には殺生を堅く禁ずれども、海辺の民は耕作せず魚を捕りて産業とするゆえに、その辺にすむ僧侶は朝暮《ちょうぼ》に仏を礼し経を誦し、或は大法を誦し或は大般若経《はんにゃきょう》を転読などして、ひたすら漁家の為に福を祈り候。漁家の福というは魚の多く集まりて人に捕るゝにて候、魚多く捕るれば漁家その利を得て産業豊かになり、その浦繁昌するゆえに、仏も僧も倶々《ともども》その余沢《よたく》を受け候。然れば海辺にすむ僧は手づから魚を殺さゞれども、魚の殺されん事を祈るゆえに、手づから殺すと同科[註1]にて候。もし仏菩薩の力にて殺生を禁ぜば、仏法の流布せる処は海辺にも魚の集まる事はあるまじく候。魚集まらずば、海辺の民は皆産業を失いて飢寒《きかん》すべく候。日本の内にても東西南北の海辺におよそ幾千萬の民ありて、魚を捕るを業として耕作せざれども、衣食に乏しからず。父母を養い妻子をはごくみ、その余慶にて仏を供養し僧に布施し、寺塔を作り法会《ほうえ》を行い、菩薩の道を営む故に、昔より如何《イカ》なる権化の名僧も、海辺の民の殺生を禁ずる事あたわず。仏法は年を逐《お》うて繁昌すれども、海辺に魚の集まる事はいつもかわらず、日々にいく恒河沙《ゴウガシャ》註2の数ほどの魚集まりて網中に入るを見れば、仏もこれを厭《いと》はざるか、大方は仏の力にても禁ずる事あたわざるにてあるべく候。

と書きたるを見て独笑し、太宰純が存命ならば答《トウ》の矢一本参らせんに、今筆を費やすは所謂《いわゆる》死牛に芥《アクタ》なるべし。しかし後の僧等斯様《ソウラかよう》の儒者神道者の難ずる詞《ことば》に意を止《トド》め、常に防禦の心怠る事々なかれ。もし右のごとく難ぜられ一言の返答も出来ぬ人は、漁業の祈祷もやめかつ肉食もやめよかし。祈祷して銭もとりたく初鰹が喰いたくば、先ず防ぎの楯《タテ》をつきならべ、吾が陣をよく固めてのち敵城を蹴散《チラ》すべし。これ則《すなわち》その宗々の仏祖への忠勤と謂うべし。これを知りながらしらず皃《かお》にて衣食する僧は、仏法中の大腰抜け則《すなわち》無力の大賊なり、中将重衡《しげひら》を見捨てて逃げる後藤兵衛盛長にも比せんや一笑。（今日初鰹にて一杯傾けし酒力を以て是を記す）

註1　同科（どうか）　科はとが、罪。同罪。

註2　恒河沙（ごうがしゃ）　恒河はインドのガンジス川。ガンジス川の砂の意味。（『新釈漢和』）

四月十六日 2－84

この間中、初鰹の値段城下にては一本に付二十七匁内外、その節の発句に、

〝初鰹時鳥《ほととぎす》より上《ウエ》を飛び〟

という句もありし由。この頃に至りては五匁内外、それ故に宇佐近辺漸く当年の鰹の味をしる。

四月廿五日 2－88

四ツ頃（午前10時）升形へ行き、九ツ半頃（午後1時）より帰足。今日も鰹漁多し。朝倉より宇佐迄の間に雑喉場《ざこば》行きの男二十余人に逢う、鰹荷《にな》い走り行く有様を見て、世の渡り難きをしる、骨を粉にしての働き、淀川の船頭に次ぐべし。

五月十四日 2－92

今日鰹大漁、市場大いに賑《にぎわ》し。昨年より当年の漁事あるに付、当浦漁者《レウシ》は身分相応に家作し、格別不自由なし。魚売り商人は今以って小屋住居《コヤスマイ》の者夥《おびただ》し。その所以《ユヘン》如何と尋ねるに、大変後は別して魚売り人増になり、銭設《モフケ》けのすくなきより、妻子をはごくみ兼ねたるもの多《オヽ》しという咄し。惣じて浦辺に住居するものは年々月々に盛《せい》あり衰《すい》あり、一定したる事なし、脇目より思うごとくの心配もせず、貧を苦にせぬも文盲在所の気さんじなるべし。

❖安政七庚申《かのえさる》歳（一八六〇）（三月十八日萬延と改元）

四月二日 3－96

八ツ頃（午後2時）より夜に至り漁船皆戻る。鰹大漁、一艘の分二百位より四、五百に至る、海面の賑敷《にぎわしき》事いうべからず。今頃浦中大困窮の場合、かかる漁事あるもこれまた天なるかな。

〝人も天我も天なりこゝろよく　一杯のんでつむりてん〳〵〟

四月廿二日　3―102

この頃宇佐大漁ゆえ、森山秋山辺の百姓ども鰹の頭《かし》ら煮汁を馬につけ往来たえず、別して新居坂甚だ以て夥敷《おびただしく》、雨に滓《スベ》り糞擔桶《タゴ》を砕き、魚汁草木に流れつき蠅これに集り、その臭気いうべからず。恰《あたか》も雨中に御畳瀬《みませ》の町を通《トホ》るがごとし。

四月廿三日　3―102

昨日通りし新居坂の臭気は、一両日以前新井村田石という所の農夫、鰹の頭煮汁を調えんため宇佐に来り、多く買い馬擔桶《たご》につけ帰る道、梺《ふもと》より二、三丁上にて馬行き違いざまに嘶《むせ》びはね合わんとする時、田石の馬峡《ソバ》を践《ふ》みはずし下へ真逆《まっさか》に落ちけるが、一つの擔桶《たご》は馬を離れて木に止まり、一つの擔桶を負いつゝ半丁余り落ち馬即死、眼に尖《とが》りたる木立貫きたる程の事ゆえ、擔桶も微塵に砕け、鰹汁散流せるより、日を経れども臭気止まざる也、誠に憐れむべし。

馬の死せるを鍬を引くといえるも、もはや耕作の助けとならぬようになりしゆえ、農家より言い出したる詞《ことば》なるべし。人間の上に於いても帝王の死を崩御《ほうぎょ》といい、関白左右の大臣らをば薨《こう》ずといい、将軍をば御他界と唱え又は御逝去ともいう。諸侯方をば御遠行《えんぎょう》と称し、それ以下は卒去或は死去という。僧の死をば遷化《せんげ》といい、または入寂《にゅうじゃく》ともいう、紺屋をば藍果《アイハテ》たといい、飛脚は行着《ユキツイ》たという。碁打の人をば碁ねたといい、将棋好《スキ》をばさし詰《ツメ》たと、皆別々に言い習わせるも、その混雑を恐れての事なるべきか。

❖文久三癸亥《みずのとい》歳（一八六三）

五月廿四日　5―95

この頃鰹漁有《これ》レ之《アル》あるに付、在郷の農夫牛馬をひき、日々当浦へ鰹の頭腸煮汁《ワタニジル》を買いに来るもの夥《おびただ》しく、二里三里遠方の百姓まで前後を争い来る。盛んなる日は馬の数五十匹より七、八十程も連続する。行き違いの臭気にはいかなるものも眉を顰《ヒソ》め、鼻を掩《おお》う。

❖元治二乙丑《きのとうし》歳（一八六四）（四月八日慶応と改元）

四月廿四日　7―31

この間中の初鰹は鳥の音《ね》より遥かに上を飛び、宇佐市場にて一本の鰹五十匁より五十五匁位、それを雑古場《ざこば（ママ）》へ送るに、城下にては鰹一本の値段七十五匁に至るという。この頃御国の人気大いに和し、諸品の値段高きを厭わず。惣じて貴賤《きせん》ともに酒食に長じ、町々の娘どもは浄瑠璃《じょうるり》の稽古盛んにして、座頭[註]諸所を徘徊し浄瑠璃大流行なりしも、余り広大なる事多きにより御上より指留められ、その家々の祝席にて語り楽しむ位の事は苦しからざる由也。

註　座頭（ざとう）　盲人の官位をつかさどり、その職業を保護する組織として発足した当動座の四つの盲官（検校・別当・勾当、座頭）の一つ。その後は髪を剃った盲人で、芸人や按摩になった者を一般に座頭と呼んだ。（『広辞苑』）

五月七日　7―35
先刻渭浜《いのはま》出来屋漁船五百余り釣り帰り、十一貫余りを得たりという。但し鰹に大小あり（大の分一本二十五匁、小の分一本十四、五匁）。
夜橋田清之丞漁船、百本余の鰹を釣り戻り三貫目を得たり、その外にも三十、五十位釣り帰る者多し。この間中の鰹漁に芳屋直五郎船、今日迄に十五、六貫目釣る。右の傳蔵は八貫目釣る、極々少なき者は二貫目位、銀子《カネ》設《モウ》け《フ》の高下はその船主の運の善悪に依るべし。

❖慶応二丙寅《ひのえとら》歳（一八六六）

五月三日　8―33
大風波高く風吹くゆえ、漁船十四、五艘出る、余は出す事能わず。晩方傳蔵船六百ばかり釣り帰る。その外三百、四百釣らぬはなし、もっとも鰹小さし、一本五、六匁位にまわるという。

五月四日　8―33
今日もまた西浜へ行く、大漁、しかし鰹小さく値段安し。五月節句にはいつも魚少なく、初節句の家々迷惑する事多きに、当年は鰹沢山しかも価安く、近年珍敷《まずらしき》事也という。

❖慶応三丁卯《ひのとう》歳（一八六七）

五月二十一日 9—38

四ツ半（午前11時）頃より帰足、鶉坂《うずらざか》より新居坂迄の間にて、雑魚場《ざこば》行きの男六十人ばかりに行き逢う。汗を流しつゝ走るもあり、青鼻をたらし行くもあり、小便をばるばる走り、遠方から渡し船を呼ぶ。船をまつ間に川の水をのみ、草鞋《ワラヂ》をすげる。平生知れる人に逢うても、その顔を知らず、急ぎて眼くらむがゆえ也。宇佐より雑魚場迄の四里の道を一時（2時間）までかゝらず、早きものは六歩、おそきものは七歩八歩にて行き着くという途方もなき早道也。今日は鰹一本二十四、五匁位（但し一貫以上の品）。

❖慶応四戊辰《つちのえたつ》歳（一八六八）（九月八日明治と改元）

二月廿九日 10—28

宇佐船与津佐賀沖より大鰹を釣り帰る。一本の鰹掛目三貫目余り、その価市場にて五十匁六十匁位、僅か百本位にて五貫目六貫目の銭を得るという。又当浦の者、目方三十三貫目位の鮪《まぐろ》を釣り、清水浦にて三百七十匁に売る由也。

米価又少し上り六匁五分位、白米七匁位糯米《もちごめ》も六匁六、七分位、唐芋は三匁同じ切干は一升一匁五分位。

註1　貫（かん）　銭貨を数える単位。穴あき銭に紐を通したことから貫と称したもので重さではない。銭一千文を一貫とする。江戸時代は実際には九百六十文を、明治になって十銭を、一貫といった。（『広辞苑』）

註2　貫（かん）　目方の単位。一貫は三・七五キログラム。約百二十四キログラムの大鮪。

四月八日　10－39

今日橋田八之丞船、鰹百四、五十本釣り帰り、角附祝《つのづけ》い也とて少々酒肴を貰う、一本の鰹大は三十匁、小は二十匁位の由也。

四月十日　10－39

今日、橋田清之丞船、兼吉船両方角附祝《つのづけ》にて、又々酒肴を貰う。二、三百本程づゝ釣る由也。

トンコロリ流行

急性伝染病であるコレラ（虎列刺）は、コレラ菌の作用で腸粘膜上皮の水・電解質輸送機構が破壊され、激しい嘔吐、米のとぎ汁状の大量の下痢を来たし、強い脱水症状を呈する。重症の者は血圧下降、筋の疼痛痙攣《けいれん》を伴って死亡するというもので、日本では文政五年（一八二二）初めて流行したという。伝染はコレラ菌に汚染された水や食品の摂取によるが、当時は伝染経路も分らず、治療法も確立していないため、各地の人々が祈祷やまじないに頼り、また噂による病魔退治に明け暮れた模様が知られる。

❖安政五戊午《つちのえうま》歳（一八五八）

八月三十日 2－119

この頃江戸表に於いてはトンコロリという病流行し、死するもの夥《おびただ》しく、当国御屋敷内にも段々病人ある由。江戸中死人多きに付、異国船大いに恐れ各々逃げ帰りしという。この節の騒動、人気穏やかならざる上、玉川の下流をのむ者多く右の病にかゝるゆえ、川上より毒を流しその水毒に当たりての事ならんというより、流れの水をのむ者なく、井戸ある所へ人々集まり毎朝井の元の人蟻のごとく、おそく行く者は遥かの後に漸く汲み得て帰る趣浮説有《あり》レ之《これ》。

さて又大坂にても右のトンコロリ大流行にて、先月中旬死人盛んの時分は一日に八百人余、千日の焼場に送る由。先年大坂に急病流行せし頃、一日の中に千二百人ばかり死人ありけるとぞ。その後このたびのごとき死人多き事をきかず。右に付大坂通いの船に帰帆を喜び、上りを好まず、その病浦戸辺迄来たれりとて、児女子大いに恐怖す。今熟《ツクヅク》思うに、この頃異国の軍艦来るなどと流言し、米穀は高値になりトンコロリはやる也、末世に至らば疫病、飢饉、刀兵の三災おこるべしと釈尊[注1]の説き給へるもこの事かと、念仏しながらも嚬蹙[注2]するばかりなり。

（大坂急病にて死人夥敷《おびただしき》ゆえ、中には焼場にて蘇生する者もありけるより、死して二日の間を経ざる者をば葬坊《ヲンボウ》受取り申さず。且棺に札をつけ順番にてやくという、右の火にて千日焼ける）

注1　釈尊（しゃくそん）　釈迦牟尼世尊（しゃかむにせそん）の略。釈迦牟尼の尊称。

注2　顰蹙（ひんしゅく）　不快に思って顔をしかめること。まゆをひそめること。

九月四日 2－122

福島の男市艇[註1]にて大坂へ上り右の病にて死去し、宇佐の男は病にはかゝりけれども死せず帰帆の由、その病勢を聞くに始には肩背の辺つかえこり、それより腹痛み二日ほどたつ中皆死すという。三日を経たるものは命全く、この節は大坂の医師も療治の方を考え出し、右の病と見れば直ぐに肩痃癖[註2]の辺を突破り血を出し、服薬せしむるゆえ、次第に全快するものも多く、何分その病早痃癖《ハヤケンベキ》というものによく似たりという、心得ありたき事なり。

註1　市艇（いさば）　江戸時代、水産物や薪炭などを主に運送する小廻船の一種。（『広辞苑』）

註2　痃癖（けんべき）　本来は頸から肩などにかけて筋肉のひきつること。肩こりをさす。（『広辞苑』）。土佐弁でけんべきは、肩甲骨のあたりをさす。（『高知県方言辞典』）

九月六日 2－122

このたび悪病流行というに付いて当浦の男女大に恐れ、昨今の間祈祷《きとう》取々なり。西浜は山王の社、新在家は稲荷社、橋田は薬師堂、護摩の祈祷やら百万遍[註1]やら思い思いの執行にて賑敷《にぎわしき》し。今より三十七、八年以前大坂辺にてこの病はやり、死人夥敷《おびただしき》由。この病には生魚宜しからずと申す事にて、大坂辺鰹節の値段大上りになる、かつ軍用にも相なる趣を以て、近頃なき相場と申す事。

さて又右の病流行に付いては塩魚も値段宜しく、鰹節と同断に売買ありし由。この頃右の病と知らば、直ぐに焼酎を前後覚えざる程のめば病五体にしみこまぬゆえ、焼酎をのむべき由を大坂町奉行より触れ渡しけると。さて又酢き物（蜜柑の類）を喰い候へば右の病移らぬ趣、太守様[註2]より少将様[註3]へ御申し越と申す事頻《しき》りに流言し、柑類尋ね出し喰う者も多し。しかし先年流行の節も一ヶ月程過ぎてその病もはやらぬ様になりしと聞く、さもあるべし、人の騒ぎ恐るゝ中にも我等はたゞ念仏して智者ハ不レ憂勇者ハ不レ懼（読み下し、ちしゃはうれえず、ゆうしゃはおそれず）の心地に住し、生《イキ》らば念仏申すべし、死なば浄土[註4]へ参りなんと、動転せず御恩を喜ぶばかりなり。（江戸流行病にて死せる者十万余人という）

註1　百万遍（ひゃくまんべん）　弥陀の名号を百万回唱えること。多くの僧俗が集まって一つの大きな数珠を繰りまわしつつ、皆で念仏を唱える法会。（『広辞苑』）
註2　太守様（たいしゅさま）　十六代藩主豊範公。
註3　少将様（しょうしょうさま）　十二代藩主豊資（とよすけ）公。豊範実父。
註4　浄土（じょうど）　五濁・悪道のない仏・菩薩の住する國。十方に諸仏の浄土があるとされるが、特に、西方浄土往生の思想が盛んになると、阿弥陀の西方浄土を指すようになった。（『広辞苑』）

九月七日　2－123

さて彼のトンコロリの咄を聞くに、大坂に於いて市艇《イサバ》二艘の乗り組み（但し御国船）皆死し空船《カラ》になりしもあり、又彼の地にて養生せる者もあり、井尻の男は浦戸迄下り右所において病発し直ぐに死し、昨日死骸を井尻へ舁《か》き来たれり。御国には浦戸南浦もっとも甚だしく死失多しという。

この頃誰が云い出したりけん八ツ手の葉右の病をよく払うという事にて、弘岡の者荷ない来たり、当浦の者これを買い門口に釣る、福島は家毎に買い求め、柊《ヒイラ》の葉と蒜《ニンニク》と八ツ手と三つを合わせ、門に注連《シメ》を張りその真中に括り付けし家もあり、又紙へ〃この家をよけてとふれよとんころり、大師この世にあらん限りは〃という歌を書いて張り置くもあり、平生念仏嫌いの者も俄《にわか》信心になり心より発《おこ》らぬ念仏を申し、ふるいふるいかゞみ居る者多し。（八ツ手の葉一枚に付十六文又

十二文宛に売り、弘岡の男はよき銭もうけありという）

九月十二日 2－124

このたびの病流行に、何処よりか云い出しけん、酢をのむ者は免る丶とて、この間中、城下の酢屋の賑敷《にぎわしき》事平生に十倍すという、又当浦辺は酢を人毎に鼻へ引こむ、これは右の咄しの転ぜしならんか。

九月十三日 2－124

五ツ時（午前8時）より光寿寺へ行く。森山より新川の町、弘岡、中嶋、用石《もちいし》辺の村々、村外れより村端迄竹を立て注連《シメ》を引き、その縄へ赤白の紙をきり挟み八ツ手南天の葉などを交え、甚だしきに至りては、家の四方へ別に縄を張り、山の上の大木より遥かに見上げる程の高さに村中を渡せる処もあり、正月の注連錺《かざ》りよりは百倍して仰山なり。

この間新川の男川船にて城下へ行き、帰りし日より病み付き直ぐに死し、その親又死せり。それより近村厳敷《きびしく》怖畏〔註〕する由。惣じてこの頃は何方にても三人五人集まりたる所にトンコロリの咄しなきはなし。

註　怖畏（ふい）　おそれること。畏怖とも。（『広辞苑』）

九月十七日 2－125

今度の悪病にて龍浦《りゅううら》の男三、四人死す。宇佐浦は今日迄死失一人もなし。近年繁昌の不動尊の氏子なれども、死病に至りては神仏の力に及ばず、又神仏の加護を蒙《こうむ》る様の信心もあるまじ、それを知らずに神仏を恨みかこつも多かるべし、奉二恐入《おそれいりたてまつる》一事也。

昨日医師一人当浦辺へ、このたびの病を免《マヌガ》る、という薬（一粒五分）を売りに来る趣、貧家の者は銭を借調え薬を買いのむ、我等すべてしらず、今日に至りてその咄を聞く。この頃誰いうとなく久礼の八幡宮へ参詣せし者は悪病を遁る、とて、城下を始め諸所より参詣夥《おびただ》し。

九月十八日2－125

今度の為二悪病除《あくびょうよけのため》一当浦にて大般若経の祈祷ありとて、今朝橋田の浜へ経長持を昇《か》き来る。児女子の類その櫃《はこ》の下をくぐり有難がる。このたびの病には医者は存外隙《ひま》にて、真言僧や山伏、陰陽師[註1]の輩は時を得て大いに忙敷《いそがしく》、銭設《モウケ》ありという。又一両日以前より幟《ノボリ》の音に悪疾退去するというて、五月節句に立てし紙幟を出し立てる家もあり、他所《よそ》は知らず当浦辺り恰《あたか》も五月頃の如し。トンコロリ流行に付き鐘や太鼓にて騒ぎ立て、穏便[註2]御示しも押し減《へら》しになる。

註1　陰陽師（おんようじ）　おんみょうじとも。陰陽寮に属し陰陽道に関する事を司る職員。中世以降、民間にあって加持祈祷をする者の称。（『広辞苑』）

註2　穏便（おんびん）　藩主一族などの喪に服するため、歌舞音曲などをつつしむ。

九月廿日2－126

宇佐辺にては、このたびの悪病にて城下死去の人、一日に百余人ありという噂なれど、それ程の事もなし。当十六日御町方役所より御詮議ありけるに、上下町合してトンコロリにて死去の男女九十五人、只今病中の者は十三人ある由。その内老人子供は少なく、壮年の者多く死すという。城下町々大竹を立て注連《しめ》縄を張り、縦横十文字に引き渡し、その下をくぐりて売買をなす。郷中より出る人すくなきゆえ、自然と町中淋敷《さびしく》、ただ賑敷《にぎわしき》は潮江天満宮ならびに江ノ口薫的堂、その外諸社への参詣おびたゞ敷、城下を始め在々所々の祈祷、百万遍やら大般若、今度の病を遁れんとて俄《にわか》信心になり、薄氷を踏む心地にて気はわなわな顔色青瓢箪になり、我が家にも落ち着く事能《あた》わず、日夜人にまぎれて往来するもあり、偶《タマタマ》家にある者は、家内同士額《ヒタイ》を合わせ病咄しより外なく、食を扣《ひか》え減《へ》すもあり酒をやめるもあり、能々命《よくよくイノチ》は惜しきものと見ゆ。

中にも下町にて昼百万遍を修行し、世話人ども仕舞祝いの一杯機嫌に獅子馬遣い町内を廻り、夜役に咎められ、穏便中の事なれば御詮議懸りになるもあり、或いは山伏数人を引きつれ、法螺《ホラ》貝を吹き立て病を町外に送り捨てるとて、隣町へ入り込みて貝にて吹捨れば、隣町よりこれを咎め、争論の最中へ百万遍の数珠を持ち来たるを、これ幸いと山伏を手込めにし、彼大数珠に縛《シバ》りけるにぞ、これも役所沙汰となり、今日迄捌《さば》けぬよし、さて又人々の心得を記し施印して廻すもあり、その文左の如し、

此の頃はやる霍乱[註]ハ、よのつねのくわくらんとちがい、当七月初より長崎にてはやりし三日ころりのはげしきものなり。決してはきくだしありてなおるものとおもふべからず、はきくだしつよくおこりてハ手おくれになる也。人々心得て、きぶんあしくむなさきわるく、手足だるくめまひ頭痛するか、又ハはらくだる事あらバ、早く医者をまねき見てもらふべし、右のよふだいある時は第一ふとんをきてあせするがよし、又焼酎をたくさんにのむがよし、但しおこらぬさきから

のむはあしゝ、用心にはくひすぎせぬよふ、風ひかぬよふにするがかんよふなり。

午九月

右大坂施印写

何某施印

如レ是《これのごとく》認め風呂屋などに張る所もあり、家々にくばるもあり、我等もその本紙を見たるゆえ、写しおきぬ。

註　霍乱（かくらん）　暑気あたりの病。普通日射病（日中症）を指すが、古くは吐瀉（としゃ）病も含めて用いた。（『広辞苑』）

❖安政六己未《つちのとひつじ》歳（一八五九）

七月廿一日　3－44

トンコロリに似たる病気にて、橋田の者二人死去、その病体大いに吐き下し、からだひえ渡り足を引きつけ、一両日を待たずして死す。常の霍乱《かくらん》とは違い、至って急症の由恐るべき事也。

七月廿六日　3－44

橋田新在家の間に、悪病に侵されし者二、三人ありとて、夜々鉦をたゝき提灯をとぼし夜念佛に廻る者夥敷《おびただしく》、至って物騒がし。東町より西浜迄の町々皆同断。

八月三日　3－46

福島の男、橋田の漁船に乗組みありしに、昨晩方より吐瀉[註]頻りにして、病重く見えければ、トンコロリの病気なりとて橋田の者言合せ福島へ送る。彼地にも病を恐るゝゆえ、宇佐と福島の境に小屋を打ち、これへ入れ置けるとぞ。生死不定の病人を戸板に乗せ小屋へ打ち込みおくなどの不人情、一向言語に絶したる事也。橋田に二、三人中暑風の病人あるをトンコロリにて橋田の者は過半死去せしなど言い触らし、同じ宇佐の中にても、東町より西の者は橋田へは来らず、偶用《たまたま》事ありて拠《よんどころ》なく来る者は酢をのみ、蒜《ニンニク》を鼻へすりこみ、酒などのみて来る者多し。橋田の者も大いに恐れ、病人のある近辺へは子供をゆかぬ様に言い付け、薬師堂の掃除するもあり、大の男も女児童《コドモ》に打ち交じり、ふるいふるいの夜念仏、守符《マモリ》やら祈祷やら、おのがさまざま迷うのも、文盲在所の印なるべし。

註　吐瀉（としゃ）　嘔吐と下痢。はきくだし。（『広辞苑』）

八月六日 3－46

今日トンコロリ風にて死去せし家へ葬式に行く。この葬礼ありし時、道の両側家々雨戸を立て恐るゝという。

八月十日 3－47

弟慈勲松山より状を差越す。彼の地城下トンコロリもっとも烈しく、一丁の間に五人十人宛死去す、去年は三日コロリと申し習はせし処、当年は甚だ急症にて、昨夜病付きし者は今朝死し、今朝吐瀉《としゃ》する者は晩景に死す、依って一日コロリと言い触らし、病を退くる祈祷鐘太鼓の音喧《かまびす》し事の由。右病にかゝりしもの、惣身急にひえ渡りし時、取り急ぎ手足をあたゝむる方宜敷《よろしく》、蓼《タデ》を呑ませるもよし。病体は霍乱《かくらん》なれば、左様の事も宜しかるべし。悪病を恐れ俄《にわか》信心になる人心は何国もおなじ。

八月十一日 3－47

新在家にてトンコロリを煩《わずら》い今日死去せし者あり。極楽寺旦家なれども、無レ拠《よんどころなく》差閊有レ之《さしつかえこれあり》当寺へ頼み来るゆえ、日入る頃右家葬式の勤行《ごんぎょう》にゆく。この隣家にも右病にかゝり生死不定の者四、五人ある由。我等も聞きて気味悪し。

先月以来トンコロリにて死せる者橋田に三人、新在家に二人、松岡に一人、都合六人の内五人はこの方より導師[註]する。このたびの流行病に懸りし者は、油断せず毒血を取れば助かるとて、当地の医師豊永春沢を招き、手足にて血を取り死を免れし者多し、心得ありたき事なり、我等は養生の為に、火の入らぬ酒を少々宛のみて身を保護する。

註　導師（どうし）　法会の時、中心となる僧。葬儀の主となって引導する僧。（『広辞苑』）

八月十三日 3－48

当浦神祭は古来より十四日十五日にてありしに、このたびの悪病除けの為に今日より十五日迄三日の間祭礼とて浦中俄《にわか》に騒動。七ツ時（午後4時）当浦氏神へ八幡宮の神輿《みこし》を舁《か》き、福智院これに副《そ》い神事の行列例の如くにて、橋田より松岡に至る。これ迄三日神祭の続く事も当所に於いては古来よりこれなく、勿論橋田へ神輿を舁《か》き来たりし事すべてなし。如何に悪病除けの為とはいいながら、所々入込し小道、雪隠《せっちん》の際などを通り、神輿を振り奉る事、実に勿体なき事也。別当坊の思い付きか、地中よりの願いか知らざれども、死を恐るゝと利を好むとの二つより外なし。神なんぞ非礼を受け給わんや、時運天罰業感の三つある事を弁《わきま》えざる僧俗の浅はかなる、誠に嘆くべし。

悪病ある時、鐘太鼓を打ち香火を捧げ、医者を後にして神に祈るを先とす、故に十人の中九人は死す。若し病癒《イユ》る者は家を清《キヨ》めの為とて、巫《みこ》をして法事をなさしむとあれば、文盲にして病を恐れ、先ず神に祈り周章する等の有様は、和漢《ワカン》ともに同轍《どうてつ》にして一笑するに堪えたり。

八月十四日 3―48

昨日より今朝に至り、件《くだん》の病にて新在家の女一人東町の男二人死す。俗輩の恐怖たる所もっとも の事なり。

〝角行《カク》ばかり早い詰手の病ゆえ　金銀捨て、医者にかゝれよ〟

〝神仏へ無理な祈りをする人は　終に地獄へトンコロリかな〟

晩方東町に女一人中町に男一人死す、我が家を明け置き別の処へ逃げ隠るゝ者も数軒ある由。この頃は病を恐るゝのみにて米穀高値の咄しするもの一人もなし。惣じて人心落ち着かず、船に酔うたるごとき者多し。

八月十五日３－49

東町の男悪病に染みけるに、平常看略《（簡略）》人にて聢《たしか》に服薬せず、医師もその質を知るゆえ、心に懸けて薬をも与えず、自然と不養生ゆえ終に死し、その妻たる者も同じく鄙吝《ひびん》（けち）なる性なり、隣家の交りこれを以て知るべし。この妻昨朝また死す、娘十五、六歳なるが二時《ふたとき》（四時間）ばかり隔て、また死去す。このたびの病に懸り死せる者多けれども、一軒に親子三人二日の間に死せしものは右の家ばかり也、実に不養生よりの事にて、右の男は命より金銀がおしい性質なれば、さもあるべき事なりと、世の習い死後の悪評を受けるもその身の不運なるべし。

それゆえ宇佐は人種《ひとだね》尽きるように取沙汰し、他所《よそ》の者は勿論、当浦の男女大いに怖れ、今日も中町西浜両所において百万遍の祈祷あり、さて又他国より当所の漁船へ乗組の者ども、おのがさま〳〵在所へ帰る、二、三十人の人減《ひとべり》になれば漁船相立たざる訳を船元より地下《じげ》役へ言い出し、庄屋より右の船方どもを呼び寄せ帰らざるよう、色々諭《さと》し聞かしむれども、命の請合して下さるれば帰り申すまじなどいうて聞き入れず、皆ちりぢりに帰る、別して津呂・室津辺の者多しという、船元の迷惑いうべからず。

今日より誰がいうともなく、病は幟《のぼ》りの風に逃げるとて五月節句の紙幟を立てる家多し。夜は家々門柱の本に線香を立て、雪隠《せっちん》の際にも立てるもの多し。火の用心の義は厳敷《きびしく》御示しの国なるに、大風の夜などは忽ち用心あしき線香の御制禁なきもまた怪し。

我等は只食物の用心を専らとして、水をばいか程渇してものまず、茄子油上げの類を食せず、酒多く呑まず食事も平生より減らし、夕食は別して減らし給度《タベタキ》物をこらえるはこれ現在の餓鬼道也。人の愁いの咄しを聞くは死出の山路の梺《ふもと》にて呵責[註]の声を聞く心地、これ地獄の有様とも謂いつべし。
今日晩方に至り宇佐の家々に奉公せし他国の女、病を怖れ主人に暇を乞い我が在所々々へ悉く《ことごと》帰る。逃げ帰るも道理なるかな、今日迄の悪疾の為に死せる者をかぞふるに、宇佐中にて男女合して十四、五人に及ぶ、右の中漁者多しという。当年もまた昨年の通り在郷の者は、生魚は毒なりとて多くは食せず、別して宇佐の魚を食いし者はトンコロリを病み出すといいて買う人少なく、魚売り困り入るという。

註　呵責（かしゃく）　叱り責めること。責めさいなむこと。（『広辞苑』）

八月十六日　3－50
今日より当浦町々の百万遍始まる。大の男も子供に交じり恥を忘れ鐘太鼓をたゝき大数珠《じゅず》を持ち町々を廻る。今日件《くだん》の病にて又男女二人死す。（一人は新在家、一人は大浜の者）

八月十七日　3－50
この頃の病人、白酒をのみ茄子など食し、それより腹を損じ死に至る者多しという。医師に尋ねるに聢《たしか》に知らず、この病の事は医書にはないというもあり、又霍乱《かくらん》立ての病也とて、血を取り療治する医者もあり、また疫《えき》に相違なければ血を取るは甚だ悪しというもあり、孰《いず》れが是《ぜ》なるを知らず。又老医のいうこれは烈しき疫にて医書に論じありと、その咄区々《まちまち》也尋ぬべし。極楽寺件《くだん》の病に染み少々わるるし、もっとも緩症なりという。（欄外、この病は始めは何ともなく快く下痢する者多し、二、三度下れば早くも手足の皮より始めて急にしわ出来る、目の玉落ち入り格別苦しまずに死する者多し、その病は腹中に熱を含むゆえ、城下にても救命丸を一度に五十粒も服し命助かりたる者あり、何分油断のならぬ病なり、霍乱《かくらん》に相違なし、多分食物のくいちがいより発すれば也）

八月十八日 3－51

当浦家々町々注連縄《しめ》を張り蒜《にんにく》と唐辛《とうがらし》とを門口に釣る者多し。また誰が言い出しけん、頭上に唐《トウ》辛《ガラシ》一つ挟み居る者へは悪疾来たらずとて、男女とも頭に辛《カラシ》を頂く、遠方より見れば簪《カンザシ》の如し、予これを見て考えるに、去年分は八ツ手を門口へ釣る者ありしに、今年は唐辛にかわるも時の変化なるべし。

〝当年は八つ手をやめて唐辛　髪《ワゲ》にはさむが流行《ハヤリ》ものの也〟

〝髪のある人は理屈がよけれども　坊主頭はせん方もなし〟

八月廿八日 3－52

当浦中の家々、自他宗とも門口には注連《しめ》を張り、大般若百万遍の札などを柱に張り、身には護符《マモリ》をかけ頭には唐辛《とうがらし》と護符とを頂き、恥をも忘れて往来する者多し。中には四書[註1]五経[註2]の素読をする者も、文盲仲間へ打ち交じり、注連や札を張り回し、病を怖れて自宅に潜《ヒソ》み門出せぬ者もあり、平生読む所の天命の談は如何《いかが》心得たるや、たとい百巻の書を読むとも、読まざらんにはしかず、論語読みの論語知らずとは斯様《かよう》の者をいうなるべし。

両三日以前より伊野村の杉本大明神の神主、当浦悪疾の事を聞き、寸志に祈祷するとて、若一王子の社にて一昨日より祈祷あり、町々辻々へ札を配り立てしむ。今日帰りの節は浦中より四五匁程の礼銀を与えけるに、始めは一文取らずの寸志と称して来ながら、礼銀をば何の辞退もせず取り帰りし由、始めは取らぬ筈なれど、山吹色は我等も好《スキ》の品なれば、だまりてとるももっともなり、これは太夫の利口というべし。

又城下より芦田といえる陰陽師《おんようじ》、鍾馗《セウキ》の絵像を持ち来り、悪病除《ヨケ》とて一枚八分づゝに売り回る、家々買う者多し。中にはこの絵を自分に書き戸袋に張るもあり、初節句の紙幟《ノボリ》に鍾馗を画きたるを門に立てる者もあり、人心區《マチマチ》なり。さて又久礼の八幡へ行くもあり、薫的堂へ参るもあり、迷う者の癖として銭の費《ついえ》をも顧みず、貧家は質を置き或は人に無心を言《イ》い、かり調えて後の難儀を弁《わきま》えず、うろたえ騒ぐを見聞するの気の毒さ、譬《たと》ふるに物なし。

この頃当浦中を往来するに、橋田より松岡迄竪横《タテヨコ》十文字に数百本の竹を立て注連《しめ》縄を張り、恰《あたか》も碁盤の目のごとく、雨天の節は竹の為に傘を突き破り、夜分は提灯《ちょうちん》なければ目の用心悪く、我等人間世界へ生れ出て、いまだ斯様《かよう》の有様夢にも見たる事なし、かわり果てたる世の中とはなりぬ。

註1　四書（ししょ）『礼記』の中の大学・中庸の二編と論語・孟子の総称。五経とともに儒学の枢要の書。（『広辞苑』）

註2　五経（ごきょう）　儒教で尊重される五種の経典。唐代の五経博士が詩・春秋の諸家のうち毛氏の詩、三礼のうち礼記、左氏の春秋を正課として以来、易経（周易）・書経（尚書）・詩経（毛詩）・礼記・春秋（左氏春秋）の五種が五経となった。（『広辞苑』）

八月廿九日　3－53

今日迄の間に当浦中悪病にて死去の者男女合して四十二、三人あり、先刻漁船乗組の者沖合より病み付き、戸板を持ち行き船より移し陸をさして舁《か》き上る、何方の船方や知らず。右数十人死失の中漁師《レウシ》もっとも多し、これまた奇異というべし。何方より言い出しけん、鐘太鼓を打つゆえ、病愈々《いよいよ》烈しくなるとて神社へ通夜するにも太鼓をうたず、夜念佛にも鉦《カネ》をいれず、おかしき事のみ多し。

九月朔日 3－54

昨日一日の間に東町より松岡迄の急病の死人男女九人あり、今日三人都合今日の葬礼十二人有《これ》レ之《あり》、西浜松岡の間の病人別して急症なりという、人々怖畏するももっとももの事なり。

九月二日 3－54

当浦の内、中町分毎夜鉦を打ち夜念佛に廻る処、一昨日念仏の音頭《ヲンド》たるもの件《くだん》の病にて死しければ、念仏も宛《アテ》にはならぬというて、一統夜念佛をやめけるとぞ、もっともなる咄しにてしかもおかし。西浜ある家にこのたびの病人に与えん為にキナエンコロンボなどいう高価の薬を名前を出さず施す者あり、神妙というべし。病流行ゆえ、つて職人を遣《つか》う者なく、大工左官の輩大いに迷惑すという。

九月四日 3－54

当浦中野嶋太郎弟雄之介急症にて死去に付、導師に来り呉れたく申し来る。四ツ半（午前11時）頃より極楽寺同伴を以て行く。この男当年二十四歳なる由憐れむべし。棺を城下へ誂え取り寄せる、価十四匁一歩二朱にてありし由、人の噂。またこの家の一丁ばかり西に当りて一女悪病に染み死しけるに、類族なき由にて葬式調わず、今日地下《じげ》役よりの下知を以て近き者来り、死せし日より四日目に山へ送るという、これまた不便《ふびん》千萬なる事也。須崎の役所より当浦中へ悪病除けの薬を配分せしむ、須崎の医者調合の由。（当寺へも三服呉れる）

九月五日 3―54

先日以来福島に踊り九幕へ手を付け、近々舞台を構え踊らしむる筈。しかし宇佐は悪病盛んなるゆえ彼地《ウサ》の者には見物を許さず、勿論平生の往来も致さゞる様、宇佐へ働きに出し者は連れ帰り、たとい類族たりとも福島渭ノ浜宗門の者は宇佐に住居致す間敷《まじき》由、彼の地の地下役より触れ渡しけるより、また宇佐の庄屋より福島船へ乗組の者をも呼び寄せ、大いに騒動に及び、隣浦の好《よし》みはなくなりぬ、右に付いては迷惑の者多しという。

さて、それより福島にては、宇佐より疾の入らぬ様とて陰陽師《おんようじ》を呼び寄せ、宇佐福島の堺にて祈祷し、西へ入らざる様に堺を限り札を立て、家々には青龍寺《しょりゅうじ》などへ頼み、大般若の祈祷札を張り回し防ぎけるに、一両日以前より不図《ふと》福島西の方角に病人出来、今日迄に五人程やみ付けるに、矢張流行の症にて有《これ》レ之《ある》ゆえ、宇佐の者は全体の仕業《しわざ》を悪《にく》み、病は宇佐より徒歩《カチ》にて行かずに、船にて沖より廻りしものならん、軍法に攻二其無レ一備出二其不意一（読み下し、そのそなえなきをせめてそのふいにいづ）とは則《すなわち》この意にて、防ぐ事能《あた》わざるも、病には勝つ事のできぬ印なるべしなどいうて、笑い謗《そし》るもの多し。東灘辺より城下、八田、弘岡、森山、高岡辺迄流行する由。

九月十二日 3－56

先だってより悪疾除けの願立致し有《これ》レ之《ある》処、この節橋田には右病人一人も無《これ》レ之《なく》、今日為二願開一《がんびらきのため》とて惣出にて浜より薬師堂迄の道を作り、浜に打ち寄せ有《これ》レ之《ある》穢物《えぶつ》を悉《ことごと》く焼き払い、薬師堂にて呑歌して賑わし。

九月廿一日 3－57

この節江戸に滞留の異国人、この病を甚だ怖れいう様、この病は世界の中にても北地寒国にはなく、南の方へより暖国ほどこの病多し。我等が国にても有《これ》レ之《あり》、亜墨利加《あめりか》辺にてこの病に懸りし者、一人として生きる者なしと謂うて、大いに恐る、とぞ。城下医師に尋ぬるに慥《たしか》にこの度の病名をしる人なし、或は疫といい又霍乱《かくらん》といい、一準ならず。実に悪疾異病とみゆ怖るべし悪《にく》むべし。

十月廿一日 3－63

この頃城下始め近在浦々、トンコロリの悪疾退除に至る。宇佐浦にてこのたび悪病に懸り死去の者およそ百人に及ぶという。城下近在の死失これに准ず。四国の内にては予州もっとも烈しく、死失夥敷《おびただしく》、五畿内[註1]にては京都和州[註2]の間死するもの多しという。

註1　五畿内（ごきない）　帝都付近の地。わが国では歴代の皇居が置かれた大和・山城・河内・和泉・摂津の五ヵ国。すなわち五畿内。（『広辞苑』）

註2　和州（わしゅう）　大和国（現奈良県の管轄）の別称。（『広辞苑』）

❖安政七庚申《かのえさる》歳（一八六〇）（三月十八日萬延と改元）

七月四日 3－122
今日宇佐の内にてトンコロに懸り、男女四人急死、廿歳位より四十歳位迄の者ばかりなり。脈合を始め惣じての模様、愈々《いよいよ》去年はやりし病に相違なしと医者のいうより、人々大いに騒ぎ立て、橋田は今日極楽寺を雇い、薬師堂にて百万遍の祈祷する。それのみではいまだ気分落ち着かぬゆえか、直に今夜より例の夜念佛を始め廻る。

七月五日 3－122
四ツ頃（午前10時）新在家の男俄《にわ》かに件《くだん》の病に懸り死せんとす。暫くありて漸く温気生じ、危うきを遁れ養生する由。右病諸方流行に付き、城下四軒へ見舞状を出す。
右の男晩方終に死す。今日福島に三人、宇佐に五人、右の病に染み生死不定、それを聞き橋田の者ども魂天外に飛び、俄かに想談の上、人家を中にし四方へ注連《シメ》縄をはり渡す。南は甫渕坂迄、東は山際北は大谷迄、西は山田の山際迄数百尋《ひろ》引き廻す、恰《あたか》も蛛網《クモノイ》のごとし。我等もその中に囲まれ自由ならぬ程の事也。蜘蛛《クモ》は虻蠅《あぶはえ》を取らんとて網を張る、今は命を取られまじとて注連を張る、その囲《カコミ》の中にふるい〳〵かゞみ居る虻蠅ども、土地相応とは言いながら憐れむべき事也。その虻蠅の中に交じりその田口を書きちらすは、所謂無鳥嶋《トリナキサト》の蝙蝠乎《カフモリカ》、昔より橋田辺に山より山へ注連を引き渡せし事見ず不レ聞《キカズ》、笹を立て注連縄を張りし模様は時ならぬ正月のごとし、盆《ボン》も正月も一所とはこれやらん。

七月六日 3－123

〝物おもふ人間よりはとんころを　しらぬ蝉こそはるかましなれ〟

追々病の咄し仰山に聞こゆるゆえ、宇佐漁船の乗組の他所《よそ》の漁者《レウシ》大いに恐れ、昨今の間に荷物を引きかたげ、おのがさま〳〵東西へ帰る。船あれども人なきゆえ、浜へ引き上げる漁船多し。今日新在家にて又百万遍の祈祷ある由、平生神仏を蔑《ナヒガシロ》にする者ども、病の恐ろしさ命のおしさに、心よりおこらぬ俄念佛をいい、今度の難を遁れんとする、文盲者のうたてさ[註]譬《たと》ふるに物なし。

同宗の一僧予に語りて曰《いわ》く、一昨年より当年迄悪疾流行に付き、山伏や陰陽師《おんようじ》の金銀を貪《むさぼ》り取る事一と通りならず、他宗の坊主また同断。すぎし日他宗寺へ行き咄する中、其所《ソコ》よりも此所《ココ》よりも祈祷を頼み来たり、或は四匁六匁二朱一歩と持ち来る銭を取り込む有様、誠に仰山なる事にて、我等大いに羨敷《うらやましく》ありし、余所《よそ》にてはいわれぬ事なれど、当流御開山聖人は、末世相応の念仏を弘め玉いしは申す迄もなき大手柄、さて他宗にて叶わぬ肉食《にくじき》妻帯をするように、新に開宗ありしはこれまた妙々也、しかしこの様に悪疾などはやる時、祈祷して銭もうけする事を明け置かぬは、宗祖聖人の手ぬけ也と真顔にいうゆえ、予もその実意より出《イデ》し事を思い微笑してその返答に一首、

〝羨《うらや》むな祈祷でたんと取る人を　肉と女に打こむを見よ〟

註　うたてさ　古語。情けない。なげかわしい。（『明解　古語辞典』）

七月七日 3－124

悪病諸方へ入り渡り、諸木、西分、潮江、用石《もちいし》辺病むもの多し。西にては須崎もっとも烈しという。久礼の八幡宮へ参る者多く、橋田の浜を通る遠近の村々人心落ち付かず。

真言僧は大般若の箱を出しかけ、祈祷札の紙を調え銭を取らんと構えたり。浄土宗は百万遍の大数珠取り出しほこりを払い待ちかくる。山伏は風天の宮をかざり松などうえ、新《アラタ》に賽銭箱を拵《こしら》え、店を開きて売らんとす。陰陽師《おんようじ》は悪病除けの祈祷とてうそ八百を言いちらし、取りこむ手段ばかり也。

今日は節句なれども、坐して歌いのむ者もなく、神仏へ立願し右往左往の有様も当座遁れの分別にて、斯様《かよう》の怖ろしき時節より後世の大事を心懸けず、まして無事なる時は未来の資糧を貯えざる筈。

七月十日 3－124

悪疾除けの為、今日より三日の間、当村若一王子社において祈祷ありという。昨今の間に橋田の者三人悪病に染む、小児一人死す。四方に注連縄ある故、偶《たまたま》はいりし病は出る所なければ、縄張りの中にて舞々する理屈、追々病人ましはせぬかと、心ある者は注連縄の益《やく》にも立たぬを誹《そし》る。

今日迄に新町ばかりに四、五人件《くだん》にて死す。中には医者のやりそこないもある由、これは昨年も同じ。世に人を殺す者あれば、官吏これを捕えてその命を絶《タ》つ、医者の人を殺すをば官これを糾明せず、あやしむべき事也と唐人の書きたるももっとも也。

昨年京摂の間に於いてトンコロに懸り死せし者を、後来の為とて公儀役人指図を以て医師解体しけるに、胆《キモ》流れてなかりしより皆々驚きあきれ、誠に以て異病なりと恐れ評せし由。京都にて恟《びっく》りしたという事を北国筋にては玉解《タマゲ》たという、西国にては胆《キモ》が潰れたという。右の病に染みしものは、ほんまの胆《キモ》の潰れたと言うものにて死する者多き筈、実に難治の症也。和漢年契安政五年の下に、〝秋印度霍乱流行人多死〟と書きたるももっともなる病名なり。先だって橋田急死の者二人の内一人は、終日海に入り酒を呑みしより病発し死失す、今一人は心太《ところてん》に当りて死せり。今思い合すれば、この二人もやはりトンコロなるべし。諸方に流行せぬ内ゆえ人も知らず、賑やかに葬式などせるは早く死にたる仕合せ、人に嫌われぬは二人の者の死幸ならずや。

この病流行の節は茄子油揚げの類一番にわるし、食すべからず、灸するがよし、我等今日もまた背中へ灸する。迷う人は門口へ注連《シメ》縄張りて用心する、我は五体に灸して用心する。子供の翫《もてあそ》ぶいろはたとえの中に、用心には縄をはれとしてその下に灸する処を絵にかきたるも思い出されておかしゝ。

七月十二日 3―126

片意地なる者ありていわく、この浦に注連も張らず百万遍もせず、勿論夜念佛にも廻らず、若[註]一の宮にて祈祷もなき内は病人少なかりしが、御祈祷やら夜念佛御注連《シメ》が出来てから、病人次第に増すは、祈祷がきゝ過《スギ》たという物か、病が注連《ヲシメ》の中で舞《マ》うという物か、一向合点ゆかずといえば、迷う者のいわく、それは罰当たりというもの也、まだ病人弥《いや》増しになる処を、御祈祷や御念佛の御蔭でこれ位、注連《ヲシメ》がなくば人種《ひとだね》のない程になろうともしれず、かれこれでその難《ナン》を遁るゝは有難き事也と、真顔になりて返答すれば、始め言なせし者あちらをむき、舌を出し笑うて去りぬ。

註　若一（にゃくいち）　若一王子宮の略。若宮一王子は和歌山県熊野神社の摂社の諸王子中、第一位のもの。天照大神であるともいう。

七月十三日 3－126

今日橋田に一両人件《くだん》の病に染む、医者蘭方とて頻《しき》りに血を取る、文盲在所の事なれば、男女ふるい恐る丶、これ程目に見えて危うき命と知りながら、少しも未来の覚悟する者なし。無病善は力及ばず、縁なき衆生は度し難しとは、則《すなわち》今日の事なるべし。惣じて当浦男女の活業《スキハヒ》、網をすき鰹節を手伝い、紵《いちび》を仕成し僅かなる銭を取り、今日を渡る者多し、その中にて病を恐れては働き置きし銭を祈祷に入れ、諸方の護符《マモリ》をうけなどして遣い果し、その日〳〵の食にも乏しく難儀迷惑なれども、さほどにも思わぬは、縮《ちぢめ》る処悪病一つを遁れんとする心より外なし。斯様《かよう》の事を見聞くに付いては、笑止にもありおかしくもあり、何とも角とも言い難し。その文盲なる者を欺《アザム》き誑《タブラ》かし金銀を貪《むさぼ》り取り、神仏の冥罰を恐れぬ他宗坊主や山伏陰陽師《おんようじ》の輩、誠に恐敷《おそろしき》根性にはあらずや。一盲衆盲を引くの喩《たとえ》、悪《にく》むべし〳〵。

七月十七日 3－128

このたびの病は須崎浦もっとも甚敷《はなはだしく》、一昨日一日の間に八人死すという。当浦東町には件《くだん》の病人一人も無《これ》レ之《なき》処、一女油上げの豆腐より腹を損じ右病となる由。臆病者集会の上俄に竹縄を調え、昨日日入り頃に東町中へ張り渡す。夜山伏宝寿院の内にある風天[註]の前にて数十人通夜せし由。

その町内の者口々に彼油上げ病人を引き裂き喰らうごとくに悪口す。

註　風天（ふうてん）　八方天・十二天の一つ。インド神話では風の神で名誉・福徳などを与える神とされた。仏教に入って護世天となり、北西の守護神となる。（『広辞苑』）

七月十九日　3－129

五ツ時（午前8時）雨ふる同時高知へ行く。朝倉悪疾入り渡り、日々死失あらざるはなしという。郭中[註]市中とも病流行、トンコロ、痢病、脚気種々あるよし、病咄しより外なし。

註　郭中（かくちゅう）　城下の内上級武士の専用居住地区。

七月廿日　3－129

今度の病に付、誰いうとなくこの病は三年終わればこれなきゆえ、早く正月をしたれば病退除す、東海道筋にもこの例にて悪疾頓《とみ》にうせける由流布す。これを聞き伝え市中一統我も〳〵と、門口に松をかざり雑煮を食い祝う、時節不相応の事ゆえ橙《だいだい》、門松、山草など売りに来るもの皆笑いつゝ売り歩く。

昨年病除けの為鍾馗《しょうき》の姿を諸方へ賦《くば》り銭を取りし、南奉公人町葦《アシ》田という陰陽師《おんようじ》トンコロにてこの間死す。その前を通り見るに、鍾馗の社にも雨戸を立てあり、実に正気を失ったと申すもの。通町の小松成道という医師の子も（成道は死して今なし）脚気にてこの間死す。一休が「我が病にはこまる医者どの」といいしもよく当たれり。

ハシカ流行

ハシカ（麻疹）は麻疹ウイルスによる急性伝染病で、発熱と斑点様紅色の発疹、鼻・喉のカタル、結膜炎を伴う。五～六歳までの幼児に多く、感染力が強いが、一度の感染でほとんど一生免疫を得るという。

日記には文久二年（一八六二）夏の流行が記されているが、この年六月二十八日高知出発で、京都に向けて出発した藩主豊範の一行も、姫路通過の頃から感染者が出て、七月十二日大坂に着いた時には豊範も罹病、一行の約九割が蒲団をかぶるという有様で、大坂で約一ケ月滞在した。日記の中にも御供として行く途中死亡した家来のことが出て来る。

❖文久二壬戌《みずのえいぬ》歳（一八六二）

六月廿日　4－131

この節高知を始め宇佐辺までも麻疹《ハシカ》大に流行、症に軽重はあれども死する者稀也。誰か言い出しけん、酒屋は石の輪をかり来たり、男女ともこれを抜ける、子供の輪ぬけはもっともなる様に見ゆれども、大人の輪の中を潜《クヾ》る有様その心中推察せられておかしくぞありける。これは先年麻疹流行《ハシカハヤリ》し頃、酒屋へ奉公せる男ども隣家のハシカを聞怖《キヽヲヂ》し、数十人暇《イトマ》を請いその家を出去らんとす、酒屋の亭主不図《ふと》思い付き、八石桶の輪を取り出し、昔より言い伝う、この輪の中をぬけたる者は決して麻疹をうけず、たとい病を得ても大に軽しと欺《あざむ》きて数人を輪抜けせしむ。さてこそ男女とも信服して輪をぬけ、怖るゝ心なく皆帰る事をやめける由。これ酒屋主人の気転と謂うべし。今の人はその来歴を知らずして、一概に輪をぬけ病を遁れんと思うは、迷い心の甚だしき極み、文盲というべし。
病を怖れて神仏へ祈誓せんより我父母によくつかえよ、輪ぬけするひまあらば念仏[註]申せ、古人は寸陰を惜しむ、我は分陰をおしむと言いし人もあり。各々家職を専ら勤め空しく月日を過ごす事なかれ。

註　念仏（ねんぶつ）　心に仏の姿や功徳を観じ、口に仏名を唱えること。善導や法然の浄土教では、特に阿弥陀の名号を称えることをいい、それにより、極楽浄土に往生できるという。（『広辞苑』）

六月廿六日　4－134

当浦麻疹《ハシカ》段々はやり、三十歳四十歳位の者迄右の病にかゝる、子供は軽く大人は至って重き者あり。三十九年跡に流行し、その後なかりしとぞ。（廿四、五年以前に三日はしかと云いて流行す）

（欄外）○元禄四未年（一六九一）麻疹流行、人多死。
○享保十五戌年（一七三〇）麻疹流行。
○宝暦三酉年（一七五三）麻疹流行、人多死。
○安永五申年（一七七六）麻疹流行。
○享和三亥年（一八〇三）麻疹流行。
○文政七申年（一八二四）諸国一統又流行。

七月八日　4－135

麻疹大流行、福島に小児一人死せしのみにてその余死失なし。疱瘡[註1]は美目《みめ》さだめ、麻疹は命《イノチ》定めと言伝ふれども、元来痘と比すべきものにあらず、軽き病なれども疱瘡の対句に右のごとく言い来たりしならん。ただ喉の間禾[註2]を含みたるごとく咳《たご》りもあり、熱気もありて惣身へ粟粒のように出るもの也。軽き症は三、四日、五、七日にて癒えるもあり、重きは廿日前後服薬するもあり、一様ならず。痘瘡もハシカも一生涯遁るゝ者もあり、合点ゆかぬもの也。

（欄外）○麻疹流行セル折柄、始メノホドハ予モ軽キ病ナレドモ、痘ト同ジク諸人一度ヅヽ受ル疾故、広大ニイウト思イシニ、諸国一統流行シ、麻疹ハ済テソノ後痢ノ如キ症ニ移リ死セル者甚ダ以テ夥シ、サテコソ昔ヨリ重キ病トシテ年代記ニモ流行ノ事ヲ記シ、人ノ恐ルヽモモットモナルコトヲ後ニゾ思ヒ知リケル、後代用心スベキコト也。

註1　疱瘡（ほうそう）　痘瘡すなわち天然痘の俗称。種痘およびその痕のこと。（『広辞苑』）
註2　禾（のぎ）　イネ科の植物の花の外殻（頴、えい）にある針の様な突起。（『広辞苑』）

七月十一日 4-137

この頃麻疹流行にて、当浦の医者病用に忙敷《いそがしき》もあり、又静なるもある由。その所以《ゆえん》如何というに、久敷《ひさしく》はやらぬ病ゆえ、その療治方を知らぬもあり、又気転を以て療治するもあり、就中《なかんずく》西村畊助・奥田耕潤の両人は医術修行も聢《タシカ》にせず、親の残せる医書を見て、このたびは至って病用世話敷趣。宇佐辺の医者の人を反古《ホウグ》にする、人命の危うきこれを以て知るべし。かつ畊助は先だって医業を廃したる由を聞き、我ももっともなる事と感ぜしに、又このたび如《もとの》レ元《ごとく》病用に奔走する事、思い出しの医者論ずるに足らず。今にもトンコロの如き悪疾おこらば、又以前の通り尻引きからげ逃げ隠れん。彼いずくんぞ自ら恥る事を知らざるや、不審《イブカシ》。

七月十九日 4―138

この節大坂辺麻疹大に流行死失夥敷《おびただしく》、一日に火葬する者六百人七百人ばかりもあるという、その中余病にて死する者もあるべけれども、八、九歩通りはハシカにて斃《たお》るゝ由。彼の地の医者はこの病に厳しく水を禁じ、のませぬゆえ熱気愈々亢《タカブ》り死す。御国の医者は水湯とも少しも禁ぜず、死人もっとも少なし、かように療治の異なる処甚だ不審也。城下にても夏菜園《サエン》を惣じて禁ずる医者もあり、又真瓜茄子ばかりを禁ずるあり、又一向に食禁はなしというもあり、孰《いず》れ死す者は少なし。妊婦は療治六ヶ敷《むつかしき》由、一両人この病にかゝり斃《たお》れたる女ある由、痘は陽病にて外に発し、麻疹《ましん》は陰疾にて内を巡り下るものなりと、或る医者の咄し。

七月廿日 4―139

八ツ半時（午後3時）横町へ寄る、この家にも当世病にて二人平臥《へいが》、直ぐに暇乞いして升形へ寄り七ツ時（午後4時）より帰足。

北奉公人町荒尾某（二十三歳位の由）先日太守様御供、大坂迄の御用を蒙《こうむ》り立ち帰りを以て赴く処、当十一日大坂着の日、彼の地に於いて病死の由、今日予が嶋崎に休息の内、この家へ為レ知《しらせ》来る。誠に墓《（ママ）》なきは人の命也と、その座にて哀れに覚えける。これも多分流行のハシカなるべしと推察せり。右御供の内、道中にて右の病に懸るもあり、讃岐にて病み出したる人はその地に留まり、御国よりその家内家来四、五人打ち連れ、介抱に行ける趣、旅中の病気定めて難儀多からん。

これを聞くにつけても、予が両弟先だって予州へ赴きけるが、未だハシカの済まぬ身なれば、若しや他国にて病にかゝり、難儀はせぬかと日夜気遣いたえず。痘とこの病とは遁れられぬ厄《ヤク》と聞けば、一度病みたる者は安心し、いまだ煩わぬものは怖れあやぶむ。先年ハシカに懸りしもの、、今度この病をうけざるも亦一奇也。併しトンコロは疱よりも烈敷《はげしく》、疱はハシカよりも烈し、ゆえに今諸村一面に病行き渡れども、人々疱ほどに怖れず、何にもせよ毎年色々の事ありて、心配苦しみの絶えぬ世の中也。

七月廿一日 4-140
当寺檀中新町お亀ハシカにて病死す、二十五歳随分美婦にて茶屋の於亀さんと歌われたるものなりしが、このたびの病に斃る、惜しむべし。不器量なる女の死せるをば人これを憐れまずして親ばかり哀《かな》しむ、美婦は他人迄もこれを惜しむ。贔屓偏頗[註]は人間の常といいながら、色を好むの心は人々悉く具《そな》えたる故か、実に怪しむべし。

註　贔屓偏頗（ひいきへんぱ）　えこひいき。（『広辞苑』）

八月十二日 4-144
ハシカの為に死する小児、宇佐の内にて今日五人ありという、憐れむべし。

八月廿四日 4-146
当浦田嶋の弟与四郎麻疹の上脚気に移り、俄《にわ》かに大切[註1]に至り今朝病死すという（当年廿四歳）。その父三左衛門は八十余歳、随分堅固なれどもおくれ先立つ習いにて、父は止まり子はゆく、誠に憐れむべし。

この間まで当寺へ出入りの塩売り、池浦の氏蔵なる者、六十有余の今までハシカも遁れたるや、この度右の病に懸り持病の胸痛添い、一両日以前病死、その娘甫渕へ嫁せしも、三日隔て、右の病にて死す、廿四、五歳の由。

氏蔵はこの間まで当寺へ来りしに、纔《わずか》の間に死去の咄しを聞く、これまた不便なる事也。若き男女のハシカにて斃る丶者甚以て多し。脚気にてついたる時は急に童便へ[註2]犀角粉を入れまぜ、病人に呑ましむれば忽ち効験ある由。宇佐辺には脚気の病少なきゆえ、医者も不案内なるべし、城下には至って多し、右の病には医師皆童便を用いるとの咄しを、今朝ききしま丶記し置く。

註1　大切（たいせつ）　非常に切迫すること。危篤に陥ること。（『広辞苑』）
註2　犀角粉（さいかくこ）　犀の角の先端部を粉末にした生薬。漢方で解熱薬。黒色の物を上等とし烏犀角《うさいかく》という。（『広辞苑』）

九月十日　4－158

日入る頃、松山より出せし慈薫が状来る。披見するに五月中頃より松山城下へ麻疹《はしか》入り渡り、小児はいうに及ばず四十歳より六十歳位の者までも右病にか丶り死失多く、その上、八月中旬より又トンコロリ流行し、松山辺は日数三日の間に棺を四ッ舁《か》き出すもあり、七日十日の日数をふる内に四、五人死失の家は珍しからず。宇和島も悪疾流行に付き、在郷浦辺の者は城下へ出入りを禁ずる由、役所より触れ渡す程の事。又[註]芸州は右悪疾の上に麻疹も加わり候趣。先月上旬迄の間に城下ばかりにて死去の者、およそ一万人ばかりも有《あり》レ之《これ》、九州地は別して烈敷《はげしく》、当寺弟純肇七月上旬より筑前に滞留の処、右病大流行ゆえ、先だって宇和島へ迄逃げ帰りける由。しかし弟両人とも先ず無事に罷《まか》りありとの左右、今日の状にて承知する。

〝聞くたびに危うき淵の薄氷　のぞむに似たる世を渡るかな〟

といえる歌も思い出され、実にもろき命という事を愈々《いよいよ》知り、独り念仏する。

註　芸州（げいしゅう）安芸の国の別称。

異国船、蒸気船騒動

❖安政三丙辰《ひのえたつ》歳（一八五六）

《唐の漁船漂着》

七月九日　1－121

当四月末頃、唐土の漁船一艘、人数七人乗り越浦へ流れ来たり、後に清水浦へ漕ぎ来たり候由。弥《いよいよ》漁船に相違無《なく》レ之《これ》、柱三本立て船中には飛魚熊引の類数多《あまた》積み、塩致し有《ある》レ之《これ》処、その塩の色真白にて少しも色替らぬ由、甚だ奇なりとす。右七人の内若者ども頻《しき》りに故郷を慕い、涕泣《ていきゅう》し且つ煙草《たばこ》至って好物にて、その品見せ候えば至ってほしがり、面色替り人物は下賓（下品）の由、この間下浦より帰りし橋田万屋《よろずや》喜代介と申す男の咄。

《江南船漂着》

九月廿一日 1－132

当年浦戸へ江南[註]船漂着の節、当国御船奉行堀部何某、彼の船へ向かい銭を見せよと言えども、辞《ことば》通ぜざるゆえ「銭見」と書きて与えければ、唐人これをみて「大人欲銭乎」と書きて尋ねるに付き、この方より黙頭《ウナヅキ》ければ、彼の船より乾陸通宝、道光通宝等の銭を出しみせける由。これ堀部の銭見と書きしは文字の転倒せる誤りにて見銭の字相当せり、倒《さかさ》まに書き与えしゆえ彼の者より右の通り書き来たれる也。日本は文に疎き國なりと唐人定めて笑いつらん。彼商船といえども、文書に委《くわ》しき事これを以て知るべし。この頃幡多郡へ南京の漁船一艘漂着せる由。

註　江南（こうなん）　長江下流南側の地。安徽省南部と浙江省北部を含む。広く長江以南の地方を指すこともある。（『広辞苑』）

❖安政五戊午《つちのえうま》歳（一八五八）

八月十日 2－114

この頃江戸の噂を聞けば、七月初旬異国船数艘品川沖へ懸り、見物夥敷《おびただしく》候処、七日より番船付に相なりしに依って見物止まり、その異国人十四人愛宕下真福寺という寺へ上がり居り候由。又十一人ばかり京橋辺へ買物に上陸すという、その後又二艘ばかり見えし由。さて又公方家大騒動、将軍様御他界（毒死とも云う）、西ノ御若殿様も御病気、その中にて尾州、水戸、越前、因州などの諸侯方或は隠居又は閉門種々の御呵《しかり》を受け候御大名衆多き由、それに引替え紀州の御家来は御家老始め家中の人々御賞禄蒙《こうむ》る人多し、誠に世の中如何なり行くらんと恐察す。その中に当国太守様にはこのたび異船為二防《ぼう》禦《ぎょのため》一、大坂川口御固め御蒙《こうむ》り、備前様雲州侯同断の御事、京都へも御大名衆被《つめ》レ詰《られ》候趣、諸国一統只々物騒敷《ものさわがしき》事とはなりぬ。

❖萬延二辛酉《かのととり》歳（一八六一）（二月十九日文久と改元）

《異国船対策》

八月廿八日　4－44

今日須崎の郡代当浦へ来り、このたび異国船国々浦々湊へ入船に付、萬一宇佐へ来るまじきにあらず、依って役人より異人宿に寺々の座敷を借りおく。当寺へは沙汰なし。辺地ゆえか小庵ゆえかなるべし。

八月廿九日　4－44

御仕置方廻文来る、左の通、

此度英国軍艦江公儀御役人乗組を以海岸測量被二仰《おおせ》付《つけられ》一、既《すでに》上陸も致し候趣、御達に相成候、然ニ西洋軍艦致二来《らい》泊《はくいたし》一候義、於二御《おく》国許《にもとにおいて》一古来より無《これ》レ之《なく》、殊《ことに》異之人情懸隔之風俗ニ而《て》、下賤の者共見聞候而《て》ハ如何之不所存企之者有《これ》レ之《ある》程も難《はかり》レ斗《がたく》候間、心得違無《これ》レ之《なき》様可二示《しめし》聞《きかすべき》一旨、御奉行中より申来候条、例之夫々江江可レ被《しめ》二示《しきか》聞《さるべく》一候　已上

八月十七日

右は近年の珍事なりとて御国中浦々評議取々なり。

❖文久三癸亥《みずのとい》歳(一八六三)

《生麦事件に伴う緊張状態》

文久二年(一八六二)八月二十一日、薩摩の島津久光は勅使大原重徳(しげとみ)を擁して江戸に下り、幕政改革の朝命を伝えて、京都へ帰る途中、江戸の郊外生麦村で、行列を横切ったイギリス人を一行の者が斬り、一人死亡、ほかにも負傷者が出た。イギリス側は幕府に賠償を要求、更に三年六月にはイギリス艦隊が鹿児島に押しよせ、犯人の処刑と賠償を要求、不調に終わると鹿児島の市街に砲火を浴びせた(薩英戦争)。薩英戦争前の緊張状態での廻文の写しである。

四月二日 5－22

役所より廻文来る、左の通り、

別紙御書取ニ通御奉行中御渡被《な》レ成《られ》、支配之面々且例之夫々《それぞれ》江も考合せ可《もう》レ申《すべき》旨被《おおせ》ニ仰付《つけられ》一候間、
其心得例之通可《ふれ》レ被《きか》ニ触《さるべく》聞一候 已上

三月十四日

柏原内蔵馬
寺田左右馬

金子平十郎

今度英吉利《いぎりす》船渡来ニ付、夫々《それぞれ》防禦之次第も可《これ》レ有《ある》レ之《べく》、就而《ついて》ハ帰国ニ可二相成《あいなるべき》一哉、若於二帰国《きこくにおいて》一ハ精選之士応二在《ざい》京之人数多少《きょうのにんずうたしょうにおおじ》一、朝廷為二御警衛《ごけいいえいとして》一当地滞京可《これ》レ有《ある》レ之《べく》候様関白殿被《めいぜ》レ命《られ》候事。

○此度横浜港江英吉利軍艦渡来、昨年島津三郎義江戸出立懸、生麦において三郎家来英吉利人を及二殺《さつ》害《がいにおよび》一候義ニ付、三ケ条之儀申立何も《いずれ》難二聞《ききと》届《どけがたき》一筋ニ付、其趣を以可《おお》レ及二応接《せつにおよぶべく》一候間、速ニ兵端を開候哉難《はかりがたきに》レ斗依而ハ銘々藩屏之任ニ有《これ》レ之《あり》候ニ付、夫々《それぞれ》備向手当も可《これ》レ有《ある》レ之《べく》間、為二心得《こころえとして》一相違候事。

右二月廿七日御所司代より御呼立ニ付、聞番役罷出候処、公用人長谷川五郎太夫を以御渡有《これ》レ之《あり》候。

○異船渡来之節、海岸近辺之寺院、為《ときとして》レ時陣家ニ被《おおせ》二仰付《つけられ》一候間、被二得其旨心得《そのむねこころえられ》一、首尾可《ある》レ有《べく》候。

三月十六日

柏原内蔵馬
寺田左右馬
金子平十郎

右ニ付英吉利《いぎりす》船薩州沖へ廻り、兵端を開く様子相聞けるより、於二国役場《くにやくばにおいて》一評議の上、士《さむらい》五十人その余足軽に至る迄、都合三百人ばかり、薩摩へ御加勢に御指立てに相成る由、城下戻りの男の噂。追々不安時節にはなりぬ、恐るべし。

《英船今治に来る》

五月五日 5－28

去年、英吉利船一艘予州今治へ寄せ上陸し、町々を見物し浜の砂を小舟にて取帰る、その故を知らず。城主は御留守にて夷人に上陸せしむる事は御家老の誤りという。それより今治御城の近辺に炮台数ヶ所出来、若し異船寄せ来たらば一番の鐘を聞きて町々の者を退かしめ、二番の鐘を聞かば家中の女童《おんなわらべ》を退去せしむべし、三番の鐘にて打ち払うべしと触れ渡さる趣。右は慈勲より聞きて記す。

《土佐藩蒸気船》

文久三年八月十三日に宇佐沖合を通過して須崎に入港した蒸気船は、土佐藩で初めて実用船として購入した「南海丸」である。この船は鉄製の内輪船で百馬力、長さ三十一間、幅五間(約五十五メートル×九メートル)。当時としては大船で、宇佐沖を通過した時、土佐の藩船と分かっておらず、近辺を含めての大騒動の模様が記されている。

八月十三日 5－51

八ツ頃(午後2時)蒸気船一艘沖合を通るとて浦中騒動、橋田新在家の者は甫渕坂へ見に行く。予は風呂に入り垢を落す最中ゆえゆく事能わず。当浦郷士浪人民兵迄皆鑓《やり》を持たせ具足櫃を舁《か》かせ[註]分一役の家迄出る。児女子は泣き叫び、浪人の家内に着替えをし逃げ行きしものも有《これ》レ之《あり》、暫時の間その騒ぎいうべからず。橋田にてはその船見えぬゆえ皆落付き坂へ見物に行く位の事也。右船西の方へ通り何方へ留まりしやしれず。評判区々《まちまち》也。

註　分一役（ぶいちやく）　他領などへ土佐藩領内の港湾より木材、水産物などの物資を積み出す場合、あるいはその反対に米穀、篠巻などを積込む場合、賦課徴収する、いわば関税にあたる分一銀を徴収する浦役人。十分の一、五分の一などと定めていたので、この名がある。（『高知県歴史事典』）

八月十五日　5―52

一昨日の蒸気船は、先度御国へ御求めの船にて、今度江戸より廻し来たれる也。四、五里も沖合を通りしゆえ印も聢《しか》と見えざりしにや、須崎は以前の船に手懲せしゆえ、今度は打ち払いの覚悟にて、台場へ数十人集まり、玉薬等を舁《かか》せ別して騒敷《さわがしき》事にてありし由、もっともなる事也。江戸より二日半程に須崎に入るという。浦戸の湊浅くして入船する事能わざるゆえに須崎へ御圍（囲カ）いになる。

新居村へは佐川より常詰の番人五人ばかり、何気なく居る処へ右の都合に付、佐川高知両所へ笹飛脚[註1]を以て注進し、佐川より大勢欠（マヽ）け付けるは顕然[註2]なれば、その用意をせよとて、農家へ言附け米を搗くやら炊く用意やら、浜へ大筒を舁《か》き出すやら、その費《ついえ》仰山なる事也。昨日晩方御船頭両人須崎より種崎へ帰るを見て、漸く落着き浜を引き取りしと也。斯様《かよう》の事は兼ねて御触れにもあるべき事なるに、すべて知りたる者なし。御国の船只一艘沖合を通るさえ狼狽せる者多し、況や異国の軍艦数艘見えなば如何あらんと、心あるものは朱顔《しゅがん》を自ら凋《しぼ》む。

註1　笹飛脚（ささひきゃく）　笹送りとも。公儀用とか異国船漂着の場合、高知に急報するため、馬上に笹をはさみ、その笹の枯れぬ間に到着しようというもの。（『土佐庶民史話』）

註2　顕然（けんぜん）　はっきりとしているさま。著しく明らかなさま。（『広辞苑』）

❖元治二乙丑《きのとうし》歳（一八六五）（四月八日慶応と改元）

《兵庫での異国船》

十一月廿一日 7－87

宇佐の孫之丞といえる大坂通いの船頭にあい、途中聞きし噺を左に記す。

当年秋異国船九艘兵庫の沖へ来る。英吉利《いぎりす》、仏蘭西《ふらんす》、亜墨利加《あめりか》、南京等也。その中大船二艘あり、一艘は先年長州にて戦いたる軍艦の由にて、船のふちひしげたる処二、三ヶ所見ゆる。これ石[註1]火矢に当りたる処也という。これは兵庫にて交易致し度段願い出るといえども御聞き届けなし。交易場所は先年定めの通奥州の箱立《（ママ）》、肥前長崎に限る事、江戸も追々やまりとなる趣。

惣じて人物丈高く五尺四、五寸もある様に見え、朝毎に相図の鉄炮一つ鳴れば、諸船一同にその国〳〵の船印を立てる、日入る頃に又相図をなせば、その船印を取り退ける。毎朝夜明け頃よりテンマに乗り、青物類を買いに上る、金銀を土砂のごとく遣い惜しむ事なし。その中牛を一度に十四匹程づゝ買い入れる。一匹の価日本銭三十二両づゝ、これを渡せば異国人受け取り、浜にて直ぐに料理する。その仕様は生きたる牛を引き来たり、鉄槌《カナヅチ》のごとき物を振上げ、牛の角と角との間のまい〳〵のある処を只一つぐゎんとくらわせば忽ち斃れ死す。それより大なる庖丁を以て喉《ノド》と腹との間へ突っ込めば、血どぶ〳〵と出る。暫くありて一人その牛の胴中に上り踏むがごとくゆり動かせば、又再び血夥敷《おびただしく》出る。その後皮を剥ぎ除け肉を割《サ》く。その料理の早き手際いうべからず。勿論牛肉を水にて洗う事なく、血をば拭い去りその侭《まま》にて船に入れ、右十頭の牛を九艘の内へ配分する。雪平《ゆきひら》様[註2]のものにて醤油を入れ煮て食す。大勢の乗合ゆえ下輩には食せしめず、その船中の上輩分ばかりこれを美味として嗜む。
右異船滞留中十頭宛の牛を三度ばかりも買いたる由。元来牛を商う者五両位にて買い出し三十二両づゝに売り、大いに利を得たり、併し僅かなる金銀を貪り牛数頭を異人に売渡し屠《ホブ》り食わしむる事頗《すこぶ》る惨刻《ムゴイ》仕方というべし。

註1　石火矢（いしびや）　西洋伝来の大砲の事。（『広辞苑』）
註2　雪平（ゆきひら）　厚手で薄褐色の陶製の鍋。主に粥《かゆ》用。（『広辞苑』）

❖慶応二丙寅《ひのえとら》歳（一八六六）

七月五日　8－54
今日九ツ（12時）頃異船一艘龍《りゅう》浦沖へ見ゆるとて、当浦並に近村の郷士浪人甫渕坂へ行く。この船昨日久礼浦に懸り、今日宇佐沖より東へ通る。イギリス船の様に見ゆるという。城下へ注進するやら中々以て騒動也。

七月六日　8－54
昨日の異国船浦戸口に懸り、城下大いに騒ぐという。大きさは御国の蒸気船より十間ばかりも大なる様に見ゆる由。今夜踊りの太鼓聞こえず、右異船騒動の故なるべし。

❖慶応三丁卯《ひのとう》歳（一八六七）

《イカルス号事件談判》

この年八月の異国船騒動は、七月に長崎で起きたイギリス軍艦イカルス号の水夫殺害事件で、海援隊士に嫌疑がかけられたことに関する談判の為であった。八月二日に土佐藩大目付佐々木高行が、薩摩藩の汽船三邦丸で入港、三日には幕府の外国奉行平山図書頭ら一行の回天丸、対英交渉の全権を任された後藤象二郎の夕顔丸、六日には駐日英国公使パークスを乗せた軍艦パジリクスが集結して、須崎は時ならぬ国際交渉の舞台となった。陸上では須崎と種崎に諸隊が派遣されて警戒にあたった。八月七日、八日に行われた交渉では決着せず、さらに長崎で調査をすることになった。日記では事件の内容は不明ながら、城下や須崎の騒動の模様が記されている。

八月五日 9－57

又々異船浦戸沖へ来たれども、浪高く船を留る事能わざるを以て須崎へ行く、近辺郷士浪人皆集り、夜中各々松明を照らし須崎の浜白昼のごとし。今日異船又浦戸口へ行く、城下大に騒動、宇佐は米価を上げかける。須崎より甫渕坂を越え東へ行くもの多し、福島浦にて中筒六発打例《うちだめ》しをする。

八月六日 9－57

晩方異船西南の方角へ通りける由。

八月九日 9―58
異船は今以って須崎に滞船、英船の大将分は右浦法性寺にあり、三艘の内一艘は江戸の役人の船也。御家老衆須崎へ出張れども用事をいわず、容堂様へ御対面の上という事、それゆえ江戸役人は須崎より上陸し高知へ行き、今日迄称名寺に滞留する。城下は右の都合ゆえ至って騒敷《さわがしく》、須崎は近辺の人々皆町々へ莚を敷き、野宿をする程の多人数也。町家の者は大概家を片附、何時放火の乱もしれぬとて、近き山際の家々へ諸道具を頼み送り、渡世留まりゆえ下民大に迷惑、大善寺も寺を明け渡し陣屋となる由也。

八月廿一日 9―65
過日異国船の来りし時は、城下は大騒ぎにて、江府[註]からの御使いと称する圖書頭《ずしょのかみ》もどうやら贋物の様子、事柄により打って捨てるという程の事。彼よりも敵するやしれずとの御用意にて、須崎と浦戸口とへ御人数を御廻しに相なる。
右船は須崎にある事なれば、その処別して大事なりとて、合戦の用意取々にて文武館より押し出す。武器はいうに及ばず蓑二百枚（雨天の用意）、油紙大小数百枚（死骸又は首を包む用意也）、斯様《かよう》の品迄持ち運ぶ、各々必死の覚悟にて行く。
浦戸より西手の海岸御用心にて、雪蹊寺を始め乗林寺寿念寺迄御人数出張、中々仰山なる御費用也。然るに彼の異船ども、容堂様に難詰せられたる事ありて、這々《ハフハフ》逃げ帰るゆえ先ず何事もなしに治まれり、御上ミの御苦慮察すべし。

註　江府（こうふ）　江戸。

❖慶応四戊辰《つちのえたつ》歳（一八六八）（九月八日明治と改元）

土佐藩では船の名前に『源氏物語』の巻名に出て来る女官の名前をつけることにした。これはイギリス人宣教師フルベッキの助言によるという。最初に購入した「南海丸」も「蜻蛉」（せいれい）と改め、以下「箒木」（ははきぎ）・「空蝉」（うつせみ）・「胡蝶」（こちょう）・「夕顔」・「羽衣」・「横笛」・「若紫」（わかむらさき）・「乙女」などである。

《土佐藩の船名》

二月三十日 10－28

御国蒸気船一艘、樟脳を積み長崎へ行くとて龍《りゅう》崎に懸り、七、八人宇佐へ来り酒をのむ由。御国御求めの蒸気船数艘の内、始めの船は胡蝶と呼び、この船は羽衣と名付く。皆源氏の名を用いるは追々船を増し源氏の名を悉《ことごと》く用いて、又十余艘も御仕入れの御上の思し召しならんと評判取々也。

7 ― 真覚寺の日々

《真覚寺縁起》

真宗大谷派真覚寺は、三河出身の井上源了という元武士が開基とされ、江戸初期の万治年間（一六五八～六〇）安喜（安芸）で禅庵を開いていたが、のち浄土真宗に帰依して真宗の道場とした。その後宝永七年（一七一〇）、二世の正源という僧が本願寺派の道場を宇佐に開き、活躍したと伝えられている。六世正宅の時には真覚寺の寺号許可を受け、文久元年（一八六一）飛檐《ひえん》という官職を与えられた。『真覚寺日記』を残した静照師は八世にあたり、現住職秀晃師は十三世となる。

『真覚寺日記』は昭和四十九年（一九七四）九月五日、土佐市保護有形文化財に指定されている。

❖安政二乙卯《きのとう》歳（一八五五）

《梨泥棒》

六月廿日 1－57

今夜四ツ頃（午後10時）梨子盗人来り、門脇の柏の木より門へ上り梨子を取らんとする時、瓦を踏み砕く。

その音に目を醒《さ》まし障子を明け見れば、門の上に盗人ある様子、月の出頃の光りにすかし見て、直ぐに跣足《はだし》にて縁より飛び下り、おのれこの御時節に盗みをなす悪《ニク》きやつ、そこ動くなと声かくれば、盗人仰天して門の上より柏の木へ戻る時、間近く寄せ引きとらえんとするに、木よりすべり落ち、木にかけありし茨《バラ》にて五体をかき裂きつゝ、一足飛びに逃げ出すを二丁余り追って戻る。翌朝見れば門の瓦二枚ふみ砕きあり、この方も損なり盗人も梨子はとらず五体はいためる大な損、これぞ昔からいう所の両損なるべし。

七月六日 1－60

晴天。朝墓所の掃除をする、今日も暑さ甚し。晩方醤油を造り込む。八ツ半時（午後3時）小ゆり同時大黒屋才三郎子供をつれ七夕《たなばた》の詩歌書き呉れよとて来る。昨日庭前の梨子を取り百四、五十程売る、風と盗人を恐れてなり。伝平、常次、熊三郎などの病人へ梨子を遣《や》る。今夜娘ども寄り集まり七夕祭りの通夜する。女子有《これ》レ之《ある》小屋は大勢集まり来り甚賑敷《にぎわしき》し、もっとも昨年と違い橋田にては色紙の短冊を括《クク》り付けし笹ある家なし。

七月七日 1－60

朝早々起き出で門前の草をひき掃除する。日の出頃ゆる小、五ツ頃（午前8時）鳴動の音ばかりする。四ツ（午前10時）頃庄屋より人払いを取りに来る。宗門帳[注1]を詮議致し候に、当年正月よりこの頃迄に死失の男女六、七十人有《これ》レ之《ある》よし、今年に限りて黄疸[注2]、時疫[注3]、痢疾[注4]、瘧[注5]等の病気宇佐中へ入り渡りそれ故死失多し。右の悪病今以てやまず。今日も一天雲なく晴れ渡り暑さを凌ぎ兼ねる。時節柄ゆえ銘酒一合買い来り七夕の心持をなす。八ツ時《（午後2時）》二度小ゆり、夜四ツ頃《（午後10時）》ゆる中ノ小。蚊少し蠅多し。

註1　宗門帳（しゅうもんちょう）　宗門人別帳とも。村ごとに宗門改めの結果を記した帳簿。のちには人別帳も兼ね、一戸ごとに戸主・家族・奉公人の名前・年齢・宗旨・檀那寺などを記載し、戸籍簿の役割も果たした。（『広辞苑』）

註2　黄疸（おうだん）　胆汁色素（ビルビリン）が血液中や組織内に異常に増加し、皮膚・粘膜その他の組織が黄色になる症状。（『広辞苑』）

註3　時疫（じえき）　流行病、はやりやまい。（『広辞苑』）

註4　痢疾（りしつ）　下痢。

註5　瘧（おこり）　間欠熱の一。隔日または毎日一定時間に発熱する病で、多くはマラリアを指す。（『広辞苑』）

《暴風雨被害》

七月十四日　1－62

雨天風吹き波高し。四ツ頃《（午前10時）》より大時化《しけ》、浪は陸へ漸々に上がり、風雨は次第に烈しく、四方の雨戸をしめ潜み居る、雨中鶏頭をきり来り本堂へ上げる。庭前の梨子百余り風にもまれ砕け落ちる。その惜しき事いうべからず。一人子に死に別れせしにはましならんとつぶやきながら拾い集める。八ツ頃《（午後2時）》漁者ども声々に凪[註1]を追う。

薬師谷の松の木折れる。小屋住居の者ども、家傾き雨漏り波高きゆえ、老人幼子を連れ大雨中に堅固なる家へ行き頼み置く。寺参りする者一人もなし。この様なる盆は生まれてよりいまだあらず、初盆灯し上げ等の家々の牡丹餅素麺《ぼたもちそうめん》の拵《こしら》えも大半やまりとなる。七ツ半頃《（午後5時）》勤行《ごんぎょう》する。日入り頃雨止み雲少しなおる。右にいう庭木の梨子、只の一つも木になき様に吹き落されしは誠に残念く〵。来年こそ、盗人と風雨とのいやな相手のあるなれば、盆前迄に取り仕舞う様にと、今年よりその覚悟をする。

夜に入りても参詣の影も見えず、さて去年大晦日には店方には人を以て銀米の催促する場合、寺々には檀家の斎米[註2]を待つ折柄、以ての外なる大地震にて懸取りの往来もなく、勿論寺へ米一合持ち来る人なく、泣く泣く越年致せしに、その涙いまだかわかぬに、又当年の盆祭りにこの様なる大風雨、店方の迷惑はいざしらず、我等忽ち大困り、積気[註3]の発《おこ》るほどの事にて、これや寺々の貧盆《ビンボン》なるべし。

註1　風を追う　大風の吹く時、ホーとかホーイと叫び声をあげて風を追い払う習慣。
註2　斎米（ときまい）　お供えの米。（『広辞苑』）
註3　積気（しゃっき）　しゃくの病気。（『広辞苑』）

❖安政三丙辰《ひのえたつ》歳（一八五六）

《蛙に説教》

四月三日 1－103

晴天、朝涼し。本堂の天井の上の土を取り掃除する。八ツ（午後2時）前ゆる中ノ小。晩景薄蔭り。夜に入れば例の蛙の鳴き声耳に立ち、閨《ねや》に入りても寝られぬまゝ、

〝こりや蛙ちっとはだまれ短夜《みじかよ》に　寝る邪魔すると蛇《へび》にいうぞよ〟

❖安政四丁巳《ひのとみ》歳（一八五七）

《お盆の死者》

七月十四日　2－33

今朝本堂荘厳相済み、庫裏[註1]の掃除をする所へ、当浦新町当寺旦家の若き男死去の由届け来る。誠に盆になりて死ぬるという様な無調法な事があるものか、これに付いて人の咄しを聞けば、盆前に死して未来へ行く者は、亡者の盆に娑婆[註2]へ来る時の留守番を言い付けらる。又十五日頃に死して冥途[註3]に落付く者は幽霊ども娑婆からいんで見ると、さあ我々が留守へ顔見知らぬ者が来ておる、盗人ではあるまいかなどと評判するよし。

誰が言い出したる事かは知らざれども、盆には先だちしその家々の先祖ども、閻魔王の許しを受けて茄子のあえ物南瓜の煮しめなど貰うて喰うを楽しんで、冥途からわざわざ御客に来るという、さすれば冥途という所は惣じて不自由なる所にて、茄子南瓜の類もなきと見えたり。然れば今日死去の男は未来へ赴くなり、古き亡者は人間世界へ御客に来るなり。枝道ゆかずに往還《オウクハン》ゆけば必ず大勢の幽霊に逢うべし。若しや誘われて道から戻る事もあらんか、すゝんで亡者どもの留守へゆき盗人扱いに逢うよりは、行きつかずに半途からよみがえりたれば、我等は今日の葬礼にゆく事を遁れるだけの事なれど、死去の男の親兄弟は盆も正月も一所の大悦びにてあらんと、戯言《オドケ》まじりに彼の家の悲嘆を思いやられ、世の人の魂《タマ》祭りに餅をつき百八灯をともし、水を供《ソナ》うるなどの事見聞するに付けても、たゞ我が身の今日まで命存《なが》らえて、仏祖の御給仕申す有難さを喜び念仏す、あゝ我が身もいつかなき人の数に入らんはかなし〳〵。

注1　庫裏（くり）　寺の台所。転じて、住職や家族の居間。（『広辞苑』）
注2　娑婆（しゃば）　苦しみが多く、忍耐すべき世界の意。人間が現実に住んでいるこの世界。（『広辞苑』）
注3　冥途（めいど）　死者の霊魂が迷い行く道。又行き着いた暗黒の世界。（『広辞苑』）

《暴風雨被害》

七月廿九日　2－37

雨天、風添い波高し、存外なる風雨にて家々戸を立て往来せず。九ツ半頃（午後1時）より黒雲東西へ馳せ違い、八ツ半時（午後3時）より風雨ます〳〵烈しく、波陸へ上がり海へ近き家々は壁を毀《こぼ》たれ諸道具をぬらし迷惑の場合、七ツ時（午後4時）より大時化《しけ》、雨は篠を乱せるごとく風は諸木を折り、家を巻き上げ船を損じ恐敷《おそろしき》事いうべからず。

井尻松岡の辺もっとも烈しく、家々の戸障子は空に翻《ひるがえ》り、瓦は雨と交りて飛び、児女子の呼叫《こきょう》の声喧《かまびす》し。当寺は風当ての地ゆえ如何なるやらんと懼《おそ》るゝより、病中ながら本尊様へ打敷[注1]をかけ、四幅の御影をも手早く巻き箱に収め、庫裏《くり》の床へ御供するやいなや、本堂内陣の上瓦二、三百飛びちり、御厨子[注2]の上より余間の檀、内陣外陣の差別なく大雨泥土に交りて落ち下り、一向寄り付かれぬ形勢、畳を上げんと思いしかども、下より風の吹き入らん事を恐れぬれ次第にし、仏具は一つにても取り留めたく、もし萬一本堂潰るゝ事もしれずと、風と争いゆるぎ渡る堂内に入り、仏具を庫裏へ運ぶ中、余間の障子二枚雨戸二枚、外陣の戸袋風のために吹き散らされ微塵になる。余間に戸なくんばこの堂忽ちに吹抜くべしと俄《にわか》に風呂屋の戸をはずし、仮に括《くく》り付け風の入らぬように致し、最早命の惜しさに御本尊の御厨子だけは一人二人位にて手に合わぬゆへぬれ次第にし、庫裏へ帰るに、内掾より廊下の上の瓦ついに飛び、庫裏の上も少々家根損じ、それより寺子家門、浴室、雪隠《せっちん》に至る迄一つも無事なるはなし。諸所の壁落ち庭樹の大なるは皆倒れ、土台戸を明けられず。

その中へ近辺の男女十四、五人暫く宿をかし給われよというて、跣足《はだし》にてぬれ鼠のごとくなりて来り、腰を掛け風雨を凌ぐ、この中病人七人ありという。

日入る頃より風おさまる。暫くありて雨やみ、始めて門口の戸を明け空を見る。さて粥を炊き来れる人々にすゝらせ、皆跣足《はだし》にそのまゝにて打ちたおれ寝る。誠に我等一向覚えぬ大風雨、寅の年の大波の難を遁れし事を喜びけるに、このたび斯様《かよう》の難に逢う事、天変の娑婆とはいいながら恐ろしき事也。夜病中にはあり大勢の人々咄しを致し夜明けをまつゆえ、我等も目をふさがず夜を明かす。（今日薬師堂林の中二尋《ふたひろ》廻りの樫の木折れ、門内の大杉一本東へ傾く、木槵《むくろじ》子の心折れる）

註1　打敷（うちしき）　寺院の高座または仏壇・仏具などの敷物。多く金襴を用いる。（『広辞苑』）

註2　厨子（ずし）　仏像・舎利（しゃり）または経巻を安置する仏具。両開きの扉がある。（『広辞苑』）

八月朔日 2－38

晴天。東雲の頃より来れる人々もおのがさまぐ\我が住家へ帰り見合わせけるに、一夜の間に潰れこみしあり屋根を取らるゝあり、ねじれゆがみ住居の出来ぬようになれるあり。昨日一時《いっとき》ほどの間に橋田ばかりに潰家十二、三軒あり。それより新在家より福島井尻辺、無難なるは一軒もなし、家におされ死せし人もありという。晩方に噂を聞けば甫渕辺より城下辺迄も同断の事、上ノ茅（上ノ加江）などは在所ことぐ\く潰れ、四、五軒残りしという。

五ツ半（午前9時）頃両人の人を雇い、先ず御厨子をおろしけるに、一向づぶぬれになり、箔もおち膠《ニカワ》もはづれ大分傷む。本堂の掾にて取り乱し、水を取り乾かす。それより畳を出し干す、飛びちる瓦を拾い片付ける。

自分病気ゆえ寺子を使いとして町家丈次郎方へ、本堂大傷みに付見合わせ呉れ、且《カツ》外々檀家へも沙汰致し呉れ度き段申し遣《つか》わす処、町家も家潰れ込み仕成し有《これ》レ之《ある》鰹節を家の下より取り出し日にて干す場合ゆえ、岡本屋へその咄致し頼み置き帰る。今日は終日本堂の机箱の類、もりのか丶りし処をふき乾かし、落ちたる瓦をより分ける。晩景には橋田辺の若者ども、倒れか丶りの家を綱にて引きおこし騒動する。今日はすべて八朔[註2]のかたちもなし。夜空晴れ銀漢[註3]明にして自ら秋気をしる。今宵は草臥《くたび》れ閨《ねや》に入るに、昨今の間に五体ひえけるゆえ夜半頃より咳《たご》り出し難儀する。〔宝暦七丑年（一七五七）大風雨の後、昨日のごとき風雨は多年無《これ》レ之《なき》という〕（このたびの大風雨に予州松山、大洲、宇和島等の城下大崩れにて、家居は勿論死人怪我人等も夥敷《おびただしく》有《これ》レ之《ある》趣。右に付当国川角《かわづの》（四万十町）の打身薬を彼の国より買いに来る者多し。この間もあり合わせの薬二百服買い求め、又跡を誂え帰りし由。その辺にて聞きし趣を以て当寺へ来り咄す）

註1　東雲（しののめ）　夜明けの薄明り、夜明け。（『広辞苑』）
註2　八朔（はっさく）　旧暦八月朔日（ついたち）のこと。この日、贈答をして祝う習俗がある。（『広辞苑』）
註3　銀漢（ぎんかん）　天の川。銀河。（『広辞苑』）

八月二日 2－39

晴天。見舞の人数多《あまた》来る。五ツ時（午前8時）大工重作本堂庫裏の傷みを見合わせ、瓦の積りをする。昨晩方に御厨子を舁《か》き来り庫裏の床前にすえ、御本尊を安置し奉る。今日は仏具を取片付、御仏前の錺《かざ》り付けをする。今より十七年以前丑の年本堂造立の砌《みぎり》、只今の庫裏の床に御本尊をすえ奉りてより当年迄、御厨子を庫裏へ持ち来れる事なし。去る寅年大地震の節、本尊様始め仏具類迄庫裏へ持ち運びけれども、御厨子ばかりは持ち来らず、然るにこのたび十七年目にまた恐れながら御動座の上、仮りに安し奉る事恐れ入り奉る義なれども、事変故仕方《ユヘ》これなし。

今日熟考するに、斯様《かよう》の風雨中に不図こゝろづきて、御本尊四幅の御影とも急に庫裏へ御供致せし事、これ又不思議なり、今少しおそかりせば、御影は四幅とも泥雨《ドロ》かゝり、御面像も分り兼ぬべきに、先づもりのかゝらぬ中に庫裏へ入りさせられ候事、これ第一有難き事なり、その上本堂潰え込みもせず、これもまた希有《けう》なる事と喜び、称名念仏す。

❖安政五戊午《つちのえうま》歳（一八五八）

《説法と談義、法談》

三月六日 2－73

今日、当寺檀家の男来りていう様、一昨日夜私福智院へ参詣仕り候処、諸僧読経畢《おわ》りて、一人の老僧机上に横本を開き置き、釈尊御出世の処より一同に未来をよく聞きわけ信心せよと言聞かせ、その本を一枚さきへ明けてはまた何角《なにかど》取りまぜたる咄しあり、丁度御当流の法談に能《よ》く似てある事にてありし。[註1]然るに私どもは文盲なるものにて、惣じて未来を教ゆるは御宗旨ばかりにて、他宗はたゞ祈念祈祷ばかりと存じ罷《まかり》あり候ゆえ、甚だ不審に存じます。真言宗などにも御法談をいい聞かせ未来をおしゆる作法も御座候や。

予答えていわく、あるともあるとも、後世をおしえぬ宗旨というは切支丹宗ばかり、釈迦如来の御経をよむ八宗九宗は、みな未来の大事を授くる法也。その仏法を説聞かせる名は宗旨によりて違う、浄土宗には説法といい、日蓮宗や真言宗にては談義という、真宗には法談という。我若年の頃、播州赤穂の所方角尾水谷白水《ハクスイ》寺という真言宗の寺にて、彼宗の談義を聞きし事あり、その談義僧は京都の博学なる人にてありし由、又宇佐浦福智院の西の方に談義所[註2]と呼ぶ所あり、これ昔真言の談義ありし土地の跡なるよし、古老の伝にて聞けり、然れば今始めての事にはあらざるべし。しかし物には本末あり、他宗にては現世を大事と教え、而《シカフ》して後に未来をおしゆ。御当流にては先ず後生を一大事とおしえ、傍に現世の利益を説く。それゆえ、日本国の人過半後世の大事を教導するは、真宗ばかりに限るように思い来たれり。これは右いう本末の差別あるゆえの事よりおこれるなるべし、然るに宇佐辺は子供までも平生法談を聞き馴れて居るゆえ、今度の談義にてもやはり尓来《じらい》の法談といいなすはもっともの事也。丁度子供は松茸にても香茸にても、菌《ナバ》を見ては椎茸と思うが如し、何を聞いても法談と思いて念仏申すは、その方を始め殊勝千萬なる事なりと語り終わり、煙草一服すい右の男は帰る。

註1　釈尊（しゃくそん）　釈迦牟尼世尊（しゃかむにせそん）の略。釈迦牟尼の尊称。
註2　談義所（だんぎしょ）　室戸市佐喜浜の大日寺はもと談義所と呼ばれていた。また香美市楠目にも同様の地名があり、いずれも真言宗に関係ありとされる。（『高知県歴史事典』）

《門柱建立》

三月十五日　2－75

大工五人来たり門を立てる、掘立《ほったて》の柱二本の下へ苦塩《ニガシホ》一斗一升入れる。今日日中永代経御満席。

今日は法衣を着し僧にもなり、簀巻をして大工の手伝いをもし、座敷にすわりて家事の指図もい

たし、鎚《つち》で庭はく鉄槌《てっつい》で頭《アタマ》くらわすのいそがしさ。終日走り廻るに付いて、彼の西行[註1]の鳴戸を船にて渡るとて、

〝世の中を渡りくらべて今ぞしる　阿波の鳴戸は波風もなし〟

という歌を感じつゝ、念仏の助縁とす。昨日より読経法談兼勤の事ゆえ、音声かれて用事も弁じぬ程になる、されども今日は結願[註2]の事なれば、長法談を勤める。夜月次《つきなみ》の法座にて参詣甚多し、又無理に法談一座勤める、精進落ち[註3]の酒を出す。

註1　西行（さいぎょう）　平安末期の歌人西行法師。俗名佐藤義清《のりきよ》。武門の家に生まれ、鳥羽院の北面の武士として仕え、和歌・蹴鞠などに活躍した。二十三歳で出家、旅する歌僧として伝説化され、多くの和歌を残す。（『日本史広辞典』）
註2　結願（けちがん）　けつがんとも。日を定めて催した法会・修法の終了すること。またその日。（『広辞苑』）
註3　精進落ち（しょうじんおち）　精進明けとも。精進の期間が終わって肉食すること。精進落し、精進上げ。（『広辞苑』）

三月廿九日　2－79

今日門前の岸ならびに石壇迄築き終る。石は山石《ヤマイシ》ゆえ百貫に付二匁八分づゝと申す事、七百九十四貫買い足し、代二十二匁四分芳平へ渡す、外に十八匁石築三人役賃、十匁五分手伝三人役賃、別に四匁酒代、合して五十四匁九分相渡し、両人へ酒を呑ませ帰す。彼等両人算用の義に付、少々不義理の事あれども、欲界の習い、恥を知らざる者どもなればさもあるべき義と了簡[註1]し、さて当寺隠居遷化[註2]年久し、今日迄存命なれば、このたびの門造立を一覧し嘸《さぞ》悦び給はんに残念千萬、し

かし報仏土の宝、蓮華座[註3]より天眼を以て無数の世界を観見すと聞けば、彼土にて仏法稍《やや》弘まるを喜び給うべしと、家内にも語り聞かせぬ。

この門は大坂兵庫の問屋中、宇佐船宿得意先よりの寄附にして、その世話方は当浦升市屋松之介、同じ助之丞、濱屋孫之丞、町屋定次郎、緑屋傳平、右の男彼の地にて相談の上、当寺の門造立の企《くわだて》に及び候由。これ偏《ひとえ》に仏法不思議の力、祖師聖人御遺徳の顕《あらわ》れと謂うべし。

註1　了簡（りょうけん）　料簡・了見とも。考えをめぐらすこと。堪え忍ぶこと。（『広辞苑』）
註2　遷化（せんげ）　この世の教化を終えて他国土の教化に移る意。高僧の死去をいう。（『広辞苑』）
註3　蓮華座（れんげざ）　蓮の花の形に作った仏・菩薩の像の座。（『広辞苑』）

五月十六日　2－93

今日は当浦神祭に付惣船留、寺社の釣上寄進の船ばかり十余艘出る。当寺へ寄進釣上船一艘出る、四ツ時（午前10時）船戻る。右世話方の男四、五人呼び寄せ酒を呑ましむる所へ、東町より西浜までの同行十余人参詣、本堂にて御文御和讃[註1]の稽古あり。晩方塚地の石工《いしく》来り門の際へ石を築く。さて今日は甚以て忙しく、本堂にては仏法の讃嘆[註2]、庫裏の方は酒盛りの手段、門の方は石の踏段《フミダン》と段々に様子の替るを見るにつけ、つくづく思うに、庫裏にて酒をのむ者は、唯この世の酒の味を知りて仏法の味をば知らず。石工はまた石の重きをのみ知りて、我が身の罪《ツミ》の重《ヲモ》きを知らず。しかるに本堂には讃嘆門の行儀正しく、仏前に跪《ひざまず》きこの世の酒も後世も忘れつゝ、後生[註3]菩提[註4]の因《タネ》まくは、梅雨中のしめりにはもっとも至極の考えにて、唐芋植える業人《わざびと》とはまことに雲泥の相違なり。

かく静かに仏道修行するも、全く国恩の忝《かたじけな》き所。外護《ゲゴ》の知識ましまさずば、争《イカデ》か法門の説聴を得ん。故に仏教に志厚き人々は、別して国恩を大切に存じ、御法度[註5]堅く相守り、孝悌[註6]忠信[註7]の道を頭《かし》らに戴き、五常[註8]を表に立て、内心に来世の資糧を貯うべき由を説き聞かしむ。七ツ頃(午後4時)世話方石工とも帰る。さて同行中を庫裏《くり》へ呼び、今日の釣上寄進の咄を致し、残酒を出し、日暮れて後皆々帰る。今晩大に草臥《くたび》れ、夢をも見ず能《よく》寝入る。

註1　和讃（わさん）　仏・菩薩、教法、先徳などを和語で讃嘆した歌。讃歎《さんだん》に起こり、平安時代から江戸時代にかけて行われ、七五調風に句を重ね親鸞《しんらん》は四句一章とした。（『広辞苑』）
註2　讃嘆（さんだん）　仏・菩薩の徳をほめたたえること。またその言葉。（『広辞苑』）
註3　後生（ごしょう）　死後ふたたび生まれ変わること。また後の世。来世。（『広辞苑』）
註4　菩提（ぼだい）　仏の悟り。煩悩を断じ、真理を明らかに知って得られる境地。（『広辞苑』）
註5　法度（はっと）　おきて。法律。禁令、禁制。特に近世、幕府が旗本・御家人・庶民の支配の為に発したもの。武家諸法度。（『広辞苑』）
註6　孝悌（こうてい）　父母に孝行をつくし、よく兄につかえて従順であること。（『広辞苑』）
註7　忠信（ちゅうしん）　忠義と信実。誠実で正直なこと。（『広辞苑』）
註8　五常（ごじょう）　儒教で、人の常に守るべき五種の道徳。『孟子』では父子の親、君臣の義、夫婦の別、長幼の序、朋友の信。（『広辞苑』）

《蚊になやむ》

六月四日　2－97

この間中蚊の多き事譬《たと》えるに物なし。座上にあるに目口鼻に当たり、かつその鳴く音夥《おびただ》しく、小虫の声とは思われず恰《あたか》も人語の如し、故に毎日日入る頃より六ツ(午後6時)過ぎ迄は家を明け渡し戸外に出、蚊の静まるを待って而《しか》して後入る、かかる時は蚊遣火《かやりび》もその用をなさず、団扇《うちわ》もその力を顕《あらわ》す事能《あた》わず、ただ家をば蚊の躍り場に渡し置き、その勢いを避け逆らわざるを以て上とす。

〝夏の夜は蚤に責められ蚊にくわれ　掻くのもつらし跡のほろせを〟

〝蚤喰ても蚊ほどにはなし蝿虱《はえしらみ》　やさしき声の実悪《にく》てさよ〟

《宗門改め》

六月廿五日　2―102

五ツ(午前8時)頃より出見へ宗門御改[註]に付行く。地下役の船に便を乞い、秀光院同伴す。福島十郎ヶ谷より乗船、大変後この辺を始めて通る。海辺惣じて以前と替り、松岡より西は一面の野を見るごとく、その中に其所此所《ソコココ》に家ありて、南には長く堤《ドテ》を築き、土手の内より外《ソト》の砂高く見ゆ。四ツ半(午前11時)時出見へ着く、御改場所は如《ごとく》レ例《れいの》庄屋苅谷助太郎宅にて、寺院立宿は千光院なり。この寺に花山法皇御位牌あり、門外の藪の中に法皇の陵ある由言伝ふれども、その證《あかし》とすべき物もなく、由来さだかならず。七ツ(午後4時)前判済み、帰りには用石《もちいし》妙福寺借り来れるに便船し、日入り過ぎ福島の浜へ着。(船賃は福島より出見まで一里半ばかりの海上なれども、一日の雇いゆえ三匁五分に約束の由。便船組真覚寺・秀光院・福智院・池浦寺の四人より五十文づゝ出す、又妙福寺より一匁五分出す、合して四匁の船賃となるゆえ、船頭は約束より五分増すを喜び、妙福は出銭の減を喜び、我等は便船して早く帰るを悦び、かれもよしこれもよし、司馬徳操が口真似してよし〳〵〳〵〳〵にて帰る)

註　宗門改（しゅうもんあらため）　江戸時代、キリシタン禁圧の一手段として、領民の宗旨を踏絵、寺請《てらうけ》などによって検査したこと。全国にわたり、毎年各家・各人ごとに宗門人別帳に記載し、檀那《だんな》寺に仏教宗派の帰依者であることを証明させた。（『広辞苑』）

❖安政六己未《つちのとひつじ》歳（一八五九）

《火災発生》

二月朔日 3－11

橋田中屋繁之丞という男、四十二歳厄抜《ヤクヌケ》の祝いとて、終日のみ歌う声聞《キコ》ゆ、五ツ半（午後9時）頃閨《ねや》に入るに児女子の泣き声頻《しき》りに聞こゆるゆえ、右中屋酒席の喧嘩にても可《ある》レ有《べく》やと思う内、家内ども窓の格子より見るに、火光大にして火事よというて騒ぐ様子、急に布団刎《は》ね退《の》け寝巻のまま門口に出見るに、橋田西の外れより出火、北風烈敷《はげしく》、追々南へ焼け来るを見るより再び内に入り着替え致し、しかと帯引き締め、妻に下知して庫裏にある過去帳始め大事の品ばかり取り出し、例の自分扣《ひかえ》の畠へ運ばしめ、直ぐに本堂に欠《かけ》入り、本尊御影共に手早く巻き納め、寺外へ御供致し、見返れば火勢次第に近づきけるにぞ、本尊に対し毎度の御難に逢い給い恐れ入り奉る、暫くこれに安座ましませと申し捨て、如《もとの》レ元《ごとく》本堂に入るに、火光にて堂門白昼のごとし。

かかる所へ檀中檀外とも追々欠付け見合わせ呉れる。漸く息を次ぎ、戸外に汲み居る擔桶《タゴ》の水を手にてすくいのみ、当寺の水を汲ましめ浜の家へ運ばしむ。若しこの風かわり西より吹き付けなば、所詮遁るべからずと思うより、梯子《はしご》をかけ莚《ムシロ》を濡《ヌラ》し、本堂庫裏とも両方へ投げ上げる様の覚悟をしける内、漸く火勢衰え、当寺より浜へ出る正面の家にて消《ケ》し留まる（寺より僅か一丁計）。

それより粥を炊き若者どもへ食せしむ。東町より西浜迄の男およそ四十人ばかり草鞋《ワラヂ》がけにて入り来たり、立ちながら食し、当寺より出て元の所へ行く。

九ツ半（午前1時）時に至り火おさまる。焼亡の家二十一軒、暫時の間に灰燼《かいじん》となる。さて五尊様を又本堂へ御還座なさしめ奉り、先ず当寺別状なきを喜ぶ。寅の年大変の砌《みぎり》本尊を出し奉り、一昨巳の年、風雨の節又五尊様を庫裏へ移し、このたび又戸外へ出し奉る、合して三度、しかし三度ながら本尊に別条なし。

これに付けても昨年京都御本殿の御焼失も思い出られ、かつ三界無安猶如㆓火宅㆒（読み下し、さんかいむあん、なおかたくのごとし）の経説目前の事にて、天保八酉《とり》の春、大塩平八郎大坂放火の砌《みぎり》、ある武家の後室楽邦院の妹美枝女、大火を見て、

〝逃路のなき後の世の地獄をば　この世でおもうけふの火の中〟

と詠せられしも思い合されぬ、実以て娑婆《しゃば》は衆苦充満の国也、別して大変後は天地の災禍打ち続き、人心これが為に衰え、日夜の不安心是非もなき事ども也。

さて火元如何ぞというに、酒の酔いにて不覚なるよし。酩酊の余り火の不始末より事発《おこ》れるなるべし。この火今一時（二時間）もおそかりせば焼死の男女多かるべし、ゆえいかんとなれば、この日は右中屋祝席へ赴き（橋田の者過半）、日入る頃迄歌舞踊躍《ようやく》してのみ、各々帰宅し閨《ねや》にいる間もなく出火、酔中狼狽して漸く命助かりたるもの多き由、酒は百薬の長ともてはやせども、神代の昔素戔嗚命《すさのおみこと》の八岐大蛇《ヤマタヲロチ》を退治し給いしも、源頼光《らいこう》大江山酒呑童子の首をきりしもみな酒にて酔しめ欺《ダマ》し殺しにせしといえば、滅多にのむまじきは酒ぞかし。

古人の語に、酒席に臨みては始めには人酒をのむ、さて半《ナカバ》には酒酒をのむ、終わりには人酒にのまるゝゆえに歌舞すと云々、心得ありたき事也。

今夜騒動のみにて少しも閉眼せず、鶏鳴頃より又粥を炊き、麦味噌を副《ソ》え、焼亡の家々を詮議し、浜の砂上にて夜を明かせし人々へ分ち与え食せしむ。当浦の心ある家々よりも粥を持ち来り配分せる由。

《風に散る花》

三月六日 3－18

四ツ時(午前10時)より大風雨、庭前の梨花《りか》桜花《おおか》を吹き散らし、庭は勿論座敷より門の内外、暫時の間に時ならぬ雪かと見まがうばかり也。桜は梢にあるよりも風に誘われちる有様殊更《コト》面白けれど、我等無風雅詮方なし。暫くありて雪隠《せっちん》に入りけるに、この内にも桜飛び入りいとも珍敷《めずらしき》事なれば、彼の西行法師の、萩のたね糞の歌を思い出しつゝ、彼は萩これは桜、春と秋との違いはあれど、西行も僧なり我も僧なり、我なんぞ彼に劣らんやと尻引きからげりきみつゝ、

〝西行と我と日本に唯二人り　花をふみつゝ糞をひる身は〟

《鳥唐芋《からいも》を盗む》

十月三十日 3－59

今日も石築手伝いとも三人来り築く。先日以来浜の畠へ鳥数羽飛来り、嘴《くちばし》と足とにて唐芋を掘出し、山へ持行き喰う。見付け次第人口々に追えども逃げ去らず、これまでなき事也。夜は芋盗人多し、鳥と人と昼夜を分かちて芋を盗むもおかし。鳥は衆人の見る処にて取るゆえ、人間よりは勝《スグ》れたらんか。

❖安政七庚申歳《かのえさる》（一八六〇）（三月十八日萬延と改元）

《松下与膳餞別》

二月七日　3－81

松下与膳（註）、このたび大坂御用を蒙り、近々出足と申す事ゆえ、和歌一首を詠じ置く。今日祝客の案内有《これ》レ之《あれ》ども病中ゆえゆかず、夜にいりても雨やまず。

註　松下与膳（まつしたよぜん）　土佐藩士で静照師の学問の友人、日記の中に時々登場する。馬廻格からのち中老格に進む。真覚寺の近くに居を構えていたが、萬延元年（一八六〇）から住吉陣営勤務を命ぜられていた。

二月八日　3－81

五ツ頃（午前8時）より晴れる。長髪ながら松下へ行き、右の歌を贈る。文山先生の、君命を奉じて難波に赴くと聞きて、

〝朝日影のぼる谷間の梅の花　難波のかたにまず匂ふな李〟

寄松祝妻もまた一首

〝うごきなき岩ほに根ざす常盤木《ときわぎ》も　みどり顕はす千代の春哉《かな》〟

瓢箪《ひょうたん》朱墨を貰い帰る。晩方勝手の方に蜘蛛《くも》一つ上より下る、妻見て奇なりとす。予いわく、諺《ことわざ》に「朝の蜘蛛は銭貨到り、夕べの蜘蛛は賓客来る」という事もあれば、今明日の間に客あるべし、

酒の用意を致すべしと戯れける。

《夕べの蜘蛛》

二月九日　3－81

西畑半吾来り門の塀台を築く。今日は足の腫物軽くなりしゆえ、東町より西浜へ用事ありて行く。九ツ（12時）頃松下来る、伊丹酒を出し清話[註]す。今日佐川より八勝の図来る、これを見てともに咄し楽しむ。八ツ（午後2時）時極楽寺客を伴い来る、またのむ。七ツ（午後4時）時仁ノ村医師岡本隆玄来る、また酒を出す。石築手伝いとも両人へ酒を呑ましめ帰らしむ。さてこそ昨日の蜘蛛の実に当れるを笑い、朝の蜘蛛の至るを楽しみ待つ。

註　清話（せいわ）　世俗を離れた高尚な話。清談。（『広辞苑』）

《亀の涙》

閏[註1]三月八日　3－89

この間当浦和泉屋漁船、沖合にて大なる亀の木を抱きたるを捕え、船方どもこれを殺し食せんとて庖丁を振上げれば、亀頻りに落涙し声を発しけるゆえ、留める者もありけれども、我きらんという者ありて終に首を切り、船にて煮喰らう。橋田の男その船に乗り組みけるが、その有様を見るより不図心持悪くなり、一両日以前より瘧[註2]となりしゆえ、何分亀の為に御経を上げくれたき趣、頼み来る。

註1　閏（うるう）　季節と暦日とを調節するため、平年より余分に設けた暦日・暦月。地球が太陽を一周するのは三百六十五日五時四十八分四十六秒なので、太陽暦ではその端数を積んで四年に一回、二月の日数を二十九日とし、太陰暦では平年を三百五十四日と定めているから、適当な割合で一年を十三カ月とする。（『広辞苑』）
（閏月の例、文久二年八月・慶応元年五月、明治元年四月など）

註2　瘧（おこり）　間欠熱の一つ。隔日または毎日一定時間に発熱する病で、多くはマラリヤを指す。（『広辞苑』）

《菖蒲とアヤメ》

五月五日　3－107

菖蒲《しょうぶ》を切り本堂へ上げる、去年五月五日大坂にて風呂に入りしに、菖蒲をたばね湯桶に浮沈せしむるを見るゆえ、当日菖蒲を湯桶に入れ風呂を立て入る。大坂人の真似するも、無病にありたしといわぬばかりの心より発《おこ》れるならんと、我が胸中を顧みおかしく、さて菖蒲二字をアヤメとよむに、その花異《コト》なるもいかゞ、予先年播州に滞錫[註1]せし折柄、高田与井村に遊ぶ。この村東の方に西の山といえる岡に一大石を畳んで塚とし、岩上に碑を立て菖蒲墓《ハカ》と誌《しる》せり。相伝う源三位頼政の妻室アヤメノ前の墓也と、則《すなわち》山の梺《ふもと》に住居の浪士深澤三郎というは、頼政の家臣猪ノ早太の末孫にて、家傍《いえそば》藪の中に猪ノ早太の塚あり。三位宇治川に亡びて菖蒲前を伴い、播州高田に下り、アヤメ死して後早太も其処にて終り、今以って深澤の家より菖蒲塚を守れり。その山幽邃[註2]にして愛すべし。これを以て見るに菖蒲《セウブ》とアヤメとは異草同字也、菖蒲がアヤメかアヤメが菖蒲《セウブ》か、彼の名ヲ此《コレ》が盗めるやこの名を彼が盗みしやしれず。浄瑠璃本にアヤメもわかぬ闇《ヤミ》の夜と書きしはこの事なるべし。恰《チャウド》塩冶《えんや》判官の名を浅野内匠頭が盗みしや、内匠頭の名を塩冶が奪い取りしや、狂言にてはわからぬごとく、世の中には斯様《かよう》の事はいくらもあるべし。予もいらぬ事に筆をとりて評判し、紙の費《ついえ》と腹のへるとの損は目前なれば、これにてやみぬ。

註1　滞錫（たいしゃく）　錫は錫杖の略。僧侶・修験者の用いる杖。滞釋は逗留すること。（『広辞苑』）

註2　幽邃（ゆうすい）　景色などが物静かで奥深いこと。（『広辞苑』）

五月十日 3－109

雨。梅雨中当年は別して降り続き、日夜鬱陶敷《うっとうしく》、衣類諸道具に黴《かび》渡り、足の裏は畳に引っ付き、近頃御月さまをおがみたる者なし。洗濯したる着物日を経ても乾かず、打盤[註]にてうてんゆえ雨天雨天というとぞ。

註　打盤（だばん）　寺で魚板を打ち鳴らし、時を知らせ合図をすること。また、その魚板。（『広辞苑』）

五月十三日 3－110

雨。晩方風雨、夜中別して烈敷《はげしく》、雨戸を敲《たた》き風枝を折り、波の音雷の如く恐怖で夜を明かす。

《暴風雨被害》

五月十四日 3－110

大雨。昨夜の風雨に薬師谷の水大いに漲《みなぎ》り、畠を流し岸を穿《うが》ち石を転ばし、浜に至りては人家の門口より床下に入る。往来の道に留まる水の深さ一尺余り、雪隠の穢物《えぶつ》これに雑《まざ》り流るゝ。人家損ぜぬは少なく、新在家の堤きれ往来出来がたし、人々大騒動。連日の雨にて小屋の者ども食物より薪などに困り入る趣。

当寺は谷際の畠僅かなる地なれども、水の為に過半押し流され、病中ながら鍬を持ち行き水を塞《ふさ》ぐ。庭前梨子柿数十不レ残《のこらず》落ちる。浜の人五七人時化《しけ》見廻りに来る、この方よりも行く。一両日以前より新居川渡し往来留め、今日は益々出水、この辺の者いう、近年斯様《かよう》の長雨、谷川の出水すべて覚えずと。

《胡瓜の効用》

六月廿一日 3－117

昨今両日の間に僅か三枚五枚の衣類を取り出し、土用干しと称し自ら阮咸[註1]に比して犢鼻褌《フンドシ》取交《とりまぜ》てその式終る。山際の貧家なれば胡瓜などうりに来る者も稀なりしに偶《たまたま》今日来る。銭箱を覗《ノゾキ》見れば蛛《クモ》の巣ばかり、仙台通宝[註2]一文あればこそ、本堂と庫裏《くり》との間を探り、其所《ソコ》より一文此所《ココ》よりも二文取り集め、漸く胡瓜五つ買い、百味の飲食に行き当りたるごとく喜び食う、これに付けても来世餓鬼道の苦しみも思いやられ、吾身の生所定まるをひとり喜ぶ。

さて残れる瓜を井戸に入れ、寺子十人を呼びていわく、昔越王勾践《こうせん》呉《ご》を伐《きり》し時、人ありて醇酒[註3]一壺を献ず。勾践この酒を江《ごう》の上流に注がしめ、軍卒をしてその下流に飲ましむ、士卒ひとしくこれをのむ、戦を交える時士卒勢いを増し、一以て五に当たるという事あり。我が今日の胡瓜またかくの如し、十人に配分し食わしめんと思えども、その数少なきゆえに不《あた》レ能《わず》、多く求めんとするにその価なし。依って瓜を以て井中に浸しおく、汝等水を呑まん時瓜を食う心持なるべし。昔酒を流せし川は水多きゆえに酒の香は少しもあるべからず、今日の瓜を浸せる水は井中なれば胡瓜の香《におい》充分《ジウブン》なり、勾践の酒にまさるべしといえば、子供ら大いに笑いあえり。

註1　阮咸（げんかん）晋の文人で、音楽にも通じていた。竹林の七賢人の一人。（『漢和辞典』）
註2　仙台通宝（せんだいつうほう）仙台藩が江戸幕府の認可を得て、天明四年（一七八四）から三年間、石巻で鋳造した撫角形《なでかくがた》の鉄銭。（『広辞苑』）
註3　醇酒（じゅんしゅ）濃くてよい酒。まじりけのない酒。（『広辞苑』）

《定命の予言》

七月廿四日 3－130

当浦西浜の男、九年以前市艇[註1]にて他国へ行きし節、彼国にて見抜き見通しと言う人相見に逢い、身の吉凶を卜《ぼく》せしむるに、三十二歳の時定命[註2]也と言いし由。それより妻子を持つ、勿論右の様子は家内の者にも隠し、当年迄暮らしぬ。今年三十二歳に当たるに、不思議なるかな先日夢に大病を煩《わずら》い妻子に別れし歎きを、三夜打続き見たるより、九年跡の事を思い出し、それより福島の墨色考《ぼくしょくこう》に上手と言い触らせる川崎八太夫といえる陰陽師[註3]の許へ行き、墨色にて卜しむるに、七月廿五日限りの命数也、若し間違いあらばこの方再び筮竹[註4]を取るまじと、堅く請け合いいう故、その身も大いに心配し、今一人尋ね見たしと思えるより、当浦にて先達《せんだち》と称する石槌山へ参る作次という者に尋ねけるに、愈々《いよいよ》廿五日に違いなし。神仏の手のきれたる身なれば、祈祷祈念も無益也と、何方《いづかた》も同じ辞《ことば》なれば自分にも覚悟し、妻子にも打ち明け只死を待つばかり也。

近所の者友達より色々世話して神仏へつれ余り、且福智院旦家の者なれば、その寺にて委細を咄し契約の子となる、地蔵尊薬師如来両所へ参詣せよとの差図により、毎々右両方へ幾度も詣し、今日は橋田薬師堂へ昼籠りとて友達打ち連れ居り、終日酒などのみてその者を慰む。

さて当寺へもその友来り、仕様はある間敷《まじく》候やと尋ぬるゆえ、それは途方もなき申し分、誠に陰陽師など程天方[註5]なるものはあらじ、心配するはもっともの事、しかし九年跡の事と八太夫のいう処と違わざるもまた一奇なり、どちらへしても取るに足らざる事也、この方の旦中の者なれば、直《すぐ》に明廿五日の命を延す事請け合い也、色々仕様はあるなれども、他寺の旦家なればこの方の侭《まま》にもせられず、何れ気にかけぬが肝要也、薬師如来の前にても構わぬゆえ念仏申させおくべし、と教えおきぬ。

晩鐘鳴る時皆々打ち連れ橋田より帰る。その友当寺へ礼に寄るゆえ、明廿五日大事の日にて、明日こそ極々《ごくごく》恐るゝ事にてあるべければ、又当寺へもつれ来るべし、相応の咄しなど致し、心の屈せぬ様に教ゆべしと言いて別れけり。その者の妻子は日夜只泣くよりほかなし。亭主家に帰れば夫婦つれ泣きし見るもいじらしき事の由。不便《ふびん》にもあり可笑《ヲカシク》もあり、陰陽師程横着なる者は又と世にあるまじ。

註1　市艇（いさば）　江戸時代、水産物や薪炭などを主に運送する小廻船の一種。（『広辞苑』）
註2　定命（ていめい）　天から定められた運命。宿命。（『漢和辞典』）
註3　陰陽師（おんようじ）　おんみょうじとも。陰陽寮に属し、陰陽道に関する事を司る職員。中世以降、民間にあって加持祈祷を行う者の称。（『広辞苑』）
註4　筮竹（ぜいちく）　占いに用いる、竹を削って作った長さ約四十センチメートルの細い棒。ふつう五十本。（『広辞苑』）
註5　天方（てんぽう）　土佐弁、無鉄砲な。思い切った。（『高知県方言辞典』）

❖萬延二辛酉《かのととり》歳（一八六一）（二月十九日文久と改元）

《南瓜墜落》

一月三日　4－3

夜九ツ（午後12時）頃奥の間に於いて大なる物音す、寝耳に恂《びっく》り盗人ならんと思い、くらがりに鳶口引提《ひっさげ》、早く手燭をとぼし来たれと下知すれば、家内も漸《ようや》く火打箱を探り出し火を照らし、油断すべからずと囁《ささや》き合い、ふるい〳〵襖を明ければ、コハいかに盗人にはあらずして、去年夏より貯えて天井に釣りたる、南瓜《ボウフラ》の蔓の腐《クサ》りて落ちたるなり、一目見るより大笑い、小大尽《コダイジン》が二階からこけたという歌はあれど、南京果捕寨《ナンキンカボチャ》の天井から落ちたという咄しを聞かず、こいつを盗人と思いだまされたは鈍《どん》くさいようなれど、放蕩者《ノラ》を南瓜《ボウフラ》といいなす事もあれば、強《シイ》て恥にもなるまじと鳶口

投げ捨て笑いつつ一首、

〝こけたゆえ小大尽《コダイジン》かと思いしに　大文字屋の亭主なりけり〟

《武具を備える》

九月廿四日 5－74

先だって城下へ頼み置きたる長脚鑽《コトヂ》註出来《しゅったい》し今日到来、我等人を殺さんとするの念なければ、武器はいらぬ事なれども、当時勢に付いては乱暴者あらんも知れず、寺へ来りねだる奴に法衣を着し出逢うては、所謂異門の鑰《カギ》、餅買うとて酒屋へ這入る様なもの、その時には鎗長脚鑽の類を閃《ヒラ》めかせば、我等が腕の弱き処へは気も附かずして武具に恐るゝ事もあるべし、これは荒膽《アラキモ》を取るの手段也。その狼藉者が長脚鑽《コトヂ》におぢ恐れて逃げて呉れればよいが、若し逃げぬ時はその道具を引っ提げてこちが逃げるを上分別とするぞと、兼ねて家内にも申し渡しおく。

註　長脚鑽（ことじ）警備用具で、先端が蟇股状になっており「琴柱《ことじ》」に似ているので名付けられた。江戸時代の「さすまた」である。（『日本甲冑武具事典』）

❖元治二乙丑《きのとうし》歳（一八六五）（四月八日慶応と改元）

《智恵袋と堪忍袋》

二月十八日 7－17

先日小理屈をいう男所用ありて当寺へ来る、噺《はなし》人間の智恵袋の事に及ぶ、客問うていわく、知恵袋というは人間一身の内何れの処にあるものなりや、予答えていわくそのあり処定まらぬものと見えたり、しかし胸のあたりを以てその置所とす。この所にありて胸より上頭迄の事をも分別し、臍より足迄の事をもまた考え知る。それゆえ昔の聖人賢人はこの嚢《ふくろ》を胸におき、その真ん中を紐にてよくしめ、瓢箪《ひょうたん》のごとくくゝり、胸より上へ半分下へも半分わけ置き分別するゆえ、五体の上に誤りなく後世《コウセイ》の人にもほめらるゝ也。これを上下均等におくは余程勝《スグ》れたる人にあらざれば出来ぬ事也。平生智恵の湧き出る人にても、その袋の紐にたるみができると愚鈍になるゆえ、気を附けて細々紐をしめるが肝要也。

世間にて大事を取り扱うにしかと褌《フンドシ》をしめてかゝれなどいうも、実はこの袋の紐の事也。かしこき人の老体に及び老耄《モウ》し、物忘れしげく飯食ばかりむさぼりて人に笑わるゝ様になるも、この袋の紐にたるみできて、下へさがりすぎるゆえ也、又血気盛んにしかも智恵ある人の、存外女に溺れ家業を廃し、金銀をまきちらし、家の衰微をも顧みざるは、この袋の持ち主紐をしめる事を打ち忘れ、次第〳〵に袋下がり、股間《マタクラ》へ迄たれこかせしゆえ也。若き者にても折々紐をしめざれば、いつの間にやら下へたれ、酒色におぼれ鈍《ドン》になるゆえ、老体の人袋下がり愚痴になるはもっともの事也。又この袋を上《ウヘ》へ〳〵とこき上げて[註1]痃癖の辺に留め、元のおり所の胸が御留守になると、高慢心生じてあいつは己れが芸を鼻に懸ける高いやつじやと人に謗らるゝ、それより彼の袋が次第次第に上《ウヘ》へ登り、頭の頂上へ届くと[註2]吉田が様に首が落ちる。依って上へ登りすぎるも悪し、下へ下がり過ぎるも悪し、どうぞ胸の間に留め置きて、身の程を知るという引綱を構え、おき上り過ぎる時は引き戻し、下がり過ぎる時は引き上げ、瓢箪のごとくにはならずとも、この引綱を用意して、女と酒と強欲心とに盗まれぬようにすれば、余り出入りはなかるべし。

信長公は明将なれども短慮なる性質ゆえ、怒りの為紐ちぎれ光秀に討たれたり。太閤秀吉公も一旦この袋が頭の辺迄上り詰め、朝鮮征伐迄思い立たれたれ、遉《サスガ》は智者にて病死せんとする時は、最早朝鮮に留まる軍勢を皆呼び返し、徒《いたず》らに異国の鬼《ユウレイ》とならしむる事なかれと遺言せしは、上へのぼり詰めたる袋を再び引綱を以て元の所へ戻したる也。

その頃名将多けれども、知恵袋を瓢箪のごとく上へ下へ分け過不及の失なかりしは、黒田如水・小早川隆景の類なるべし。斯様《かよう》の人は後世にも又あり難し。然る時は、この袋の股の辺まで下がりたるを知らずして、口をあけて虚気《ウットリ》するを痴人《アホウ》といい、上へ登るを高慢と嫌い、真ん中にあるを常の人とす。依ってその在所定まらずと始めにいいしはこの事也といえば、客又問うていう様、惣じて人には知恵袋の外に堪忍袋《コラヘ》という物ありと聞けり、その説いかん、予答えていわくそのこらえ嚢《ふくろ》という物則《すなはち》知恵袋の事にて、この二つの袋別々にあるではなし、張良が沓《くつ》をとり、韓信股《マタ》をくゞり、二人とも抜群の手柄せしも、こらえ袋の広きがゆえ也。明智光秀謀反《むほん》を企て、織田信長を打取りしも、浅野内匠頭《たくみのかみ》の殿中にありて吉良上野介に切り附けしも、ともにこらえ袋の潰《ツエ》たる也、堪忍の場所にてはこらえ嚢といい、分別する時は知恵袋と名づく、一体《タイ》二名にて嫁入りせぬ内を娘といい、夫を持つとかみさんという。土台は一つなれども用い処に依って名の替ると知るべし。しかし知恵袋にも大小あり、こらえ袋にも広狭ありて一様ならず、その人々の性質にも依るべし。我等が袋は始終下へ〳〵と下がりたがる、最早しめ上げる力もなく困り入りたる事也、袋の講釈如《この》レ此《ごとし》と噺しければ、客大声を上げて笑い、臍《ヘソ》が西国しそうに御座る、あんまりおかしうて件《くだん》の紐がきれはせぬかと大いに心配致しますと、横腹かゝえて帰りける。

註1　痃癖(けんぺき)病名では肩こりのこと。それから転化したか、土佐弁では肩甲骨のあたりのこと。(『高知県方言辞典』)
註2　吉田（よしだ）　執政吉田東洋。文久二年（一八六二）四月八日暗殺された。

《留守へ闖入者》

六月五日　7－49

先々月予が出府の留守へ、日暮に蒲団をかゝえ本堂へ這入らんとする者あり、妻これを咎《とが》めるに、私は橋田清之丞船の乗組の者なるが、この間中瘧《おこり》をふるい難儀仕《つかまつ》る、依ってあみだ様にて御通夜したれば落ちると申す事ゆえ、今晩は御通夜にきましたという、妻又問う、それはこの隣の薬師様の間違いなるべし、かつこの方には檀那も留守なれば、余所《よそ》の人を本堂へおく事はならぬと問答する内、はやがた〴〵振い出し物をもえ、いわぬ様になり、本堂へ無理に入り障子の内にておゝゝ〳〵とうなりふるい、もはや仕方なくその侭《まま》に寝かせおきしに、暫くありて首を上げて、かみさん水を一杯のましてくなんせという、妻水を汲みのましむれば、彼の者水をのみ終り、おまえは居船頭のかみさんか（鰹船を持つ家の亭主を居船頭という）と問うにぞ、いやいや居船頭のかみさんではない、これは御《ヲ》寺のかみさんじゃ、依ってこの水をのんだらさっぱりなをるぞやといいければ、又蒲団かぶりて前後正体なく寝入る。

その間を見て妻隣家へ行き、今夜斯様《かよう》〳〵の次第也、愈々清之丞方の船方か尋ねて貰いたしといえば、それより清之丞方にも怐《びっく》りし、それは御気の毒一向御寺へ行きし事夢にも存じ申さず、如何ばかりか御迷惑ならんと、その家の娘に近所の娘二人を雇い、都合三人当寺へ来り庫裏にて番をする。病人は本堂にて寝入り音もなし。三人の娘も別に蚊帳を釣り寝入る。

鶏鳴も過ぎ七ツ半時《（午前5時）》頃清之丞女房来り、その病人をゆりおこし、おまえはまあけしからぬ事、滅相御寺へ御不躾《ブシツケ》をかけたぞよ、薬師様の方へいたらよかりたにのうといえば、後《ウシ》ろ堂は淋しきゆえ、わたしは前《マエ》堂にて御通夜しましたと、真顔になりていう故、一同笑うて病人を連れ帰る。三人の娘は朝迄寝て帰りし由。右の病人は直《すぐ》に船に乗り行きしに、その日より瘧《おこり》さっぱり忘れけるも又奇也。

《おこめの墓》

六月十二日 7－51

浦ノ内三ツ松の庄平という者来る。この男は石槌参りの講[註1]頭の由、その者扣[註2]地の傍に古塚あり、昔より言伝えに宝永四亥（一七〇七）大変の砌《みぎり》流れ来たりし者の墓地という。先年今川内村小左衛門己屋《コヤ》を建てるとてその塚を掘り、少々骸骨のありし迄皆掘り取り、山へ投げ上げしに、それより後彼の家にも病人絶えず、先だって右庄平自分扣山をきりしに、俄かに足すくみ動かれぬ様になりしゆえ、怪しみつゝ手伝いの者どもを呼び、道へ舁《か》き出し貰い、さて足をさすり揉み大分快くなる侭《まま》に、これは合点行かず、若しや塚のたゝりならんもしれずと思い、塚に向かい祈念すれば、忽ち告ありていわく、我は宇佐浦橋田のおこめという者にて、亥の大変の時船に流れここへ上り死せし後、この方より人に祟《タヽリ》をなさんとは思わねども、わが墓を気侭に崩せば、天からその者へ罰を当てるに依って病人もたえず、これは自分に災を招くという者也。然るに我はもと橋田の者なれども、今は子孫もなし何卒故郷へ帰りたく存ずれば、その世話を頼まん為足を痛ませ妙を見せたり、これは恨みにあらずこの事を宜敷《よろしく》頼む也、しかし我子孫の家なければ頼みよる方もなし、寺を頼みにおもうばかり也、若しも寺へ相談してその寺不承知なれば、只橋田へつれ行き捨てゝ貰うたればよろしく、その時は骨を拾うにも及ばず、その塚のありたる処の土を少々小さき箱に入れ、橋田へ持ち行き山へ送り呉れたし、これのみを頼む也と告げるにぞ。

さて昔何れの寺の扣の人なるや、又このたびの事何れの寺へ頼まんや告を請いたしというて、先ず泉《セン》光院、源光寺、青龍《しょうりゅう》寺と皆呼び上げれども、つて答えず。宇佐の寺に至りても福智院なるかと尋ねれども音もなし、真覚寺なりやと問うに錫杖[註3]忽ち動かぬ様になりぬ。依って御寺へ御頼みに罷《まか》り出申す也との噺を聞き、これ皆先達や陰陽師の常、文言おかしき事とは思いながら、それはこの方より戒名を授け導師したる者、いまだ浮かびず仏にならぬといえば、その檀那寺の立たぬ物也。その迷うて居る訳を穿鑿《せんさく》するが当然、しかしおこめとやらんは、亥の大変に流れて死したる者なれば、引導受けたる事もあるまじ、勿論法事供養は尚以てなき筈なれば、迷うて居る事もあるべきか、何分今の処に塚ありては永代その家の迷惑なるべし、幸いこのたび橋田へ帰り度《たし》という事なれば、その土を箱に入れ持ち来たるべし、我も世話して山に送り遣わすべしといえば、彼の者喜び、然れば日を撰び参るべしと約す。（さて又庄平より彼おこめに尋ねる様、昔より今迄ここにありて今俄かに橋田へ帰りたいというは如何なる事ぞ、おこめ答えていう様、そちはこの頃石槌山の講頭となりしに依って、我もここに住み難くなれり、それゆえに故郷へ帰らんといいし也と云々）

註1　講頭（こうがしら）　協同の組合を作って神仏などにお参りをする仲間を講中といい、講頭はその団体の責任者。（『漢和辞典』）

註2　扣地（ひかえち）　所有地。

註3　錫杖（しゃくじょう）　僧侶・修験者の持つ杖。頭部は錫《すず》で作り、数個の鐶《かん》をつける。（『広辞苑』）

六月十六日　7―54

七ツ（午後4時）頃、この間来りし三ツ松の庄平、塚の土を小さき箱に入れ、樒《しきみ》と花立とを添え持ち来る。

石槌組の者己れが祈祷を流行《ハヤラ》かせん為、予を欺くかはしらざれども、遠方より持参の事ゆえ、新に法名を附け箱に入れ、本堂にて勤行《ごんぎょう》致し、近き山へ右の男をつれ行き、土を穿《うが》ち埋むる。礼を四文呉れるゆえ狂して、

〝内職を庄平よりも世話なしに　お米一升取るぞ嬉しき〟

願主は庄平也、亡者はお米といい、米一升この頃四匁なるゆえにかく云々。

❖慶応二丙寅《ひのえとら》歳(一八六六)

二月七日　8－12

当寺庭中の桜満開。南北の山桜と色を争い、孰《いず》れも賞するに湛《たえ》たり。我が身はからずも今日迄命延びゆき、又花を眺むる事を喜びて、

〝誘い行くつれなき風の吹かぬまに　しばし浮世の花を見る哉《かな》〟

次第に快くなる、終日雨やまず、日入る頃よりやむ。今夜は横になり快寝。

《思遠石と猩々石》

五月朔日《ついたち》　8－32

昼頃より中屋常松来り、大工と日雇い三人石を転ばし、築山の形を造り石をすゆる。さて薬師堂の前より取り来たれる石は、先年亡父見出したる石なるを、今当寺の庭へ移し見るたびに、先立ちし親の事を思慕するゆえ〝思遠石〟と名付け、先日郷老[註1]藤右衛門方より貰いたる石は、以前田の中より掘り出し舁《か》き来たりし時、酒二、三升も呑ませし由、今度当寺より石を貰いし祝義として酒二升を贈り、当寺へ挽き来たりて又若者へ二、三升飲ましむ。今日もまた一升取る、その上彼の郷老宅は酒屋の隣にて、中野屋、濱市屋二軒の間にはさまりて、常住酒の匂いをかぎたる石也、かつ西側酒屋の亭主右の石を所望せしかども、籐右衛門転じて当寺へ呉れる。かれこれを考うるに極々酒好きの石なれば、この度名けて〝猩々石〟と呼ぶと、石の由来を語るに、妻す丶み出ていう様、この米の高いに思遠石じゃの猩々石のと名を附けて楽しむは何事ぞ、商売往来にも「泉水築山樹木草花之楽而已費二金銀一事無益之至、衰微破滅之基歟」（読み下し、せんすいつきやまじゅもくくさばなのたのしみのみにきんぎんをついやすことむえきのいたり、すいびはめつのはかか）と戒めおけり、ひだるい時石がかめるか、米櫃の空《カラ》になりたるを知り給わぬゆえ、人集めして築山の騒動ちと嗜《たしな》み給え、と諫《いさ》めるにぞ、予も理の当然なれば争わず、もっとも〳〵と勝を譲り、さて京都に古田織部[註2]の茶亭あり、庭中に三つ「小袖石」というあり、これは剣仲千[註3]ノ利休に小袖三つと替えたる石ゆえ右の名あり。一つの石を小袖三つに替えたる人もあれば、酒の費《ついえ》は強いて咎むる事なかれと笑いつ丶、石を配りける処へ俄に雨ふり来る。七ツ頃（午後4時）石をすえ終える、一杯のみ宵より寝る。

註1　郷老（ごうとしより）　村役の一つ。郷制の敷かれた所では大庄屋・総老・総組頭が置かれていた。

註2　古田織部（ふるたおりべ）　織田・豊臣期の大名茶人（一五四四？〜一六一五）。千利久の高弟で七哲の一人。（『日本史広辞典』）

註3　千利休（せんのりきゅう）　織田・豊臣期の茶人（一五二二～九一）。茶の湯の大成者。堺の人。織田信長の茶頭《さどう》として仕え、のち秀吉の側近として茶道界を指導したほか政権人事に関する隠然たる勢力を持ったという。しかし主君秀吉の反感を買い、切腹を命ぜられた。（『日本史広辞典』）

《石槌権現詠歌》

七月六日　8―54

今日西畑の鍛冶才次という者、当寺の鍬を打ち直し持ち来る。さて烟草のんで色々の咄する中、近年石槌権現へ参る者夥敷《おびただしく》、その山の奥院の本尊也とて一軸を買い来たれるあり、則《すなわち》三尊の阿弥陀如来の絵像也、かつ石槌権現の詠歌に

〃前は神うしろは佛けわか草の　萬《よろづ》の罪を砕く石つち〃

この中わか草とは何の事か、つてわかり申さず、如何なる事ぞ承りたしと尋ねるゆえ、予いわく神道の書物に蒼生とかきて青人草《アヲヒトクサ》と読ませてあり、惣じて人間の事を蒼生という、青人草ともいう也。又慈覚大師九州阿蘇山に詣で給いてよみける歌に、

〃十方衆生《ワカクサ》のつみのかはりともえあがる　烟《けむ》りぞみだの姿なりけり〃

と唱えたりしかば阿蘇明神返しに、

〝頼みつ、衆生の心すぐならば　われは炎《ホノフ》にもえまじものを〟

と神託ありし由、さればわか草とは広くいえば一切衆生という事、別していえば人間の事也。青人草という詞《ことば》も若草《ワカ》というも同じ事にて、神となり仏となりて八萬四千の煩悩の罪を打ち砕き、成仏せん為の御慈悲なる事明らか也、それを知らずに現世一旦の寿福を祈る輩《やから》、何ぞ神慮に叶うべきや、実にうたてき事也と語れば、才次も心服し帰る。

註　うたてき　古語。なげかわしい。情けない。

献金と梵鐘供出問題

幕末、藩では莫大な出費を補うため広く献金を求めた。献金とは言いながら相当強制的な部分もあったことが窺われる。真覚寺でも文久三年（一八六三）と慶応四年（一八六八）の二度にわたって献金をしている。

梵鐘の供出は、資源のない我が国の常とう手段か、太平洋戦争末期に全国の銅像が供出されたと同じようなことが、幕末にも行われていたことに驚く。真覚寺は何とかして供出を逃れようと、文久三年から慶応四年まで六年間に何度も歎願を差し出すなど、努力を重ねて供出を免れている。

❖文久三癸亥《みずのとい》歳（一八六三）

《献金》

一月十二日 5−5

一両日以前、御郡奉行《こおりぶぎょう》某当浦へ来り組頭どもを呼び寄せ、このたび京都江戸御合体の上、江戸にある処の異国人館舎を焼き払いけるゆえ、夷人俄《にわか》に何国へ来たり乱妨せんもはかるべからず、浦辺《うらへん》の者どももその用心すべし。就《みぎに》レ右《つき》当浦浜辺は家の見えぬ様に松を植えるべし、かつ百姓商人迄も家業の間には剣術を学ぶべし。

一同承知の通り、御上《おかみ》の御物入り莫大《ばくだい》の事故、不《たし》レ拘《ように》二多少《かかわらず》一寸志指上げ申すべし、との申し渡し有《これ》レ之《あり》、その上於二当所《とうしょにおいて》一陣屋の場所自分に見立て帰りし由。依《みぎに》レ右《よって》今日割り付け記帳の上、寸志の負数《おいすう》郷浦一同より庄屋へ持ち出る趣。

一月廿三日 5−8

この間予出府の砌《みぎり》、左の通りの口上書を以て役所へ伺い出る処、御聞き済の由に付、今日切紙来る。

口上覚

一、銅銭四貫八百文

内 文銭壱貫九百二拾銅

耳白弐貫八百八拾銅

合 八銭六拾目

但当節之通用ニ而《にて》百弐拾目也

右は此頃不二容易《ようい》一《ならざる》時勢ニ至り候ニ付、何卒御国恩之一端をも報じ申度奉レ存《ぞんじたてまつり》候処、元来当寺儀檀力鮮《すくなく》候而、萬事任《しんて》二心《いにまかせ》底一不《もう》レ申《さず》候故、無《よ》二余義《ぎなく》一右之銅銭僅之品ニ御座候ヘ共、寸志ニ奉二指上《さしあげたてまつり》一度候間、宜敷《よろしく》御執成《とりなしおおせ》可レ被《つけ》二仰付《らるべく》一、右為《おうか》二御伺《がいとして》一如《かくのごとくに》レ斯御座候已上

亥正月

御奉行所

寺社方切紙文面左ノ通

一、銅銭……

右は当時勢ニ付、為《おんこ》レ報《くおん》二御国恩《ほうじのため》一、寸志ニ奉二指上《さしあげたてまつり》一度《たく》御願出之趣、御詮議之上御聞届相済候ニ付、其御心得納方之義ハ寸志方御聞合可《なら》レ被《れる》レ成《べく》候。以上

正月廿二日　　　　　　　　北川十五郎

真覚寺

一月廿五日 5－9

僕[註]に銅銭を荷《にな》わせ城下へ赴く、新居川原にて夜明ける。森山と弘岡古川との間にて日出る。五ツ過ぎ(午前8時)本丁五丁目北川十五郎方へ寄る、留守にてあわず、千蓮寺へ寄る。今日長泉寺にて会合の由にて、高蓮寺、乗林寺来り合わせ、暫時物語し升形へ行く、今日は御目付方のみにて余の役所なきゆえ、空しく日を暮らす。

註　僕（ぼく）　人に使われる男。しもべ。下男。（『広辞苑』）

一月廿六日　5－9
九ツ（12時）時寸志方役所へ出、銅銭へ左の通りの紙面を添え納むる。

口上覚

一、銅銭四貫八百文

内　文銭壱貫九百弐拾銅

撰《ヨリ》銭弐貫八百八拾銅

合八銭六拾目

但当節の通用ニ而《にて》百弐拾目也

右は当時勢ニ付為レ報《おんこくおん》ニ御国恩《ほうじのため》」寸志ニ奉ニ指上《さしあげたてまつり》」度《たき》段願出候処、御詮議之上御聞届ニ相成ニ付、上納仕候已上

亥正月廿六日　宇佐浦真覚寺　判

寸志方御役人所

役人中右員数改之上請取に相成、直に御仕置方へ右之趣達し置く、届書左の通

口上覚

一、撰銭六拾目也

右は当時勢ニ付寸志ニ奉ニ指上《さしあげたてまつり》」度《たき》段願出候処、御詮議之上御聞届被《おおせ》ニ仰付《つけらる》」ニ付、今日寸志方へ相納め申候已上

亥正月廿六日　真覚寺　判

❖慶応四戊辰《つちのえたつ》歳（一八六八）（九月八日明治と改元）

一月廿二日 10－12

御国このたびの御軍用金莫大《ばくだい》に付、又々大小の差別なく御借入銀懸る。しかし銭《ぜに》も札も御取上げなきゆえ、銀子を相談に廻る者夥《おびただ》し。依レ右《みぎにより》二朱の相場二十匁に定まる、城下も郷中も同断、その上買わんといえば二十二、三匁に売る、宇佐辺この節銀子はさっぱりなくなる、当寺へも今日二、三人銀子を借りに来る、なきゆえ断りいうて帰す。昨日称名寺の使い極楽寺へ来り、寸志として金子差し上ぐべしとの事、称名寺は二十両位指し上げる心積りの由也。さすれば真宗の寺院へも御沙汰あるに相違なしと覚悟する。

宇佐福島の庄屋老[註]の子皆若年なれども、今度御供致したき段願い出、御聞届ありて出足する。先年は松山侯、姫路侯等長州征伐として彼の国へ赴きたるに、このたびは打って引替え朝敵の名をうけ、却って長州人に征伐せらるゝ様になるも、浮世の習いとはいいながら、替りやすき事ども也。

（称名寺は二十五両献金致し、要法寺は三百両献金の由、これは御国中寺院の献金頭なるべしという）

註　老（としより）　土佐藩の行政の末端組織は、地方《じかた》三支配といって町奉行、郡奉行、浦奉行が支配にあたった。その下に村（浦）では村方三役と呼ばれる庄屋、老、組頭が置かれた。（『高知県の歴史』）

一月廿四日 10－12

御勘定方より御用として郷士二人宇佐へ立越し、庄屋より申し渡しの出銀皆滞りなく出納済みたるや、若し地下役の下知《げち》不承知の者あれば、その家々は家内中を追出し戸を打たせ申すべしとの事、その余郷士諸奉公人の家よりこのたびの寸志銀出す者あれば、それをも請け取りの為来る也。

夜須崎歳増屋といえる富家、このたび御借入銀をも御請け申さず、その上寸志銀をも出さずに居たりしが、重役の人直ちに立越し家庫へ封を附け置き帰りし由、この家は頗《すこぶ》る銀子《カネ》持にて、去る寅年大変の砌《みぎり》、蔵二夕軒《ふたのき》崩れず、跡にて見れば正銭ばかり一杯積上げたるゆえ、それにてつっぱりて居たりしという、御国中にて現銀一番という程の家なりしに、吝嗇[註]にて握《ニギ》り詰めたるゆえ如《みぎのごとし》レ右。

浅井は以前御借入銀三萬五千両出し、又今度一萬三千両指し上げたる由、実に大家と見えたり。御国追々御物入り重なり、高知町中大小残らず調達銀懸る。極小家は月に五匁づゝ、出銅の筈、しかるに廿代町は町内打ち寄り評議の上、このたび一度に軒別《のきべつ》五十匁づゝ差し上げたき段願い出、御聞き届けありしゆえ、町内残らず五十匁宛出銀、その余の町々色々ある趣也。

註　吝嗇（りんしょく）　過度に物惜しみすること。けち。（『広辞苑』）

二月廿日 10－23

四ツ半（午前11時）頃より役所へ出勤する。先だって御仕置所の内意を以て、千蓮寺へ寸志献金の取次ぎ致し、御国中真宗寺院へ相触れ申すべき御沙汰の趣を聞きしゆえ、今日自分身前《みまえ》の寸志を上げ申したしと思い立ち、口上書を持参する、左の通り。

口上覚

一金壱両也

右は当時勢ニ付、為レ報二御国恩一《おんこくおんほうじのため》献納仕候間、宜御取計可レ被二仰付一《おおせつけらるべく》候已上

宇佐浦

真覚寺判

辰二月廿日

御奉行所

右の口上書を願書に認替《したためか》え可二差出一《さしだすべき》旨噂に付、御仕置所の御沙汰に依って献金仕《うかまつ》る上は、願いには及び申す間敷《まじき》様に相考え申すと尋ねる処、表向き寺院への御沙汰は無レ之《これなき》御内意の事故、是非奉願として出さるべしと指図あり。それより下代場にて半紙一枚貰い認替《したためかえ》んと思い相談するに、白紙は一枚もなし如レ此《このごとく》赤紙ばかり、しかし尋探し見んと色々穿鑿《せんさく》すれども、半紙はなし。仕方もなく廿代へ行く、道にて大雨に逢い、衣服法衣も少々ぬれる。善蔵方にて紙を貰い書き直し、八ツ（午後2時）前又役所へ持ち行く、その紙面左の通り。

奉願

一金壱両

右は当時勢ニ付為レ報二御国恩一《おんこくおんほうじのため》献納仕度奉レ存《ぞんじたてまつり》候間、宜《よろしく》御聞届被二仰付一《おおせつけられ》度《たく》、奉レ願《ねがいたてまつり》候已上

右の紙面を考察役池内礼介その侭《まま》御仕置の前へ持ち出る。金子は明日御請取に相なるに付、下代場へ御預け可《なら》レ被《れる》レ成《べし》との指図に任せ、下代為介へ頼み置く。

このたびの義に付、上灘筋の郷士より金子ばかりを斗桶《トヲケ》に三杯さし上げたる者ありという。

雨ノ森源右エ門という人、先だってより追放に逢いてありしが、今度松山高松両所へ赴く人の兵粮として乾飯《ホシイヒ》米数十俵ならびに金子も夥敷《おびただしく》指上げたる由、その外郭中より献金もっとも多しという。

四月五日 10－38

先だっての寺院の寸志、陽貴山より百両、常通寺五台山より各百両、要法寺も百両、真如寺は近頃入院の事ゆえ御断り申し出たれども、御聞届なきゆえ、先ず三十両献上、同寺隠居より別に二十両上げる。西寺東寺各五十両づゝ、妙国寺より三十六両、右は多き組也、その外少さきは記さず。

❖安政五戊午《つちのえうま》歳（一八五八）

《梵鐘供出問題》

五月五日 2－90

大変後より当浦西浜に住居の岡俊蔵、潮江の庄屋より被《たの》レ頼《まれ》、当寺の半鐘を借りに来るに付、惣じて寺院の鐘は法器にて一寸も外へは出さぬ物、水火事変に必ずうつ品、大変の時も当寺の鐘鳴りて、その音を聞き漸く大波の入り来るを知る者も多く、さて鐘は衆生にその声を聞かしめ、その苦を救うの徳あり、それを稲虫を殺すの場所へ用いんも如何、かつ諸宗とも四月十五日より七月十五日迄一夏九十日の間、毎日九ツ時（正午）に鐘を打ち読経する事常例、これは上《かみ》註1四恩を報じ下《しも》註2六道に及ぼすの訳ありての事、年々如《この》レ此《ごとく》なるゆえ、先年両度当村の百姓中より借用仕り度き段申し来たりしかども、右の委細申し聞け断りし趣などつまびらかに咄し、岡氏を返す。

註1　四恩（しおん）　天地・国土・父母・衆生（民衆）の四つの恩（『新訳 漢和辞典』）
註2　六道（ろくどう）　衆生《しゅじょう》が善悪の業《ごう》によっておもむき住む六つの迷界。すなわち、地獄・餓鬼・畜生・修羅・人間・天。六観音・六地蔵・六銅銭・六道の辻はこれに由来する。（『広辞苑』）

❖文久三年癸亥《みずのとい》歳（一八六三）

八月十四日　5－51
日入る頃惣組頭二人来る。一両日前須崎役人当浦へ来り、異船防禦の為このたび大炮御鋳立に付、寺院の撞鐘《つきがね》半鐘等指出し候様、兼ねて地下《じげ》役より寺院へ沙汰致し置くべしとの義にて庄屋より差越す処也。予考えの侭《まま》を咄し、未だ御仕置所の御下知無《これ》レ之《なき》故、差切《さしきり》たる返答出来難き趣を述べ返す。

八月廿三日　5－55
一昨日小目附中京都より御使者として下着。御国許より多人数上京の由聞こゆ。福岡宮内殿も近日御出足の趣。晩方今度銃炮御鋳立に付、寺院の梵鐘差出候趣の廻文来る。

九月十八日　5―70

過日役所へ出したる梵鐘ノ指出ノ写

差出

此度梵鐘并銅器類之有無申出候様御触之趣、奉二拝承一《はいしょうたてまつり》候。然ニ於二当寺一《とうじにおいて》古来より梵鐘無レ之《これなき》義ハ去ル辰年御達申置候、且当時勢ニ付、為レ報二御国恩一《おんこくおんほうじのため》、先達而文銭類四貫八百文、寸志方江指出申、其余銅器類無二御座一《ござなく》候。右為二御届一《おとどけとして》如レ此《このごとくに》御座候已上

亥八月七日　　　　　　　　　　　真覚寺　判

御奉行所

梵鐘の義段々六ヶ敷《むつかしく》、諸宗寺院より送り出す由。幡多郡中村の役所へ持出したる半鐘撞鐘《つきがね》の銘に、或は名号を記したるもあり、経文戒名等を書きたるもあり、その鐘の上へ真鍮銅の諸道具、風呂釜に至る迄重ね有レ之《これある》を、仏法気のある者これを見ては実に落涙すという。

半山繁国寺の撞鐘、高岡高願寺、教泉寺、正覚寺の半鐘等は須崎の役所へ出したる由、当浦老《としより》藤蔵よりの咄し。清龍寺の撞鐘も城下へ出たりという。高善寺ばかり今以て半鐘を出さず、弘岡光寿寺も同断。城下にては永福寺の撞鐘も役所へ持出す、寺町辺の半鐘真宗寺の半鐘も出る。田野長法寺の撞鐘も出る。西法寺の撞鐘は門徒の者故障申し出、住僧当惑の由に聞こゆ。

先だって長州に於いて大炮鋳造の節、右の通り梵鐘を集めけるに、ある寺の住僧承引せざりしに、役所にて詮議の上磔《はりつけ》に懸る由の噺を、小役人ども諸方にて伝達しけるより、その咄しに聞き

おじして半鐘の触れもなきに指し出したる諸宗の寺々多き由也。梵鐘という文字に半鐘もこもりたるという僧もあり、寺の仏具に至る迄皆梵鐘なりと心得たる坊主もある由。それ故出す者もあり、出さぬもありて一致せず。梵鐘というは撞鐘に限《カギ》りて、半鐘には通ぜぬという事、八年以前辰年の大公儀よりの御触にても知れる事にて、糞《クソ》と味噌とを弁《わきま》えざる愚僧の多きも、末世の習いとは言いながら、余りにうたてき[註]事ども也。

註　うたてき　古語、なさけない。なげかわしい。（『古語辞典』）

❖文久四甲子《きのえね》歳（一八六四）（二月二十日元治と改元）

二月四日　6－10

四ツ《午前10時》前升形着、暫時休憩し役所へ行く、段々半鐘指出の事六ケ敷《むずかしく》、隙取る序《ついで》を以て左の通りの願書を認《したた》む。

奉歎願口上覚

当寺之義ハ宇佐浦寺院之中ニ而《にて》も別段小高キ山際ニ而、浦中一面ニ見渡し候土地故、在所火災之度毎ニ当寺半鐘之音ニ驚キ、火事場江欠付候者も多く御座候、且去ル寅年大変之節モ当寺へハ波先早ク見へ候故、如《れいのごとく》レ例半鐘を打候へバ、地下《じげ》之者共聞付、急難を遁申候、然ニ此度右品御鋳替ニも相成候時ハ、右等之時変用も忽相闕歎敷奉《あいかけなげかわしくぞんじたてまつり》レ存候間、半鐘指出之義ハ可《あいなるべき》二相成一義ニ御座候而、御用捨被《おおせつけられ》二仰付一候ハゞ、第一浦民之急難を救候用具ニも相成、且萬一異船海岸ニ近寄候節之海防御用一助共相成可《もうすべき》レ申哉と奉《ぞんじたてまつり》レ存候、不《のみならず》二而已一右半鐘之義ハ先年地下人之中不意死仕候者御座候而、

為二供養一《くようのため》当寺江寄附仕《つかまつる》処之品ニ付、彼是宜《よろしく》御詮議之上何卒御用捨被二仰付一度奉レ願《おおせつけられたくねがいたてまつり》候已上

子《ね》ノ二月四日

右願書を役場にて認《したた》め、證判役へ迄頼置き、酒食の馳走に逢い、八ツ《(午後2時)》前より帰足。

二月十日 6－14

この間願書を出し置きし半鐘の義、格別の御詮議を以て、当寺の品は御召上げの段御用捨に相成る由、寺社廻りより申来る。予曰《いわ》く、過日役場へ願書を出したるは、首の飛ばんとする半鐘の命乞いにて、この末いかゞなるやらしれねども先ず指当《さしあた》り御取上げは治定、その中御詮議のある間は一日にても半鐘の命のぶ理屈、その上叶わぬ時は仕方なしと噂しつゝ、相待ちしに、御聞届けに相なりしは我も仕合せ鐘も仕合せと大に喜ぶ。

或人いう、このたび鐘の御触れは一方ならぬ重き御用ゆえ、遁《のが》るゝは稀也。丁度悪病のはやるがごとく早く役所へ指出し、吹潰して火筒になりたるはトンコロにて倒れたると同じ事、梵鐘有無の指出しを致し半鐘隠してたまるものは、近所合壁[註]にトンコロ煩う様な心持也という咄を聞き、予いわく、然らば当寺半鐘のごときは一旦悪病に染みたれども、能《よ》き薬の的中して全快せるがごとし、実に危うき事ならずやと、主客互いに戯言《ヲドケ》をいいつゝも、御用捨に預かるの有難きを悦ぶ。

註　合壁（がっぺき）　かべを隔てた隣の家。隣家。（『漢和辞典』）

❖慶応四戊辰《つちのえたつ》歳（一八六八）（九月八日明治と改元）

五月廿七日 10－56

四ツ頃（午前10時）足痛を怺《こら》え役所へ出勤し宗門指出[註]を納め、序《ついで》を以て半鐘の伺書を出す。これはこの間役所より左の通り申し来るゆえに、その侭《まま》に打捨て置《ヲカ》れず伺う所也。

一 梵鐘類

右は此度臨時御用ニ付、諸寺院ニ有《これ》レ之《ある》分御取上被《おおせ》ニ仰附《つけられ》一之、尤《もっとも》右代り大鼓相用候而可《しかる》レ然《べき》向ハ差備可《おおせ》レ被《つけ》ニ仰附《らるべく》一之条、彼是《かれこれ》相心得候様被《おおせ》ニ仰附《つけらる》一之

閏四月廿三日

当寺よりの伺書左の通り

奉伺口上覚

此度臨時御用ニ付梵鐘類御取上ハ相成可《もうす》レ申《べき》段御触之趣、奉《かしこみ》レ承《うけたまわり》レ畏候、然ニ当寺半鐘之義ハ去ル子《ね》年梵鐘類を以銃砲ニ御鋳替之節、無《よんどころなき》レ拠義御座候而《て》、御役場江奉《たてまつり》ニ嘆願《たんがん》一候処、格別之御詮議を以早速御用捨被《おおせ》ニ仰附《つけられ》一候ニ付、今日迄法用俗用共相兼、日夜之用具ニ備へ難《あり》レ有《がたき》仕合《しあわせ》ニ奉《ぞんじたてまつり》レ存候、依而ハ已前一旦御聞届ニ相成居候品故、乍《おそれ》レ恐《ながら》尚又宜《よろしく》御詮議之上、何卒御用捨被《おおせ》ニ仰附《つけられ》一度《たく》、右為《おうか》ニ御伺《がいとして》一如《このごとくに》レ此御座候 已上

辰五月

右紙面差し出しけるに、考察役橋本和太郎申しけるは、成程随分聞こゆれども、このたびの義は、御菩提所《ぼだいしょ》真如寺の鐘さえも御取上に相なる事なれば、御用捨は中々六ケ敷《むつかしき》事なるべし、されども先ずこの紙面の趣は伺い出、御下知を受くべし、以前御聞届の節の嘆願扣有《ひかえこれ》レ之哉《あるや》と尋ねるゆえ、則《すなわち》持参仕り候とて懐中より出し見せければ、これがないと始めの事がわからぬとて、糊にて本紙と継ぎ合わせ受取り呉れる。この時雪蹊寺役僧も撞鐘の義に付懇願書を持参するに、橋本の返答当寺と同断。嗚呼六ケ敷《むつかしき》世の中になりしぞと嘆息して戻る。

註　宗門指出（しゅうもんさしだし）　宗門改めに同じ。江戸時代、キリシタン禁圧の一手段として、領民の宗旨を踏絵、寺請《てらうけ》などによって検査したこと。全国にわたり、毎年各家・各人ごとに宗門人別帳に記載し、檀那寺に仏教宗派の帰依者であることを証明させた。（『広辞苑』）

鼠退治と猫

❖安政二乙卯《きのとう》歳（一八五五）

八月卅日　1－69

この節西山より福島辺において鼠に噛まれ候者数多有《あまたこれ》レ之《あり》、中においては即死の者もあり、城下医家へ走るもあり、またこれ一奇事なり。（去年以来惣じて宇佐辺家もすくなく、また家あれども尓来よりは狭小なるゆえ、鼠のすむ所少なきにより、鼠自然と多く見ゆるなるべし。人に喰いつくは察する所彼等の食物にとぼしきより害をなすならんか、又猫も少なきゆえという、さもあるべし）。

今夜四ツ時(午後10時)本堂へ鼠二匹来たり、仏具を噛損《かみ》ずるにより、隣家へ猫をかりに行きけれども、皆出違うて居らず。無二詮方一《せんかたなく》本堂の戸障子を透間《すきま》なきように立て詰め置き追い出す、外陣におい て二つとも漸《ようや》く仕留める。殺生は僧分の所行《しょぎょう》にあらざれども、仏敵なるが故に仏に代わりてこれを誅戮《註》す。さてこそ今夜に至りて鼠おおくなりしと御国の人の噂の虚《うそ》ならざる事をしれり。

註　誅戮（ちゅうりく）　罪をただして殺すこと。罪あるものを殺すこと。（『広辞苑』）

❖安政五戊午《つちのえうま》歳（一八五八）

十二月廿五日　2―144

当寺母一両日跡より極楽寺へ行き、留守を預かり居る処、昨夜の寒気甚敷《はなはだしき》ゆえ、今朝自分見に行く。この寺北風烈しく吹き込む土地にて、大変後は諸方の壁も落ち、いまだ修理も整わざるゆえ、極楽寺というは名ばかりにして八寒地獄の入口ほど寒し。

西分の地獄谷は結句暖かに、宇佐の極楽寺は浄土[註1]に似合わぬ寒地也、萬事世の中は名にもよらぬものかな。晩方陰り夜星見えず寒し。八ツ頃(午前2時)より鼠座敷へ這入り戸障子をかむ音聞こえ、寝られぬ侭《まま》おきる。さて猫を尋ねるに如何なる用事ありて出で行きしや居あわずゆえに、障子越しに、さて〳〵汝はにくきやつかな、昔より家の鼠国の盗人というて人々悪《にく》むゆえんは、盗賊は国恩を忘れてその国に害をなし、汝はまた人間の家をたより、昼ふして夜動き、人の食物を掠《かす》め取り、世を渡りながらその恩を忘れ、今宵の如く戸障子の類に疵《きず》付け、主人の眠りをさます段その罪軽からず、我れ今夜薪を以て打ち殺す筈なれども、僧の身なるがゆえ自ら手を下さず、昔聖徳太子守屋大臣と合戦の時我れ戒を持つゆえに自ら殺さず、汝退治すべしと命ぜられければ、舎人《トネリ》迹見赤檮《アトミノイチヒ》弓矢をとりて守屋を射殺し、法敵忽ち亡びうせぬ。今又汝仏寺に害をなす処は、正しくこれ法敵なり。よって古例に従い国法の表を立て、明朝迄は戸袋の間に入牢せしめての後、手飼の猫に申し附け、その方が一命を絶《タヽ》しむべし、それ迄はこれを食し潔《いさぎよ》く最後を待つべしと、罰文申し聞け、芋一つ投げ入れおき、夜の明けるをまつ。

　評して曰《いわ》く、鼠の人家に害をなす事譬《たと》ふるに物なし。然るに干支《エト》の惣組頭とし、又染物にも鼠《ネズ》色品々ありて白鼠藍ねず、漆鼠、玉川鼠あり、ねずよせあり、註2鳩羽どぶねず取々なり。十二支獣のその中に染色に用いるは鼠ばかり、牛色もなく寅色もなし。卯辰巳は猶更なし。午も未も申酉も戌亥色という事の名さえ聞かねば色も見ず。子《ね》ばかり用い来たれるは、北方角の御子侍《ヲネマチ》の主人が始めしやいぶかし。又かゝるわるものを抱え置き、使いに諸方へ差し立て、人間の家に害をなすを知らず顔して可愛がる大黒天の心底も合点ゆかず、七福神には似合わぬ事、彼が平生の暮らし方、もっとも押柄《ヲヽヘイ》にて、料理の初穂を先ず喰らい神仏を足下にふみて、一家一門悉《ことごと》く天井の住居《スマイ》をなし、人を見下し鼠上下《ネズミかみしも》を着ていわく、殿様《トノサン》（戸のさん）にのぼるなどと狂し、人に疵付けては横山へ走らしめ、全体傍若無人の有様憎むべし。非義非道なる事一というて二にない者ゆえ、十二支の頭に置けるか、註3西行法師の東国径廻《けいかい》せし時、牛盗人と疑われ、我は西行と申す僧にて盗みなどするものにあらずといえば、数人集まり愈々《いよいよ》歌人の西行ならば、十二支を一首の歌に詠じ見られよと望む、西行筆をとりて、

〝午未申酉戌《うまひつじさるとりいぬ》よはやく亥子《いね》　丑寅《うしとら》ぬさえ浮名辰巳《たつみ》に〟

とよんでその難を遁れたる事も思い出されておかし。

註1　浄土（じょうど）　五濁《ごじょく》・悪道のない仏・菩薩の住する國。十方に諸仏の浄土があるとされるが、特に西方浄土往生の思想が盛んになると、阿弥陀の西方浄土を指すようになった。（『広辞苑』）

註2　鳩羽（はとば）　鳩羽鼠の略。濃い紫をおびた鼠色。

註3　西行法師（さいぎょうほうし）　平安末期の歌人。俗名佐藤義清《のりきよ》。武門の家に生まれ、鳥羽院の北面の武士として仕え、和歌・蹴鞠などに活躍した。二十三歳で出家、旅する歌僧として伝説化され、多くの和歌を残す。（『日本史広辞典』）

十二月廿六日 2－146

五ツ頃《（午前8時）》迄猫を待てども帰らず。ぜひなく隣家の猫をかり来り、名代勤めさせんと座敷へ入らしむ。さて猫鼠の敵味方、出合頭に猫は余所《よそ》の家なれば方角を失い、虚露《キョロ》々々うろたえ、鼠は一生懸命逃げ出さんという思いより外なし。二、三度座敷を廻る内、僅かなる障子の透間より遁れ出んとする所を、猫追い詰めその尾にかみ付き留めんとす、鼠跡へ振り返り猫の鼻柱へ歯を当てれば、こりゃたまらぬと油断の間に鼠は行方なくなりぬ。

窮鼠却《キウソカエリ》て噛《カム》レ猫（きゅうそかえりてねこをかむ）の先言もっともとは思いながら、隣猫を叱《しか》っていわく、昔燕《エン》の荊軻《ケイカ》は太子丹に頼まれてその約を変ぜず、義の為に命を捨つと聞く、汝も人に頼まれながら僅かの手疵に気おくれし、敵を取りにがせし不調法、勇もなく義もなし、大腰抜けめと罵《ののし》れども、聞かぬ皃《かお》して帰りけり。

小判を見てさえほしがらぬ猫に、書物はこちが無理と思案半《ナカ》ばへ、我が家の猫も帰り来れば、又これをも厳しくしかり、これ能《よ》く聞け、元来その方などが先祖は唐土《から》日本の産にあらず、往昔《ムカシ》玄奘三蔵[註1]という名僧渡天[註2]の砌《みぎり》、漢土に鼠というものありて、人なき家に迄徘徊し仏像仏経を喰い破るゆえ、玄奘これを憂い彼の地にありて様子を聞けば、猫てふものよく鼠を降伏する由なれば、これ幸と帰朝の節始めて猫を天竺[註3]よりつれ帰れり、それより日本へも子孫伝わり、代々相更らず鼠を捕るを職業とす。又鼠は一度《イチド》に十二匹の子をうみ、もっとも繁昌家なれども、猫にあうては何れも沈入す。猫又狗《いぬ》に出合うては恐れ走る。これは世間の萬物に常の勝《カチ》なしと孫武子がいえる道理にて、彼に勝つものはこれにまけ、此《コレ》を畏れしむるものは亦彼に虐《シイタゲ》らる。惣じて畜類は山野を棲《スミカ》とし飢寒を愁う、然るに汝が輩は人の家に養われ、その性寒を厭い、春夏は日向《ヒナタ》にありて五体を温《アタヽ》め、秋冬は竈[註4]爐の傍に安座して飢《ウ》えず寒《コヾ》えず、鼠騒動《ソウドウ》せぬ家に勤むる身は年中休日にて身心を労するにも及ばず、さて死して後はその皮三味線に用いられ、人々これを愛す。

人は死して名をとゞめ、虎は死して皮を留むというなれど、日本には虎なければ、猫は死して皮を留むと言うても然るべし。つて人家に寄食《キショク》する中、犬は盗人を吠えるを己れが職とし、鶏は時をつくるを以て役目とし、その方が輩は鼠を心懸けるを以て本業とす。然るに今日隣猫は敵を組み敷きながら捕ええず、又汝は昼は飽く迄食らい、夜は遊んで帰りを忘れ、我が職業を怠る段、不届千萬、依レ之《これによって》今日暇を遣《つかわ》し追放すべき筈なれども、只今の寒中迷惑にもあるべし、又路頭に立たんも不便《ふびん》なれば、重き罪を軽くなし、今日一日は家の物食すべからず、この方御酒好《ゴシュスキ》なれば、歌五首をよみて奉るべし、然る時は今日の罪をゆるし呉れん、こればかりは料代《とがしろ》なるぞと細々《コマゴマ》中し聞け置く。

夜七ツ（午前4時）頃、夢ともなく現《うつつ》ともなく猫来たりて詫びるに歌を以てす、合して五首。

〝忠と鳴く鼠とらぬは我が不忠　他行と知りて彼も来つらん〟

〝人目には唯寝る奴と見ゆれども　茶のちるたびに目をさましつゝ〟

〝人間をたよりて暮らす身なれども　干支《えと》にいらぬを哀れとも見よ〟

〝我先祖もと天竺と聞く時は　仏に縁のふかきこの寺〟

〝目の玉の時々かわるこのやつを　救い給へやなむあみだ仏〟

註1　玄奘（げんじょう）　唐の名僧、西域を経てインドに行き、帰国後持ち帰った経典の漢訳に従事した。（『漢和辞典』）
註2　渡天（とてん）　天竺（インド）に渡航すること。（『広辞苑』）
註3　天竺（てんじく）　日本および中国で、インドの古称。（『広辞苑』）
註4　竈爐（そうろ）　かまどといろり。

❖万延元庚申《かのえさる》歳（一八六〇）

六月十八日 3－116

猫本堂に入り仏飯を食う、この間中毎夜大谷の畠に兎《ウサギ》出て唐芋《からいも》の蔓《ツル》を喰い切るゆえ、昨夜より火縄を持ち行き置く。近頃は鼠猫兎言合せたるごとく害をなし、鼠を退治せんとて猫を愛すれば、猫その心驕《おご》りて仏飯を盗み喰い、自ら得たりとす、これを叱して内の用心すれば、兎山より下りて作物を損ず。出《イデ》ては四足を禦《ふせ》ぎ、入りては蚤蚊に責められ、日夜彼等が為に身心を労する事いうべからず。畜生の為にかくつかわれながら、自ら萬物の長といいて自慢するもおかし。

❖文久二壬戌《みずのえいぬ》歳（一八六二）

閏[註1]八月廿五日　4－155

鼠多くなり本堂狭間《はざま》の障子を破り毎夜這入る。栗の毛球《イガ》を鴨井に入れ黐《トリモチ》にておどし種々手を尽せどもやまず。庫裏[註2]の方は白昼に出て走り廻る、一向仕方なく困り入る。

註1　閏（うるう）　季節と暦月を調節するため、平年より余分に設けた暦日・暦月。地球が太陽を一周するのは三百六十五日五時四十八分四十六秒なので、太陽暦ではその端数を積んで四年に一回、二月の日数を二十九日とし、太陰暦（旧暦）では平年を三百五十四日と定めているから、適当な割合で一年を十三カ月とした。（『広辞苑』）

註2　庫裏（くり）　寺の台所、庫院。転じて、住職や家族の居間。（『広辞苑』）

《老鼠対猫王》

九月朔日　4－156

夜に入り本堂に坐し、息を詰め鼠の入り来るを伺う、五ツ半（午後9時）頃果たして狭間《はざま》より入り来る、急に火をとぼし狭間の穴を塞《ふさ》ぎ、内陣[註1]外陣を追廻し終に棒にて打ち殺す。先月指入れより本堂に入り害をなせしを漸く今夜仕留める。

殺生は十悪の第一にて仏の厳制なれども、仏具を損する仏敵ゆえ仏に代わりてこれを害す、何の不可かあらんと、鬼の首取ったような顔して寝る。

四、五十年前、大坂富商の家に数百年を経たる老鼠あり、その家の嫁に毒気を吹きかけ、三人迄黄疸の如き病をうけ死す。その家に寵《ちょう》せる猫あり、主人の夢に告げてその敵を打たんと請う。

主人夢中にこれを諾す。猫又いわく、彼は鼠の王なり、我ばかりにては退治し難し、難波《ナニハ》の御堂前に猫王あり、我これと力を合わせ本望を達すべしと。

夢覚めて主人某の家に行き猫をかり来るに、家の猫出合いとともに馴れ知音[註2]のごとし。翌日土蔵の二階へ二猫を上げ、窓の戸をしめ土戸を悉《ことごと》く塞《ふさ》ぎけるに、半日程の間板の間の鳴る音馬の馳せるがごとし、晩景に至りその静かになりしゆえ怪しみ戸を開くに、二猫大鼠を喰殺し、その傍に猫もともに斃《たお》る。

主人これを見てその恩義を感じ、二猫を厚く葬り七日七日の弔いも人間と同じき追善をなしける。その主人死して子たる者の代に猫の五十回忌を弔いし時、当浦楫和屋太平なる者、大坂にありてその法事の席へ招かれ、右の咄しを委《くわ》しく聞きし由。

註1　内陣外陣（ないじんげじん）　内陣は神社や寺の本堂で神体または本尊を安置しておく所、外陣は内陣のそとにあって参拝者が入ってお参りする所。（『広辞苑』）

註2　知音（ちいん）　よく知り合っている人。親友。（『広辞苑』）

❖文久四甲子《きのえね》歳（一八六四）（二月二十日元治と改元）

二月八日　6－13

今夜五ツ半時（午後9時）頃より本堂へ行き、鼠を捕えん為に寝ずの番をする。九ツ（午後12時）頃番に堪え兼ねて戻る。

二月九日　6－13

夜本堂へ行き、蒲団をかぶり鼻息もせず鼠を伺う。六ツ半頃（午後7時）より四ツ頃（午後10時）迄待つ内、程なく来る。早まりて取り逃がし、暫くありて又見失い、九ツ頃（午後12時）に至り漸く見出し御厨子[註]の上より追い下し、内陣外陣の間を追廻し、終に打ち伏せ元結にて頭足を括《くく》り、庭前の木の枝に懸けさらす。

註　厨子（ずし）　仏像・舎利または経巻を安置する仏具。両開きの扉がある。（『広辞苑』）

万次郎の仲間たち

天保十二年（一八四一）一月五日、宇佐浦の船頭筆之丞（傳蔵）と弟重助、次弟五右衛門、近隣の寅右衛門と万次郎ら五人乗り組みの漁船は、宇佐の西浜から船出したが、二日後足摺沖で操業中暴風に見舞われて漂流した。鳥島で百四十三日の無人島生活の末、アメリカの捕鯨船に助けられて、ハワイに上陸した。万次郎は船長に認められてアメリカに渡り、教育を受けて捕鯨船の乗組みとなったが、ほかの四人はハワイで暮らした。九年後の嘉永三年（一八五〇）八月、万次郎が金山で資金を作り、ハワイに来て一緒に帰国することを勧めた。四人の内、重助は死亡しており、寅右衛門はハワイに残ることになって、万次郎、筆之丞、五右衛門の三人は、中国行きの汽船に便乗し、翌嘉永四年（一八五一）一月沖縄に上陸した。三人はその後鹿児島、長崎で取り調べを受けた後、嘉永五年（一八五二）七月ようやく高知に連れ帰られ、ここでも主としてキリシタンであるかどうかの取り調べののち、十月一日それぞれの故郷に帰る事を許された。真覚寺は筆之丞と五右衛門について寺請証文を出している。

万次郎のその後の活躍と出世は多く語られているが、筆之丞と五右衛門は他国往来と海に出ることを禁止され、生涯一人扶持（一日に付米五合）を宛てがわれて暮らした。萩谷にある墓碑によると、五右衛門は安政六年（一八五九）四月廿一日没、筆之丞は元治二年（一八六五）正月廿一日没となっている。享年は書かれていないが、五右衛門三十四歳、筆之丞六十二歳と推定される。

真覚寺には『土佐国漂流人申口聞書』と題して、静照師が藩庁から寺宛に回付された書類を写し取ったものが残されている。これは平成十年（一九九八）七月に「土佐市郷土史研究会」によって翻刻出版されている。その内、真覚寺から提出した寺請証文を次に掲げる。

寺　請

土佐国高岡郡宇佐浦傳蔵同弟五右衛門儀、宗旨代々真宗ニ而《にて》、当寺檀那ニ紛《まぎれ》無く御座候、為《うけじ》二請状一如レ件《ようとしてくだんのごとし》。

嘉永四亥年　　　　京都東本願寺末

十二月十日　　　　松平土佐守領分　高岡郡宇佐浦　真覚寺　判

この請書は二通土佐藩に提出、一枚は江戸留守居役から幕府に提出された。それから長崎奉行所にまわされ、半年後、三人が土佐藩に引き渡されることになるのである。

❖安政二乙卯《きのとう》歳（一八五五）

十月四日 1―73

今日異国より帰りし西浜の五右エ門来る、彼の地の咄を致し日暮れて後帰る。

❖安政四丁巳《ひのとみ》歳（一八五七）

五月卅日 2－20

今日西浜異国戻りの筆之丞を呼び寄せ、漂流の年月、彼の国の語はなど尋ね書き付ける。

閏五月十七日 2－24

今日御本山へ献上の漂流人聞書を写す。

閏五月十八日 2－24

今日米利幹《めりけん》国語を写し、漂流記へ仮名付けする。

七月廿四日 2－36

異国より帰りし男長病《ながわずらい》に付、為《みま》二見舞《いとして》一醤油一升遣《や》る帰足。

❖安政五戊午《つちのえうま》歳（一八五八）

七月十四日 2－107

七ツ時（午後4時）亜墨利加《あめりか》戻りの筆之丞仏供米を持参る、五右衛門は如何と尋ねれば、弟義先月より瘧疾[註1]にて今以て全快に相成不レ申《もうさず》というゆえ、先年異国に留まりし節瘧《おこり》などふるいし事はなきかと問へば、私ども彼の地に罷《まか》りあり候間は決して左様の病も無《これ》レ之《なく》、惣じて彼国には瘧、時疫[註2]、痢病[註3]など煩《わずら》ひし者見及び不《もう》レ申《さず》、内より発する病はあれども、外より入る病気は無《これ》レ之《なく》、しかるに日本へ帰りし後は種々の病に悩さるゝ事にて候、さすれば日本国は瘧のごとき怪病の沢山有《これ》レ之《ある》国と相見え申候と咄しけり、一笑。さて筆之丞に有合わせの香物茄子など与えかえしぬ。

註1　瘧疾（おこりしつ）　間欠熱の一。隔日又は毎日一定時間に発熱する病で、多くはマラリアを指す。（『広辞苑』）
註2　時疫（じえき）　流行病。はやりやまい。（『広辞苑』）
註3　痢病（りびょう）　腹痛・下痢が激しく、飴状の排泄物を出す伝染病。赤痢の類。（『広辞苑』）

❖安政六己未《つちのとひつじ》歳（一八五九）

六月十日　3－38

四ツ頃（午前10時）より西浜へ行く、先年亜墨利加《アメリカ》州より帰りし当浦五右衛門、昨年以来病気にてありし処、養生叶わず、先月予が上京の留守にて病死せり、今日中陰[註1]に当たれるゆえ、右家へ行き読経する。

右五右衛門兄伝蔵（又筆之丞ともいう）に茶の事を問うに、亜墨利加には茶ノ木一本もなし、茶は漢土[註2]へ年々船にて買いに行く、近年漢土より茶ノ木を数十本船に積入れ帰り植えしに、皆枯れ失せぬ。中に茶ノ木の根へ漢土の土を多く付け来りし木は、当分青々としてありしが、日を経て彼の土精なくなるほど次第に衰え、終には悉《ことごと》く枯れ果てけるゆえ、亜墨利加の土地には合わぬものとして植えることはやみぬる由。

その余の事思い出るに任せ問いけるに、彼国には大根もなく、昆布もなし。昆布は松前の品を専ら用い、大根は丸干、或は切干にしたるを日本より買い調え、漆《ウルシ》塗りの品も随分あれども、吾《わが》朝のごとき艶《ツヤ》よき塗はこれなきゆえ、朱塗蒔絵などは至って重宝するという。

註1　中陰（ちゅういん）　衆生が死んで次の生を受けるまでの間。期間は一念の間から七日あるいは不定ともいうが、日本では四十九日。（『広辞苑』）

註2　漢土（かんど）　中国。

❖元治二乙丑《きのとうし》歳（一八六五）（四月八日慶応と改元）

一月廿二日 7－11

七ツ半時《（午後5時）》頃西浜の筆之丞病死に付葬礼勤行《ごんぎょう》に行く、この者先年兄弟三人出漁の時颶風[註1]の難に逢い無人島へ漂着、亜墨利加《あめりか》船に助けられ豪斯多剌里《アフスタラリ》にある事およそ十二年、嘉永年中御国に帰り一人扶持づゝ下し置かるゝ。もっとも次弟《オトヽ（ママ）》重介は異国にて病死、末弟五右衛門は帰国の後病死、兄筆之丞は今度死去せり。

先年御本山御使僧常徳寺殿当寺へ来られける時、右筆之丞に異国の装束をさせ目見せしめ、かつ異国の詞《ことば》より当国役所の口書等を認《したた》め、御使僧へ頼み当山より御門跡[註2]様へ献上せし事ありしに、このたびの病死実に憐れむべし。

註1　颶風（ぐふう）　強烈な風。熱帯低気圧の旧称。（『広辞苑』）

註2　門跡（もんぜき）　祖師の法統を継承し、一門を統領する寺、またその僧。（『広辞苑』）

年末年始

真覚寺の大晦日は餅つきもあり、掛取りも来たりで大変である。一夜明けて元旦は恒例の勤行がある。ここでは、安政元年の大晦日から慶応四年大晦日までの十四年間の年末年始の日記をまとめて読めるようにした。静照師は真覚寺の年末年始の行事や掛取りのことなどを記録する外、その年の干支《えと》にまつわる話をたくさん載せている。その中には中国の古典から多くの引用があり、改めて静照師の博学ぶりを思い知らされるが、漢文が多く、浅学の編者ではとても読者に伝えられるような解読理解が出来ないので、残念ながらそのほとんどを割愛したことをお断りしておく。

❖安政元甲寅《きのえとら》歳（一八五四）

十二月廿九日　1―22（再録）

晴天、五ツ半（午前9時）頃ゆる。小屋掛の者ども餅を搗く、仁ノ村西畑辺は地下役より沙汰として餅をつかせぬ趣、然るに宇佐は貢物[註1]は来年迄延引に相成り、救い米は貰う旁々《かたがた》地下役よりも餅などの義は沙汰可《これ》レ有《ある》レ之《べき》処、如何なる考哉《や》その沙汰なし。御救米《すくいまい》を食せし者、小屋の口にて餅を搗くも不釣合なる事、又餅つかぬもおかしく、雑煮喰わぬとて年のよらぬといふではなし、餅くわずして年を重ねんよりは、食うて腹をふくらし歳一つ貰う方が年徳神[註2]への忠義なるべし。

当寺は地下《じげ》一統の難渋《なんじゅう》中第一公儀を憚《はばか》り檀家の困窮を思い、餅杵の音をせず佐川へ誂え、御鏡雑煮ばかり餅屋にて調え、正月迎えの心持ちをなす。

註1　貢物（みつぎもの）　年貢。荘園領主や大名が農民に課した貢租。（『広辞苑』）
註2　年徳神（としとくじん）　その年の福徳をつかさどる神、この神の在る方角を明の方または恵方といい、万事に吉とする。年によって方角が違う。恵方《えほう》巻。（『広辞苑』）

《大余震》

十二月卅日　1－22（再録）

少曇。朝寝すぎ漸く五ツ（午前8時）前寝間を出て、兄弟とも本堂にて勤行《ごんぎょう》最中思いがけなく大地震、霜月五日のゆりと全く同じ、本堂の柱くるいゆがむ、法衣の侭《まま》飛出る。小屋の者は皆家を出て山へ逃げ上る、当寺は本尊様を又長持へ納め庭前へ出す、同所にて喫飯して少々道具を片付け、波のくるいあるなしの所気をつける。一時（二時間）余りの間に三十余度ゆる、皆小ゆりはなく中ゆりばかりなり、長ゆりしてやまぬ所は霜月五日よりは遥《はるか》に烈し、ゆりよりは鳴る音夥敷《おびただしく》、煙草のむ間もなくゆる。その中にも搗き残りの餅をつくもあり注連《シメ》餝《かざ》りするもあり、人心種々あるものと覚えておかしく、今日の震《ゆ》りより算用すれば、当月十日同十四日両度のゆりは物の数にもあらず。海面の満干常の通りにして違わず、近きほとりに居る者皆小屋を捨て、手道具携《たずさ》え足元へ汐の来る如く言次々々山へ逃げ上る。今日は大晦日の事ゆへ、その山中にて昆布醤油の類買うもあり売るもあり、八ツ（午後3時）半頃迄大騒動。

当寺はゆりはやまざれども大風吹き出し、寒気たえ難きゆえ内へ這入り、火燵《こたつ》に当る。今日五ツ（午前8時）頃より日暮迄の震《ゆ》り数、およそ八十四、五返ばかり、その内小ゆりは少なく中ゆりは多し、ゆる度ごとに空中にてじだんだふむごとき音聞こゆ。家の動く事この間中よりは烈し、夜に入り候ても昼と同じく、少しも間なく鳴動の声ともにゆる。暮六ツ頃（午後6時）より夜明迄又百二十余度ゆる、内七十度程は十日十四日のゆりと同じく皆中の大なり。勿論火燵《こたつ》にて夜を守り、暁をまつ。

夜半頃提灯ともし隣家を見に廻る、家々皆火を焚き寝ず。当年のようなる恐ろしき大晦日に今まで逢いたる事もなく、又咄《はなし》にも聞かず、嘸《さぞ》や年徳神《としとくじん》この愁を見聞し迷惑がらせ給ふらん。

今日昼頃まで風吹かず、九ツ（12時）過より大風になる。晩景ゆりの間を見て本堂の掃除し御花を上る。七ツ（午後4時）頃山へ逃上りし者ども、当寺の騒がぬを見て道具を提げ又小屋へ戻る。夜汐を恐れ山手の小屋へ宿をかりに行くものもあり。昨日《キノウ》今日に搗きたる餅を神仏へ備えぬさきに袂に入れ、三ヶ月なりに喰いきりて、手に提げつゝ水汲むもあり、往来甚だ忙し、我が口程可愛ゆきものはなしと見えたり。

宇佐辺の魚売り数人今朝新居辺迄行き、大ゆりになるといなや魚荷《にな》い戻る。店方の掛集めの影法師も見えず、夜淋しゝ。

❖安政二乙卯《きのとう》歳（一八五五）

《揺れ方の変化》

正月朔日 1－25（再録）

朝例の通り半鐘を打ち、本堂にて勤行《ごんぎょう》する。五尊様は御箱の侭《まま》壇上にすえ奉る。それより墓所へ参り、法衣をぬぎ雑煮を食う。地震中なれどもその味去年の通り少しもかわらずうましく〵。

さあ最早これにて又一つ年を貰うたぞと笑いぬ。

四ツ（午後10時）頃去年中の垢を落さんと、風呂を涌かし入る、湯の中にある内二、三度ゆる、丁度親の病気の枕元にて、婚礼の盃するような心持也。

さて地震のもようは惣体去年分とは違い、地築石築するごときづん〳〵と大なる音してそれよりゆる。余り長々の事ゆえ地震殿もゆりの流義をかえ、人をして驚かしむる手段と見ゆ。又件《くだん》の餅搗《ツキ》とも思う程の事もあり、人心少しも落ちつかず、勿論礼者もなし、よい春というも不釣り合い。年始の礼は只笑うて事のたるような正月またとあるべき事にもあらず。

今日のゆり数かぞえはせざれども大晦日と同断、夜に入りても一向間なくゆる。毎晩病人の夜伽《よとぎ》する如き訳もなければ、今夜は蒲団引きかぶり、家の崩れは崩れ次第、死なば死に次第と寺内一同寝る。暁までの内、中の大ともいうべきゆり三度ありしかども、首も上げず寝る。今日は朝より夜に入りても風やまず、天気は極上の晴天なり。

《餅つき》

十二月廿七日　1―85

薄陰り風吹く。糯米《もちごめ》不自由に付き新川にて調え今日餅を搗く。去年は騒動中ゆへ餅をつかざりし代わりに、今年は人のあきるゝ程沢山につく積りにてありし処、銭箱を明けて見れば、中は蜘《くも》の巣ばかり、これはと仰天、分別仕替漸く一臼《ヒトウス》二臼にも足らぬ餅をいかめしくつくとて人を雇い、杵音のとんとん〳〵と響く処は、死人の棺をしめる鉄槌の音とも違い、随分心持も宜しく、外輪より寺の餅搗の声きけば中々以て賑敷《にぎわしく》、借銭に溺れて身動きのならぬ貧乏寺とも見えず、されば門外へひゞく杵の音と掛取を恐るゝ住持の顔持とは雲泥の違いなりとおもわず笑を催すも、実に浮世の習なるべし。八ツ（午後2時）頃雪少し降る、直ぐにやむ。風はやまず、夜八ツ半（午前3時）時より七ツ（午前4時）迄の間に二度ゆる小。

《銭湯出来る》

十二月廿九日 1-85

曇天、雪降る。今日は家の中にて杵《きね》のふり廻しの出来ぬ者までも皆餅をつく。臼の中へ雪ふりこみ手みずいらず、搗終り臼より直ぐに丸めたる温《アタタカ》なる餅を食い嬉しがる子供の声喧《かまびす》し。この節梅花少々開く。

先月より橋田に銭湯《せんとう》出来て、これまで風呂桶にはいりたる事のない者迄、毎日湯に入り垢を落す、それゆえこの頃当所の男女急に垢抜けして、橋田の人でないようになる。誠に結構々々。さて考え見れば今宵は今年の終り、明日ははや来年とかわれば、正月が来て嬉しうもあり、借銭の催促は逃れてよいけれどそのかわりにとしはよる、死ぬる時節は近うなる、これればかりは情ない。されども人なみなれば是非もなし、あゝ名残おしの今宵かな。

〝雨や風渡りかねたる大三十日《みそか》 あやうき波をはしる卯の暮〟

❖安政三丙辰《ひのえたつ》歳(一八五六)

正月元旦 1-89

晴天。とし新たまりぬるあしたなれば、例のごとく百八の鐘をうち、本堂にて読経、五尊様へ染々《しみじみ》御礼をとげ、直に墓参りいたし、雑煮と屠蘇《とそ》酒にて年を越えたる心持ちをなす。旧冬掛取の

人々に責められし事を思い見れば、誠に恐ろしく、何卒今年は貧乏神にせがまれぬように覚悟したきものなりとおもうより、

〝よふ〳〵と貧乏神を追出して　またこぬよふとふせぐ此春〟

今日は三百六十日の初日なれば、末永きように思う心を自ら戒めて

〝めでたしという間もまたず春の日の　実《げ》に足早に辰の元日〟

十二月卅日　1－143

晴天。風なく温和にして春待顔の空気色、開ける梅を折取りて本堂へ上げる。今年は惣じて当浦米銭の融通ありと見えて、米践《ふ》み餅搗の音は昨日迄に終わり、今日は橋田に餅搗の音もなし。両三年以前は、魚売は我家へ来たり給う年徳神《としとくじん》をさし置いて、山分にて年を取り、正月になりて漸《ようや》く我が家に帰る者多くありしに、今年は借銭に他所《よそ》へ逃げる様な人も少なし、それゆえ帳財布を肩にかけたる催促人も昼の間ばかり、夜に入りては提灯《ちょうちん》の影もなし。偶《たまたま》提灯見ゆるゆえ懸集の男かと思えば，存外塩鯖などを持ち来りて、歳暮とて指出す塩梅《あんばい》、されども当寺などは外々とは違い、大昔より代々この家を動かぬ譜代の貧乏神あるゆえ、五、七人の掛乞いは例の通り入り込み、当年は是非とも皆済《かいさい》々々とせり立てられ、最早歳徳神の御出に間もあるまじ、どうぞ件《くだん》にこの有様を見られぬ様と、いろ〳〵心配すれども、払方も手段は出来ず、仏祖の照覧も恥ずかし

けれど、両舌綺語《註》の弁を以て、何事も早春の事と挨拶すれば、世界に鬼はなきもの、皆々承知にて帰りける。最早夜半頃にてもあらんと思うより年忘れの心持ちにて一首、

〝何とせふ貧乏はのかず年はよる　口ばっかりはよう辰の暮口〟

註　両舌綺語（りょうぜつきご）　両舌は二枚舌。綺語はたくみにかざった言葉。（『広辞苑』）

❖安政四丁巳《ひのとみ》歳（一八五七）

正月元日　2―3

朝早々戸を開き半鐘を打ち、本堂勤行《ごんぎょう》済み墓参り致し雑煮を食う、若水をのみて年のよるもつまらぬものなれど、世間に逆らうもいらぬ事なりと、古き水も若水と名命《(ママ)》、年は積もれどよい春と人からいえば、まづ目出度とうと受け答えするも浮世の習い、僅か一夜の間に年もかわれば干支《エト》もかわり、我が身の衰うるを嘆きつゝ、

〝盛衰は干支《エト》も我等もおなじ事　きのうの辰もけふは巳《み》となる〟

つらく〳〵考え見るに歳徳神《としとくじん》は頗梨塞女《ハリサイニヨ》とて女体なり。我が朝《ちょう》に男神は多けれど、日本国津々浦々三枚敷の小屋までも、のこりなく祭りをなし、酒食の設《モウ》けも沢山にて、家を清《キヨ》め衣服を改め、いかなる貧しき身の上にても、笑顔つくりて崇《あが》むるは、正月の神唯御一体、これ恐れながら八幡

春日《かすが》の明神も及び給わぬ処なり。さてこそ女は大事の物、惣じて人の女房をかみさん〳〵ともてはやすも、歳徳神の余光なるべし。

〝歳徳の神のいわれを知る人は　世間かまわず女房いたゞけ〟

今朝筆を試みるに狂詩一絶を作る、（カナのルビを参考に読み下しをつける）

愚僧《ワレラ》尓来多病ノ身　未《マダ》レ入《シニモ》二死門《せずして》一復逢レ春

（われらじらいたびょうのみ、まだしにもせずしてまたはるにあう）

漸ク遁二節季《セッキ》一始　如　活《ハジメテイキタココチスル》　護《マモル》二我ガ行末ヲ一歳徳神

（ようやくせっきをのがれ、はじめていきたここちになる、わがゆくすえをまもるとしとくじん）

一月三日2−4

朝早々便所を出て戸を開けば、唯一面白妙《しろたえ》にて、海上ばかりは際立って中に浮かぶ船の有様、雪中を往来する鳥の気色、寒さ面白さいわん方なし。正月の初めより雪のある事目出たきしるしなるべし。この雪を見るより、古《いにしえ》[註]の孫康が故事など思い出し述懐のあまりに、

〝窓におく思いもなくて徒《いたずら》に　我が巳の年も積るしら雪〟

五ツ時（午前8時）より大風雪を吹き下ろす、晩方又雪ふる、夜中大風。

註　孫康（そんこう）　晋の学者。家が貧しくて油が買えないので、雪の明かりによって勉強し、ついに御史太夫《ぎょしだいふ》に至ったといわれる。（『広辞苑』）

十二月卄日　2－60

晴天。本堂掃除御花さし、九ツ（12時）迄に荘厳周備す。さて例のごとく往来する人々の足音騒がしく、冬と春との境目は地獄と極楽の大違いなるべし、程なく日も暮れれば本堂看経《かんきょう》終わり、東西の提灯《ちょうちん》多きを見るより、当浦の見目《ミルメ》が歳暮苦という題にて、

〝いかんともならむ此身をうるもちの　のどにつまりし年の暮れかな〟

と狂せしを思い、また浦戸に退隠せる玄州が、

〝掛取の足の擂木《スリコギ》音たえて　みそかの夜半を越《こす》ぞ嬉しき〟

とよみしなど思いめぐらして予も、

〝ひと、せをのゑりくらりと寝ておきて　巳《ミ》のおさまりのつかぬ暮かな〟

と狂し筆をさしおくや否すこしゆる、又暫くありてゆる小。
（午前10時）四ツ頃より提灯《ちょうちん》の往来もやみ、物静かになるを見て、当年浦辺のゆたかなるをしる。空晴れ風なくして、年徳神の御供廻り嘸《さぞ》御喜びあるべし。我等も今宵は、笹ヶ峰の険阻より立川へおりかけし心持にて夜を明かす。先ず当年も命数尽きず越年する事、誠に以てめでたし〳〵。

❖安政五戊午《つちのえうま》歳（一八五八）

正月元日　2－65
（午前6時）六ツ時鐘を打ち読経する。参詣七、八人あり。それより墓参りし石碑の傍に植え置ける梅花の満開を見て、亡父の往生を思慕せるより、

〝今ははやさとりの春の彼《かの》きしに　宝の花をもてあそぶらん〟

と吟じつゝ帰り、雑煮屠蘇《とそ》に旧冬の苦しみをも忘れて

〝何も角もはねさがしつゝひと寝入り　雑煮の味も午《うま》の元日〟

今日は極上の天気にて風なく、林に棲める鳥雀まで快く囀《さえず》る。夜中星見え暖《あたたか》なり。（午前2時）八ツ頃より雨ふる。

十二月三十日 2-148
曇天、大寒風吹かず。早朝より本堂御掃除に懸り、打敷[註1]を懸け昨日さし置きし松の立花《りっか》を上げる。晩方日輪見ゆる。懸請《カケコヒ》の男も段々見ゆる、時節柄の訳言うて上手に催促する者へは、この方も定文言の時節柄一歩の払いは二朱[註2]で事足し追出す跡へ、又別にかわる〴〵来てせがむ催促人の応対に、大に草臥《くたび》れ困り入るより昔人の、

〝死出の旅又もや帰るみちなれば　しばし死にたい年の暮れかな〟

といいしも思い出され、この節季《せっき》の心配に一倍としもよるなれば、我が身の上の哀れさを、

〝よれ〳〵と思う斉米《トキ》よりも　せめて我が身の皺《シワ》のよるぞかなしき〟

と自吟する中へ、少々かねを借りたいと一両人来るゆえ、心配の中にも笑いを催し、それは大きに方角違い、かねは随分なきにもあらず、本堂には勤鐘《キンセウ》もあり半鐘もあり、仏具類は皆かねよ、さて勝手には鍋がね類も少々あり。その余にかねと言うてはさっぱりなし、貧乏寺の気兼咄斯《こ》の通りと述べ終れば、彼男いう様、私どもの借用仕りたいというかねは、半鐘仏具の類にあらず、日本にては〝惚薬《ホレグスリ》佐渡から出るがいっちきく〟というて、昔よりこれが為に命を果し、世の誹り《そし》を請け、加古川本蔵が袂《たもと》土産で、高師直《こうのもろなお》が顔色和らぎ、与市兵衛が縞の財布も、塩谷判官《えんやはんがん》の石碑料も、寺の和尚の説法のいさむも、小僧の眠りのさむるも、檀家の御取越には必檀那寺に沙汰せ

よというも、檀中の家を争うて宗門の判形ひくの切出すなどいうも、もとは皆山吹色、貧乏神の悪《にく》む品七福神の所持の品、それがかりたいと申す事、併しこの御寺には前々より相更《かわ》らず、借銭持ちという事は我も能《よ》くしれり、今俄《にわか》に私へかし給わる銭かねの出来る道理なし、御もっとも千萬。惣じて寺は貧乏すれば檀中へ頭を下げて丁寧なれど、少々にても銭が出来ると旦家をかみつけ押柄《ヲヽヘイ》也。それから見れば今日のごとく、借りに来て借らず帰るも不自由なれど、寺に銭金子《ぜにかね》沢山出来てかみつけらるゝよりは、遥かましでござります、斯様《かよう》申すも師檀[註3]の中の交わり、かつ鍋がねより外にかねはないとの御言葉より、失礼も顧みず乱言たらたら、必《かならず》御立腹下さるなというて足早に帰りぬ。さてさて彼に異見《（ママ）》せれるゝも積年貧乏するゆえ也。何卒時節をまち一生のうちに金持となり、その威を以て彼等をかみつけたいものと独言《ヒトリゴト》する処へ、夜に入りてもまた午の暮れと書きたる提灯《ちょうちん》を持ち、帳と財布で厳しき催促におうて、吐息の中より以貧《イヒン》々々と身ぶるいして一首、

〝やりくりもかった〳〵の借銭に　ほい〳〵いわる午の暮れかな〟

筆さしおかんとする処へ妻すゝみ出、私も一首おもい付候とて、

〝借銭の重荷を背おひ昼夜とも　唯ひん〳〵で午《うま》も暮けり〟

今夜星悉《ことごと》く顕《あらわ》れ風なく大いに寒し、世渡る船の船頭は、おも楫《カヂ》とり楫の気持せわ敷く、米櫃《こめびつ》銭

箱はいつも櫓尻をかくばかり。借銭の湍門[註4]に至りては波風少々ありけれども、櫓をおしきりてゆくほどに、大晦日まで漕つけぬ、めでたし〳〵。

註1　打敷（うちしき）　寺院の高座または仏壇・仏具などの敷物。多く金襴を用いる。（『広辞苑』）
註2　二朱（にしゅ）　四進法で一両は四歩（分）、一歩は四朱。（『広辞苑』）
註3　師壇（しだん）　師僧と檀家。寺僧と檀家。（『広辞苑』）
註4　湍門（せと）　瀬戸。流れの早い海峡。（『広辞苑』）

❖安政六己未《つちのとひつじ》歳（一八五九）

一月一日3―3

正月元旦晴天。朝六ツ半（午前7時）時如《れいの》ㇾ例《ごとく》百八の鐘を打ち、百八煩悩を追いまくり、心静かに本堂看経終り、廟参の後嘉例の雑煮を喫し、指を屈して我がとしを数え見る。今朝当寺の井戸へ若水迎え三人来る。日の出頃松をともし来るあり、それより火燵《こたつ》に入り一睡し、雪隠《せっちん》に赴きて去年分の糞を残らず秪捨《ヒリステ》、先刻の雑煮より後の食物を今年分とす。さて称名寺より浦戸に隠居せる玄州が、

〝お、としの皮きりをしてこころよく　今朝蓬莱《ほうらい》の山を見る哉《かな》〟

と狂せしを思い浮かべ、僅か一夜の間に午《うま》と未《ひつじ》と入れ替われば、彼の晋《しん》の武帝の官女ども、羊車を引かんため竹葉を挿みしふる事を思いて、

〝この春はむまい竹葉《ヲサヽ》のある家へ　羊の歳よ我をみちびけ〟

今日は一点の雲なく暖和にしてそゞろに春の心地すなる。今夜節分なりとて家々大豆を熬《イ》る、今朝御入りの歳徳神《としとくじん》を鬼と間違え、豆にて打出したれば、実にお丶事と、我等迄もきつい心配するに、三ヶ日には大豆は打たぬ法式なりとてやみぬるゆえ、先ずは安心。

五ツ頃《（午前8時）》橋田の家を遠く望むに、火の見ゆる処一軒もなし。昨夜年徳神を待ちうけし労《つか》れ旁《かたがた》早く寝たりと見ゆ、この方も人なみに寝る。

十二月三十日　3－69

晴。朝墓所の掃除する。当年は世柄あしく、浦辺の淋しさいわん方なし。今日餅搗きし家多し。夜に入れば山房を尋ね来る者もなきゆえ、一杯のんで歳暮の心持をなす。

〝山住居未《ひつじ》のあゆみいつとなく　年の境を今宵こゆらん〟

❖安政七庚申《かのえさる》歳（一八六〇）（三月十八日萬延と改元）

正月元旦　3－73

晴。六ツ時《（午前6時）》例式の本堂勤行《ごんぎょう》及び墓参り終り静かに屠蘇《とそ》を舐《なめ》りて

〝屠蘇酒と雑煮餅とは大毒ぞ　世界の人のとしよるを見よ〟

四季鱗次[註]し寒暑の環周《わしゅう》目前にて、月日駒の足早にゆくを繋ぐ縄もなければ、頭の白髪ののび出るを打ち込む鉄鎚《カナヅチ》もなし。御慶《ぎょけい》の辞も古句《フルク》なれど口ばかりの労《つかれ》ゆえ人並みにうけ答えし、年の積るは哀しけれども大三十日《みそか》を越したるがこの方の不調法とひとりつぶやき日を暮らす。七ツ頃（午後4時）雨ふる直ぐにやむ、夜中蔭る。

註　鱗次（りんじ）　鱗《うろこ》のように並びつづくこと。（『広辞苑』）

十二月卅日　3－156

陰天、四ツ頃（午前10時）日輪薄く見ゆる、七ツ頃（午後4時）又雨降る。宇佐の店方大いに淋敷《さびしく》、亭主と手代と唯二人火鉢をかゝえ居る店多し。さて熱燗《アツカン》一杯呑みて除夜の心持をなす。漢土には顔延之と何尚之との二人、その顔猿に似たるを以て互いに猿よく〳〵と呼びあえり、日本には太閤《たいこう》を猿冠者と異名す。見ざるきかざるいわざるよりも思わざるこそまさるなれと言い残せし言葉もあり、我は酒をのまざるより心よく一杯のんで猿のつらほど赤くなり、腹鼓《ツヅミ》打ちて暮らすのが太平の民の楽しみぞと心得れば、おのれにしかざる者は友とせず、学あらざる人を笑止に思い、忠孝あらざる者を気の毒がるも、儒仏神の三道[註1]に化育せられたる身の仕合せなるべし。その正しき教えを修せざるゆえ、猿猴《えんこう》の真似して人の物を引き掠《かす》め、手の長い奴《ヤツ》と賤《いや》しめられても恥ともおもわず、結局手長猿の真似するが申《さる》の年のしるしと思えるより、当年は盗人も多きか。

　中の大晦日の事なれば、見ざる聞かざる修せざるなどと、さるの仮名遣いを書くうちに、帳と財布を肩にかけ提燈《ちょうちん》とぼし入り来たる懸請《コ》い一人ならず、五、七人勝手口にて厳しき催促声に驚き筆投げ捨て、智者ハ不ㇾ惑仁者ハ不ㇾ憂勇者ハ不ㇾ懼（読み下し、ちしゃはまどわず、じんしゃはうれえず、ゆうしゃはおそれず）といえる聖語を静かに吟じながらも、居合わぬふりに見せかけて屏《オサメテ》レ気ヲ似タル二不レ息《イキセ》者ニ一（読み下し、きをおさめていきせざるものににたる）も矢張り猿の狂言、顔赤く人に隠れて借銭を払わぬもつまらぬけれど、そこに居るのを知らざるもおかしく、一休が、

〝世の中におそるゝものはなけれども　やねのもるのと馬鹿と借銭〟

と狂せしも思い当り、もはやこの上は、借金の渕にはいり首抜けのならぬ世界にはおりともない、桃栗も太郎が渡りたる猿が小島へなりとも逃げてゆきたい、しかしその島も今の時節なれば米穀不自由な事やら知れず、彼の地へ行き込みて伯夷叔斎[註2]がように飢死《カツエシニ》てはたまらぬ、どうぞ一生のうちに陶朱公のごとき大金《カネ》持になりて見たい。毎年々々節季になりて借銭に追わるゝ苦しさ、折角呑み込みたる春以来の申《さる》のようなる酔いも一時にさめけるより。

〝月花にたわれてのみし酒代《サカシロ》の　〆《シメ》見る暮ぞ酔のさめ際〟

といえる歌も我が身の上とおもうにぞ、忙然として、

〝頭《アタマ》をば柿の熟しのぼったりと　気の上《ノボ》りたる申《さる》の暮かな〟

註1　化育（かいく）　天地自然が物を生じ育てること。（『広辞苑』）
註2　伯夷叔斎（はくいしゅくせい）　ともに殷《いん》の処士で、伯夷が兄、叔斎が弟。周の武王が殷の紂《ちゅう》王を討つに当り、臣が

君を弑《しい》する不可を説いていさめたが聞き入れられなかった。周が天下を統一すると、その禄を食むことを拒んで首陽山に隠れ、ともに餓死したと伝える。清廉潔白な人のたとえとする。（『広辞苑』）

❖萬延二辛酉《かのととり》歳（一八六一）（二月十九日文久と改元）

正月元旦　4－3

半晴。六ツ時《（午前6時）》半鐘を打ち本堂にて勤行《ごんぎょう》する、参詣六、七人あり。墓参済みて例の通り雑煮を喫し、年のよるを喜ぶ。夜中半天蔭る。

〃東雲[註]を東天紅と鳴く声に　あけてみたればにわ酉《とり》の春〃

註　東雲（しののめ）　東の空がわずかに明るくなる頃。あかつき。あけぼの。（『広辞苑』）

十二月三十日　4－72

小雪、五ツ頃《（午前8時）》より雨となる、大いに寒し。本堂荘厳終りて火燵《こたつ》へ這入り、首ばかり出し亀のごとくなる。当年中の垢を落さんとて浴室《フロ》に入り、漸く首を延べ鶴のごとくなる。さてその鶴について思えばホンニ今年《コトシ》は酉《とり》の年、首尾克暮《よくクレ》たるしるしには、鳥の咄しを綴らんと寒さを凌ぎ机にもたれ、先ず日本にて夫婦和合の根元は二神天[註1]の浮橋にましく〳〵て鶺鴒《せきれい》の真似をせしより発《おこ》れり。聖帝と仰奉《あおぎたてまつ》る仁徳天皇幼名を大鷦鷯尊《オオササキノミコト》と申す。日本武尊《やまとたけるのみこと》は白鳥と化し、白雉《はくち》・白鳳《はくほう》・朱雀《すざく》の年号あり。和歌にも春は鶯・雲雀《ひばり》・呼子鳥、夏は時鳥《ほととぎす》に水鶏《クイナ》、秋は雁鴨、冬は千鳥、鷹狩を詠じる。

仏の説法し給いし処を霊鷲山《ワシノミヤマ》といい、経文の金翅鳥、荘子の大鵬鳥は世界に並びなき大鳥なり、山海経に明せる小人国の人をのむ海鶴はいかばかりの鳥なるやしらず。燕は日の出を朝として日没を夕とす、蝙蝠《こうもり》は日入りを朝とし日出を夜とす、昼夜を相争うて決せず、終にこれを鳳凰《ほうおう》に訴う、鳳凰もまた決する事能《あた》わざりしという咄もあり。

この辺にては愚かなる者をほめそやして楽しむを、人を鳥にするといい、女房の発明にて夫をさしおき出しゃばるを、牝鶏《ヒンケイ》の晨《アシタ》するといい習わして悪《にく》み賤《いや》しむももっともなる事にて、その女に遣《つか》わるゝ鈍くさい男を、ほんの如鷺《ニョロ》〳〵也と[註2]うたてがり、物の仕損じせし丁稚《デッチ》をば、おのれが烏鷺《ウロ》つくゆえなりと、厳しく叱《しか》るも字義に叶うて面白し。

かゝる諸鳥の名を探り、鳥屋のごとく連ねるも酉《とり》の年の大晦日、一杯酒の肴にと思いつくより、山鳥の尾の長々しくも書きし也。ただし干支《エト》の酉《とり》は鶏《ニワトリ》に限るというもいぶかしく、酉の字にて何鳥やらしれず。仏経には鼠牛虎兎龍蛇馬羊猴鶏狗猪と十二支獣の文字明白なればいよ〳〵鶏に相違なし。人間に近づき時をつくれる鳥なるゆえ、諸鳥の頭をふみ鶏《にわとり》ばかり干支《えと》に入るなるべし。

又古来より鶏に五徳ある事をいう、一には冠を頂くこれ文也、二に足に距《ケヅメ》ありこれ武也、三に敵当《こうとう》して互いに戦うはこれ勇也、四に食を得て友を呼ぶはこれ仁也、五に夜を守りて時をわすれずなく事はこれ信也と云々。

我等幸いに泰平の化に浴し、今年の日記を首尾克《よく》するも、命のありし仕合せと喜びつゝ、

〝もうそこへ戌《いぬ》が来そうな今宵ゆえ　鳥のはなしはこれでやめたり〟

晩景より夜に入り大雨。当年の節季の餅杵の音と掛取の提灯《ちょうちん》との少なきを見て、世の中の困窮を知る。来年は来年はと思ううちに、年月如レ流《ながれるごとく》寅年の大変後早くも七年余の月日を送りぬ。除夜とおもえば名残もおしく、来年の命も不定なれば、独り燈下に坐し、雨の音を聞きつゝ、

〃今年の仕業《シゴト》は済みて今宵きり　またくる年は何をするやら〃

〃浮沈み危うき事も多かりき　又折々は泣きつ笑ふつ〃

〃おきて寝て喰たり呑《のん》だり閙《さわが》しく　おなじ事をばいくたびもして〃

寒さを凌ぎ筆を酉《とり》終る。

註1　天の浮橋（あまのうきはし）　神が高天原から地上へ降りるとき、天地の間にかかるという橋。（『広辞苑』）
註2　うたてがり　古語。なげかわしい。情けない。気の毒がり。（『明解 古語辞典』）

❖文久二壬戌《みずのえいぬ》歳（一八六二）

正月元旦　4－79

雨。晨起鳴レ鐘読レ経、詣二祖先之廟一而後脱二法衣一、喫二雑煮一。至二辰尅一雨歇、終日閑居無事。未尅空晴、東風吹終夜風不レ止。

（読み下し、あしたにおきてかねをならしきょうをよむ。そせんのはかにもうでてのちほういをぬぎ、ぞうにをきっす。たつのこくあめやむ、しゅうじつなにごともなし。ひつじのこくそらはれる、ひがしのかぜふき、しゅうやかぜやまず）

一月五日 4―79

晴、風吹く。年肇《はじめ》の礼に廻る。昨年より地震も少なく、日記も酉《とり》の大晦日限り筆を抛《なげう》んとせしに、日頃この地震日記を一読せる者両三人口を揃えて、身の楽しみに一生の間記せよと勧《すす》む。予曰《いわく》、一生といえば長き事のようなれども、命に長短あれば、いつを身の終りとも知るべからず。今十年も生き延びなば、紙筆墨の費《ついえ》も多かるべし。一生の一も一なり、一年の一も一也。一生の詞《ことば》を止めて一年にかえ、今年一ヶ年晴雨震時を記すべし、これ汝らが請《こい》に応ずる処也。もし又予が命数今年に促《せま》りて、この稿終わらずして死せば、願わくは公等その跡を続補せよといえば、皆笑うて退きぬ。故に又当戌《いぬ》年の陰晴を記し始めたり。今夜大風、節分。

《雪降る》

一月十一日 4―80

雪降る。点々霏々《ひひ》として地に落ち空に踊る有様は、飛梅のごとく舞蝶に似たり。豊年の瑞物と言い習わせども、鳥類には凍雀飢鴉《とうざくきあ》の憂あり、我等も筆乾硯凍《ひっかんけんとう》の難儀あり。唐の武后の時三月に雪ふりければ、群臣以て為《ずい》レ瑞《となし》入りて賀す、王求礼曰《いわ》く、冬月雷鳴するをば瑞雷とするかと言うてこれを斥《せき》す（しりぞける）とぞ。

風雅の道に志す人は、雪を詩歌の種とする事もあるべけれど、予がごとき愚中の愚人は、雪のふる寒き朝夕よりも風ふかぬ暖かなる日を喜ぶのみ。
五ツ《（午前8時）》頃より大風となる寒気烈し、夜に入ても風やまず。

十二月廿九日　4－195

晴。本堂荘厳終り、雑煮餅を切る、晩方陰り又雨ふる。近辺の家々春を迎ふるの営《いとなみ》とて門松飾《カザリ》竹、橙《だいだい》楪《ユズリハ》取り揃え珍客を待つがごとく忙敷《いそがしき》を見て、

〝煤《すす》はかず門松たてず餅つかず　かゝる家にも春は来にけり〟

の古歌を吟じ、夜に入れば世間甚だ静かにて、今年の麻疹《はしか》に当浦の狗数多《いぬあまた》死しける故か犬の吠える音もなし、但しは犬の年の暮ゆえに彼れ用捨して吠えざるか。

当浦産の冨屋清次なる者、山伏となり下八川に住せり。ある時犬、清次を見て頻《しき》りに吠えければ、

〝里犬がつゝイ《ニンベン》を見失い　山犬と見て我を吠えるか〟

と狂しける出聞く。又当秋長崎より帰りたる男の咄しに、彼の地に逗留の蘭人他出の時は、犬に留守番を命ずれば、犬主人の言を守りて館中にあり、人ありて館に入らんとすれば、大いに吠えて寄せつけず、無理に入る者をば飛び懸り噛《かみ》付く、故に蘭館に犬ある事を知る者は行かず。

又西洋人の船中に水犬《スイケン》といえるものを蓄い置《カ》き、大洋を往来の節船より物を海中に落せる時

も、船人誤りて海に沈まんとする時も、彼の水犬を海に放てば直に水底にすみ入り、口にくわえ出る、至って便利なる畜類の由。今年水犬の咄しを聞くも壬戌《ミズノエイヌ》のしるしか、その上古来より日本の風俗として乳呑子を快寝させんとするには、必ずその母及び乳母たるもの、その児をさすりインノコ〳〵という、これは犬の子という事なるべし。犬はその性よく寒を忍びて怖れず、百獣を吠えすくむるの能ある故に、その児の成長壮健を祝してかくいえるか。

又唐土の司馬相如、幼かりし時の名を犬子《ケンシ》という、後に天下に名誉を顕わす人となれり、この縁によれるものか、然るに予は言語を以て人を怒るの威もなく、又寒をば少しも忍ぶ事能わず、さすれば我は犬の子にあらずして、猫の子ともいうべきおや、但し予幼かりし時インノコの声聞かざりしにやいぶかしと、心に浮かむを肴にて、一杯呑まんとする処へ、一旦払いの済みたる店より、再び銭を取らんと手代の来たれるゆえ、その相済みたる委細を語り、不届千萬と罵《ののし》りければ一言もなく只誤り入りて帰りければ、

〝尾を入れてべうともいわぬ掛乞を　吠えすくめたる戌《いぬ》の月盡《ツゴモリ》〟

と即興し、先ず当年中この苦海に住みながら、格別の浮沈もなく流れ渡りに暮れぬるを喜び、酔いに乗じて跡みずの蒲団かぶりて寝《イヌ》る事とはなりぬ。

壬戌の大晦日の夜記し畢《おわる》。

❖文久三癸亥《みずのとい》歳（一八六三）

正月元旦｜5－3

晴。仍レ旧重レ年鳴レ鐘読レ経、参レ廟喫レ餐如二去歳一（読み下し、きゅうのごとくとしをかさねかねをならしきょうをよむ、はかにまいりぞうにをきっすきょねんのごとし）

東海に度索山あり、その山に大桃樹《とうじゅ》ありて根の蟠《わだかま》る処三千里、桃の下枝東北に向かう、これを[註1]鬼門と名付く。衆鬼出入りす、二神あり神荼欝塁《シントウツルイ》という。衆鬼邪行をなせばこれを捕えて虎に噉《か》ましむ。それ故に[註2]異朝には正月元日ごとに桃の木の枝にこの二神の像を画きて家々の門口に掛ける。

門松を立て竹に注連縄《しめ》を張る事は、[註3]安倍晴明の説よりおこれども、俗家これを守りて正月の式とする処は、漢土にて桃枝に二神の像を画がきて戸口に懸けるとよく似たり。

〝死際の近くなるのもしらずして　この七五三《シメ》かざり何の祝いぞ〞

と一休が詠みしも今日の事にて、門松は[註4]冥途の旅の一里塚とは、誠にぬけ目なき名言也。去春地震日記を閣《サシオカ》んとせしに勧むる人のありけるより、戌《いぬ》年の晴雨地震迄も記し畢《おわり》ぬ。今年は勧むる者もなく、自身も筆を採るに懶《モノウ》ければ、最早筆を絶たんと思い倩《つらつら》考えるに、寅年より九ケ年に日記を終えて十年に満たざるも残念也。干支《エト》も当年は癸亥《みずのとい》なれば、一周の終る処、一際立ちてよろしかるべきかと思案し、且つは命の全きを喜びつゝ、又もや筆を立てる事となれり。晩景曇る、夜中風吹く。

註1　鬼門（きもん）　艮《うしとら》（東北）の方角。また、その方角にあたる場所。陰陽道では、悪鬼が出入りするとして万事に忌み嫌った。（『広辞苑』）
註2　異朝（いちょう）　外国の朝廷。また、外国。
註3　阿部晴明（あべのせいめい）　平安中期の陰陽道《おんようどう》、天文道の達人。陰陽道阿部氏の祖。（『日本史広辞典』）
註4　冥途（めいど）　死者の霊魂が迷い行く道。また、行き着いた暗黒の世界（『広辞苑』）

十二月三十日 5－105

晴、風なく暖なり。両三日以前より鶯頻《うぐいすしき》りに鳴く、予も今年は命数の限り、明年は期し難しとかねて覚悟せしに、先ず当年も死なずに来る春を待つは有難き事也と喜びつゝ、本堂荘厳周備し、さてこの日記は去春筆を抛《なげうた》んとせしに、当癸亥《みずのとい》は一周六十年の終り也、かつ昨年来京坂の間騒々敷《そうぞうしき》義もあり、その聞見《ぶんけん》の侭《まま》をも記し置き度、旁《かたがた》今日迄晴雨をも併記しぬ。

亥の大晦日なれば猪《いのしし》の故事もあるやらんと古事記を開けば、吾朝神代の昔八十《ヤソ》神八上《ヤカミ》姫を娶《めと》らんとて伯耆《ほうき》国に至り、大穴牟遅《オオナムヂ》神を欺《あざむ》き、この山に赤猪あり追い下さん時汝打ちとれ、もし取る事能わずば、必汝を殺さんといいて、猪に似たる大石を火にて焼きまろばし落としたりし事あり。又雄略天皇葛城山《かつらぎさん》に狩して、帝親《にずか》ら猪を踏み殺し給いしといえり、帝の勇烈察すべし。又神功皇后三韓より帰朝の砌《みぎり》、麛坂《カゴサカ》・忍熊《ヲシクマ》の二王子摂州に待受け、誉田《コンダ》王子を討たんとす、時に山より猪飛び来り麛坂王を咋殺《くいころ》す、その嘉例を以て摂州能勢郡木代村切畑村より、毎年十月（亥の月なり）亥の日を祝し、玄猪[註1]の供御[註2]を禁裏御所へ奉るとぞ。

日本にて亥の子の餅を搗くもいと古き事也。世間にて長き首《クビ》を鶴首といい、短きを猪首という。薬には猪岺《いこん》あり猪胆《いたん》あり、唐津物に猪口《ちょこ》あり機《ハタ》道具に猪《イ》の爪あり、我等がような山家住居《スマイ》の者猪《シヽ》猿《サル》同然といい、喧嘩好《スキ》の酔人《ヨタンボ》を見ては不入《イラズ》山の猪狩《シヽガリ》、何がおるやらしれぬというて、足早に逃げるもあり。忠臣蔵の定九郎は猪《シヽ》に代わりて鉄砲に当り、源三位頼政鵺《ヌエ》を射落したれば、家臣猪野《いの》早太《はやた》太刀を抜きてさし殺せり。

頼朝公富士の巻狩せし時、大なる猪《シヽ》手負となり荒れ廻る、勢子ども八方へ散乱せしに、仁田四《にったし》郎忠常《ろうただつね》手取りにせんと眼を配り、右へかわし左へよけ、岩の上より猪に飛び乗るを、猪は愈々《いよいよ》荒れ怒り、跳《ハネ》落さんとかけ廻るを仁田は事ともせず、首の毛をしかと握り、弱る所を短刀を以て突き殺すは、加藤清正朝鮮在陣の時、或夜虎来たりて陣屋の馬を中に引抓《ひきつま》み飛出し、かつ清正の小姓上月《コウヅキ》左膳をも噬《カミ》殺せり。清正口惜しき事也と大に怒り、その夜明ければ山を取り巻き虎を狩る。一匹の大虎清正を目がけて進み来る、清正平なる岩の上にて鉄砲を持ち打たんとす、虎清正を見て立留まる、家臣ども鉄砲を揃え打たんというを、清正下知して打たせず、程なく虎近く来たり口を開き飛懸るを咽へ打込みたれば、忽ち倒れ死せりと、仁田と加藤と勇気頗《すこぶ》る相似たり。彼は猪ゆえ打ちのりて殺し、これは虎ゆえ鉄丸にて打ち留める。加藤が猛獣に屈せざる処、仁田に比するに足れり、千古の美談なれば附記せり。

さて又摂州福島にて源氏軍《いくさ》評定して逆櫓[註3]の論のありし時、梶原景時大将軍義経に向い、進むを知りて退くを知らざるは所レ謂《いわゆる》猪武者《イノシヽ》也と嘲《あざけ》る、予思えらく紙筆の費《ついえ》を顧みずこの様な日記をかくは、これまた進むを知りて退くを知らぬ虚気者《ウツケ》ともいうべしと、自ら恥じつゝ日も暮懸れば筆を止めんとする処へ、一人の客あり、予が筆を提げながら応対せるをみて、心中安からざるにや、

〝此の頃地震もなきに馬鹿らしく　何を書《カク》ぞえ下手の横好《よこずき》〞

と即興して嬲《なぶ》りけるにぞ、こいつ不風雅もの、日記の邪魔也と思うより返し、

〝あけて見よ玉手箱より面白い　兎《ト》てもよめまい癸《ミズノト》にいね〟

客これを聞き苦笑いして帰りぬれば、間もなく時雨《しぐれ》大に降る。夜に入りても山家の気さんじは誰一人尋ね来る者もなく、萬牛も白駒を挽きかえす事能《あた》わずと独り愁い、しかし当年九月十月の頃は寒も強く、我等持病をも引き出せしかど、この頃は却って寒気も退き、飢鳥《きちょう》も群り鳴き凍雀《とうじゃく》も一調子挙げて飛び廻るを見て、呉中寒気薄く歳暮また和風の詩を吟じ、予が大根の肴にてのむ酒は左程の奢《おご》りにも非ざるべしと自ら許して重杯するにぞ、酔いて目の見えぬ様になりければ、傍に置きたる二、三巻の本も宰《おさ》めておけと妻にいうさえも舌もつれてわかり兼ね、それなりに蒲団をかぶりてすう〳〵一寝入りして目を覚《サマ》し、最早子《ね》の年にもなりたるやと戸外を伺えば、夜半の頃と見えて諸人東西に奔走する音遥かに聞こゆ、倩《つらつら》おもえらく、我今年病の為に死せず、嬉しやとおもうより酒をも過ごし熟睡せり、これ小人の喜ぶ処、君子の恥じる処也。

仏家に衣食する者、何ぞ生を貪《むさぼ》り死を怖れんや、然るに予が心中当年は必ず死すべしと粗《あらあら》覚悟せしに、命数尽きざるにや今日まで存《ナガ》らえたり、その死せざるを喜び、安心して酒をのみ寝入る処は、則《すなわち》生を貪《むさぼ》る也実は死を怖るゝ也、恥ずべし哀しむべし。

予往歳より荘子[註4]を読みて頗《すこぶ》る感嘆服膺[註5]す、然るに時ありて生に安んずるのみにして、死に安んずる事能わざるは、いまだ荘周が本旨に徹底せず、況《いわん》や仏説の奥旨に至る事は尚以て遠し、元祖聖人の「生《イキ》らば念仏申すべし、死なば浄土[註6]へ参りなん、兎ても角てもこの身にはおもい煩《ワヅラ》うこと

ぞなき」との給いし詞《ことば》を忘れず、浮世を軽くみて後生を重く見ば、生死の為に憂いなかるべし。予や不敏無学、心中日夜に散乱して千変万化す。除夜の寝覚《ネザメ》に空しく過ぎる月日を悔やみ、古人に恥じる思いの生ぜるより、燈火を挑《かか》げ一語を述記し終れば四顧蕭条[註7]として戸々また静か也。寒風病躯に逼《せま》れば炭を熾《さかん》にして火燵《こたつ》に入り、閉目開目する中に鶏鳴の声頻《しき》りなるを聞きて癸亥《みずのとい》の歳の去るを知れり。

註1　玄猪（げんい）　玄は黒色。赤みを帯びた黒色。ここでは猪の肉をさす。（『漢和辞典』）

註2　供御（くご、ぐご）　天皇の飲食物をいった語。また上皇・皇后・皇子、さらに武家時代の将軍についてもいう。（『広辞苑』）

註3　逆櫓（ぎゃくろ）　船の艫《とも》にも舳《へさき》にも櫓をつけて、前後いずれにも進ませるようにしてある装置、（『漢和辞典』）。ここでは進退についての議論。

註4　荘子（そうし）　荘周の敬称。また「老子」と併称される道家の代表著書。荘周著。（『広辞苑』）

註5　服膺（ふくよう）　心にとどめて忘れないこと。（『広辞苑』）

註6　浄土（しょうど）　五濁《ごじょく》・悪道のない仏・菩薩の住する國。十方に諸仏の浄土があるとされるが、特に西方浄土往生の思想が盛んになると、阿弥陀の西方浄土を指すようになった。（『広辞苑』）

註7　四顧蕭条（しこしょうじょう）　四辺を振りむけば、物淋しい。（『漢和辞典』）

❖文久四甲子《きのえね》歳（一八六四）（二月二十日元治と改元）

正月元旦　6－3

晴風なし。それ甲子《きのえね》は干支《エト》の始まりにて、六十一年に当りて来るものゆえ、人一代に逢うもあれば、甲子の歳を知らずにこの世を謝《いとまごい》するも多し。十二支の事支那《カラ》の古書にも子丑寅卯の字あり。

梵書[註1]には鼠牛虎兎龍蛇馬羊猴鶏狗猪（猪の字又作《ちょにつくる》レ豕）とあり、これは支那の十二支の字へ天竺の鼠牛の字を通わし当て丶子丑《ネウシ》などと読ましめたるもの也、さなくんば子丑寅卯の十二字に一つとして獣に読むべき文字なければ也。これ梵漢冥合[註2]の一奇也。安倍晴明《あべのせいめい》の『簠簋内伝』[註3]には子は鼠也、丑は牛也、寅は虎也と配当す。但し猴《さる》の字を猿に作れり。今十干[註4]十二支[註5]なくんば何を以てか年月日時を分たん、古聖の叡智《えいち》仰ぐべし。

註1　梵書（ぼんしょ）　インドの書き物。
註2　梵漢冥合（ぼんかんめいごう）　インドと中国の文化が自然に合致すること。
註3　簠簋内伝（ほきないでん）　占いの秘義を伝えたとされるもので五巻あり、阿部晴明の著書とされるが信憑性は薄いという。（『神道大系』）
註4　十干（じっかん）　甲（こう）・乙（おつ）・丙（へい）・丁（てい）・戊（ぼ）・己（き）・庚（こう）・辛（しん）・壬（じん）・癸（き）の総称。これを五行に配し、おのおの陽すなわち兄（え）と、陰すなわち弟（と）をあてて甲（きのえ）・乙（きのと）・丙（ひのえ）・丁（ひのと）・戊（つちのえ）・己（つちのと）・庚（かのえ）・辛（かのと）・壬（みずのえ）・癸（みずのと）と訓ずる。普通十干と十二支とは組み合わせて時日・時刻・方角などにつける呼び名として用いられ、干支（かんし）を「えと」と称するに至った。（『広辞苑』）
註5　十二支（じゅうにし）　暦法で、子（ね）・丑（うし）・寅（とら）・卯（う）・辰（たつ）・巳（み）・午（うま）・未（ひつじ）・申（さる）・酉（とり）・戌（いぬ）・亥（い）の総称。（『広辞苑』）

十二月廿九日　6－103

晴。本堂荘厳周備し、御花は猫柳、梅、椿、水仙を上げる。序《ついで》を以て庫裏[註1]も掃除して春の来るを待つ。予は当年八月以来の病気今もって全快せず、薬にて命を繋ぎ、先ず今年も死なずに事足れり。加賀の千代俳諧を学びし頃、美濃国の宗匠彼国に至り、時鳥《ほととぎす》の頃なれば、千代が秀吟を聞かんと請う。千代一両句を吟するに宗匠の意に叶わず、短夜《みじかよ》なれば宗匠眠りに就く。千代その座

敷を去らず、無《ほど》レ程《なく》夜明けに至れども名句もいでず。宗匠目を覚まし秀句も出来たるやと問う、千代はありの侭《まま》を一句に綴りて、

〝ほととぎす〱とてあけにけり〟

と打吟しければ、宗匠大いに賞美せしとぞ。今予が病、去年も今年も只死ぬるを待つばかりなれども、いまだ命数尽きざるにや今日迄存《なが》らえ、右の千代が秀吟を思い出しつゝ、

〝早死ぬる今死ぬるとて暮にけり〟

今日は風ふかず、夜に入りても同断、当年のごとく極月[註2]に暖なる事は近年珍敷《めずらしく》、諸品高価なれども、家々に木綿を織る音絶えず、困窮の者いまだ見えず。別して漁家は当年魚の利を得る事多きゆえ、その賑わい格別也。

さて、一昨年の大晦日には戌《いぬ》の故事を集め、日記の結びとし、去年は亥《い》に縁ある説を拾い巻の終りとす。今年甲子《きのえね》の師走なれば、これ迄聞き覚えたる子の故事を記さんと、行灯かき立て述べていわく。

吾朝にては神代の昔素戔嗚尊《すさのおのみこと》、大国主命の不義あるを責めてこれを殺さんとし給う時に、鼠来たりて大国主を救いし事、旧事記古事記に詳《つまびらか》也。又画師雪舟《せっしゅう》幼年の時、罪ありて庭樹に縛られ足を以て地上に鼠を画く、鼠縄を喰い切りその難を救えり（一説には兆典司とも云う）。偶《たま》には斯様《かよう》の事もありけるにや、実に怪し。

およそ人家に害をなすの魁《さきがけ》は鼠也。一家一門悉《ことごと》く天井の住居をなし、神仏を足下にふみ、料理の初穂を先ず喰らい、快寝《シン》の人の目をさます、しかし猫に逢ては孰《いず》れも沈入す、猫は亦狗《いぬ》にあえば火を吹き逃げ走る。これは世間萬物に常の勝なしと孫武子がいえる道理にて、彼に勝つ者はこれに負け、これを畏《おそ》れしむる者はまた彼に虐《シイタゲ》らる、怪しむべきにあらず。

天竺の[註3]祇園精舎は饑鼠《うえねずみ》火を失して焼亡し、当国円行寺も一鼠《いちねずみ》灯明の火を引き込みしより、広大の堂宇残らず[註4]烏有となれり。

大黒天は結構人《ニン》と見えて、鼠を愛して人の憂いをも顧みず。その身は棚の上にふすぼりかえり、膝元へ供えて貰いたる酒も飯も、皆己が使いの鼠に喰《ク》われ、頭巾より手の指先迄かじられたるも多し、尻に敷きたる二俵の米も生物《セウブツ》なれば一粒もあるまい。チウとは鳴けど皆不忠者也。

備前[註5]光政朝臣《あそん》の仰に、常に諂《へつら》うものに知行を与えおくは、盗賊を抱えおくと同じ事也と、その臣[註6]熊沢助右衛門いわく、頓《やが》て今の大名は家老用人に欺《ダマ》され、我国は皆家老用人の物となる事を知らず、下の敬うをよき事としてだますという事少しもしらず、下の情露ばかりも心附なく、何十萬石の身上にても国を持ちたるにてはあるべからずと、常に語りし由。誠に君も君たり臣も臣たり、頗《すこぶ》る確言也。これを以て見れば、諸侯《ヲダイメウ》のその臣下の為に国家の財物を掠《かす》めとられてしらぬ処は、彼の大黒天が鼠を愛すると全く同じ。

筆に鼠鬚《そしゅ》の名あり、蝙蝠《カウモリ》を鳥鼠という。人間でも鳥なき里に住居《スマイ》して己《ヲノ》が小芸に誇るものをば蝙蝠と名付けて謗《そし》るという。鼠の同姓なりし田鼠《ウコロモチ》も、この節は土中に別宅し、鼬《イタチ》は最後屁《ベ》を放《ヒリ》て亡命し、貂《テン》は皮を剥《はが》れて脇坂侯の鎗の鞘となる。

予幸に御国の徳澤に浴し、子《ね》の歳の廻り来ても人の物を引き掠《かす》めんともせざる処は、自然と仁政の我が身に染みたる験《しる》しならんと有難く覚ゆ。

〝姉《ネエ》さんヲマヘハ何のとし、私《ワタシ》カエ。おまえさんに抱《ダカ》れて子エのとし〟

と子供の歌えるを思い出し、我身の長病を憂いて、

〝としごとに干支《エト》はかわれど我はたゞ　薬をのんでいつも子《ね》の歳〟

と狂し、夜に入れば守《よるを》レ夜《まもる》の印にとて、酒一杯を喫し、臨深履薄[註7]の心配も忘れ、当冬分は惣じて風少なく、無常の誘いも今夜迄来たらず、流れ渡りて暮れぬるを喜びつゝ寝る。

註1　庫裏（くり）　寺の台所。転じて、住職や家族の居間。（『広辞苑』）
註2　極月（ごくげつ）　年の極まる月の意。十二月の異称。しわす。ごくづき。（『広辞苑』）
註3　祇園精舎（ぎおんしょうじゃ）　昔、インド、マガタ国の須達（しゅだつ）長者が釈迦のために建てた説法道場の名、釈迦の説法の多くがここでなされ、竹林精舎とともに二大精舎という。（『広辞苑』）
註4　烏有（うゆう）　全くなくなること。火事で家財などをすっかり失う事。（『漢和辞典』）
註5　光政（みつまさ）　池田光政（一六〇九～八二）。五十年間にわたり備前岡山三十一万石の藩政確立に尽力。閑谷学校をつくる。（『日本史広辞典』）
註6　熊沢助右衛門（くまざわすけうえもん）　熊沢蕃山とも。藩主光政の儒学の師として藩政に尽す。上杉鷹山（米沢）・野中兼山（土佐）とともに江戸時代三山の一人。（『日本史広辞典』）
註7　臨深履薄（りんしんりはく）　深きに臨む、薄い氷を踏む。危険を冒すたとえ。（『漢和辞典』）

❖元治二乙丑《きのとうし》歳（一八六五）（四月八日慶応と改元）

一月元旦 7－3

晴、暖風なし。曙に閨《ねや》を出、盥漱《たらいすす》ぎ終り半鐘を鳴らし勤行《ごんぎょう》、それより先祖の廟に詣し、帰りて餈羹《ゾウニ》を喫す。予が若年の頃播州にありて両三度も新春を迎えし事あり、彼の国の雑煮というは、丸餅をよく煮て、牛蒡《ごぼう》人参揚げ豆ふなど数々加え食す。御国の熨斗餅《のしもち》を雑煮とする由咄せしかば、この国にては婚礼の時ならではのしもちを用いず、正月は皆丸餅也、しかしのしもちなれば早く煮え、大小心任せにて箸にてきるにも便利なるべし、さらば今年は土佐風にせんとて、師家西条寺一同のし餅を雑煮とせし事を思い出せば、牛蒡あげ豆腐など加薬の入りたるも珍敷《めずらしく》、うまかりし様に覚ゆ。その上彼地には長五寸位の鰡《イナ》に似たる塩魚を新玉《アラタマ》と名付けて、家内五人なれば五ツ人数宛《アテ》に調え、元日にはそれを雑煮の向こうへ附ける也。年始の祝詞を述べあうと、物貰いの数々来る処は他国も御国も同じ事也。

《初夢》

今朝少し早く起きしゆえか、眠気あるゆえ転寝《ウタヽ》するに初夢を見る。橋田の南の小川を鼠色の大蛇《ヘビ》、長さ一間半ばかりなるが胴中に蛙を一匹負い上より下へ這う、人々騒動し蝮《ウワバミ》也とて棒など持ち出るに、又別に赤き形付のごとき小蛇二つ来り、彼の大なる蛇と戯《ざ》れ合い、縄の如く上になり下になり遊ぶ有様を見て、たちまち夢醒めぬ。予性得《しょうとく》蛇は嫌い故、心甚《はなは》だこれを悪《にく》む。

昔魏《ぎ》の曹操は三馬槽《サカフネ》を同じうすと夢見て後、司馬氏に世を奪われ、晋の王濬《しゅん》は三刀を梁上に懸け又一刀を益すと夢見て益州の太守となる。予が三蛇の夢果して何事ぞや、蛇の歩《アユ》むがごとく、のえりくらりとはかどらざる長病をしらせし者か、蛇の背に蛙を負いたるは、のむべきものをえゝのまざる兆しにして、予病にかゝり好む処の酒をも自由にのむ事能《あた》わざるの夢ならんか、何にもせよ悪夢也といへば妻のいう、蛇は福神の使者也といえば、福の来る前兆なるべし、憎むべきにあらず祝い給えとすゝむ、予感悟していえらく、吉凶禍福皆夢也、何ぞ今朝の三蛇のみ夢とせんや、善悪を以て夢を評するは愚中の愚なりと笑うてやみぬ。夜中風吹かず、静か也。

十二月廿九日 7-97

晴、晩方陰り時雨ふる。朝より本堂に入り仏前荘厳終り、火燵《こたつ》に蟄《ちっ》す、今日は大いに忙し。

さて今年も春の始めより薬をのみ、命ち繋ぎし甲斐ありて、今日迄存生《ナガラエ》仏祖を御守護申す事は別して有難く、先度より足の筋痛み針灸薬の験《ききめ》もなく、その上十日ばかり以前左手の骨違い、蒸せどもなおらず薬を張りても痛みも去らず、今朝は鼻血も出る。咳《たご》りは居続けの病なれば、赤土かぶるまで身を離れず、これは別して情なく、その養生には身のまわり櫛笄《くしこうがい》ではのうて袈裟衣売ったら忽ち寺役の閊《つか》え、一口浄瑠璃の気にもならず、飲食の為にかりつかわれ、病の為に悩まされ、光陰を送りかねつゝ、歩く内、思わずも大晦日、落ちんとする破れ城を内外より夾《はさ》み攻めるがごとく、我が身何ぞ久敷《ひさしく》保たんとおもうより、

〝はてしなき世話な浮世をいかにせん　生きるもつらししぬるのもうし〟

〝五躰中病いの為にふすぼりて　目ばかり光る丑の暮かな〟

丑のとしの暮れなればかく狂しつゝ筆さしおかんとせし時に、ほんにそれよ実《ゲ》に忘れたる事あり、去年は戯れに子《ね》の故事をよせ集め、日記の終りとせるも早一年、今歳《コトシ》も死なぬ身祝いに、丑《うし》の縁語はなきやらんと、空《カラ》になりたる智恵袋の底を探り拾うて見れば、落ち残りたる物一つ二つ、これ幸いの嘉例也と一杯呑みて行灯《あんどん》かき立再び筆にいわせける。

安倍晴明《あべのせいめい》の『簠簋内伝《ほきないでん》』に云《いわ》く、丑は牛也、土姓本地普賢招社羅《ふげんしょうとら》大将云々。鈴木重幸が天王寺にての戦に、牛に炬火《たいまつ》を括《くく》り附け織田勢を焼討にせしは、齊の田単が火牛の謀《はかりごと》を真似《マネ》たる也。諸葛孔明《しょかつこうめい》は木牛流馬を始めて造り、常に陣中の用具とす。都でひくは五緒車《ごしょぐるま》、これまた牛を餝《かざ》りて牽《ひ》かしむ。薬に干牛丸といえるあり、製方清浄なるゆえ、この薬を服用し神仏の前に至りてもその穢《けが》れ少しもなしと、反本丸の能書《のうが》きにも記してあれど、元来牛肉を以て製すれば、穢《けが》れなしとはいうべからず。

浜辺の漁者《レウシ》の用いる牛角は、鰹漁《レウ》の盛んなる時、鰯の代りに餌《エバ》となし、一つの角にて数十の鰹を釣り上げるゆえ、毎年三月より船を出し、始めて鰹を釣り帰るを角《ツノ》附けというて祝うとかや。

画師闘牛の尾を書き誤り牧童《ウシカイワラハ》の為に笑われたる故事あれば、予がかくのごとく牛の事を取り集め、知らぬ事を知りた顔して書きちらすを、識者一見せば、必撫掌《かならずぶしょう》して笑うべし。知ルヲ之為ヨレ知之不ヲレ知為ヨレ不トレ知（読み下し、知るを知るとせよ、知らざるを知らずとせよ）との戒めを聞きし事もありたれど、幕友《ソウダンアイテ》もあらざれば、昂然《オ、ヘイ》に独り書きて独りうなづき、対レ牛弾レ琴（読み下し、うしにむかってことをひく）よりはましならんと心に許し、この大晦日の忙しきに、いく度も火樹《トモシビ》かき立て、手管《フデ》を相手《アイテ》に夜を闌《フカ》し、奇妙な事を楽しんだもの、伯楽《バクロフ》の様に数々牛の事を引き出したるもおかしく、戸外を見ればあやめも分《ワカ》ぬ闇の夜にて、九牛の一毛も探り難ければ、

〝くらがりに牛引出すや年の暮〟

丑の大晦日丑みつ頃閣《ふでを》レ筆《おく》。

❖慶応二丙寅《ひのえとら》歳（一八六六）

正月元旦　8－3

晴。暖風なし。早朝半鐘を鳴らし本堂勤行《ごんぎょう》、祖先の廟に詣し雑煮を食う事昨年と全く同じ。日中に御経拝読し火燵《こたつ》にて日を暮らす。夜風吹かず四方静也。

十二月三十日　8－101

陰天、風吹き大に寒烈。九ツ（12時）頃迄に本堂荘厳の用事終り、火燵《こたつ》に蟄《ちっ》す。橋田に極困の者あり、自分に袋を提げ米銭を貰いに廻り妻子を養うゆえ、遠類の者色々と留《とめ》れども承知せず、右貰い集めの銭にて餅を搗きたりという。乞食三日すれば忘れられぬという諺《ことわざ》に違わず、存外世間をも恥じずその餅をうまくうまと喰う事、実に不便《ふびん》なる事也。

今日になり餅を搗く家多し、我が身先ず当年も命存《なが》えて米穀騰貴の中餓死にも及ばず、来る春を迎う事、ひとえに仏祖の御恵みと有難く喜び、程なく夜に入れば、毎年の嘉例を思い出し、浅識《せんしき》の身を顧みず寅の縁語を集めて日記の結びとす。

『簠簋《ほき》内伝』にいわく寅は虎也、木姓本地薬師真達羅《たら》大将云々。四神相応の地を大吉とす、その中西有二大道一曰二白虎一（読み下し、にしにだいどうあり、びゃっことという）と伝うるも古き事也。董奉仙術を得て杏《あんず》十万余株を植え、林をなす。杏の熟する時、穀物と杏とはかり替えにす、穀少のうして杏を偸《ぬす》み取る事多ければ、虎逐うてその人を齧《カミ》殺す、家人これを知りて杏を送り還《カエ》し謝すれば、死せる者甦《よみがえ》れり。

当寺の庭中に梅李《すもも》の木数株あり、夏の頃これを盗む者あり、小大盡《ジン》の歌に、千里はしるような虎の子がほしやというが、予も亦同意にて、梅の番する虎一匹ほしくおもう也。

孔子の時に陽虎あり、三国の時代には蜀に五虎将軍というあり、魏《ぎ》に虎侯許緒あり、蛭子《えびす》殿は正月三日虎の一点に誕生ましますと万歳《マンザイ》に歌えど、神代の事なれば慥《たしか》に知りたる人もなし。曽我十郎が妾《めかけ》を虎御前といい、上杉家の先祖に輝虎《てるとら》あり、清和帝の時に紀ノ名虎といえる大力あり。藤堂家には高虎あり、不レンバ入二虎穴一焉ゾ得二虎子一ヲ（読み下し、こけつにいらずんばこじをえず）とは、戦場にてリキム人の辞也。

義経の虎の巻というありて、近年迄西畑村飯縄《イツナ》権現の神宝たりしを、丹海といえる山伏これを盗み出し、沖の嶋三浦へ持ち行き売りたる由、誠に惜しむべし。この神宝、右社にある間は威霊甚だ盛んにして、正面の大道を馬上にて往来すれば、その者必ず落馬す、今頃は左様の事もなく、只いらずと称して女のゆかれぬ迄の事也。

加藤清正朝鮮にて虎狩りせし事あり、虎之助の名的中せり。肥前名護屋にて朝鮮より生捕り来たれる虎を鎖《クサリ》にて繋ぎつれゆく時、数十人争うてこれを見る、左馬之介嘉明は柱により懸り居眠りをしてこれを見ず、暫くありて目を開き、先刻騒がしかりしは虎を引き来たれるゆえかといいて、驚かざりしという、清正と嘉明その勇気孰《いず》れが優《マサ》れる、各虎威将軍ともいうべきものなり。

狗《いぬ》にかまれたる時、虎の骨を炙《アブ》りて熨《ノ》せば忽ち治《ナオ》る、もし虎の骨なき時は、手を炙《アブ》りて虎来《コライ》々々といふて熨《ノ》せば又治《ナオ》るという咄しもある。九郎義経と八幡太郎の陣太刀は、いつにても虎鞘也。地獄絵にある鬼の褌《フンドシ》の虎の皮は何国《イヅク》の山から出た品やら知らず、褌の序《ついで》に思い廻《めぐら》せば、吾身当夏煩いし大病の腰気《こしけ》も、今は快気に及びて嬉しく、猿猴《エンコウ》を水虎と名づくる事をおもえば、尻もこそばゆけれど、肛門《オイド》の腸《ワタ》のぬける程の病は最早あるまじ。しかし当暮のごとく米銭不融通の折柄は、只貪欲《ドンヨク》の病い而已《のみ》退き難きをかなしみて、

〝取る物はうなづくけれど遣《ヤ》る物は　張子の虎で首ばかり振る〟

と狂し、一杯呑みて卯の春を待ち兼ね寝入る。
慶応二寅の大晦日夜四ツ半（午後11時）頃閣《ふで》レ筆《をおく》。

❖慶応三丁卯《ひのとう》歳（一八六七）

正月元旦　9－3

晴。日の出頃勤行相済み、日中に又御経読誦する。今日八ツ（午前2時）頃迄財布と帳とを肩にかけ往来する者多し。昨夜福島の男掛集めに廻り、五百目ばかり財布に入れ持ち帰るを、何者とも知れず追い掛け、右の財布を奪い行方知らず、勿論夜中の事なれば顔かたちも見ず、只惘然としてありし由。

当寺の隣りに今日餅を搗く者あり、魚を荷ない山分へ行き、戻らぬ商人甚以て多し。これ皆諸

色高価にて凶年のしるし也。

七ツ半頃（午後5時）本堂へ行き勤行《ごんぎょう》済みたる処へ、戸外にて何やらん大なる音聞こゆ、障子を明けこれを見れば、鷹の鳩を蹴落としたる也。予が椽側へ出るを見て鷹は飛び去りぬ。山鳩は本堂の坪にあれども身動きせず。さては急所を蹴られたるならんと、水を持ち行き呑ませんとするに、鳩飛び上り本堂の掾《えん》の上なる鴨居に留まる。さては鳥類といえども相応の智恵は具《そな》えたり、庭中樹木多きにその木へゆかず本堂に入るは、再び鷹の来たらん事を恐るゝなるべし。人をたよる処もっとも也といいつゝ雨戸も静かに立て、朝迄無事なれかしと思いてその侭《まま》おきぬ。夜静也。

一月二日 9－3

晴。早朝本堂へ行き、彼鳥を見れば、無慚《むざん》なるかな養生叶わず死して掾の上に落ちたり。六道[註1]四生[註2]の間衆多[註3]の生死を受けると聞けば、吾が前世の父母兄弟ならんも知るべからず、その上寺へ来たれるは不思議の仏縁也。鸚鵡鴝鵒《おうむくよく》（九官鳥）の仏になりし因縁を思えば、一夜の間仏堂に留まるも鳥の仕合せ也。昔《むかし》[註4]釈尊経を読みつゝ歩み給う処へ、鷹に追われたる鳩あり、舎利弗[註5]の袖に留まりて猶恐れの心やまず、仏の御袖に隠れて後漸く安然たりしと経説に見ゆ、また如来[註6]国位[註7]の時、鳩の代わりに御身の肉を鷹に与え給いし事もあり。

和泉式部の小式部を伴《ともなわ》れて嵯峨の釈迦如来へ参詣せし時、

〝是や此真白の鷹に餌《エ》を乞《コ》われ　鳩のかわりに身を捨てし人〟

と詠せしも、右の因縁を思い浮かべての歌也、さればこの侭《まま》捨ておくべきにあらずとおもい、本堂にて偈文[註8]を勤め授文を認《したた》め、本堂の傍なる谷際の地へ葬る。年始の礼に来る者多し、夜中星明也。

註1　六道（ろくどう）　衆生《しゅじょう》が善悪の業《ごう》によっておもむき住む六つの迷界、すなわち、地獄・餓鬼・畜生・修羅・人間・天。（『広辞苑』）
註2　四生（ししょう）　生物をその生れ方から四種に分けたもの、すなわち胎生（たいしょう）・卵生（らんしょう）・湿生（しっしょう、湿処から自然に発生すること、またそのもの、蚊などの虫類）・化生（けしょう、母胎または卵を通過せずに、超自然的に突然生れ出ること）（『広辞苑』）　六道四生で衆生の生まれ変わり流転している世界・状態をいう。
註3　衆多（しゅうた）　数の多いこと。（『広辞苑』）
註4　釈尊（しゃくそん）　釈迦牟尼世尊（しゃかむにせそん）の略。釈迦牟尼の尊称。（『広辞苑』）
註5　舎利弗（しゃりほつ）　釈迦の弟子の一人。智恵第一といわれた。（『広辞苑』）
註6　如来（にょらい）　仏の尊称。「かくの如く行ける人」すなわち修行を完成し悟りを開いた人の意。のちに「かくの如く来たれる人」すなわち真理の世界から衆生救済のために迷界に来た人と解し如来と訳す。（『広辞苑』）
註7　国位（こくい）　国を統治する地位。天子の位。
註8　偈文（げぶん）　偈は韻文体で仏徳を賛嘆し教理を述べたもの。（『広辞苑』）

一月三日　9－4

晴。借銭を恐れて旧冬より山分に蟄《ちっ》せる魚売共、今日追々戻る。昨日の鳩は鷹を恐れて近き仏堂に隠れ、借金を恐るゝ商人は八里十里程遠き山分に潜《ヒソ》む。おそるゝ心はおなじけれど、隠るゝ処の遠近を比ぶれば、借銭は十倍まさりて恐ろしきにや、されば一休和尚の、

〝世の中におそろしき物はなけれども　屋根のもるのと馬鹿と借銭〟

といいしももっともなる事とおもわれぬ。当年は船祝いなども至って静かなる事にて、格段酔狂人もなし。夜星明也。

十二月三十日 9－82

晴、本堂へ御花鏡餅を上る事如レ例《れいのごとし》、夜に入ても世間甚淋敷《はなはだささびしき》事にて、貢物を始め店の掛集めも蠟燭《ろうそく》代がとれぬゆえ昼限りにて、夜は掛取もゆかぬという位の事、萬端おしべしとはこの事也。さて卯の年の暮れければ行灯《あんどん》の影にて『盙《ほ》篕《き》内伝』も開くに、卯は兎なり、本姓、本地金剛手摩虎羅《まこら》大将云々。月中に兎のある事は仏書は勿論漢土《カラ》日本《ヤマト》の書物に載せたり、甚しきに至りては赤なる月の中に兎ギ人の如く立ちて、臼の前に杵を提げたる皃《かた》ちを画く、何の書に拠《ヨリ》たるを知らず。八月十五夜明月雲なき時、兎を細《こま》カなる目の籠に入れ、月の見ゆる処に置けば、いつの間にやら籠をぬけて行方なくなると言伝ふるも虚《キヨ》説にはあらず、されば兎は月に縁《エン》なしともいうべからず、それ兎は前足短く耳長く、昼も山に眠り犬の来るを知らず。山際の作物を食えども強いて人に害をなさず、十二支獣の中にも悪《ニク》げのなきは兎なり。

禁裏にも住吉にも卯の日の祭りという事あり、卯月八日を灌仏会《かんぶつえ》といい、その頃咲く花を卯の花と呼ぶ。宇佐の男高知の町にて薪を売るに、宇佐木は〳〵といいて通るを、或家の亭主内より呼びかけ、宇佐木は筒打《つゝウチ》か犬とりかと問うに、柄鎌切《えかまきり》なりと答えければ、内よりエラウ近うよせたものじゃのといいし噺もあり、当浦に一浪人あり、妻早く死し乳呑子を養育するに、昼は勿論夜中にもその児を懐に入れ、〝カチ〳〵山のお兎《ウサギ》ハナゼニ御耳《ヲミヽ》がお長いぞ〟、と子守歌をいうて乳を貰いに廻る、近辺の者異名して、その男をカチ〳〵山というて笑うたも一昔《ヒトムカシ》になりぬ。

今謂《いわ》く兎はその耳長けれども小言《コゴト》を聞かんとせず、前足短かけれども強いて高きに登らんとせず、昼も晏然として眠り以て心を養う、この三徳を具《そな》えたれども、折々は三徳を懐に入れたる人々に、兎狩りと称して追わるゝ、時は嘸《さぞ》や迷惑ならん。

〝欲うすくゆがみし事を見ず聞かず　しずかに眠れ卯の真似をして〟

自ら誡めて一杯呑み、卯の年もどうやらこうやら暮れぬと喜び、寝所に入る。

❖慶応四戊辰《つちのえたつ》歳（一八六八）（九月八日明治と改元）

正月朔日 10―3

晴、大寒。夜明けて後本堂勤行《ごんぎょう》済む。四、五人参詣あり。終日火燵《こたつ》を出る事能《あた》わず。夜星明也。

十二月廿九日 10―102

晴。朝の間に本堂の掃除終り、打敷をかけ御花を上げ御鏡を備える、それより又火燵《こたつ》へ戻り潜む。

コラム

日記に見る気象の記録

『真覚寺日記』十四巻は前半九巻を「地震日記」、後半五巻を「晴雨日記」と題しているが、全編を通じて毎日の気象状況を丁寧に記録している。その記録は十五年間およそ五千百日に及び、二度の京都旅行中の約六十日を除けば、宇佐近辺と高知城下の気象の記録ということになる。今回の編集では気象については恣意的に取捨したが、中には現今では考えられない宇佐での降雪の記録も見受けられる。

土佐でこの頃の気象を連続して記録したものはほとんどないのではないかと思われるので、この記録は統計的に研究してみる価値があるのではないか、と思っているが、それは研究者に譲るとして、こんなに利用できる一例として、坂本龍馬が脱藩した文久二年（一八六二）三月二十四日からの天気を見てみたい。

三月廿四日　4－99
陰天。八ツ《（午後2時）》頃蓮師の祥月の勤行する。七ツ《（午後4時）》頃より雨ふり出す。夜中大雨浪高し。

三月廿五日　4－99
雨、日入り頃止む、風少々吹く。

全文でこれだけの日記であるが、宇佐と高知ではあまり差がないと思われるので、龍馬がひそかに高知城下を出発したとみられる二十四日の午後は雨模様で、翌日も午後くらいまでは雨の中を歩いたと考えられる。

この点について藤本尚則編著『青年坂本龍馬の偉業』によると、銅像除幕式当日、龍馬の友人浜田栄馬の妹、安田たまき刀自（八十五歳）からの聞き書きとして、

……高知を脱藩してから二日たって後に、兄の権平さんが私の方へ来て、

『栄馬、オンシの家へ刀を持って来ちょりやせんかネヤ』

と権平さんが大切にしておった刀の詮議に来られましたが、兄が
『来ちゃアおらん』と言うと、

『それぎゃア、どうも龍馬が一昨日家を出たきり帰って来んが、脱藩したらしい。人を雇うて詮議すると、須崎で、油紙に刀らしい物を包んで背中に負うた龍馬の姿を見た人があるそうぢゃが、それから先のことは判らんきにのう』

と語っていました。その時私は十七歳でした。


というのがあり、雨をさけるため油紙に刀を包んでいたという話が、『真覚寺日記』の雨の記録と符合するところが面白い。

時　刻　表

時刻法（定時法）

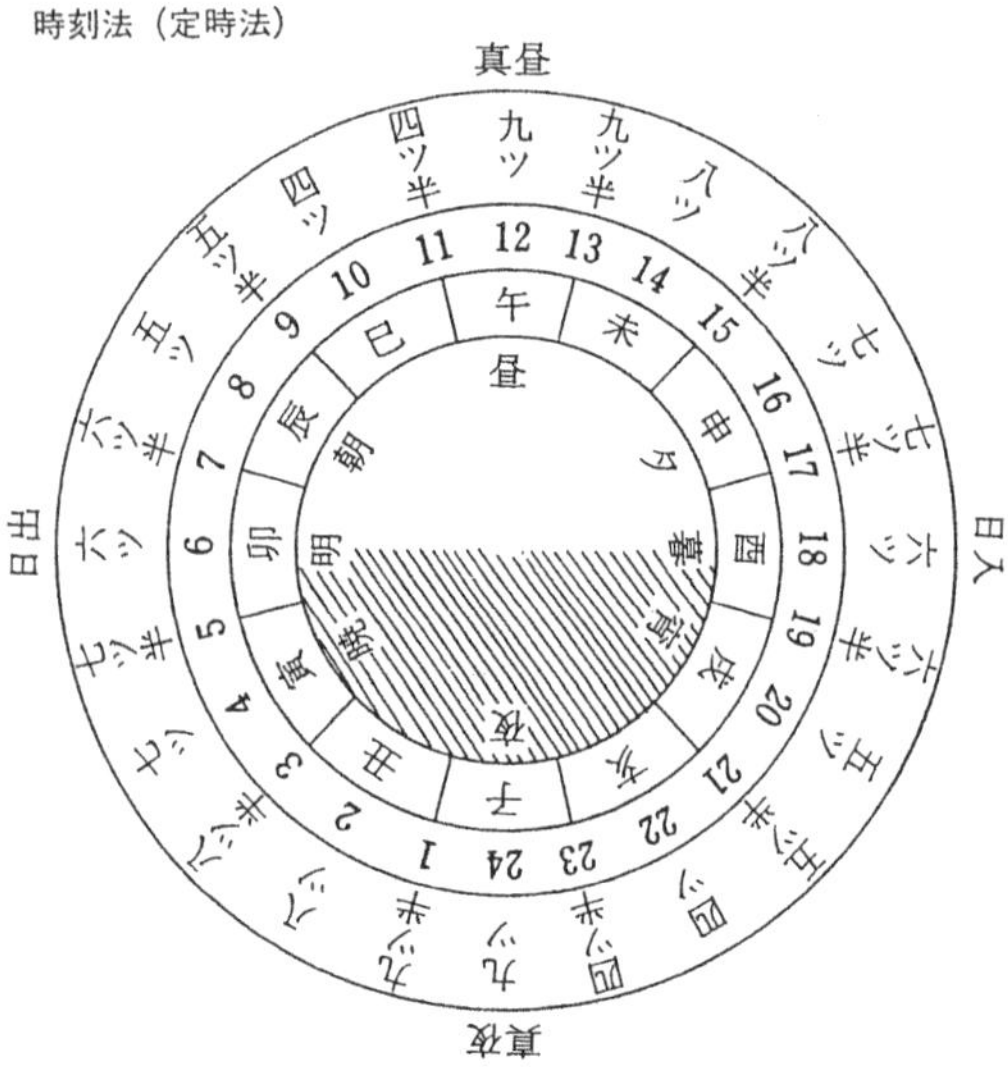

●時刻法

十二支は時刻を表わす場合にも用いられた。例えば「丑三時(うしみつどき)」というのは、丑の刻を四等分した第三番目の時間帯午前二時から二時半をさし、「正午」は午の刻の中心昼の十二時をさす。この定時法のほか、江戸時代には不定時法も使われた。四季により日の長さが変わるため、日の出と日没を基準とし、日中と夜間をそれぞれ六等分したもの。一時(いっとき)の長さは四季・昼夜によってそれぞれ異なり、夏至の昼間は約二・六時間、冬至の昼間は約一・八時間となる。

時刻法（不定時法）

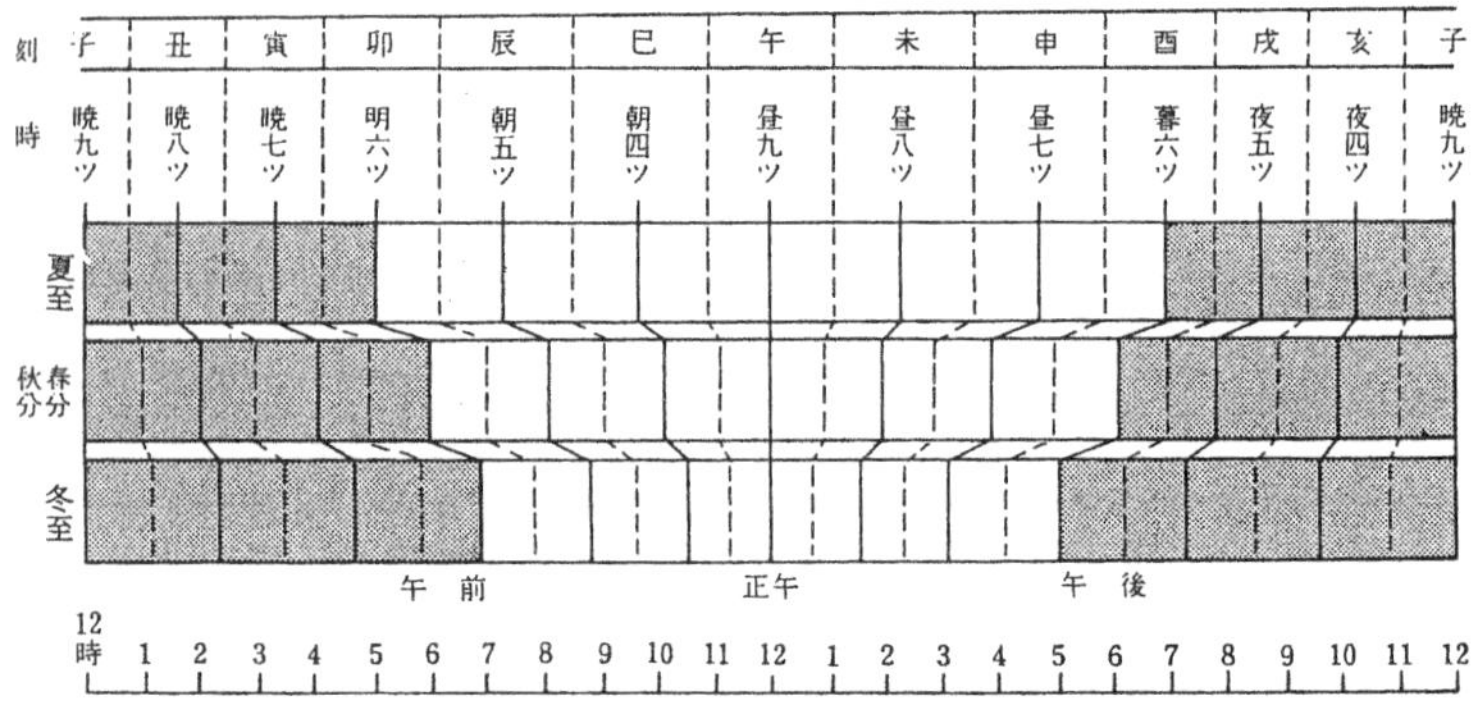

柏書房発行　古文書大字典より転載

あとがき

永年温めてまいりました『真覚寺日記』の抜き読み。実際に取り掛かってから早くも足掛け三年となり、このたびようやく発刊に漕ぎつけることができました。

『日記』と申しますと一見地味な身辺の出来事中心の記録の羅列、と云う先入観があり、取り付きにくいと思われがちです。しかし『真覚寺日記』自体、後世の人々に読んでもらうことを目的として編集されたものであります。

特に安政地震の記録には、近く起こるであろう南海地震に備えるためにも、教訓となる事柄を多く含んでおります。

発刊にあたっては、それぞれの事象ごとに日付順にまとめて抜き読みの形にしましたので、目次を見ながらこれと思う所から読んでいただけたらよいのではないか、と思っております。『真覚寺日記』自体は大変多彩な内容を含んでおり、この中に出てくる〝お薬〟だけを整理分類して、大学の卒業論文にまとめた女子学生もいるくらいです。

紙数の関係と私の理解力不足のため、多くの記事を割愛せざるを得ませんでしたが、この書を手にされた多くの方々が『真覚寺日記』に親しみを持っていただきましたら、望外のしあわせです。

『真覚寺日記』の原本は土佐市の文化財に指定されておりますので、序文は是非、土佐市長さんにお願いしたいと思い、あつかましくもお願いに参上いたしましたところ、快くお引き受け下さり、巻頭を飾ることができました。まことに有難く、厚くお礼を申し上げます。また、土佐市の郷土史家植田益實先生には、仁淀川下流の渡し場などの資料を提供していただき、大変参考となりました。ありがとうございました。

このたびの発刊にあたりましては、ボランティアガイド仲間で碩学の二宮哲也氏に、原文取り込みの段階から校正の労を取っていただき、また、リーブル出版社長の新本勝庸氏の特別のご理解をいただいて、発刊に漕ぎつけることができました。あらためて厚くお礼申し上げます。

岩﨑　義郎

平成二十八年十一月

《著者紹介》

岩﨑　義郎（いわさき・よしろう）

1927年高知県生まれ。

実業界をへて土佐観光ガイドボランティア協会創立に参加、平成11年～12年度会長を勤める、以後顧問、現在に至る。

所属　土佐史談会・秦史談会・龍馬研究会・現代龍馬学会・土佐ジョン万会・NPO法人土佐観光ガイドボランティア協会など。

おもな著書

1998年『運命の船・サンフエリペ号』共著。南の風社

1999年『高知県人名事典』共著。高知新聞社

2001年『高知城を歩く』高知新聞社

2002年『一豊の妻見性院 出自の謎を追う』リーブル出版

2003年『土佐人の銅像を歩く』リーブル出版

2005年『駆け落ち百五十年 追跡 純信とお馬』高知新聞社

2006年『山内一豊のすべて』共著。新人物往来社

2006年『高知県の不思議辞典』共著。新人物往来社

2010年『龍馬・お龍・土佐　土佐語り部の秘録』リーブル出版

2014年『観光ガイド25年 雑学の森』リーブル出版

抜き読み　真覚寺日記

安政地震《あんせいじしん》と幕末《ばくまつ》の世相《せそう》

発行日――２０１６年11月５日
編著者――岩﨑義郎
発行人――新本勝庸
発行所――リーブル出版
〒７８０－８０４０
高知市神田２１２６－１
ＴＥＬ ０８８－８３７－１２５０
印刷所――株式会社リーブル
装　幀――島村　学

※11月５日は安政地震発生の日

ISBN 978-4-86338-163-6